【決定版】

男の子へ贈る名前事典

命名研究家 大橋一心 監修

どこからアプローチする？
名づけ こだわりポイント チェック

まずはどんな方向からのアプローチが合っているか、あなたの「こだわりポイント」をチェックしてみましょう。パパとママそれぞれがチェックして、お互いのこだわりポイントの違いなども確認しましょう。

チェックの方法

質問に対して、次の要領で「A・B・C」のいずれかに○をつけていきましょう。あまり深く考え込まずに、思いつくままに回答してください。

A 「イエス」寄りの場合
B どちらともいえない場合
C 「ノー」寄りの場合

	チェック項目	回答欄
Q1	子どもに「○○ちゃん」と呼びかけたい愛称がある。	A・B・C
Q2	一つに限定されず、たくさんの意味合いを連想できる名前にしたい。	A・B・C
Q3	家族みんなが名前選びにこだわりがあって、もめそうな気配が…。	A・B・C
Q4	名前の中に入れたい1字が決まっている。	A・B・C
Q5	人の名前を覚えるとき、文字よりも読み方のほうが記憶に残りやすい。	A・B・C

	チェック項目	回答欄
Q15	血液型による性格の違いって、けっこう当たっていると思う。	A・B・C
Q16	子どもが文字を覚え始めたら、ていねいに文字を書くことをしっかり教えたい。	A・B・C
Q17	将来、同級生に同じ読み方をする名前の子がいないような名前をつけたいと強く思う。	A・B・C
Q18	思っていることをうまく言い表す言葉がなくて困ることがよくある。	A・B・C
Q19	自分がギャンブルをするなら、一発を狙うよりも当たる確率の高さを重視する。	A・B・C

Q6	人の名前の由来を聞くのはけっこう楽しい。	A・B・C
Q7	雑誌やテレビで星座占いを見るとついチェックしてしまう。	A・B・C
Q8	将来、同級生に同じ漢字の名前の子がいないような名前をつけたいと強く思う。	A・B・C
Q9	何通りもの読み方ができる漢字の名前を見ると、どう読むのかがとても気になる。	A・B・C
Q10	尊敬したり憧れたりしている人からあやかった名前も考えている。	A・B・C
Q11	ふだんの生活で縁起を担いでいることを五つ以上言える。	A・B・C
Q12	人の名前を覚えるとき、漢字は覚えているのに読み方がうろ覚えのことがある。	A・B・C
Q13	家のしきたりで、名前に「たか」や「ゆき」など、特定の読み方を入れることになっている。	A・B・C
Q14	雑学に関するテレビ番組を見たり本を読んだりするのが好きだ。	A・B・C

Q20	家のしきたりで、名前に「仁」や「秀」など、特定の漢字を入れることになっている。	A・B・C
Q21	「この人の名前、発音しにくいな」と思うことがよくある。	A・B・C
Q22	ことわざに「名は体を表す」とあるが、まさにその通りだと思う。	A・B・C
Q23	身のまわりの具体例より、統計の数字に影響されやすい。	A・B・C
Q24	ローマ字で書かれた名前を見ると、漢字でどう書くかが気になる。	A・B・C
Q25	音楽のヒットチャートはよく気にする。	A・B・C
Q26	「男らしさ」や「元気さ」など、名前の雰囲気にこだわっている家族がいる。	A・B・C
Q27	後押しになる意見があるほうが、自分一人だけで決めるよりスッキリ納得しやすい。	A・B・C
Q28	ベストセラーになる本は、タイトルもかなり影響していると思う。	A・B・C

◀◀◀ Q28まで全部終わったら、次のページをご覧ください。あなたにおすすめのアプローチ方法を紹介しています。

こだわりポイント チェックから見る あなたにおすすめのアプローチ方法

チェックの結果

1. 下の表1に、以下の要領でチェックの結果を記入します。
   - Aに○をつけた …… 3ポイント
   - Bに○をつけた …… 1ポイント
   - Cに○をつけた …… 0ポイント
2. 縦列の合計ポイントを「合計」Ⅰ〜Ⅳに記入します。
3. 表2の**合計㋐**にQ3、Q13、Q20、Q26の合計ポイントを記入します。
4. 表3の**合計㋑**にQ8、Q14、Q17、Q23の合計ポイントを記入します。

表1

←右から左に記入

Q4	Q3	Q2	Q1
Q8	Q7	Q6	Q5
Q12	Q11	Q10	Q9
Q16	Q15	Q14	Q13
Q20	Q19	Q18	Q17
Q24	Q23	Q22	Q21
Q28	Q27	Q26	Q25
合計 Ⅳ	合計 Ⅲ	合計 Ⅱ	合計 Ⅰ

表2

Q3		Q13		Q20		Q26		合計㋐
	+		+		+		=	

表3

Q8		Q14		Q17		Q23		合計㋑
	+		+		+		=	

ケース別　おすすめのアプローチ方法

表1の合計でいちばんポイントが高かったものが、おすすめのアプローチ方法になります。

Ⅰ のポイントが高かった人は 音 からのアプローチがおすすめ!!

耳からの情報に敏感なあなたは、文字を見ても頭の中ではまず音に置き換えているのでは？　最初は、声に出してみたときの印象を大切にしながら名前の候補を考え始めるとよいでしょう。

Check ▶ P.6、P.24～25、P.34～35、P.43、P.49～192

Ⅲ のポイントが高かった人は 画数 からのアプローチがおすすめ!!

「運勢のよさ」が納得できる名前選びに欠かせない要素になりそうです。姓名判断は、長い歴史の経験則の積み重ねによる理論体系。子の幸せを願う親心に安心感をもたらすのは姓名判断ならではの恩恵です。

Check ▶ P.8、P.273 ～304

Ⅱ のポイントが高かった人は イメージ からのアプローチがおすすめ!!

名前がかもし出すニュアンスが気になるあなた。漢字だけ、読み方だけから名前を考えていくよりも、自分が大切にしたいキーワードをクリアにすることから始めると、納得できる名前に出会いやすくなります。

Check ▶ P.7、P.26～27、P.30～33、P.193～271

Ⅳ のポイントが高かった人は 漢字 からのアプローチがおすすめ!!

書かれた名前を見て、どんな感じを受けるか。それがあなたにとってのポイントになりそうです。使う漢字が決まっていても、読み方やほかに組み合わせる漢字などで印象は大きく変わります。

Check ▶ P.9、P.26 ～33、P.36、P.42、P.305 ～413

ア が**6ポイント**以上ある人は 家族の意見を大切に

パパとママだけではなく、家族の思いもかなり重要なポイントです。「どういう思いがあって、何にこだわるのか」とお互いに理解し合うことが、家族全員が納得して祝福できる名前選びには欠かせません。

イ が**6ポイント**以上ある人は 人気や個性が気になる人

古臭い印象の名前はつけたくないという場合も、名前に個性を求める場合も、「今どきらしい名前」を知ることから。傾向を知ってこそ、対策もできるのです。

Check ▶ P.40～43、P.158

どこから始める？ 名づけのアプローチ

名前を考える入り口はたくさんあります。まず、自分に合ったアプローチを探してみましょう。

音からアプローチする

音といってもいろいろな入り口が

音からのアプローチも、方法はさまざまです。たとえば「こうちゃん」のように、呼びたい愛称から。最初にくる音から考え始めるきっかけになります。逆に「き」で終わる名前にしたい、という場合もあるでしょう。

あるいは、「しゅん」のように、拗音（ようおん）（や・ゆ・よのつく音）を入れたい、「レオ」のように外国風の響きが感じられる名前にしたい、パパの名前から「ひろ」の音を使いたい……など、まずは何の音を軸にするか考えてみましょう。

音からのアプローチいろいろ

愛称から

はじめの音を考えるヒントになる

終わりの音から

最後にくる音を選ぶ

入れたい音や音のイメージから

◆語感から
◆両親や家族、偉人などの名前から
◆思い出や趣味にちなんだものから
◆外国語風　◆純日本風

イメージからアプローチする

キーワードからイメージを広げる

名前に込めたいメッセージを表すキーワードを見つけ、そこからイメージを広げていく方法です。キーワードにはいろいろな選び方があります。子どもの将来への願いを込めたもの、パパやママが理想とするもの、好きな言葉、大切にしているものや趣味など、ヒントはたくさんあります。

たとえば生まれた季節の「夏」をキーワードに、「太陽」や「海」のイメージ、あるいは八月の旧暦の異称「葉月」をアレンジして……のように広げていきます。

イメージからのアプローチいろいろ

将来への願いを込めて

◆こんな性格になってほしい
◆こんな人生を歩んでほしい
◆こんなことに恵まれてほしい

誕生の喜びを記念して

◆誕生日の季節や気候から
◆誕生日や生まれ年を象徴するような出来事から

理想とするものから

◆自然に関連したものから
◆尊敬する人物をヒントにして
◆名言・故事成語などの言葉から

好きなもの、大切なものから

◆共通の趣味から
◆ライフワークから
◆思い出のもの・思い出の場所から

画数からアプローチする

最初に画数で条件を絞る

よい運勢になることを重視するなら、姓名判断、つまり画数からアプローチすることになります。

姓名判断では、姓の画数によって、おすすめとなる名前の画数が絞られます。どこから手をつけていいかわからない人にとっては、ちょうどよい基準となるでしょう。

何千字もある漢字リストをただ眺めているだけでは見過ごしてしまう漢字にも注意を向けることになるため、意外な発見や、新しいお気に入りの漢字との出会いがあるかもしれません。

画数からのアプローチいろいろ

おすすめの画数から

画数の数字には、それぞれ意味やおすすめ度があります。そこから名前の画数をまず決めてしまって、その画数に合わせて漢字を探します。

迷いを確信に変えるために

気に入った名前の候補がいくつもあって迷いが尽きない……。そんなとき、姓名判断の助けを借りれば気持ちのうえでより納得できる理由づけになります。

漢字からアプローチする

好きな漢字を選ぶにもいろいろな発想がある

漢字には、意味・字形・読み方といった要素があるので、まず、その中のどれに着目するか考えてみましょう。

たとえば「元気」という意味をもつ漢字を使いたい、「遥」という漢字の形が好き、「～人」と書いて「～ト」と読む名前にしたい、といったようにです。

ほかにも、1字の名前（1字名）にすることを決めてから漢字を探す、パパやママ、尊敬する人の名前から1字もらう、などの発想方法があります。

漢字からのアプローチいろいろ

意味から

漢字や漢字の組み合わせから生まれる意味で選ぶ

字形から

◆好きな字形　◆書きやすさ

読み方から

◆音読み ◆訓読み ◆名のり（→P.36）

終わりの漢字から

◆止め字（→P.406） ◆添え字（→P.407）

使いたい漢字から

◆両親や家族、偉人などの名前から

１字もらって

◆思い出や趣味にちなんだものの名前から１字もらって

文字の数から

◆1字名　◆2字名　◆3字名

漢字以外にも……

◆ひらがな　◆カタカナ

決定！

命名
宏三（こうぞう）

アプローチ方法は考えるきっかけ

名づけにはさまざまなアプローチ方法があります。これを全部一気に考えようとすると収拾がつかなくなり、逆に選択の視野が狭くなってしまいます。

最初にアプローチ方法を決めるのは、頭の交通整理をしながら名前選びを進めるため。ですから、たとえば出発点を「この漢字を使う」に決めたとしても、音の響きや画数を調べていくうちにもっと魅力的な名前が見つかれば、軌道修正すればいいのです。

イメージが広がりすぎて混乱してきたら、原点にしたアプローチ方法を思い返せば、こだわりの優先順位もつけやすくなるはずです。

アプローチ方法の関係

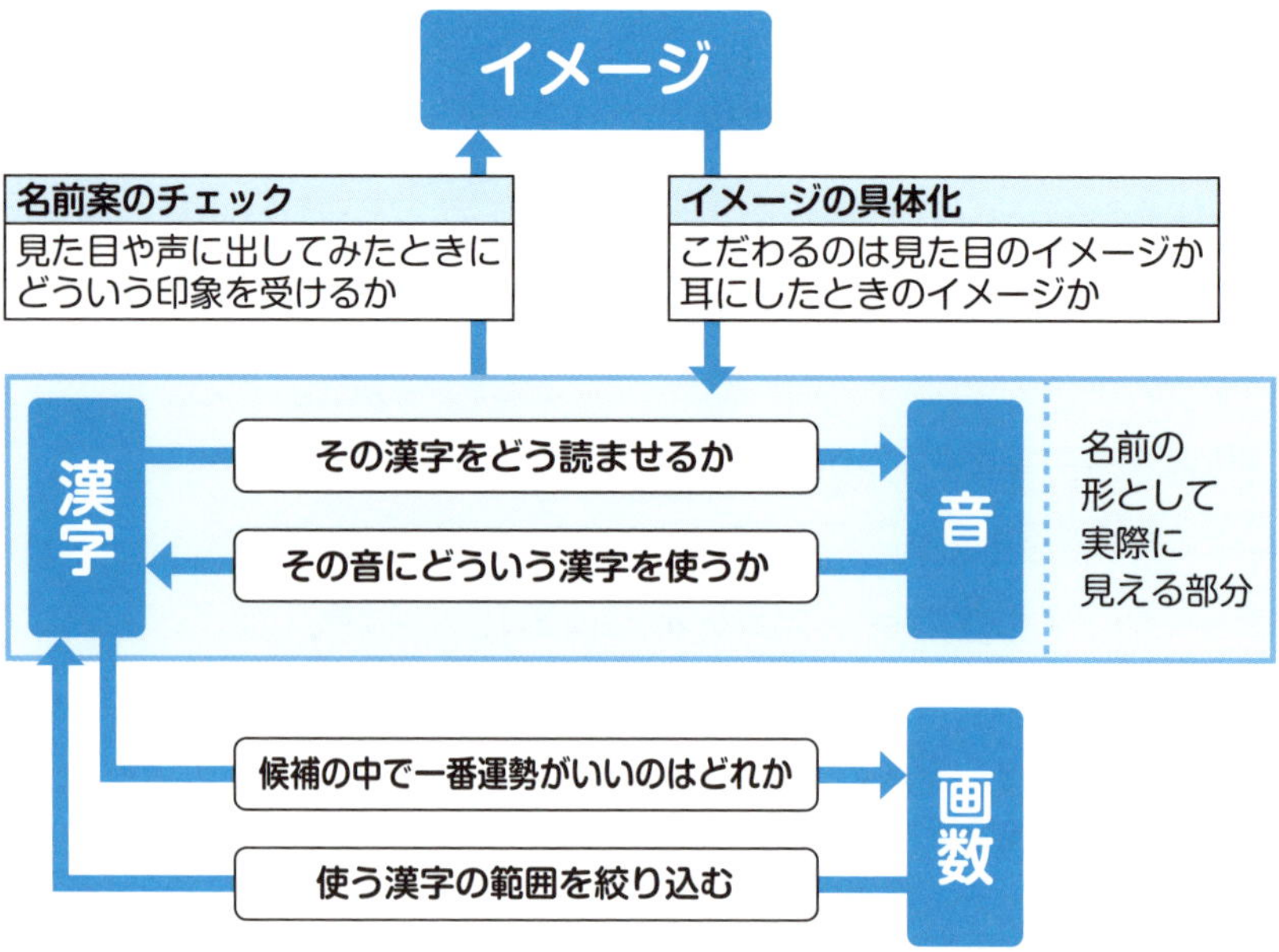

最初に決めたアプローチ方法は考え方の背骨になるので大切ですが、ほかの角度から見たらどうかな、という確認も忘れないようにしましょう。

名づけの流れの例

スタート

1 イメージから
パパとママは音楽を通じて知り合ったので、音楽をイメージした名前にしたい。

2 漢字から
音楽から「音」という漢字を使いたい。

3 音から
「〜の音」で「〜」にいろいろな意味が込められる、「ノオト」という読み方で考えてみる。

野音、乃音、能音、納音……(気に入った漢字が見つからず)

4 軌道修正
「ノオト」よりも「音」という漢字を入れることを優先して、すてきな音、いい音、などのイメージを込めることを検討する。

良音、好音
佳音、華音
……

5 漢字を音に当ててみる
佳音や華音で「カノン」、あるいは華麗の麗を使って「麗音（レオン）」と読ませる名前を思いつく。

6 漢字の見た目から
別の漢字と組み合わせずに、字の中に「音」がある「響」を見つける。

7 文字の数から
「響」にするなら、ほかの漢字と組み合わせるか1字だけにするか検討する。

8 どの案も魅力的
「佳音」「麗音」は読んだ感じがよく、「響」は見た目も「ヒビキ」という音の響きも男の子らしさがある。

9 画数から
姓名判断を見ると、姓との相性では「響」がもっともよいようだ。

→ **10 名前の決定**
よし、響（ヒビキ）にしよう！

もくじ

第2章

音からアプローチする

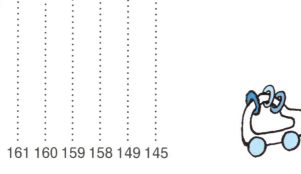

第3章 イメージからアプローチする

第4章 画数からアプローチする

第5章
漢字からアプローチする

第1章

知っておきたい名づけの基本

パパとママの思いを形にする名前は愛情メッセージ

名前は、赤ちゃんに「あなたは世の中でただ一人の大切な存在」とくり返し伝える、メッセージです。

社会との結びつきは名前をもつことから

赤ちゃんは、ママのおなかの中にいるときから、かけがえのない存在です。でも、名前がないうちは、ただの「赤ちゃん」だったり、「加藤さんのお子さん」だったりします。そこにいるのに、ストレートに呼びかけられない、なんとも不思議な立場です。

それが、たとえば「雅斗（マサト）」のような名前をもつことで、この世にただ一人の「加藤雅斗くん」として周囲に認められる第一歩を踏み出すことになります。

つまり名前は、生まれた赤ちゃんを、かけがえのない一人として家族や社会に結びつける、大切な出発点になるのです。

込めた思いを伝え語れる名前を

名前には、個人と社会を結びつけること以外にも、もう一つ大きな役割があります。

それは、生まれてくる新しい命に向けてパパとママが贈る、最初のメッセージとしての役割です。

場合によっては、その子が人生を歩むうえで最大の心の支えになるかもしれません。

名前に込めた願いや思い、名づけのきっかけになった出来事などは、ぜひ話してあげられるようにしたいものです。

考えに考えて名前を決めたエピソードを聞けば、自分が生まれてきたことに対する、親の思いの深さもきっと伝わることでしょう。

**「この世でただ一つの生命」から
「この世でただ一人の個人」へ**

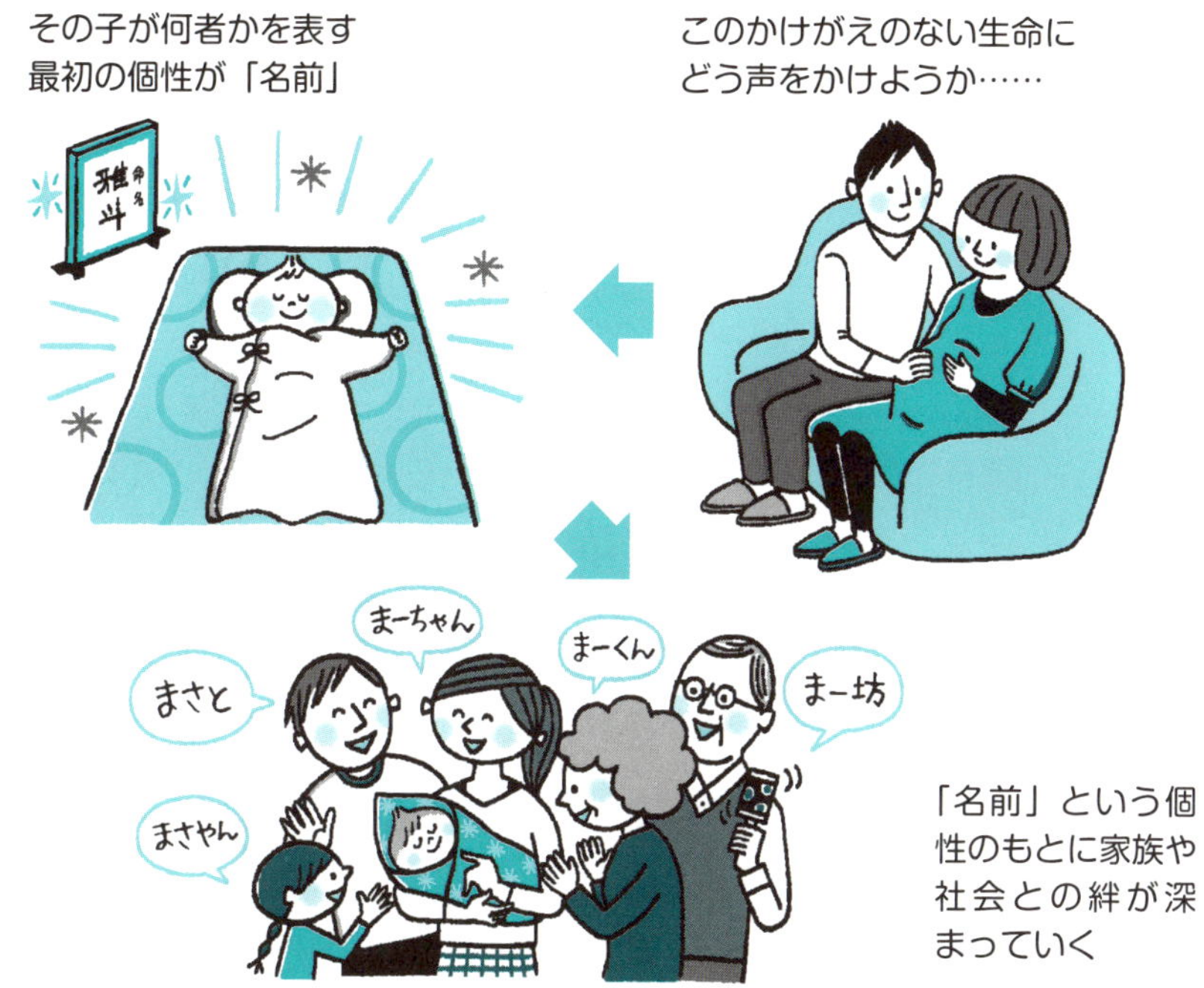

その子が何者かを表す
最初の個性が「名前」
命名
雅斗
このかけがえのない生命に
どう声をかけようか……
まさと
まーちゃん
まーくん
まー坊
まさやん
「名前」という個
性のもとに家族や
社会との絆が深
まっていく

名前から広がり深まる人との絆

パパやママ、家族は一日に何十回も赤ちゃんに向かって名前や愛称を呼びかけることになります。

そのくり返しの中で赤ちゃんは、自分の名前を覚え、呼びかけてくれる家族との絆を深めていきます。

その後、成長して社会に出ると、初対面の人とはまず名乗り合ってコミュニケーションを始めます。

互いに名乗り合う前と後では、話しやすさが全然違ってくることは誰しも経験があることでしょう。名前を知ることで親しみがわき、ほかの誰でもない、個人として向き合ってもらえます。人との絆を深めていくために名前は欠かせないものなのです。

名づけで使える表記・使えない表記

芸名やペンネームと違い、戸籍に記載・登録する名前は、使える表記が「戸籍法」によって決められています。

名づけに使える漢字は約三〇〇〇字もある

名づけに使える漢字は常用漢字と人名用漢字で、合わせて約三〇〇〇字あります。どのような漢字が使えるかは「戸籍法」に定められていて、そのすべてを法務省のインターネットサイトで確認することができます。また、漢和辞典の多くは、常用漢字と人名用漢字に何かしらの目印や別枠の一覧表などをつけているので、参考にするとよいでしょう。

姓で使われていても名では使えない漢字

名づけに使える漢字には、「亜」の旧漢字の「亞」や、「凛」の異体字の「凜」など、やや特殊なものも一部含まれます。

しかし、姓でよく使われている旧字体の「澤」や「邊」などは、名では使うことができません。

このように、姓では「名に使える漢字」以外の漢字も使われています。姓で使われている漢字でも、それが名で使えるとは限らないので、気をつけましょう。

漢字以外の使える表記、使えない表記

名づけでは、ひらがな・カタカナも使うことができます。そこには「ゐ・ゑ」（わ行のい・え）、「ヰ・ヱ」（ゐ・ゑのカタカナ）も含まれます。そのほか、単独では使えませんが、長音記号の「ー」や、くり返し記号の「ゝ・ゞ・々」なども使えます。

これら以外の、アルファベットや算用数字（アラビア数字）、ローマ数字、句読点やカッコなどの記号は、名づけに使えません。

法律上の制限はないが……

名前の読みには制限がありません。「太郎」と書いて「ユウヤ」と読ませることも可能です。また、「悪」や「死」のように、名づけには不適切な漢字も、使える漢字の中には含まれています。

しかし、それはあくまで戸籍法だけを考えた場合の話です。

実際には、子どもの将来の社会生活で支障が生じる恐れがあるような、あまりに突拍子もない名前は役所で受理されないこともあります。

使える表記・使えない表記

◎使える表記

◆常用漢字　◆人名用漢字　◆ひらがな　◆カタカナ　◆長音記号
◆くり返し記号

例

○鈴木 バーナード多々志（ただし）

カタカナ、長音記号、くり返し記号は使える。ひらがな・カタカナ・漢字の混在も可能なので、ミドルネーム風にすることも可能。

△佐藤 騎士（ないと）

読みは原則的に制限なし。ただし、あまりに非常識なものは受理されない可能性もある。

✕使えない表記

◆常用漢字、人名用漢字以外の漢字　◆アルファベットなど、海外の文字
◆算用数字　◆ローマ数字　◆句読点やカッコなどの記号

例

✕田中 久ⅡYa（くにや）！

大文字小文字問わず、アルファベットやローマ数字は使えない。「！」も使える記号に含まれない。

✕渡辺 齋壱（せいいち）。

「齋」は常用漢字、人名用漢字に含まれない。「。」（句点）も使える記号に含まれていない。

名づけでチェックしたいポイント

ここからは、名前を考えるときに知っておきたいチェックポイントを紹介していきます。

名づけを始める前に

名づけは、名づけた人ではなく、名づけられた子どもが一生つき合っていくもの。のちのち子どもが不都合を感じることのないように、知っておきたいポイントが三つあります。

①姓と名のバランス
②名前から受ける印象
③日常生活での利便性

それぞれ、24ページから具体的に説明します。どれも知っておきたいこと、名づけの際に念頭に置いておきたいことなのですが、守らなければいけないルールではありません。「こんな見方・考え方もある」ことを知って、よりよい名づけに役立ててください。

いちばん大切なのはわが子への思い

どんな名前でも、よくない解釈ができてしまう余地はあるといってよいでしょう。「非の打ち所のない完璧な名前」を求めていては、いつまでも決められないことも。

そうならないためにまず、自分たちにとって何が大切なのか、名前に託す「思い」をはっきりさせましょう。最初は迷うこともあるかもしれませんが、名前の候補を検討しながら、自分たちが子どもに贈るメッセージをクリアにしていきましょう。中心になる「思い」があれば、迷って先に進めなくなったり、周囲の意見に流され、不本意な結果になったりすることもないはずです。

名前の役割を心にとめて

「思い」は人それぞれでも、「名前は人とのコミュニケーションに大切な役割を果たす」ということだけは忘れないようにしましょう。

落語の「寿限無」は、子どものためにつけた長々とした名前がアダになったという笑い話。また以前、子どもに「悪魔」と名づけようとして、受理を拒否された事件もありました。

これらは極端な例ですが、あまりに非常識な名前や、何度聞いても覚えられない名前は考えものです。いくら強い思いを込めた名前でも、将来、子どもがしなくてもいい苦労をするようでは、よいメッセージとはいえません。

両親の意見を聞いてみることも大切

名づけに参加したいと思っている両親への配慮になる

言い出せなくても、内心気をもんでいるもの

自分たちでは気づかなかった指摘が受けられる

他人では言いにくいことも親ならば

周囲の人の意見も参考にしよう

名前の候補が決まったら、周囲の人に見せてみましょう。

ダメとは言わないまでも、パッとしない反応しか返ってこない。そんなときは、ちょっと引いた目で見たほうがよいかもしれません。自分たちは良かれと思っても、それがスムーズに伝わらない表現や、誤解されるような形になっているかもしれないからです。

そうした意味で、周囲の人、特に自分たちの両親の意見を聞くのは、つけたい名前の意図がきちんと人に伝わるかどうかチェックするよい方法です。

チェック①
姓と名のバランス

名づけというと、名前を考えることだけに集中してしまいがちです。姓とのバランスもチェックしましょう。

声に出して音を確認する

漢字だけ見ていると気づかないことも

男性は、結婚しても姓が変わらないケースがほとんど。名づけも姓と名をワンセットで考えることが大切です。

たとえば「多田徳弥」という名前。文字で見るかぎり、「多田」も「徳弥」も特におかしなところはありません。でも、声に出して読むと、「タダノリヤ」（ただ乗りや）と、不本意な語呂合わせになってしまいます。

また、「竹井唯武」はどうでしょうか。こちらも見た目は問題ありませんが、姓名を続けて読むと「タケイタダタケ」。硬い音が続くために強ばった印象になり、発音もしにくくなります。

姓によっても異なるチェックポイント

姓と名の両方に、ガ行、ザ行、ダ行などの濁音が多く入っていると、重みや威厳のある印象になります。しかし、それを「重苦しい」と感じる場合もあるでしょう。

「坂東」「権藤」「馬場」など、姓に複数の濁音が入っている人の場合は、名に濁音を使わないほうが、強すぎる重厚感が和らいですっきりします。

「小川」や「神崎」など、姓の濁音が一つだけの場合も、名に複数の濁音を使うのを避けると、重々しい雰囲気が気になりません。

姓と名のバランス
音でチェック

濁音の数

濁音が入ると重厚感が出るものの、数が多いと、堅苦しい印象になりがちです。

例
後藤田 准三郎　ゴトウダ ジュンザブロウ
柳場 剛大　ヤナギバゴウダイ
茂田 一成　シゲタカズシゲ

同じ音の数

姓と名を合わせても音の数はだいたい5 ～ 10くらい。同じ文字が多いと発音しにくくなります。

例
綾瀬 彩太　アヤセアヤタ
石川 海士　イシカワカイシ
廣山 八尋　ヒロヤマヤヒロ

ちょっとカタイかな…
アヤセアヤタ
いいにくい…

姓と名をつなげたときの音の並び

音の並びが語呂合わせとなって、あまり嬉しくない言葉を連想させてしまう場合があります。

例
小出 翔　コイデショウ ―濃いでしょう
板野 魁　イタノカイ ―居たのかい
五味 広雄　ゴミヒロオ ―ゴミ拾おう
田部 大志　タベタイシ ―食べたいし

姓と名の境目の音

同じ音が続くと、発音しにくくなります。また、姓名の切れ目がわかりにくくなることもあります。

例
山下 多玖也　ヤマシタタクヤ
橋本 朋生　ハシモトトモキ
富士 太一郎　フジ タイチロウ？ フジタ イチロウ？
加賀 光世志　カガ ミツヨシ？ カガミ ツヨシ？

漢字で気になることいろいろ

意味や形のバランスをチェックする

漢字には、その一つひとつに意味があります。

そのため、姓と名を続けたときに意味が重なったり、反対の意味になったりしていると、何か特別な意図があるような印象になり、場合によっては、それが違和感につながることもあります。

また漢字の形にはそれぞれ特徴があるので、組み合わせによっては、バランスの悪さを感じる場合もあります。手書きで縦に書いてみると、形の違和感が見つけやすくなります。

姓と名のバランス

漢字の意味でチェック

似たイメージの漢字の多用

似たようなイメージの漢字が並んでいると違和感につながることがあります。特に数字は目立つので複数入らないほうがよいでしょう。

例

柳田 桂樹（けいじゅ）（柳―桂―樹）

澄川 静流（しずる）（澄―川―流）

二宮 七海（ななみ）（二―七）

万田 三千拓（みちひろ）（万―三―千）

正反対や対になる漢字

特別な意味を込めるのでなければ、「火と水」など、正反対や対になる意味をもつ漢字の組み合わせは避けたほうがすっきりします。

例

細木 太志（ふとし）（細―太）

金山 銀河（ぎんが）（金―銀／山―河）

熊谷 速兎（はやと）（熊―兎）

水沢 灯留（とおる）（水―灯）

姓と名のバランス
漢字の形でチェック

同じ部首の多用

姓名を合わせても3～7字くらいしかない中で、何度も同じ部首が出てくると、偏った印象になります。

例

松村 杏樹（あんじゅ）
——「木」だらけの印象に

斎藤 茉葵緒（まきお）
——「くさかんむり」だらけの印象に

志田 恵偲（さとし）
——「心」や「田」だらけの印象に

縦割れや線対称

姓名のすべてが〈へん〉と〈つくり〉に分かれることを「縦割れ」と言い、縦書きにすると中央に一直線の不自然な空白ができやすくなります。また､完全な線対称でも、手書きの際に左右の自然なバランスがとりにくくなります。

例

伊坂 紘治（こうじ）
浅野 結記則（ゆきのり）
→ 文字が左右バラバラに切り離された印象になる

小林 真基（まさき）
→ 手書きの際に左右の自然なバランスがとりにくい

漢字の点画の偏り

水平、垂直の直線だけで構成された漢字ばかり、左右の〈はらい〉が入る漢字ばかりなど、字形の偏りも見た目のバランスを欠きます。

例

田口 圭二（けいじ）
中山 匡直（ただなお）
→ 無機質で堅苦しい印象になる

大林 英栄（ひではる）
木谷 奏太（そうた）
→ 〈はらい〉は目立つ点画なので、多すぎるとうるさくなる

1字姓・3字姓のバランスのとり方

姓が1字や3字の人の場合、姓名の字数のバランスもチェックポイントになります。

1字姓＋3字名や3字姓＋1字名のように、姓と名で2字以上の差があると、字数の多いほうにバランスが偏って見えるからです。

また、1字姓＋1字名は全体が短く、漢字の組み合わせによっては、フルネームを書いても、姓だけと勘違いされることがあります。1字姓の場合は、姓の最後でよく使われる漢字は、名の1字目に使わないほうが無難でしょう。

3字姓＋3字名は逆に長々とした印象になります。

1字姓、3字姓ともに、2字名がいちばんバランスをとりやすいといえるでしょう。

画数のバランス

画数が特に少ない姓、多い姓の場合、画数のバランスも大切です。

姓と名の画数に差がありすぎると、バランスが偏って見えます。

また、姓名ともに画数が少なすぎると、どことなくまばらな印象に、多すぎると重たく堅苦しい印象になります。

目安は、姓と名を合わせて20画〜30画台、名だけなら10画〜20画台です。姓と名の画数に極端な差をつけないようにバランスをとるとよいでしょう。

姓と名のバランス 字数・画数でチェック

例

字数の注意点

- 辻 仁（ひとし）、藤 誠（まこと） → 1字姓＋1字名は全体が短い印象に
- 林 洸志郎（こうしろう）、小笠原 洋（ひろし） → 姓名に2字以上差があると、多いほうに重心が偏りやすい
- 長谷川 日出之（ひでのり） → 3字姓＋3字名は、長い印象になる

画数の注意点

- 小川 一（はじめ） → 姓名ともに画数が少ないと、まばらな印象に
- 山本 鋼輝（こうき）、樺澤 由宇（ゆう） → 画数が偏ると、全体のバランスが不安定な印象に
- 棚橋 滉輝（こうき） → 姓名ともに画数が多いと、堅苦しい印象や重い印象に

読み方で気をつけたいこと

たとえば、「御厨宇志」と「御厨貴史」。読み方（ミクリヤ タカシ）は同じでも、見た目の堅苦しさはだいぶ違います。

このように、漢字や読み方が難しい姓の場合、名前は読みやすいものにするほうが、親しみやすく感じられます。

また、「角田」（カドタ・カクタ・ツノダ）のように、何通りもの読み方ができる姓があります。このような場合は、名は文字をそのまま素直に読めるものがよいでしょう。難しい漢字を使っていなくても、姓と名のどちらも読み方が複数あると、覚えにくい名前になるからです。

姓と名のバランス 読み方でチェック

難しい読み方の姓＋名

姓だけでなく名の読み方まで難しいと、硬い印象になります。

例

小鳥遊 潤哉（タカナシ ミツトシ）
一 元（ニノマエ ツカサ）

複数の読み方ができる姓＋名

姓名ともに何通りもの読み方ができてしまう名前は、初対面の人には覚えにくいものです。

例

角田 ＜ カドタ／カクタ／ツノダ
聡 ＜ アキラ／サトシ／サトル

入れ替えが可能な姓＋名

姓名ともに上下を入れ替えても違和感のない漢字の組み合わせも、覚えにくくなります。

例

山村 和政（ヤマムラ カズマサ）
（山村－村山／和政－政和）

姓と名の境目がわかりにくい

姓と名をつなげて書いたときに、誤読されやすくなります。

例

森元春 ＜ 森 元春（モリ モトハル）／森元 春（モリモト ハル）

チェック② 名前から受ける印象

名前は人とのコミュニケーションの第一歩。他人から見て、どんな印象になるかをチェックすることも大切です。

マイナスイメージを避けるために

漢字の意味を一度はチェック!

漢字は一字一字に意味があり、使う漢字次第で名前の印象は大きく変わってきます。

特に、個性を出そうとして、ふだん見かけない漢字を選ぶときは注意が必要です。たとえば「殉」という漢字は、死のイメージとほぼ直結しています。それを知らずに、「ありきたりでない漢字で、ジュンと読めるものを」とだけ考えて使ってしまうと、見るからに不吉な名前になってしまいます。

また、よく見かける漢字でも、一般的に知られた意味のほかに、マイナスイメージの意味を含んでいることがあります。どんな漢字を選ぶにせよ、一度は漢和辞典で意味を確認しましょう。

音からの連想にも気をつけたい

漢字の意味だけでなく、へんな意味や語呂合わせを連想させないか、音の並びもチェックしておきましょう。たとえば「亜希太」は「飽きた」を、「宇津留」は「ウツル」から伝染や感染をイメージさせるかもしれません。

ただし、漢字の意味でも、音の並びでも、あら探しをすれば必ず何か見つけてしまうもの。「それでもこの名前がいい」という確信を深めるためにも、一度冷静な目でチェックすることが必要なのです。

名前から受ける印象

漢字の意味でチェック

マイナスイメージをもたらす漢字の例

異	遺	陰	隠	殴	過	禍	寡	怪	拐	壊
劾	害	嚇	陥	憾	飢	忌	棄	偽	欺	疑
却	朽	窮	拒	凶	欠	嫌	拷	獄	砕	削
錯	惨	刺	辞	失	殉	障	辱	辛	侵	衰
逝	粗	疎	憎	損	惰	堕	駄	怠	濁	奪
嘆	恥	懲	沈	墜	撤	悼	鈍	難	排	廃

このほか、霧・露・霞・雪・泡などは、はかなく消えてしまうイメージがあるから避ける、植物の名前や季節に関するものは移ろう（＝長く続かない）から避ける、といった考え方などもあります。

人によって受け取り方が正反対になる漢字も。

別の読み方や意味がある例

心太＝トコロテン　**海月**＝クラゲ　**海星**＝ヒトデ

海馬＝セイウチ／タツノオトシゴ　**土竜**＝モグラ

このほか、たとえば「左前（ひだりまえ）」は、死者の衣装や運気が傾く様子を示します。1字では問題なくても熟語にするとおかしな意味をもたないか、忘れずにチェックしましょう。

あやかり名前はイメージの強さに注意

偉人や有名人にあやかった名前をつける場合には、ほかのアプローチ方法よりもさらに慎重に考えるようにしましょう。

どんな人物からあやかったかが誰の目にもすぐわかるような名前ほど、イメージが強く限定されます。つまり、具体的な人物と見比べられやすくなってしまうのです。場合によっては、理想とされた人物像と、自分とのギャップに苦しむことになるかもしれません。

あやかり名前をつける場合には、名前に本人が縛られすぎないように、1字だけをもらう、漢字を変えるなどの工夫をしたほうがよいでしょう。

名前から受ける印象

あやかり名前にするときのチェック

存命中の人のイメージは今のままとは限らない

すでに他界した人でも何かのきっかけで人気や人物評がガラリと変わることがあります。

まして存命中の人ならば、人気や評価、運勢などに浮き沈みがあるのは当たり前のことです。その人の今後によって、名前のイメージも影響を受けることを忘れずに。

例

進次郎
雅治
蒼汰
圭
結弦

将来、本人にプレッシャーを与えないか気を配る

名前の由来の一つとして「この人のようになってほしい」と口で伝えるのと、その人の名前をそのままもらうのでは、本人にとっても重みが全然違います。

将来、本人にとってその名前が重圧にならないか、という見方をもつことも大切です。

例

龍馬／総司
信長／家康
諭吉／英世
裕次郎／角栄
龍之介／漱石

ほかにも目配りしたいこと

名前の中には、「薫」「喜美」のように、男性でも女性でも違和感なく使えるものがあります。

ただ、見ただけでは性別がわかりにくい、女性と勘違いされやすい、などの名前は誤解やわずらわしさが生じやすくなることは、考慮に入れておいたほうがよいでしょう。長男に「健次」など、次男だと誤解されやすい名前を選ぶときも同様です。

意外に見過ごしやすいのが、イニシャルです。どこまで気にするかは人それぞれですが、「WC」や「NG」のように、明らかにからかわれやすそうなものは避けたほうが無難です。念のためにこれもチェックしておきましょう。

名前から受ける印象

イメージでチェック

長男・次男を表す漢字を選ぶときには

「一」は長男向け、「二」や「次」は次男向けの漢字の代表例。特別な理由がなければ、その立場を逆転した使い方はしないほうが無難。

「一」の漢字を使う名前は、ふつうは長男につけられる。

例 一郎／太一朗／健一

「次」や「二」の漢字を使う名前は、ふつうは次男につけられる。

例 次郎／康二

女性にも使われる名前を選ぶときには

男女共通で名前に使われる漢字は、読み方も共通の場合が多いもの。

名前だけを見た人から女性と勘違いされたり、小さなころは、からかいの対象となる可能性があることも考えに入れておきましょう。

例
馨・薫／泉
忍／瞳／望
操／晶／環
静／睦／純
和美／千春
五月／千秋
真澄／博美

チェック③ 日常生活での利便性

どんな名前をよい名前と考えるかは、人によってさまざまですが、名前としての使いやすさは大切です。

呼びやすく聞き取りやすく

硬い音と柔らかい音

一日に何度となく呼び、呼ばれる名前ですから、発音しやすさ、聞き取りやすさは大切な要素です。音を大まかに分けると、硬く感じる音と柔らかく感じる音に分かれます。たとえば「タカヒト」と「リュウヤ」。声に出して発音してみてください。「タカヒト」は硬い音だけ、「リュウヤ」は柔らかい音だけを使っています。

スムーズに発音するためには、両方の音が入っているのが理想的です。「タカヒロ」「リュウタ」と、一音変えるだけでも、ずいぶん違います。

そのほかにも、発音しにくく感じる音のつながり方があります。たとえば、「シンイチ」の「ンイ」の部分などです。発音しにくさの感じ方には個人差もあるので、ふだんのイントネーションで声に出してみることが大切です。

愛称と呼びやすさを考えてみる

名前を呼ぶとき、そのまま呼ぶこともあれば、最初のほうの音だけを使った愛称で呼ぶこともあります。呼びやすい愛称を手がかりに、名前を考えることもできるでしょう。また、名前の候補を挙げたときにどんな愛称で呼べるかを考え、それが発音しやすいかどうかチェックしてみるのもおすすめです。

日常生活での利便性

呼びやすさ・聞き取りやすさでチェック

硬く感じる音と柔らかく感じる音

硬く感じる音

カ行（カ・キ・ク・ケ・コ）
サ行（サ・シ・ス・セ・ソ）
タ行（タ・チ・ツ・テ・ト）
ハ行（ハ・ヒ・フ・ヘ・ホ）

柔らかく感じる音

ア行（ア・イ・ウ・エ・オ）
ナ行（ナ・ニ・ヌ・ネ・ノ）
マ行（マ・ミ・ム・メ・モ）
ヤ行（ヤ・ユ・ヨ）
ラ行（ラ・リ・ル・レ・ロ）
ワ・ン

音のバランスは、姓も含めたフルネームでチェックしましょう。特に、「ササキ」「タカハシ」のように硬く感じる音だけで構成されている姓や、「マルヤマ」「イノウエ」のように柔らかく感じる音だけで構成されている姓の場合、名は反対の音を中心にすると発音しやすくなります。

呼びやすさのチェック

名前の候補から

名前の候補を考えたら、声に出してチェックしてみましょう。発音しにくいと思ったら、音を一つ、反対の性質のものに入れ替えてみるのも一つの方法です。

例

井上峰生（いのうえみねお） 柔らかいイメージが強い

↓ 硬く感じる音を一つ入れる

井上樹生（いのうえみきお） シャープさが出てくる

愛称から

どんな愛称が呼びかけやすいか考えることは、名前の最初にくる音を選ぶ手がかりになります。

例

まさちゃん
→マサヒコ／マサヤ／マサル

たっくん
→タツヒコ／タツヤ

ゆうくん
→ユウキ／ユウタ／ユウト

読みやすさと覚えやすさ

なかなか一度では正しく読んでもらえない名前があります。漢字そのものが難しい場合もありますが、それだけではありません。

漢字には音読み、訓読みのほか、「名のり」と呼ばれる、人名にだけ使われる読み方があります。

漢字によっては何種類もの名のりがあり、あまり知られていない読み方もあります。一般的でない名のりの場合、覚えにくさに加えて、パソコンで変換しづらいという不便さも生じてしまいます。

また、複数の読み方ができる名前はどの読み方だったか迷いやすく、その結果、覚えにくさにつながることがあります。

日常生活での利便性

読みやすさでチェック

簡単な漢字でも読みにくいことがある

あまり一般的に使われない名のりや、英語の意味に漢字を当てた名前などは、正しく読んでもらえない可能性が高くなります。

例

恵空（シゲアキ）
公道（トモノリ）
学太（タカヒロ）
宇宙（コスモ）
音速（マッハ）

複数の読み方ができる名前は混乱しやすい

複数の読み方ができる名前は、漢字と読み方の対応関係が記憶の中であいまいになりやすく、なかなか覚えてもらえないことがあります。

例

絢人
→アヤト／ケント／ヒロト
史朗
→シロウ／フミオ
駿哉
→シュンヤ／トシヤ

書きやすさ 説明しやすさ

名前は書いたり、言葉で説明したりする機会がよくあります。そういった面で、難しい漢字や旧字体ばかりの名前は注意が必要です。

書きやすさを左右するポイントは、画数と字形です。画数の多い漢字や学校で習わない漢字、字形が複雑になりがちな旧字体の場合は書くのに時間がかかったり、小さいうちは自分の名前を漢字で書けなかったりすることがあります。

また、電話などで名前の漢字を口頭で説明するとき、「皓綺（コウキ）」のように難しい漢字だと、相手が漢字そのものを知らないこともあるので、説明で苦労する可能性があります。

日常生活での利便性

漢字の書きやすさでチェック

画数の多い漢字

小学校で習う漢字でも、画数が多いと書きにくく感じます。小学校で習わない漢字になると知らない人もいるため、名前の漢字を言葉で説明しにくいというデメリットも増えます。

小学校で習う漢字

例

積穀（カズヨシ）　**護留**（マモル）
鋼路（コウジ）　**優樹**（ユウキ）
衛夢（ヒロム）

小学校で習わない漢字

例

燦耀（アキテル）　**爽暉**（ソウキ）
叡輔（エイスケ）　**慶慧**（ノリサト）
穣慈（ジョウジ）

旧字体

書き順がわかりにくいのも、書きにくさの原因に。「見たことがないから読めない」という人も多そうです。

例

顯汰（ケンタ）　**與志人**（ヨシト）
將（ススム）　**禮治**（レイジ）
智曉（トモアキ）

日常生活のことも イメージして

名前を決めるとき、日々の生活で使われる場面をイメージしてみることも大切です。

たとえば、人気が集まる名前。たしかに漢字も音の響きもかっこよく、人気が集中するのもわかります。しかしいっぽうで、同じ名前の子が同級生にいる可能性も高くなります。

特に、「ユウタ」「ユウキ」のように最初の音が重なる同級生が多いと、「ゆう君」と、声をかけたら何人も振り返ることに。あるいは、兄弟で「裕太」と「結人」。いくら違う漢字を使っていても、家の中に二人の「ゆうちゃん」がいては、やはり混乱しそうです。

日常生活での利便性
生活をイメージしてチェック

同姓同名の人が多いと区別がつけにくい

日本人に多い姓の人が人気の名を使うと、同姓同名の人と行き合う可能性も高くなります。漢字が違っても音が同じだと、日常生活では区別がつきにくいものです。

身近に同じ呼び方をする人はいないか

家族や行き来の多い親族の人と名前や愛称が重なってしまうと、周囲の人は呼び分けに迷ってしまう可能性があります。

ローマ字表記で知っておきたいこと

名前をローマ字で書くとどうなるか、ということもチェックしておきましょう。

ただし、一口にローマ字といっても、さまざまな規格があります。たとえば、「チ」を表すときに、ヘボン式を採用しているパスポートでは「chi」と書くのが原則ですが、学校では国内標準となっている訓令式の「ti」で教わります。

また、ローマ字は日本語の発音をアルファベットに置き換えただけのものであって、英語ではありません。そのため、英語の発音の法則性に従って読むと、名前によっては全然違う音になることもあります。

日常生活での利便性
ローマ字でチェック

同じローマ字でも表記方式の違いがある

学校で習うローマ字は、たとえばハ行ならば「ha、hi、hu、he、ho」と、同じ行はすべて同じ子音で表します。いっぽうヘボン式では、発音により近い書き方（hu→fu、si→shi tu→tsuなど）に変わっているものがあります。また、「コウイチ」の「コウ」の部分の書き方も「ko、kô、kou、koh」などに分かれます。

例

光司（こうじ コージ）
- **Koji** パスポートの原則的な書き方
- **Kôzi** / **Kouzi** 学校で習う書き方
- **Kohji** 英語の法則性に合わせた書き方

英語読みで音が変わる

英語として読むと、たとえば「タケ－take」は「テイク」、「ヨウ－you」は「ユー」に。ほかにも、最初の母音はアルファベット読みにされやすい、「na」「mi」は「ネイ」「マイ」と読まれやすい、などがあります。

例

海人（ウミト）
Umito→「ユーミト」と読まれやすい

尚人（ナオト）
Naoto→「ネイオト」と読まれやすい

今はこんな名前がカッコイイ！
人気の名前大集合

伸びやかさを連想させる漢字と、穏やかで柔らかい音を組み合わせた名前に人気が集まっています。

漢字の人気傾向と読み方の人気傾向

90年代後半あたりから「大自然」「大らかさ」「飛躍」などをイメージさせる名前が盛んに見られるようになってきました。

その傾向は今でも続いていて、最近の調査を見ても大翔、朝陽、悠斗、颯太、陽向、陸などが人気名前の代表格です。

読み方では、柔らかな印章を与える響きに人気が集まっています。たとえば、ユウト・ハルト・ソウタ・ハルキ・イッキなどのように、「ウ」やウ段の音を間にはさむ3音の名前、タ・ト・マ・セイで終わる名前。いずれも「穏やかで柔らかい語感」という点では共通しています。

同じ漢字でも読み方はいろいろ

同じ漢字に対して、読み方のバリエーションが広がっているのも最近の名づけの大きな特徴です。

もちろん以前から、個性的な読み方をする名前はたくさんありました。しかし、人気の名前となると、読み方に迷いそうなものはほとんど見られませんでした。

それに対して現在は、何通りかの読み方ができる名前が増えています。たとえば「陽太」なら、ハルタ・ヒナタ・ヨウタと、代表的な読み方だけでも3通りあります。

誰もが好印象をもつ漢字を使いつつ、個性も感じられる名前をつけたいという、パパやママの思いがそこにはあるのでしょう。

人気の名前＊セレクション

同じ世代の中でなじみやすい名前をつけたい場合はもちろんのこと、周囲とは違う個性的な名前にしたい人も参考にしてみてはいかがでしょうか。

名前（画数）	読み方の例	名前（画数）	読み方の例
朝（12）陽（12）	あさひ	大（3）翔（12）	ひろと はると
新（13）	あらた あき しん	湊（12）	みなと
樹（16）	いつき たつき	大（3）和（8）	やまと
瑛（12）太（4）	えいた	悠（11）希（7）	ゆうき
駿（17）	しゅん	悠（11）人（2）	ゆうと
翔（12）	しょう	悠（11）斗（4）	ゆうと ひろと
颯（14）太（4）	そうた	悠（11）馬（10）	ゆうま
陽（12）太（4）	はるた ひなた ようた	悠（11）真（10）	ゆうま
陽（12）斗（4）	はると	陸（11）	りく
陽（12）向（6）	ひなた	蓮（13）	れん

※漢字の上の数字は画数です。

人気の漢字＊セレクション

「太」は「太郎」のような1字目ではなく、「翔太」のように止め字として使うのが今風。「郎」は今もスタンダードな止め字として人気があります。「斗・人・太」は新世代の定番止め字になっています。

はばたく

12	17
翔	翼

自然

8 空	12 陽
9 海	16 樹
11 陸	12 晴

ダイナミックさ

3	4	8
大	太	拓

人間性

4 仁	14 颯
10 真	17 優
11 悠	

その他

1 一	7 希
2 人	9 郎
4 斗	15 輝
6 光	20 響

人気の読み方＊セレクション

「ウ」やウ段の音を間にはさむ3音の名前、タ・ト・マ・セイで終わる名前、2音の名前など、スッと発音できて柔らかな印象を与える名前に人気があります。

○ウ○のパターン

コウキ　ユウタ
コウタ　ユウト
ショウタ　ユウマ
ソウタ　ユウヤ
ユウキ

タで終わるパターン

コウタ　ヒナタ
ショウタ　ユウタ
ソウタ　リョウタ

トで終わるパターン

カイト　ヒロト
ハヤト　ユウト
ハルト　リクト

セイで終わるパターン

ユウセイ　タイセイ
リュウセイ

マで終わるパターン

カズマ　ソウマ
トウマ　ユウマ
ハルマ

2音のパターン

ソラ　ユウ　ルイ
ハル　リク　レオ

出生届の書き方・届け方

名前を決めたら、出生届を提出します。出生届は大切なもの。法律で定められた通りに届け出ましょう。

戸籍を得るために大切な届出

出生届は赤ちゃんが産まれたら必ず提出しなければなりません。赤ちゃんが戸籍を得るための大切な書類です。書き方や提出の方法を確認し、間違いのないように届け出ましょう。

出生届の用紙は多くの場合、病産院に用意されています。事前に確認しておき、病産院でもらえない場合は、市区町村役場の窓口でもらっておきます。

また、産後のママは安静が基本です。そのため、出生届はパパが記入して届け出ることも多いもの。パパとママの両方が、記入する内容を把握しておくことが大切です。なお、本籍地や戸籍の筆頭者が記載された住民票をあらかじめ取り寄せておくと出産後に慌てずにすみます。

記入するときは濃くにじまないペンで、ていねいな字で書きます。間違いのないように、別紙で練習しておくとよいでしょう。記入後はパパとママで最終チェックをすると安心です。また、何か不明な点があれば提出先の役場に相談するのが確実です。

届け出までにやっておきたい！

- □ 出生届の入手方法の確認
- □ 出生届の記入に必要な情報の確認

誰が届け出る？

出生届に署名捺印する人を「届出人」といい、原則として子どもの父か母です。それが難しい場合は法定代理人、同居人、出産に立ち会った医師・助産師、そのほかの出産立会人の順で届出人になることになります。

届出人が署名捺印した出生届を提出する人は誰でも構いません。

どこへ提出する？

下記のいずれかの市区町村役場
- 赤ちゃんの出生地
- 父か母の本籍地
- 両親の住民票がある場所
- 父か母の滞在地

出生届のほかに国民健康保険への加入や児童手当の手続きなどを一緒に行う場合、両親の住民票がある地域の役所に提出しましょう。

いつまでに提出する？

赤ちゃんが生まれた日から14日以内が原則で、誕生した日を１日目として数えます。

たとえば、６月14日の23時30分に生まれた場合も６月14日を1日目として数えるので、６月27日が提出期限です。

海外で生まれた場合は３カ月以内になります。また、日本国籍を失わないための手続きも必要になる場合があります。事前に確認しておきましょう。

提出時に必要なものは？

- 出生届
- 母子健康手帳
  提出時に「出生届出済証明」欄に記入してもらいます。
- 印鑑（出生届に捺印したもの）
  訂正印として使用します。

- □ 住民票の取り寄せ（本籍地や戸籍の筆頭者が記載されているもの）
- □ 出産後、病産院で出生証明書に記入してもらう
- □ 出生証明書に間違いがないかどうかの確認
- □ 提出期限の確認
  （　　年　　月　　日）
- □ 名前を決める
- □ 出生届に記入
- □ 記入内容のチェック
- □ 赤ちゃんの名前を辞書などで再確認
  ・名づけに使える漢字か？
  ・似たような字形と間違えていないか？
- □ 役所に提出→受理
- □ 「出生届出済証明」欄へ記入してもらう。必要であれば有料の「出生届受理証明書」を請求

出生届の記入例

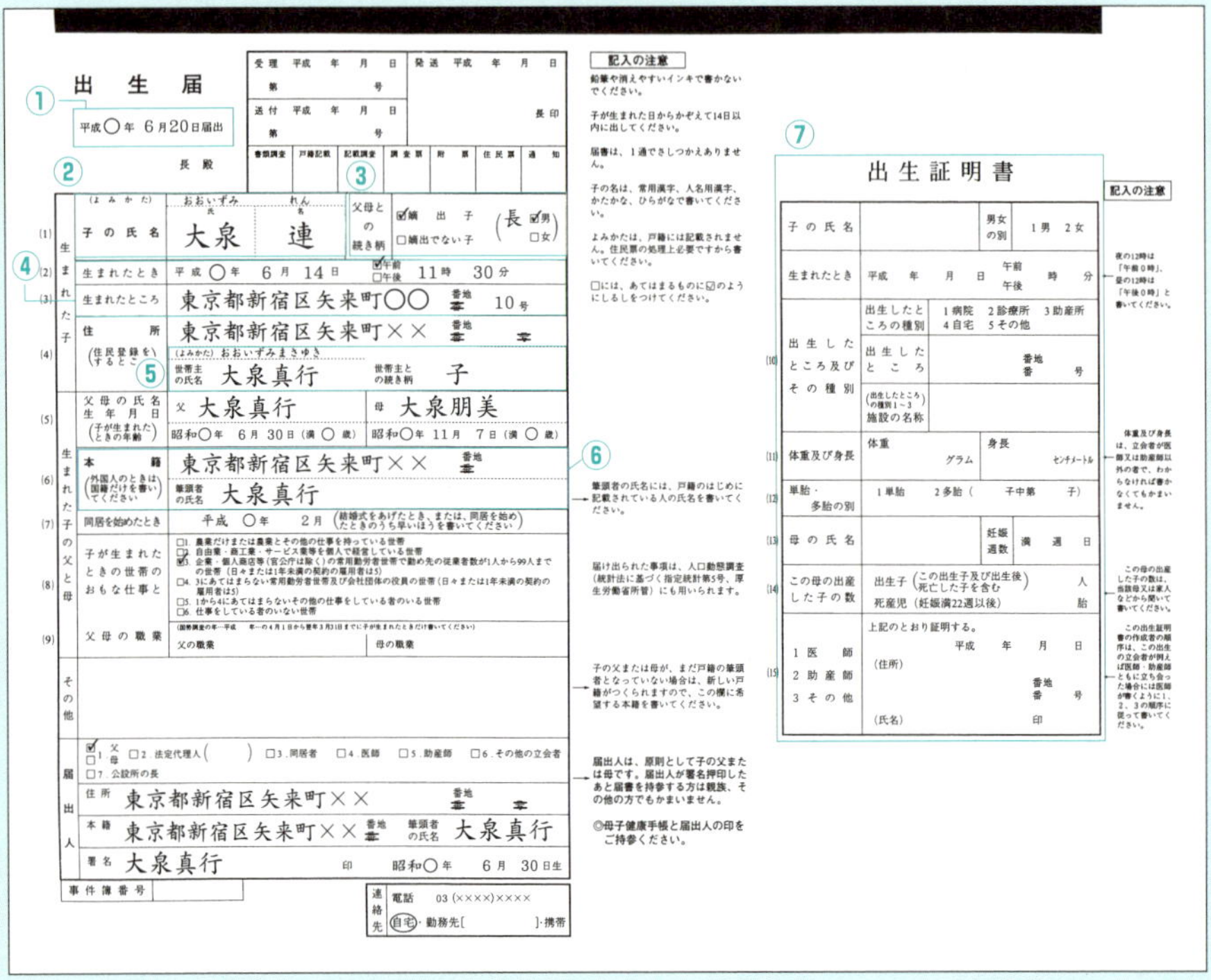

出生届にまつわるアクシデント

受付時間内に提出できない

時間外や休日でも提出できますが、担当者が手続きをするのは翌日、あるいは休み明けになります。届出に不備があった場合などは再度行く必要があるので、できるだけ受付時間内に提出しましょう。

なお、14日目が土・日・祝日だった場合は、休み明けの日まで期限が延長されます。

14日目までに名前が決まらない

期限内に名前が決まらなかった場合、「子の氏名」は空欄で提出します。

その後、名前が決まったら「追

⑤世帯主

祖父母と同居している場合は、世帯主の確認を忘れずに。赤ちゃんの祖父母が世帯主の場合、世帯主との続き柄は「子の子」となります。

⑥本籍

提出するときに慌てないように戸籍の筆頭者や本籍地をあらかじめ確認しておきましょう。番地なども省略せずに書きます。

⑦出生証明書

出生届の右側が出生証明書になっています。出産に立ち会った医師、助産師などが作成します。

作成者以外は記入できないので、記入された内容を確認し、間違いがあれば作成者に訂正してもらいます。

また、「子の氏名」は空欄でも構いません。その場合、出生届の「その他」の欄に「出生証明書中、子の氏名欄は命名前につき空欄」と記載します。

①年月日

「年」はすべて元号で記入します。外国籍の場合は西暦で記入します（例：西暦20XX年）。

②子の氏名

違う字に誤解されるような書き方は禁物。楷書で、文字の細部までていねいに書きましょう。

③父母との続き柄

両親に婚姻関係があるなら「嫡出子」、シングルマザーなどは「嫡出子でない子」にチェック。右側のカッコには同性の兄弟の出生順に「長、二、三…」と記入します。

3番目に生まれた子でも、上がお姉さんばかりでお兄さんがいなければ、「長男」。性別のチェックも入れましょう。

④生まれたとき、生まれたところ

⑦の出生証明書に基づき記入します。

完届」を提出し、戸籍の修正をすることになります。

また、出生届の提出が14日を過ぎてしまった場合は「戸籍届出期間経過通知書」を出生届と併せて提出します。ただし、正当な理由がなく提出が遅れた場合は簡易裁判所より過料を課せられることになるので気をつけましょう。

名前を変えたい

届出が受理されてしまうと、名前を簡単に変更することはできません。たとえケアレスミスであっても、名前の変更には家庭裁判所の許可が必要で、正当な理由がなければ許可されません。

家族とよく話し合い、出生届は間違いのないように正確に記入して提出しましょう。

先輩パパ・ママはこうやって決めた 名づけエピソード①

苗字にある「山」に関連づけてピックアップ

朝陽（あさひ）くん　望実ママ

自然をイメージした名前をひたすらノートに書き出しました

生まれてくる子どもには、のびのびと自分の人生を歩んでほしいと願っていたので、自然をイメージさせる名前がいいなと思っていました。そして、ひたすら思いつくままにノートに書き出したのですが、これがまた大変！　それこそ、山、川、海、空、大地などキーワードがいくつもあり、キリがなくなってしまいました。そこで、考えた末、苗字に「山」がつくことから、山に関連づけた名前に絞り込むことにしました。

光り輝く太陽をイメージ

結果、〝山肌からのぼる朝日のように世界を照らし、光り輝く男の子〟の意味で「朝陽」に決定。太陽の「陽」の字を入れることで、容易に太陽をイメージできると考えました。実際、生まれてきてくれたのも朝方でした！

代々続く家の長男　最終決定はおじいちゃん

拓郁（ひろふみ）くん　郁美ママ

私たち夫婦の名前から1文字ずつ選んで

嫁いだ先は代々続く旧家。名づけの際には、まず子の親が候補をあげ、そのあと、両家の祖父母と会議を開いて、全員が納得したら命名する、というしきたりになっています。私たち夫婦は自分の名前から1文字ずつとってつけようと考えていました。その名前は「郁哉（いくや）」。しかし、私と子どもの始まりの音がともに「いく」というのは紛らわしい、ということで、別の名前を考えることになりました。

読み方を調べ、組み合わせを変えて

調べてみたところ、「郁」は「ふみ」とも読めることがわかり、夫の「拓哉（たくや）」の「拓」と私の「郁」を合わせ、「拓」の読み方も変え、「拓郁（ひろふみ）」を再度候補に。夫のお父さんがさらに画数を調べ、「吉！」の一言で、決定しました。

簡単で書きやすく誰にでも読める名前に

元気（げんき）くん　愛子ママ

名づけの本を購入　響きのよい名前からピックアップ

夫の名前は、画数が多くて、読み方も難解。学生の頃、卒業証書や賞状をもらうときなど、一度たりともきちんと名前を呼んでもらったことがなかったそうです。結婚したとき、そんな夫からいわれていたのが「子どもの名前は、誰にでも読める漢字で、画数もほどほどの数で本人が書きやすく、呼びやすいもの」でした。妊娠がわかり、さっそく名づけの本を買ってきて、まず、響きのいい名前からあげていきました。

義母の言葉に導かれて

「孝太」「京平」「力也」など、呼びやすく簡単な字の名前をいろいろ考えましたが、今ひとつ決め手に欠けて。そんなとき、義母が何気なく言った「男の子は元気が一番！」の言葉に二人とも「これだ！」と思い、「元気（げんき）」になりました。

P.272でも名づけエピソードを紹介しています。

第2章

音から
アプローチする

声に出してイメージ 音から始める名づけ

まず音の響きからアプローチし、その音に合う漢字を探す。最近増えている名づけのスタイルです。

名前との最初の出会いは音から

子どもが自分の名前と最初に出会うのは音から。文字より先に音で自分の名前を知るわけです。

そう考えると、耳に心地よい名前は、子どもが自分の名前を好きになる大きなきっかけになる、といえるでしょう。

パパやママにとっても、呼びかけるのが楽しくなる音を選ぶことは大切です。毎日、何度も子どもに呼びかける自分たちをイメージして、考えてみましょう。

実際に声に出して、おなかの赤ちゃんに話しかけてみるのも楽しそうです。

（→P.6でも音からのアプローチについて紹介しています）

声に出してみることが大切

たとえば、江戸っ子は「ヒ」と「シ」の発音が入れ替わりやすいなど、地域によっても発音しやすい音、発音しにくい音があります。これは、文字を目で追っているだけでは気づきにくいものです。

呼びやすさ、聞き取りやすさを知るには、実際に声に出して呼んでみるのがいちばんです。

音にもイメージがある

音の響きから感じられるイメージにもいろいろあります。

たとえば、口をはっきり開いて発音するア段の音は、明るく開放的な感じ。「ショウタ」のような拗音（ゃ・ゅ・ょ）はアクセントになり、「ユータ」のように、伸ばして発音されやすい「ウ」の音は、柔らかい感じがします。

「アキちゃん」など、呼びたい愛称が決まったら、アキオ、アキト、というように、いろいろな音をつけ加えて発音してみて、音のイメージを確かめるとよいでしょう。

「○○ヒト」のように、終わりの音をまず決めて、上に加える文字を考える方法もあります。

五十音表に当てはめてみる方法も

使いたい音が名前の一部の場合、五十音表を利用して音を加えていく方法もあります。五十音順にたどって、名前に使えそうな音の組み合わせを探していきます。

ユウ ＋

五十音表

あ い う え お
か き く け こ
……
ざ じ ず ぜ ぞ
じゃ じゅ じょ

清音（あ～わ行）だけでなく、濁音（が・ざ・だ・ば行）や拗音（きゃ・ぎゃ、しゃ・じゃ行など）、撥音（ん）も忘れずにチェックを。

⇨

音の候補

ユウキ	ユウリ
ユウサク	ユウロ
ユウスケ	ユウガ
ユウセイ	ユウゴ
ユウタ	ユウジ
ユウタロウ	ユウジン
ユウト	ユウゾウ
ユウヒ	ユウダイ
ユウマ	ユウジュン
ユウヤ	

⇩

次は
漢字選びへ

（→P.24～25、P.34～35で、音を組み合わせるときに気をつけたいポイントを紹介しています）

漢字だけ見ていると気づかないことも

音が決まったら、その音に合わせて漢字を考えます。このとき気をつけたいのは、音ばかりを意識して、漢字の意味を無視してしまうこと。候補を選んだら、悪い意味の漢字でないかどうか、漢和辞典できちんとチェックしましょう。

音に漢字を当てはめるときに、1音ごとに文字を当てていく方法があります。ひらがなやカタカナの元になった「万葉仮名」のようなやり方です。

たとえば「タカシ」であれば、「喬」や「孝志」のように1字や2字で書くだけでなく、「太可史」のように1音1字にすることもできます。このとき、「多加志（多くの志を加える）」など、全体を一つのイメージでつなげるような選び方ができると、より印象的な名前になるでしょう。

ひらがな・カタカナの名前も考えられる

女の子に比べると、男の子でひらがなやカタカナの名前は多くありませんが、その分、かなり個性的な印象になります。「ヒロト」「りく」など人気の名前も、ひらがなやカタカナにすると、見た目のイメージも大きく変わります。

ただし、「ケント」のような外国風の名前をカタカナにしたり、「ますみ」のように柔らかい名前をひらがなにするのは、ちょっと慎重になったほうがよいかもしれません。

4字以上だとバラバラ感も

1音1字を使う場合、全体を3字以内にするとすっきりします。4字以上になると、文字の意味がバラバラになり、神話に出てくる神様の名前のような重い感じになりがちです。

例

亜輝比路（あきひろ）→ 明比路／亜輝弘

由宇伊智（ゆういち）→ 祐伊智／由宇壱

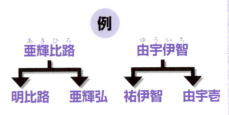

（→ P.26 ～ 31、P.36 ～ 37 で、漢字を選ぶときに気をつけたいポイントを紹介しています）

万葉仮名（1音1字）の漢字の例

あ／ア
安　阿　吾　足

い／イ
以　伊　移　已

う／ウ
宇　羽　有　卯

え／エ
衣　江　柄　榎

お／オ
於　乙　憶　應

か／カ
加　可　迦　香

き／キ
幾　紀　貴　己

く／ク
久　九　玖　俱

け／ケ
計　介　気　希

こ／コ
己　古　小　児

さ／サ
左　佐　沙　紗

し／シ
之　司　志　紫

す／ス
珠　須　周　州

せ／セ
世　勢　施　瀬

そ／ソ
祖　素　楚　蘇

た／タ
太　多　大

ち／チ
知　千　智　茅

つ／ツ
都　通　津

て／テ
天

と／ト
等　杜　登　斗

な／ナ
奈　南　那　菜

に／ニ
仁　二　而　丹

ぬ／ヌ
努

ね／ネ
祢　年　根

の／ノ
乃　能　野　濃

は／ハ
波　八　巴　葉

ひ／ヒ
比　火　日　飛

ふ／フ
布　部　風　富

へ／ヘ
辺

ほ／ホ
保　帆　宝　穂

ま／マ
万　麻　満　真

み／ミ
美　三　水　実

む／ム
武　夢　務　六

め／メ
米　馬　梅

も／モ
文　茂　慕　望

や／ヤ
也　野　矢　八

ゆ／ユ
由　弓　遊　湯

よ／ヨ
与　世　代　夜

ら／ラ
良　羅

り／リ
利　里　理　梨

る／ル
留　流　琉　瑠

れ／レ
礼　麗

ろ／ロ
呂　路　侶　魯

わ／ワ
和　輪　倭

を／ヲ
呼　遠　越　雄

音から名前をさがす

ここでは、スタンダードな名前から個性的な名前まで、さまざまな名前の読み方とその漢字の例を五十音順に挙げています。名前の候補を考える際のヒントとしてご活用ください。

「あ」で始まる名前は、温かく伸び伸びとしたイメージです。

あいき
娃9樹16　藍18輝15

あいご
挨10吾7　愛13吾7

あいごろう
逢11吾7郎9

あいじ
娃9児7　挨10士3

あいた
藍18太4

あいり
藍18里7

あお
蒼13　阿8央5

あおい
蒼13生5　碧14維14

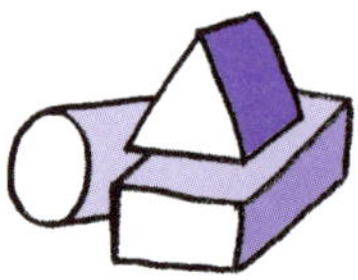

あおき
青8樹16　蒼13喜12

あおし
青8志7　蒼13枝8

あおぞら
碧14宙8

あおと
青8杜7　蒼13人2　碧14登12

あおみ
碧14水4

あきお
明8朗10　旺8雄12　秋9生5　秋9郎9　晃10男7　章11央5　暁12夫4　暁12生5　彰14郎9　瞭17夫4

あきさと
明8諭16　晶12慧15

あきし
明8資13　晃10志7

あきすみ
明8純10　明8澄15

あきただ
明8直8　顕18忠8

あきちか
旭6周8　秋9近7

あきつな
明8綱14　昭9綱14

あきと
旦5人2　旭6斗4　旭6翔12　明8人2　明8橙16　秋9音9　昭9登12　朗10人2　章11人2　陽12人2　晶12人2　堯12斗4　晶12斗4　照13斗4

あきとき
晃10勅9

あきとし
秋9俊9　顕18利7

あきとも
明8智12　耀20朋8

あきなり
暁12也3　顕18成6

あきのぶ
明8延8　亮9之3　晃10允4　晄10信9　陽12伸7　彰14展10

あきのり
亨7則9　昌8紀9　明8訓10　明8矩10　明8徳14　昭9典8　昭9規11　晃10宣9

彰14範15　顕18法8

あきひこ
明8彦9　秋9彦9　晃10彦9　顕18比4古5

あきひさ
晃10久3　陽12尚8

あきひと
明8人2　朗10仁4　章11人2　瑛12仁4　暉13人2　彰14仁4

あきひら
旭6平5

あきひろ
旭6弘5　明8宏7　秋9広5　昭9裕12　晟10弘5　晃10洋9　爽11浩10　章11博12

彰14大3　秋9比4呂7

あきふみ
明8文4　秋9文4　暁12史5　彰14史5

あきほ
明8穂15　昭9帆6

あきまさ
昭9雅13　鑑23昌8

あきみち
了2道12　晶12理11　耀20道12

あきみつ
明8充6　晃10光6　彬11三3　融16光6

あきもり
旭6盛11　明8守6　秋9杜7　昭9保9

晃10盛11　章11守6

あきやす
明8康11　秋9恭10

あきゆき
旭6之3　晃10行6　晶12之3

あきよし
明8芳7　秋9善12　昭9嘉14　彬11義13

あきより
明8依8　晃10頼16

あきら
旭6　明8　旺8　晃10　章11　爽11　彬11　惺12　晶12　暁12　暉13　彰14　尭8良7　明8良7　秋9良7　玲9良7

昂8良7　晄10良7　聡14良7　鑑23良7　安6喜12良7

あぐり
安6玖7理11　阿8久3利7

あさお
麻11雄12　朝12生5

あさき
旭6輝15　朝12基11　安6佐7貴12

あさと
安6郷11　亜7聡14　麻11斗4　朝12登12

阿8佐7人2

あさのぶ
旭6伸7　朝12允4

あさひ
旭6日4　旭6飛9　朝12陽12

あさや
旭6也3　朝12矢5

あしたか
芦7孝7　葦13隆11

あしみ
芦7巳3　葦13深11

あしみつ
芦7充6　葦13光6

あしゅう
有6秀7　亜7州6

あすか
飛9鳥11　明8日4迦9

あすき
明8日4来7　明8日4貴12

あすと
安6寿7登12　吾7守6人2　明8日4飛9　明8日4登12

あずま
東8　春9　雷13　雷13真10

あたる
中4　充6　任6留10　安6多6留10　吾7太4瑠14

あつお
充6生5　厚9郎9　淳11夫4　惇11雄12　温12夫4　敦12男7　諄15朗10　篤16郎9

あつおみ
惇11臣7　篤16臣7

あつき
充6輝15　惇11基11　敦12己3　敦12貴12　温12輝15　敦12樹16　篤16生5　篤16起10　篤16麒19

あつし
孜7志7　厚9志7　淳11士3　淳11史5　惇11市5　淳11至6　惇11而6　淳11詩13　敦12史5　敦12志7　温12志7　斡14士3　諄15史5　醇15司5　篤16史5　篤16志7

あつしげ
孜7成6　敦12重9　諄15重9

あつた
惇11多6　諄15太4

あつと
厚9豊13　惇11斗4　諄15人2　篤16人2　篤16音9

あつとし
敦12寿7　醇15敏10　篤16利7

あつのすけ
醇15之3丞6

あつのぶ
孜7伸7　諄15信9

あつのり
淳11則9　敦12範15

あつひこ
孜7彦9　淳11彦9　温12彦9

あつひさ
厚9尚8　斡14寿7　篤16久3

あつひで
惇11栄9　敦12秀7　斡14秀7　篤16英8

あつひと
孜7仁4　醇15人2

あつひろ
孜7裕12　淳11弘5　温12大3　敦12寛13　斡14洋9　諄15大3　諄15博12　篤16央5

あつふみ
淳11文4　篤16史5

あつむ
敦12蕪15　輯16夢13

あつもり
温12守6　篤16森12

あつや
純10耶9　惇11乎5　淳11矢5　敦12也3　温12弥8　篤16也3　篤16埜11

あつゆき
淳11之3　篤16行6

あつよし
淳11由5　敦12義13　敦12禎13　諄15吉6　篤16好6　篤16善12

あつろう
厚9朗10　淳11郎9　淳11浪10　惇11朗10　敦12郎9　温12朗10　篤16郎9

あとう
吾7萄11

あとむ
亜7斗4夢13　有6登12武8

あなん
阿8南9

あにと
吾7爾14人2

あまぎ
天4宜8　天4義13　海9城9

あまと
天4翔12

あまね
周8　天4音9　天4嶺17　安6真10音9　吾7満12寧14

あむろ
吾7室9　安6六4郎9　安6武8呂7　有6夢13路13

あもん
吾7文4　吾7門8　阿8紋10

あやき
采8揮12　彩11来7　彩11輝15　彩11樹16　斐12輝15　絢12樹16

あやた
文4汰7　彪11汰7　絢12太4　綾14太4

あやと
文4斗4　文4渡12　礼5人2　郁9斗4　彩11人2　琢11斗4　彬11杜7　絢12人2　絢12士3　綺14人2　綾14人2　禮18人2

あやのすけ
文4ノ1甫7

あやひと
礼5仁4　操16士3

あやまろ
礼5麿18

あやみち
文4道12　彰14通10

あやのり
采8則9　綾14典8

あゆと
歩8登12　鮎16音9　有6悠11人2

あゆむ
歩8　歩8武8　歩8務11　歩8夢13　鮎16夢13

あらき
新13紀9　新13貴12

あらし
嵐12　嵐12士3

あらた
新13　新13太4

あらと
新13翔12　新13登12

あらん
安6藍18　亜7嵐12

ありあき
在6明8　有6顕18

ありたか
在6貴12　在6塁12

ありただ
有6直8　在6唯11

ありと
有6人2　存6斗4

ありとも
存6伴7　有6朋8

ありのぶ
存6伸7

ありのり
在6礼5　有6礼5　有6伯7　有6紀9　在6教11　存6徳14　有6憲16

ありひさ
有6久3　在6比4佐7

ありひと
有6人2　在6仁4

ありゆき
在6幸8　有6由5紀9

あると
在6人2　存6斗4

あるま
有6真10　在6磨16

あれい
吾7伶7　吾7怜8　亜7玲9　亜7黎15　亜7麗19　阿8礼5

あれく
安6怜8玖7　吾7礼5久3

あれん
安6蓮13　亜7漣14

あんご
安6吾7　安6悟10　杏7吾7　按9悟10　晏10吾7　庵11梧11

あんじ
安6治8　安6滋12　杏7児7

あんじゅ
安6儒16　庵11寿7

あんと
按9人2

あんとん
庵11敦12

あんり
安6理11　庵11里7

い

「い」で始まる名前は、かわいらしく、ハツラツとした響きに。

いあん
依8安6　唯11庵11

いいち
唯11一1　維14一1

いえゆき
家10幸8

いお
威9雄12　偉12王4　椅12央5

いおみ
緯16臣7

いおり
庵11　伊6織18　居8織18　威9織18　維14織18　伊6乎5理11

いおん
伊6温12　惟11恩10　偉12音9　維14音9

いくお
育8大3　育8生5　育8旺8　郁9夫4　郁9央5　郁9朗10　活9雄12　幾12朗10　衣6久3雄12

いくじ
育8慈13　郁9次6

いくた
育8舵11　郁9太4　活9多6　幾12汰7

いくと
生5人2　育8土3　郁9杜7　郁9図7

いくま
育8万3　育8磨16　郁9真10　郁9馬10　幾12磨16　伊6久3馬10　伊6玖7磨16

いくみ
行6望11　育8爾14　郁9巳3　幾12巳3

いくや
生5治7　郁9也3　郁9哉9　幾12治7　幾12弥8

いさお
功5　庸11　勲15　功5大3　功5男7　勇9王4　勇9朗10　勇9雄12　烈10夫4　勲15朗10　勲15雄12　伊6佐7夫4　偉12沙7夫4

いさき
功5樹16　功5騎18　勇9希7　勲15気6　勲15貴12　勲15輝15　偉12佐7樹16

いさと
伊6里7　緯16智12

いさな
勇9魚11

いさのぶ
功5伸7　勲15延8

いさみ
勇9　勇9海9　勲15実8

いさむ
武8　勇9　偉12　勲15　敢12武8　勲15務11　為9佐7武8　威9佐7武8　偉12沙7武8

いさや
功5也3　勇9弥8　勲15矢5

いしん
惟11晋10　偉12心4　維14真10　維14新13

いすけ
伊6助7

いずし
出5志7　出5獅13

いずほ
出5帆6　泉9秀7

いずま
出5真10　出5満12

いずみ
泉9充6　偉12角7

いずも
出5雲12　泉9望11

いずや
出5矢5　泉9弥8

いずる
出5　威9弦8

いそつぐ
勤12次6　勤12嗣13

いそよし
勤12宣9

いせい
為9誠13　唯11成6

いたる
至6　格10　至6児7　致10留10　致10琉11　偉12足7

いちき
一1貴12　一1毅15　壱7樹16　逸11騎18

いちぞう
市5蔵15　逸11造10

いちた
一1太4　市5太4

いちと
一1斗4　逸11人2

いちや
一1矢5　市5也3　壱7弥8　逸11哉9

いちれん
一1蓮13　壱7錬16

いちろ
一1路13　壱7侶9

いちろう
一1郎9　一1朗10　壱7朗10　唯11智12朗10

いつお
五4雄12　逸11朗10

いっかく
一1拡8　壱7鶴21　逸11覚12

いつき
樹16　一1軌9　一1貴12　唯11月4　逸11輝15

いっき
一1麒19　逸11騎18

いっきゅう
一1弓3　一1球11

いっけい
一1恵10　一1啓11　一1蛍11　一1渓11　一1肇14　一1慶15

いっこう
一1考6　一1昊8　一1皐11　逸11鴻17

いっさ
一1作7　一1爽11

いっしょう
一1渉11　一1翔12

いっしん
一1心4　一1真10

いっせい
一1世5　一1成6　一1星9　一1清11　壱7誠13　壱7誓14

いっそう
一1奏9　一1漱14

いってつ
一1鉄13　一1徹15　壱7鉄13

いつと
伍6都11

いっぺい
一1平5　壱7兵7　逸11兵7

いっぽ
一1歩8

いつみ
一1巳3　乙1三3　一1視11　一1望11　伍6光6

いなほ
稲14帆6

いのり
祈8里7　唯11典8

いぶき
伊6吹7　泉9吹7　息10吹7　惟11蕗16　維14吹7　伊6舞15紀9

いまり
居8毬11

いら
衣6良7　為9良7　唯11良7　維14羅19

いりや
伊6里7也3　偉12理11弥8

いわお
磐15雄12　巌20央5

いわき
岩8樹16

いわな
岩8魚11

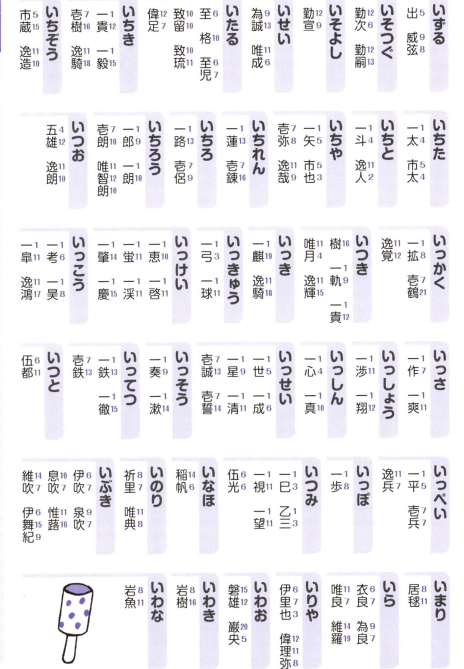

う

「う」で始まる名前は、落ち着いた安定感のある印象になります。

ういち
- 宇6 一1

うきょう
- 右5 匡6
- 右5 京8
- 右5 響20
- 宇6 匡6
- 宇6 亨7
- 羽6 恭10
- 佑7 喬12

うこん
- 右5 近7
- 有6 近7
- 佑7 近7

うしお
- 汐6
- 潮15
- 丑4 雄12
- 有6 潮15
- 宥9 汐6

うた
- 宇6 汰7

うたい
- 詩13 唯11

うたき
- 詩13 樹16
- 歌14 喜12

うたひと
- 唱11 人2
- 歌14 仁4

うたや
- 唱11 弥8
- 詩13 耶9
- 歌14 哉9

うたよし
- 歌14 芳7

うたろう
- 兎7 太4 郎9

うちひろ
- 内4 広5
- 内4 洋9

うつき
- 宇6 月4
- 空8 輝15

うつみ
- 打5 海9

うのすけ
- 兎7 之3 甫7

うみお
- 海9 央5
- 海9 雄12

うみはる
- 海9 春9
- 海9 晴12

うんせん
- 雲12 千3

うんりゅう
- 雲12 隆11

え

「え」で始まる名前は、華やかさを感じる響きになります。

えいいち
- 英8 一1
- 泳8 一1
- 映9 一1
- 栄9 一1
- 瑛12 一1
- 鋭15 一1

えいが
- 永5 河8
- 栄9 雅13

えいかん
- 栄9 貫11
- 詠12 寛13

えいき
- 永5 輝15
- 英8 基11
- 映9 喜12
- 栄9 輝15
- 瑛12 樹16
- 叡16 紀9

えいきち
- 永5 吉6
- 映9 吉6
- 鋭15 吉6
- 衛16 吉6

えいご
- 永5 伍6
- 英8 五4
- 泳8 吾7
- 英8 梧11
- 栄9 伍6
- 詠12 吾7
- 瑛12 悟10

えいこう
- 永5 煌13
- 英8 江6
- 栄9 光6

えいさく
- 永5 作7
- 英8 朔10
- 栄9 作7
- 映9 策12

えいし
- 永5 志7
- 栄9 史5
- 瑛12 司5
- 詠12 詩13

えいじ
- 英8 司5
- 泳8 志7
- 英8 時10
- 泳8 路13
- 栄9 至6
- 映9 児7
- 栄9 治8
- 鋭15 司5
- 衛16 司5
- 叡16 児7

えいじゅ
- 英8 儒16
- 栄9 寿7
- 叡16 樹16

えいしゅん
- 泳8 俊9
- 英8 隼10

えいしょう
永翔 5 12
泳生 8 5
英昭 8 9
栄祥 9 10
映勝 9 12
瑛晶 12 12

えいしん
英心 8 4
栄伸 9 7
映真 9 10
瑛信 12 9

えいすけ
永佑 5 7
泳佑 8 7
英助 8 7
英資 8 13
栄典 9 8
映輔 9 14
瑛介 12 4
詠亮 12 9
鋭介 15 4
衛祐 16 9

えいせい
英清 8 11
永惺 5 12

えいた
永太 5 4
英汰 8 7
泳汰 8 7
栄多 9 6
瑛太 12 4
詠太 12 4
瑛汰 12 7
鋭太 15 4
叡太 16 4
衛太 16 4
恵以太 10 5 4

えいだい
永乃 5 2
英大 8 3
栄代 9 5
瑛悌 12 10

えいたつ
永達 5 12
英建 8 9
栄辰 9 7
瑛樹 12 16

えいち
叡智 16 12

えいと
永斗 5 4
鋭斗 15 4

えいのすけ
詠之介 12 3 4

えいま
英馬 8 10
栄真 9 10
瑛馬 12 10
叡真 16 10

えいもん
英文 8 4
英聞 8 14
栄門 9 8
鋭門 15 8

えいや
英弥 8 8
栄也 9 3
映矢 9 5
叡哉 16 9

えこう
榎光 14 6

えたろう
絵太郎 12 4 9

えつし
悦史 10 5
悦嗣 10 13

えつじ
悦二 10 2
悦次 10 6
悦児 10 7
越路 12 13

えつや
悦八 10 2
悦治 10 7
悦哉 10 9
越弥 12 8

えと
絵都 12 11

えりや
江里也 6 7 3

えん
円 4
燕 16

えんぎょ
鳶魚 14 11

えんけい
淵詣 12 13

えんた
演太 14 4
燕太 16 4

えんのすけ
円之丞 4 3 6
猿之輔 13 3 14

えんや
円弥 4 8
燕矢 16 5

お

「お」で始まる名前は、おおらかで静かなイメージになります。

おういち
桜一 10 1
鷹一 24 1

おうが
王牙 4 4
旺可 8 5
皇河 9 8
桜雅 10 13

おうき
央樹 5 16
旺揮 8 12
旺輝 8 15
欧輝 8 15
凰毅 11 15
桜輝 10 15
櫻紀 21 9

おうこ
旺虎 8 8
凰瑚 11 13
鷹児 24 7

おうご
旺梧 8 11
桜伍 10 6

おうじ
旺志 8 7
櫻士 21 3

おうしろう
欧8志7郎9

おうすけ
王4典8　応7介4
応7輔14　旺8佐7
欧8甫7　往8典8
桜10助7　桜10亮9
應17佑7　櫻21佑7

おうた
応7太4　旺8汰7
欧8汰7　皇9太4
桜10太4　應17太4
櫻21太4

おうたろう
凰11太4郎9

おうへい
凰11兵7　櫻21平5

おうや
旺8矢5　桜10哉9
凰11弥8　櫻21治7

おうら
王4羅19　旺8来7
欧8羅19

おおぞら
大3空8　大3宙8

おかたろう
岡8太4郎9

おかゆき
岡8幸8　陸11行6

おきや
沖7耶9　宙8也3
起10哉9

おくと
億15音9　億15豊13

おさち
理11智12　雄12幸8

おさのり
治8徳14　長8範15

おさみ
吏6海9　長8光6
修10己3　修10省9

おさみち
修10道12　理11倫10

おさむ
乃2　収4　制8　治8
修10　経11　脩11　理11
惣12　督13　攻7武8
伯7武8　長8武8
治8武8　修10武8
理11夢13　蔵15夢13
整16務11　鎮18務11
治8虫6　於8佐7武8

おしみち
忍7迪8

おしゆき
忍7晋10

おつひこ
乙1彦9

おと
響20　於8音9

おとつぐ
響20継13

おとはる
乙1遥12　音9晴12

おとひこ
乙1彦9　於8兎7彦9
音9飛9児7　響20比4古5

おとふみ
乙1文4　乙1郁9
弟7文4　響20史5
音9二2三3

おとや
乙1也3　乙1治7
音9矢5　音9弥8
響20哉9　於8兎7弥8

おるご
織18吾7　織18護20

か

「か」で始まる名前は、明るく躍動感のある響きになります。

かい
海9　桧10　魁14　櫂18
可5衣6　可5偉12
加5威9　佳8居8
佳8依8　佳8唯11
迦9依8　華10威9
夏10緯16　嘉14唯11

がい
我7衣6　我7維14

芽8 依8
峨10 斐12

がいあ
凱12 吾7
鎧18 亜7

かいが
海9 雅13
堺12 雅13

がいか
凱12 歌14
鎧18 圭6

かいき
快7 希7
快7 輝15
海9 紀9
海9 貴12
海9 騎18
魁14 喜12
櫂18 樹16

かいご
海9 瑚13
開12 悟10
魁14 牙7
櫂18 悟10

かいし
恢9 志7
海9 詩13

かいじ
快7 児7
快7 兒8
海9 司5
海9 至6
恢9 児7
海9 嗣13
魁14 次6
魁14 児7
鎧18 治8
櫂18 治8

がいし
外5 四5
凱12 史5

かいしゅ
快7 珠10
海9 守6
魁14 主5

かいしゅう
快7 秀7
海9 州6
海9 周8
魁14 崇11

かいしん
快7 新13
界9 進11
魁14 伸7

がいすけ
凱12 典8
鎧18 介4

かいせい
快7 晴12
快7 聖13
海9 青8
海9 晴12
開12 世5
魁14 成6

かいた
快7 太4
海9 太4
開12 多6
櫂18 汰7

かいたつ
海9 起10
堺12 建9

かいち
夏10 一1
開12 知8

かいちろう
珂9 一1 郎9

かいと
介4 都11
快7 刀2
快7 音9
快7 飛9
快7 登12
快7 翔12
恢9 人2
海9 斗4
海9 渡12
開12 人2
堺12 斗4
魁14 人2
鎧18 人2
鎧18 斗4
櫂18 斗4
可5 以5 斗4
加5 衣6 斗4
甲5 斐12 人2
加5 椅12 斗4
佳8 緯16 人2

がいと
凱12 人2
凱12 斗4

かいどう
快7 童12
魁14 堂11

かいへい
快7 兵7
海9 平5
絵12 平5
開12 平5
魁14 兵7

かいほ
海9 帆6
開12 甫7

かいむ
開12 夢13
魁14 武8

かいや
快7 矢5
海9 也3
堺12 耶9
開12 哉9
魁14 矢5
魁14 弥8

かいよう
快7 洋9
海9 耀20

かいり
快7 利7
海9 里7
海9 浬10
海9 哩10
恢9 璃15
魁14 里7

かいる
快7 留10
海9 琉11
開12 瑠14
魁14 流10

かえい
珂9 英8
迦9 瑛12

かえつ
佳8 越12
迦9 悦10

かえで
楓13

かおる
郁9
薫16
馨20
榎14 央5 留10

がく
学8
岳8
楽13
我7 玖7
芽8 久3
河8 功5
雅13 空8

がくし
岳8之3　学8司5　岳8至6　学8志7

かくじん
覚12仁4

かくたろう
格10太4朗10

かくと
確15斗4　鶴21翔12

がくと
岳8人2　学8斗4　岳8斗4　岳8登12　学8登12　楽13飛9

かくや
確15也3　鶴21矢5

かぐら
神9楽13

かげき
景12紀9　景12基11　景12樹16　景12麒19

かげくに
景12邦7　景12国8

かげのり
景12紀9　景12憲16

かける
翔12　駆14　駈15　翔12琉11　駆14流10

かざと
風9斗4　風9翔12

かざはや
風9早6　風9隼10

かしお
樫16雄12　甲5子3夫4　庚8子3男7

かじお
舵11雄12　佳8治8夫4

がしゅう
河8舟6　賀12集12

かしゅん
夏10瞬18　駆14俊9

がしゅん
峨10俊9　雅13竣12

かしわ
柏9　可5士3和8

かじん
圭6迅6　迦9仁4

かずあき
一1秋9　一1昭9　一1亮9　和8明8　和8晟10　和8章11　和8晶12　数13明8

かずお
一1夫4　和8雄12　佳8寿7生5

かずおき
一1沖7　和8興16

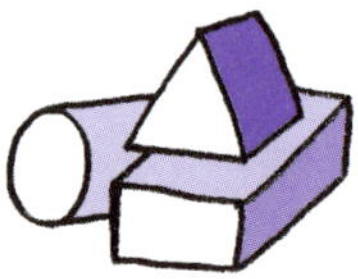

かずき
一1希7　一1期12　一1畿15　一1樹16　一1騎18　七2喜12　千3輝15　多6希7　寿7紀9　壱7樹16　和8生5　和8貴12　和8嬉15　和8樹16

胤9生5　倭10紀9　数13輝15　選15基11

かずくに
一1州6　一1邦7

かずさ
一1冴7　一1瑳14　和8爽11

かずさと
一1聡14　和8郷11

かずし
一1史5　一1志7　圭5巳3　和8史5　和8始8　数13嗣13

かずしげ
一1成6　一1茂8　一1滋12　一1繁16　寿7重9　和8茂8　和8繁16　数13成6

かずたか
一1宇6　一1孝7　一1貴12　和8隆11

かずただ
一1惟11　和8直8　和8唯11　数13忠8

かずちか
一1哉9　一1誓14

かずてる
和8輝15　葛12照13

かずと
一1登12　七2斗4

千3土3　万3渡12　和8人2　和8音9　数13人2　伽7図7人2

かずとき
一1時10　一1凱12　和8時10　和8晨11

かずとし
一1稔13　和8利7　和8等12　知8駿17　数13俊9

かずとも
一1友4　一1伴7　主5朋8　和8伴7　和8知8　和8倫10　和8智12

かずなみ
寿7波8　和8南9

かずなり
一1也3　一1斉8　一1就12　千3也3　円4成6　寿7斉8　和8也3　和8成6　葛12成6　策12就12　麗19成6

かずのぶ
一1信9　万3統12　和8伸7

かずのり
一1了2　一1典8　一1紀9　一1祝9　一1倫10　寿7徳14　寿7範15　和8規11　和8教11　和8統12　和8憲16

かずは
一1杷8　和8波8

かずはる
一1春9　和8温12

かずひこ
主5彦9　和8彦9　和8比4古5

かずひさ
一1悠11　寿7久3　壱7寿7　和8久3　和8寿7　紀9尚8　葛12久3

かずひで
一1英8　寿7英8　和8任6　和8秀7　和8栄9　葛12秀7　数13栄9

かずひと
寿7仁4　和8人2　和8仁4　葛12人2

かずひろ
一1宏7　一1展10　主5浩10　和8洋9　和8展10　胤9弘5

かずふみ
一1郁9　寿7史5　和8文4　和8二2三3

かずほ
一1帆6　一1歩8　一1宝8　一1保9　和8甫7　和8輔14　和8穂15　香9杜7葡12

かずま
一1真10　一1眞10　一1馬10　一1磨16　和8馬10　和8麻11　和8摩15　麗19馬10

かずまさ
一1匡6　一1昌8　和8正5　和8雅13

かずみ
一1泉9　一1省9　一1望11　一1深11　円4水4　禾5澄15　和8巳3　和8水4　和8省9　和8海9　佳8純10　数13深11　香9津9美9

かずみち
一1満12　寿7充6　和8倫10　和8道12

かずみね
一1峯10　和8嶺17

かずもと
寿7元4　和8源13

かずや
一1八2　一1矢5　一1弥8　一1耶9　和8冶7　和8弥8　和8哉9　佳8州6也3　佳8寿7也3　和8津9弥8

かずやす
一1康11　和8恭10

かずゆき
一1之3　和8雪11

かずゆみ
一1弓3

かずよし
一(1)好(6)　一(1)善(12)　一(1)義(13)　寿(7)禄(12)　和(8)良(7)　和(8)能(10)

かずより
和(8)依(8)　和(8)頼(16)

かたあき
方(4)晃(10)　賢(16)明(8)

かたし
剛(10)志(7)　確(15)至(6)

かたもり
容(10)保(9)　堅(12)護(20)

かつあき
克(7)亮(9)　克(7)章(11)　勝(12)明(8)　勝(12)昭(9)

かつお
捷(11)男(7)　勝(12)雄(12)

かづお
佳(8)津(9)生(5)　夏(10)津(9)夫(4)

かつき
且(5)季(8)　克(7)己(3)　克(7)生(5)　克(7)紀(9)　克(7)樹(16)　活(9)基(11)　活(9)輝(15)　勝(12)旗(14)　勝(12)輝(15)　勝(12)毅(15)

かづき
禾(5)月(4)　佳(8)月(4)　珈(9)槻(15)　香(9)槻(15)　榎(14)月(4)　駈(15)月(4)　佳(8)津(9)樹(16)

かつし
克(7)史(5)　克(7)司(5)　活(9)士(3)　勝(12)志(7)

かつじ
克(7)次(6)　克(7)児(7)　勝(12)治(8)

かつたか
克(7)考(6)　克(7)昂(8)　勝(12)貴(12)　勝(12)敬(12)

かつたけ
克(7)健(11)　勝(12)猛(11)

かつただ
克(7)惟(11)　勝(12)直(8)

かつと
葛(12)杜(7)　勝(12)斗(4)　加(5)都(11)斗(4)

かづと
夏(10)津(9)人(2)

かつとし
克(7)敏(10)　活(9)年(6)　勝(12)利(7)

かつなお
克(7)尚(8)　勝(12)巨(5)

かつのぶ
克(7)宣(9)　勝(12)信(9)

かつのり
且(5)紀(9)　且(5)範(15)　克(7)典(8)　克(7)規(11)　克(7)範(15)　克(7)毅(15)　活(9)徳(14)　勝(12)範(15)

かつひこ
克(7)彦(9)　勝(12)彦(9)　雄(12)彦(9)　克(7)比(4)古(5)

かつひろ
克(7)広(5)　克(7)弘(5)　克(7)洋(9)　活(9)広(5)　活(9)拓(8)　勝(12)浩(10)

かつま
克(7)磨(16)　活(9)馬(10)　勝(12)真(10)　勝(12)磨(16)

かつまさ
克(7)政(9)　勝(12)優(17)

かつみ
且(5)実(8)　克(7)巳(3)　克(7)実(8)　勝(12)己(3)　勝(12)海(9)

かづみ
禾(5)積(16)　佳(8)積(16)

かつや
甲(5)也(3)　且(5)治(7)　克(7)也(3)　克(7)哉(9)　勝(12)也(3)　禾(5)都(11)也(3)

かづや
和(8)津(9)治(7)　華(10)都(11)也(3)

かつやす
活(9)廉(13)　勝(12)泰(10)

かつゆき
克(7)遂(12)　勝(12)行(6)

かつよし
一(1)喜(12)　克(7)佳(8)　勝(12)良(7)

かつより
克(7)依(8)　勝(12)頼(16)

かつろう
克(7)郎(9)　活(9)朗(10)　捷(11)郎(9)　勝(12)郎(9)　勝(12)浪(10)

かどあき
圭6章11　門8明8

かどき
圭6紀9　門8喜12

かなた
奏9太4　哉9太4　奏9汰7　哉9泰10

かなと
乎5人2　哉9人2　哉9斗4　奏9杜7　奏9音9

かなめ
要9　叶5芽8　奏9馬10

かなや
叶5也3　奏9弥8

かなる
奏9琉11　奏9瑠14

かねあき
兼10亮9　謙17明8

かねお
周8央5　兼10朗10　加5年6雄12

かねた
鉄13太4

かねただ
兼10正5　謙17直8

かねと
兼10都11

かねまさ
鉄13正5　鐘20壮6

かねよし
兼10好6　謙17佳8

かぶと
兜11

かもん
迦9文4　珂9門8　歌14文4　嘉14紋10

がもん
我7文4　我7門8　画8門8

かやしげ
萱12茂8

がらく
雅13楽13

かりほ
雁12秀7

かりょう
佳8亮9　迦9僚14

かろく
佳8麓19　嘉14六4

かん
貫11　寛13　幹13

かんいち
莞10一1　貫11一1　幹13一1　寛13一1

かんいちろう
菅11一1郎9

かんき
莞10輝15

がんき
巌20起10

かんくろう
勘11九2郎9

かんご
完7梧11　侃8吾7　栞10吾7　莞10悟10　寛13吾7　鑑23吾7

かんさく
莞10作7　貫11策12

かんじ
完7治8　柑9至6　莞10司5　栞10児7　莞10滋12　菅11慈13　敢12児7　幹13司5　寛13司5　寛13治8　環17治8　鑑23司5

がんじ
雁12慈13　巌20治8

かんしん
完7慎13　貫11心4

かんすけ
栞10介4　莞10佑7　勘11介4　敢12助7

かんた
完7太4　侃8汰7　柑9汰7　莞10太4　勘11大3　勘11太4　乾11太4　貫11太4　寛13太4　幹13多6　寛13汰7　環17太4

かんたろう
完7太4朗10　栞10太4郎9　貫11太4朗10　敢12太4朗10　敢12汰7郎9　幹13太4郎9　寛13太4朗10　幹13多6朗10

かんと
柑9斗4　寛13人2

がんと
元登 4 12
雁斗 12 4

かんのすけ
侃乃介 8 2 4
柑之輔 9 3 14
乾之輔 11 3 14
敢之助 12 3 7
環之介 17 3 4

がんのすけ
丸乃丞 3 2 6

かんぺい
侃平 8 5
柑平 9 5
栞平 10 5
勘平 11 5

かんぺいた
莞平太 10 5 4

かんや
貫冶 11 7
敢也 12 3

き

「き」で始まる名前は、若々しく、軽快なイメージになります。

きいち
埼壱 11 7
貴一 12 1
葵一 12 1
稀一 12 1
喜壱 12 7
綺一 14 1
輝一 15 1
槻一 15 1
毅市 15 5
麒一 19 1

ぎいち
祇壱 9 7
義一 13 1
誼市 15 5

きいちろう
気一郎 6 1 9
樹一郎 16 1 9

きくお
祈久雄 8 3 12

きくごろう
菊吾郎 11 7 9

きくじろう
菊次郎 11 6 9

きくのすけ
菊之甫 11 3 7

きくのぶ
菊信 11 9
喜久伸 12 3 7

きくもり
菊守 11 6

きげん
希紘 7 11
貴厳 12 17

きし
旗志 14 7
輝士 15 3

きしお
喜志男 12 7 7
騎士央 18 3 5

きしゅ
旗守 14 6

きしゅう
基修 11 10
揮舟 12 6

きじゅうろう
喜重郎 12 9 9

きじゅん
貴准 12 10
輝楯 15 13

きしょう
基生 11 5
揮章 12 11
輝翔 15 12
輝蔣 15 14

きしん
気芯 6 7
希慎 7 13

きずく
築 16
築倶 16 10

きすけ
希祐 7 9
喜輔 12 14
旗祐 14 9
毅介 15 4

ぎすけ
義助 13 7
誼祐 15 9

きせき
希碩 7 14

きそら
希空 7 8
輝宙 15 8

きだい
希大 7 3
喜大 12 3

きたお
北雄 5 12
喜多夫 12 6 4

きたのり
北典 5 8
朔紀 10 9

きたる
来 7
來 8
徠 11

きっこう
吉航 6 10
桔康 10 11

きっそう
吉奏 6 9
桔総 10 14

きつのしん
桔之進 10 3 11

きっぺい
吉平 6 5
桔平 10 5

きつま
桔真 10 10

きどう
綺道 14 12
毅道 15 12
騎童 18 12

きほう
希7芳7 輝15逢11

きぼう
希7昴9 希7望11

きみあき
公4明8 君7昭9

きみお
公4夫4 君7勇9 紀9美9央5 輝15海9夫4

きみたか
公4崇11

きみちか
公4親16

きみてる
公4晟10 君7照13

きみなり
公4成6

きみのり
公4範15 君7典8 君7紀9

きみはる
公4晴12

きみひさ
公4悠11 君7久3

きみひろ
公4博12 君7寛13 輝15海9洋9

きみや
公4椰13 侯9也3

きみゆき
公4行6 君7幸8

きゅうご
弓3悟10 玖7吾7 糾9梧11 球11冴7

きゅうじ
丘5児7 究7至6 求7志7 球11児7

きゅうしろう
弓3士3郎9

きゅうた
究7多6 球11太4

きゅうま
弓3真10 求7真10 究7真10 求7馬10 玖7馬10 球11磨16

きゅうや
究7也3 玖7弥8

きょういち
叶5一1 兄5市5 杏7一1 協8一1 享8一1 侠9壱7 喬12一1 響20一1

きょうご
杏7悟10 恭10吾7 教11悟10 喬12吾7

きょうじ
共6治8 杏7二2

きょうしろう
京8志7朗10 郷11志7郎9 暁16士3朗10

きょうすけ
叶5介4 共6佑7 杏7丞6 亨7祐9 享8如6 京8佑7
享8典8 岬8輔14 恭10介4 恭10奨13 暁16亮9 競20佑7 響20佑7

きょうせい
恭10成6 喬12晴12

きょうぞう
京8三3 恭10造10

きょうた
叶5多6 杏7汰7 京8太4 享8太4 恭10汰7 強11太4 郷11汰7 喬12多6 響20太4

きょうたろう
杏7太4朗10 享8太4郎9 京8太4郎9

きょうと
亨7人2 響20斗4

きょうのすけ
享8之3丞6 京8之3甫7 侠9乃2介4 恭10之3助7 郷11之3輔14 喬12之3佑7

きょうへい
匡6兵7 享8平5 京8平5 協8平5 恭10平5 経11平5 郷11平5 喬12平5 暁16平5 競20平5 響20平5

きょうや
匡6也3　杏7治7
協8也3　京8矢5
恭10弥8　喬12弥8
競20也3　響20弥8

きよかつ
浄9克7　清11克7
清11勝12　聖13捷11

きょくえい
旭6永5　極12英8

きょくと
旭6都11

きよさと
清11里7　潔15郷11

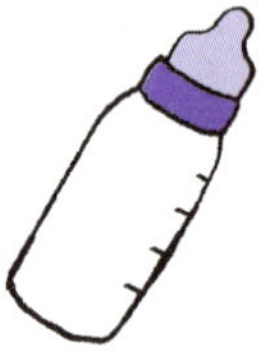

きよし
圭6　清11　聖13　潔15
浄9史5　粋10志7
清11士3　淑11士3
清11司5　雪11史5
清11志7　廉13史5
聖13志7　精14史5
碧14史5　澄15之3
潔15司5　澄15至6
希7葉12志7

きよしろう
清11志7郎9

きよすみ
清11純10　聖13澄15
精14澄15　潔15純10

きよずみ
清11純10

きよた
清11太4　澄15多6
潔15汰7

きよたか
浄9孝7　粋10隆11
清11空8　淑11貴12
潔15高10　潔15貴12

きよたけ
清11健11

きよてる
浄9瑛12　清11輝15

きよと
清11人2　雪11斗4
清11登12　聖13人2
澄15人2

きよなり
清11成6　聖13有6

きよのり
粋10紀9　清11典8

きよはる
圭6治8　浄9陽12
清11全6　清11流10
清11晏10　清11晴12

きよひこ
清11彦9　聖13彦9
紀9代5彦9

きよひで
清11秀7　聖13英8

きよひと
粋10人2　清11仁4
聖13仁4　潔15人2

きよひろ
聖13大3　馨20広5

きよふさ
清11芳7　澄15総14

きよふみ
清11史5　聖13文4

きよま
浄9真10　清11磨16

きよまさ
浄9正5　浄9匡6
聖13正5

きよまろ
清11磨18

きよみつ
清11光6　聖13充6

きよむ
雪11

きよもと
清11元4

ぎょりゅう
魚11龍16

ぎょりん
魚11鱗24

きら
煌13　生5羅19

きらり
煌13里7

きりと
紀9李7杜7

きりひと
桐10人2

きりゅう
桐10生5　貴12瑠14
輝15琉11

きりょう
輝15崚11

きりん
貴12凜15

きろく
貴12禄13

きわむ
究7
極12
極12夢13

ぎん
吟7
銀14

きんいち
欣8一1
菫11市5

きんえだ
公4条7

きんが
菫11雅13

ぎんが
銀14牙4
銀14河8

きんご
均7吾7
菫11吾7
欽12悟10
錦16吾7
謹17悟10

きんじ
均7二2
近7治8
芹7慈13
欣8治8
欣8慈13
菫11路13
勤12示5
錦16司5

ぎんじ
吟7次6
銀14次6

きんじゅ
謹17授11

きんじょう
勤12条7

ぎんじろう
吟7治8郎9

きんた
欽12太4

ぎんた
吟7太4
銀14汰7

きんのすけ
欽12之3介4

ぎんのすけ
銀14ノ1介4
銀14之3助7

きんむ
菫11夢13

きんや
芹7耶9
芹7哉9
欣8也3
欣8哉9
欽12也3
勤12也3

ぎんや
吟7弥8
銀14治7

「く」で始まる名前は、一本、筋の通ったイメージになります。

くいち
駆14一1

くうが
空8牙4
空8我7
空8伽7
空8駕15

くうち
空8智12

くうや
空8弥8
駈15宇6也3

くおん
久3音9
久3遠13
駆14遠13
駈15遠13

くにお
州6生5
邑7夫4
邦7夫4
邦7男7
邦7旺8
邦7朗10
国8央5
洲9央5
訓10夫4
共6仁4央5

くにかず
州6一1

くにしろ
邦7城9

くにぞう
國11造10

くにたか
国8隆11

くにたけ
邦7恒9

くにと
邑7都11

くにのぶ
国8伸7

くにひこ
邦7彦9
久3仁4彦9

くにひさ
邦7久3

くにひと
邦7人2
邦7史5
国8仁4

くにひろ
邦広（7・5）　邦洋（7・9）　邦博（7・12）　邦尋（7・12）　国宏（8・7）　国浩（8・10）

くにみ
邦巳（7・3）　邦海（7・9）　邦満（7・12）　國観（11・18）

くにみち
邦道（7・12）　呉満（7・12）

くにみつ
国允（8・4）

くにもり
國杜（11・7）

くにやす
地恭（6・10）　国恭（8・10）

くもん
玖文（7・4）　玖紋（7・10）

くらなり
蔵成（15・6）

くらのすけ
倉之助（10・3・7）　蔵之助（15・3・7）　鞍之輔（15・3・14）

くらひと
鞍仁（15・4）

くらま
鞍真（15・10）

くりお
栗雄（10・12）　久吏緒（3・6・14）　久里男（3・7・7）

くりす
栗守（10・6）　栗須（10・12）

くれひこ
呉彦（7・9）

くれひさ
呉尚（7・8）

くろうど
蔵人（15・2）

くろる
久呂瑠（3・7・14）

くんいち
訓一（10・1）

くんじ
薫児（16・7）

くんぺい
訓平（10・5）　勲平（15・5）　勲丙（15・5）　薫平（16・5）

「け」で始まる名前は、強さと優しさを感じる名前になります。

けい
佳（8）　京（8）　蛍（11）　慶（15）　慧（15）　希葦（7・13）　佳椅（8・12）

けいいち
圭一（6・1）　桂一（10・1）　恵市（10・5）　蛍一（11・1）　啓一（11・1）　渓壱（11・7）　景一（12・1）　敬壱（12・7）　継壱（13・7）　慶市（15・5）　馨壱（20・7）

けいいちろう
圭一郎（6・1・9）　慶一郎（15・1・9）

けいか
蛍歌（11・14）

けいが
圭河（6・8）　渓河（11・8）　慶河（15・8）　慶賀（15・12）

けいき
圭希（6・7）　京輝（8・15）　恵貴（10・12）　啓輝（11・15）　慶喜（15・12）　慶樹（15・16）

けいきち
啓吉（11・6）

けいご
兄悟（5・10）　圭梧（6・11）　恵伍（10・6）　啓五（11・4）　啓伍（11・6）　敬吾（12・7）　景吾（12・7）　卿吾（12・7）　詣悟（13・10）　稽悟（15・10）　慧悟（15・10）

けいこう
詣洸（13・9）

けいさく
圭作（6・7）　景作（12・7）

けいし
蛍司（11・5）　啓志（11・7）　蛍志（11・7）　啓詞（11・12）

けいじ
恵示（10・5）　桂司（10・5）　恵司（10・5）　渓慈（11・13）　敬侍（12・8）　敬治（12・8）　敬爾（12・14）　詣路（13・13）　慶二（15・2）　稽示（15・5）

慶15 次6　競20 至6

けいじゅ
恵10 寿7　桂10 樹16　渓11 寿7　啓11 樹16　馨20 樹16

けいしゅう
京8 崇11

けいじゅん
敬12 馴13

げいしゅん
詣13 春9

けいじろう
啓11 治8 朗10　敬12 二2 朗10

敬12 次6 郎9　慧15 二2 郎9　慶15 慈13 郎9

けいしん
圭6 晋10　啓11 信9　敬12 伸7　慧15 臣7　慶15 真10

けいすけ
圭6 介4　圭6 輔14　奎9 佑7　恵10 介4　桂10 助7　恵10 甫7　桂10 輔14　経11 介4　啓11 左5　啓11 弐6　啓11 佑7　敬12 介4　惠12 佐7　卿12 亮9　馨20 甫7

けいせい
圭6 成6　桂10 清11

啓11 征8　慶15 聖13

けいせつ
蛍11 雪11

けいそ
継13 楚13

けいぞう
桂10 三3　恵10 蔵15　渓11 蔵15　慶15 三3

けいた
啓11 太4　渓11 太4　啓11 多6　渓11 多6　蛍11 多6　惠12 汰7　敬12 汰7　稽15 太4　慧15 太4　慶15 汰7　馨20 太4　競20 太4

けいたつ
敬12 立5　景12 竜10

けいたろう
兄5 太4 朗10　圭6 多6 朗10　恵10 太4 朗10　渓11 太4 郎9　啓11 太4 郎9　慶15 太4 朗10

けいと
圭6 斗4　圭6 音9　啓11 斗4　蛍11 斗4　詣13 人2　継13 杜7　慶15 人2　慧15 人2　稽15 人2　競20 登12

けいま
圭6 真10　啓11 磨16　敬12 茉8

けいや
蛍11 也3　啓11 矢5

けいりん
啓11 琳12

けいん
希7 音9　華10 允4

けん
拳10　剣10　健11　堅12　賢16　謙17

げん
元4　玄5　絃11　現11　源13　厳17

けんいち
研9 一1　建9 市5　拳10 一1　剣10 一1　兼10 市5　拳10 壱7　健11 一1　健11 壱7　絢12 壱7　堅12 一1　憲16 一1　賢16 一1　謙17 壱7

けんいちろう
兼10 一1 郎9

げんいちろう
弦8 逸11 郎9　彦9 一1 郎9

げんかい
舷11 界9

げんき
元4 気6　玄5 気6　玄5 貴12　玄5 喜12　弦8 基11　弦8 輝15　舷11 貴12　現11 輝15　源13 紀9　厳17 起10　巌20 喜12

けんくろう
健11 九2 朗10

けんご
研9 吾7　拳10 吾7

乾11吾7　健11護20　絢12吾7　憲16吾7　賢16梧11　謙17醐16
健11悟10　堅12吾7　憲16呉7　賢16牙7　鍵17悟10　顕18悟10

けんこう
建9功5　健11公4　顕18孝7
兼10光6　賢16行6

けんごう
剣10剛10
乾11剛10

けんさい
謙17斎11

けんさく
建9作7　堅12作7
健11咲9　賢16作7

謙17作7
賢16紗10久3

けんし
剣10史5　健11史5　絢12司5
剣10司5　硯12二2　憲16士3

けんじ
建9志7　拳10司5　健11司5　牽11次6　憲16司5　賢16治8　謙17治8
建9治8　健11二2　健11至6　健11児7　賢16司5　謙17児8

げんじ
元4司5　源13次6　源13慈13
絃11司5　源13治8　厳17路13

けんしゅう
牽11周8
賢16洲9

けんしょう
健11省9

けんしろう
建9志7郎9　健11士3朗10　堅12志7郎9
剣10士3朗10　健11史5郎9

けんじろう
見7次6郎9
鍵17治8郎9

けんしん
研9心4　健11槙14
舷11深11　絢12臣7

憲16慎13
謙17信9

けんじん
賢16訊10

けんすけ
拳10介4　健11丞6　健11輔14　憲16甫7　賢16典8
兼10佑7　健11祐9　硯12介4　賢16佑7　謙17介4

けんぞう
兼10三3　憲16蔵15
健11造10

げんそう
絃11想13

げんぞう
元4蔵15　弦8造10
玄5三3　源13三3

けんた
兼10太4　牽11太4
健11太4　賢16汰7

げんた
弦8多6　舷11太4　源13太4　厳20太4
彦9汰7　現11多6　厳17太4

けんたろう
剣10太4朗10　謙17太4朗10
賢16太4郎9　顕18太4朗10

げんたろう
元4太4朗10
現11太4朗10

けんと
建9都11　健11人2　健11杜7
拳10斗4　健11斗4　健11兎7

牽11徒10　絢12人2　賢16斗4　鍵17人2
硯12斗4　賢16人2　謙17人2　謙17登12

げんと
玄5音9
舷11人2

けんのすけ
賢16乃2祐9

げんのすけ
弦8之3介4　厳20之3介4
厳17之3輔14

げんぱち
現11八2

げんぶ
弦8武8
源13歩8

けんま
研9真10
剣10磨16

健11真10　憲16馬10

けんや

見7弥8　研9治7
兼10也3　拳10也3
健11也3　健11彌17
絢12矢5　劍15也3
賢16也3　憲16哉9
賢16哉9　鍵17治7

げんや

弦8也3

けんゆう

剣10佑7　健11悠11
賢16友4

けんりゅう

健11隆11　賢16竜10

げんりゅう

舷11流10

こ

「こ」で始まる名前は、温和なイメージになります。

こう

巧5　光6　晃10　皐11
滉13　湖12雨8

ごう

剛10　強11　郷11　豪14

こうあん

晃10鞍15

こういち

弘5一1　孝7一1

洸9一1　浩10一1
紘10一1　耕10一1
晄10一1　浩10市5
梗11一1　皓12壱7
皓12市5　興16一1

こういちろう

孔4一1郎9　功5一1郎9
光6一1朗10　孝7市5郎9
幸8一1朗10　恒9一1郎9
洸9一1郎9　紘10一1郎9
航10一1朗10　浩10一1朗10

こううん

光6運12　行6雲12

こうえい

光6栄9　光6瑛12

こうか

光6歌14　幸8佳8

幸8賀12　虹9夏10
煌13嘉14

こうが

広5我7　光6河8
光6峨10　宏7牙4
宏7河8　昂8河8
幸8河8　恒9河8
洸9河8　洸9芽8
恒9雅13　恰9雅13
皇9雅13　航10牙4
晃10雅13　煌13雅13

こうがい

康11鎧18

こうき

工3揮12　勾4希7
公4紀9　公4輝15
弘5気6　甲5紀9

広5輝15　光6希7
亘6希7　光6祈8
光6輝15　光6樹16
光6麒19　宏7揮12
庚8生5　昂8希7
昊8希7　岬8暉13
昂8輝15　幸8輝15
洸9生5　厚9喜12
侯9喜12　恒9輝15
虹9輝15　洸9樹16
貢10己3　晃10気6
倖10希7　晄10希7
晃10来7　耕10季8
高10暉13　晃10綺14
晃10熙15　航10輝15
剛10毅15　晃10騎18
康11基11　皓12基11

煌13毅15　綱14己3
閤14希7　興16幾12
縞16輝15　瑚13有6輝15

ごうき

合6気6　剛10貴12
剛10輝15　剛10毅15
豪14輝15　轟21喜12

こうく

光6駆14

こうくん

功5勲15

こうけつ

光6傑13

こうけん

広5硯12　宏7見7　孝7兼10　更7賢16　恒9賢16　航10健11

ごうけん

剛10健11　轟21剣10

こうさい

康11砦11

こうさく

広5索10　宏7作7　恒9作7　康11作7

こうじ

弘5次6　功5児7　江6司5　考6司5　光6児7　亘6治8　孝7次6　昊8至6　昂8侍8　幸8治8
洸9二2　晃10二2　耕10史5　倖10司5　航10至6　晃10弐6　衡16司5　興16児7

ごうし

剛10至6　豪14史5

こうじゅ

考6儒16

こうしゅん

晃10春9　晃10瞬18

こうじゅん

公4閏12　宏7順12　恒9純10　煌13純10

こうしろう

工3詞12郎9　好6士3郎9　孝7士3郎9　岬8士3朗10　浩10四5朗10

こうじろう

孝7二2朗10　恰9二2朗10　洸9二2朗10　晃10児7郎9

こうじん

宏7訊10

こうすい

航10彗11

こうすけ

工3典8　公4亮9　公4祐9　功5佑7　弘5奨13　甲5輔14　好6佑7　光6佑7　亘6典8　光6亮9　幸8佑7　幸8甫7　昊8亮9　幸8亮9　幸8翼17　皇9介4　侯9佑7　洸9佑7
恒9資13　虹9輔14　晃10介4　浩10介4　耕10介4　晄10介4　航10右5　浩10左5　晃10助7　晃10祐9　倖10祐9　浩10輔14　晃10輔14　晄10輔14　高10翼17　梗11介4　康11介4　康11佑7　港12甫7　廣15介4　興16甫7　衡16佑7

ごうすけ

豪14丞6　轟21介4

こうせい

光6生5　考6正5　光6惺12　昊8生5　幸8晟10　昊8晴12
昊8誠13　皇9正5　恒9世5　洸9成6　恒9斉8　洸9星9　洸9犀12　航10生5　航10星9　康11世5　港12晴12　煌13星9

こうせき

幸8碩14

こうせつ

洸9節13　滉13摂13

こうぞう

幸8造10　洸9蔵15　耕10三3　晃10造10　梗11造10

こうた

孔4太4　公4太4　巧5太4　功5多6
考6太4　孝7太4　亨7汰7　宏7汰7　昊8大3　幸8太4　昊8汰7　恰9太4　洸9太4　洸9多6　虹9汰7　航10太4　紘10太4　浩10太4　耕10太4　倖10太4　耕10多6　倖10多6　康11太4　港12汰7　廣15汰7

ごうた

剛10太4　郷11太4

郷(11)大(3)　豪(14)多(6)

こうだい
巧(5)大(3)　広(5)大(3)　岬(8)大(3)　恒(9)第(11)　高(10)乃(2)　晃(10)大(3)　航(10)大(3)　耕(10)大(3)　煌(13)大(3)

こうたろう
考(6)太(4)郎(9)　向(6)太(4)朗(10)　光(6)汰(7)郎(9)　孝(7)太(4)郎(9)　庚(8)太(4)郎(9)　幸(8)太(4)郎(9)　航(10)太(4)郎(9)　耕(10)太(4)郎(9)　凰(11)太(4)郎(9)　梗(11)太(4)郎(9)　綱(14)太(4)朗(10)　縞(16)太(4)朗(10)

ごうたろう
剛(10)太(4)朗(10)　強(11)太(4)郎(9)　轟(21)太(4)郎(9)

ごうと
剛(10)人(2)　剛(10)徒(10)

こうのすけ
幸(8)之(3)助(7)　巷(9)之(3)介(4)　鴻(17)之(3)翼(17)

こうは
幸(8)杷(8)

こうひ
鴻(17)飛(9)

ごうふう
剛(10)風(9)

こうへい
巧(5)平(5)　弘(5)平(5)　向(6)平(5)　昊(8)平(5)　航(10)平(5)　耕(10)平(5)　紘(10)平(5)　晃(10)平(5)　康(11)平(5)

こうま
光(6)真(10)　恒(9)磨(16)

こうめい
孔(4)明(8)　弘(5)明(8)　洸(9)盟(13)　晃(10)銘(14)

こうや
弘(5)也(3)　弘(5)哉(9)　広(5)野(11)　光(6)治(7)　江(6)哉(9)　孝(7)也(3)　宏(7)弥(8)　更(7)哉(9)　昂(8)哉(9)　洸(9)也(3)　皇(9)弥(8)　洸(9)夜(8)　倖(10)也(3)　航(10)矢(5)　晃(10)弥(8)　康(11)也(3)

ごうや
轟(21)弥(8)

こうよう
勾(4)陽(12)　広(5)陽(12)　向(6)洋(9)　光(6)陽(12)　向(6)遥(12)　昊(8)陽(12)　香(9)蓉(13)　煌(13)陽(12)　煌(13)燿(18)

こうりん
光(6)凜(15)　光(6)麟(24)　恒(9)林(8)　康(11)琳(12)

ごうる
剛(10)流(10)　豪(14)琉(11)

こうろく
功(5)緑(14)　洸(9)陸(11)

ごお
悟(10)央(5)

こおた
鼓(13)緒(14)多(6)

ごおた
梧(11)雄(12)太(4)

こくし
國(11)子(3)

こごろう
鼓(13)午(4)郎(9)

こしたか
輿(17)隆(11)

こしろう
湖(12)志(7)郎(9)

こじろう
小(3)次(6)朗(10)　小(3)路(13)郎(9)　琥(12)二(2)朗(10)　琥(12)治(8)郎(9)

こすけ
虎(8)祐(9)　胡(9)介(4)　琥(12)輔(14)

こだい
鼓(13)大(3)

こだま
瑚(13)珠(10)

こたろう
小(3)太(4)郎(9)　虎(8)太(4)郎(9)　虎(8)太(4)朗(10)　胡(9)太(4)朗(10)　琥(12)太(4)郎(9)　瑚(13)太(4)朗(10)

こてつ
虎(8)徹(15)　鼓(13)哲(10)

こと
琥(12)都(11)

こどう
虎(8)童(12)　胡(9)道(12)

ことのすけ
琴12ノ1助7

ことは
言7波8

ことや
誼15弥8

こなみ
瑚13浪10

こなん
虎8南9　胡9南9　琥12男7　湖12南9　瑚13男7

これきよ
是9清11　是9舜13　是9潔15　惟11聖13

これしげ
維14茂8

これちか
惟11盟13

これつぐ
是9頌13　惟11次6

これと
是9杜7　惟11音9

これなり
是9成6

これひと
伊6人2　是9一1　是9等12　惟11仁4

これまさ
之3正5

これみつ
是9光6

ごろう
五4郎9　呉7郎9
吾7郎9　冴7朗10　梧11郎9

こんいちろう
昆8一1郎9

さ

「さ」で始まる名前は、さわやかで、明るい響きになります。

さいが
才3雅13

さいかく
彩11覚12　犀12覚12

さいき
才3希7　最12希7

さいし
宰10士3　砦11志7

さいじ
宰10次6　彩11児7

さいしゅ
砦11主5

さいじろう
采8治8郎9

さいぞう
才3蔵15　最12蔵15

さいたろう
才3太4朗10　斎11多6郎9

さいち
紗10一1

さいと
采8人2　砦11杜7　斎11杜7　犀12斗4　最12登12

さいふう
彩11楓13

さいもん
采8門8　宰10聞14　彩11門8　犀12文4

さいや
彩11弥8　犀12矢5

さえなり
冴7就12

さえる
冴7　冴7瑠14

さかき
榊14希7　榊14規11
榊14貴12　榊14喜12　榊14幹13　榊14樹16

さかと
榮14杜7

さき
瑳14輝15

さきお
幸8男7　咲9夫4　埼11雄12

さきた
咲9太4　紗10貴12多6　爽11輝15太4

さきと
咲9人2

さきょう
左5京8　早6響20　冴7匡6　瑳14亨7

さく
朔10

さくじ
作7治8　朔10至6

さくたろう
作7太4朗10　咲9太4朗10　朔10太4郎9　策12多6郎9

さくみ
朔10光6　朔10満12　佐7久3臣7

さくや
作7耶9　咲9也3　朔10夜8　策12也3

さくろう
作7郎9　咲9郎9　索10朗10　冴7久3郎9

さこん
左5近7　冴7近7　紗10紺11　瑳14近7

ささなり
讃22成6

ささやす
笹11保9　讃22恭10

ささゆき
笹11雪11　讃22之3

さすけ
左5介4　冴7介4　佐7助7　冴7佑7　佐7祐9　紗10亮9　紗10輔14

さだあき
定8彬11　貞9明8

さだお
完7夫4　貞9雄12　作7太4勇9

さだおみ
究7臣7　定8臣7

さだかず
定8和8

さだかね
定8兼10　貞9鉄13

さだき
定8喜12　勘11樹16

さだつぐ
定8紹11　貞9次6　禎13継13

さだのぶ
制8信9　貞9延8

さだのり
定8典8　禎13範15

さだはる
定8晴12　貞9晴12　晏10晴12　済11治8　禎13春9

さだひろ
定8広5　貞9宏7　貞9洋9　禎13尋12

さだふみ
貞9文4

さだみ
斉8視11　貞9相9

さだみち
定8通10　真10道12

さだみつ
貞9光6

さだむ
定8　勘11　禎13夢13

さだやす
完7泰10

さだゆき
定8幸8　貞9到8

さだよし
禎13由5

さちお
幸8夫4　幸8男7　倖10朗10　祥10雄12　禄12夫4

さちや
幸8矢5　幸8哉9　祥10也3　倖10治7

さつき
皐11　皐11月4　爽11槻15　颯14希7　颯14樹16

さつま
颯14茉8　颯14真10　薩17馬10　瑳14津9真10

さつみ
颯14己3

さとき
怜8貴12　敏10喜12　理11樹16　智12紀9　惺12貴12　聡14希7　鋭15規11　賢16希7　識19樹16

さとし
怜8　智12　聡14　慧15　里7司5　怜8史5

学(8)志(7)　知(8)思(9)
悟(10)士(3)　恵(10)士(3)
哲(10)史(5)　敏(10)史(5)
悟(10)示(5)　悟(10)史(5)
郷(11)士(3)　惺(12)士(3)
覚(12)史(5)　智(12)資(13)
聡(14)史(5)　聡(14)司(5)
聡(14)志(7)　慧(15)之(3)
鋭(15)史(5)　慧(15)至(6)
慧(15)思(9)　諭(16)士(3)
諭(16)史(5)　識(19)史(5)
佐(7)刀(2)志(7)　佐(7)登(12)士(3)

さとふみ
諭(16)史(5)

さとみ
敏(10)巳(3)　聡(14)満(12)
慧(15)己(3)

さとみち
吏(6)倫(10)　悟(10)倫(10)

さとむ
里(7)夢(13)　聡(14)務(11)

さとや
諭(16)也(3)

さとゆき
吏(6)之(3)　知(8)行(6)
哲(10)幸(8)　聡(14)之(3)

さとる
悟(10)　哲(10)　覚(12)　惺(12)
慧(15)　了(2)留(10)　智(12)琉(11)
覚(12)瑠(14)　聖(13)流(10)

聡(14)留(10)　慧(15)留(10)

さない
左(5)内(4)

さねかず
実(8)一(1)

さねただ
実(8)直(8)　真(10)忠(8)

さねとも
實(14)智(12)

さねよし
実(8)良(7)　真(10)允(4)

さみお
沙(7)美(9)雄(12)

さむ
爽(11)夢(13)　瑳(14)夢(13)

さもん
佐(7)門(8)　咲(9)聞(14)

さやた
爽(11)大(3)　清(11)太(4)
爽(11)太(4)　清(11)多(6)
爽(11)泰(10)　清(11)泰(10)

さやと
清(11)人(2)　爽(11)人(2)
爽(11)杜(7)　鞘(16)斗(4)

さわお
沢(7)雄(12)　爽(11)男(7)
佐(7)和(8)雄(12)　爽(11)波(8)男(7)

さわき
沢(7)喜(12)　冴(7)湧(12)
爽(11)季(8)　爽(11)貴(12)

さんが
珊(9)夏(10)　賛(15)賀(12)

さんご
讃(22)吾(7)

さんじ
珊(9)治(8)　賛(15)示(5)
讃(22)二(2)

さんしろう
三(3)士(3)郎(9)　三(3)四(5)朗(10)
参(8)史(5)朗(10)　珊(9)士(3)郎(9)

さんと
賛(15)音(9)　讃(22)人(2)

さんぺい
珊(9)平(5)

さんぽ
山(3)歩(8)

し

「し」で始まる名前は、若々しく、軽快なイメージになります。

しあん
志(7)按(9)　嗣(13)庵(11)

しいま
椎(12)真(10)　志(7)以(5)真(10)

しうん
紫(12)雲(12)

じえい
滋(12)栄(9)　慈(13)永(5)
慈(13)英(8)

しお
汐6
志7雄12

しおう
詩13凰11

しおき
汐6紀9

しおさと
潮15里7

しおと
汐6音9
潮15人2

しおひさ
潮15永5

しおり
獅13織18

しおん
支4穏16
司5音9
此6臣7
至6恩10
志7穏16
枝8温12
紫12苑8
紫12温12
嗣13温12

じおん
慈13温12

しき
士3記10
史5輝15
志7輝15
志7樹16

しきひと
識19仁4

しげあき
成6秋9
茂8明8
重9明8
繁16章11

しげお
成6男7

しげかず
十2和8
種14一1
繁16和8

しげかつ
栄9勝12
滋12克7
滋12活9

しげかど
盛11門8

しげき
成6輝15
志7撃15
茂8樹16
栄9畿15
滋12希7
繁16貴12
繁16樹16
穣18生5

しげさね
種14実8
穣18実8

しげたか
茂8孝7
茂8隆11
重9貴12
滋12孝7
繁16貴12
繁16鷹24

しげただ
栄9董12

しげたつ
成6立5

しげたね
盛11種14

しげちか
董12親16

しげと
成6人2
茂8人2
茂8斗4
森12音9
慈13人2
誉13斗4
慈13徒10
繁16登12

しげとし
盛11等12

しげな
重9名6

しげなり
茂8勢13
栄9成6

しげのぶ
重9伸7
重9宣9
繁16信9
繁16暢14

しげのり
成6範15
荘9典8
重9典8
薫16紀9

しげはる
茂8温12
習11治8
繁16春9
繁16晴12

しげひこ
繁16彦9
慈13比4古5

しげほ
栄9甫7
重9穂15

しげみ
重9巳3
繁16実8

しげもと
重9元4
滋12初7

しげもり
成6杜7
繁16森12

しげや
草9野11
滋12弥8

しげやす
茂8安6
茂8泰10
重9靖13
滋12恭10
繁16保9

しげゆき
成6遂12
茂8行6
重9之3
盛11行6
繁16行6
鎮18幸8

しげよし
茂8芦7
栄9吉6
繁16良7

しげより
重9頼16

しげる
卯5　林8　茂8　盛11　滋12　慈13　蒼13　繁16

しこう
史5光6　史5煌13　志7孝7　志7航10　志7煌13　梓11光6　獅13孝7　嗣13洸9　詩13皇9

ししお
獅13雄12　梓11志7雄12

しじん
詩13人2

しずお
倭10夫4　静14央5

静14男7　静14雄12　穏16央5　鎮18生5　鎮18郎9　史5図7雄12

しずか
閑12　静14佳8　静14和8　静14翔12

しずく
寧14久3

しずと
静14音9　寧14斗4　静14登12　志7津9徒10

しずま
靖13真10　静14真10　静14磨16　寧14真10　静14満12　鎮18守6

しずる
康11瑠14

しずや
靖13哉9　静14矢5　寧14弥8　鎮18也3　梓11津9也3

じつお
日4緒14　実8生5

しど
志7士3　志7努7

しどう
士3道12　史5堂11　梓11童12　獅13童12

しののめ
東8雲12

しのぶ
忍7　忍7武8　志7暢14　信9歩8　篠17武8

しのや
忍7弥8

しばさぶろう
柴10三3郎9

しほう
志7芳7　紫12峰10

しみず
詩13瑞13

じむ
次6武8　治8務11

しめい
志7盟13

しもん
史5紋10　志7門8

紫12紋10　詩13文4　獅13門8

しゃらく
紗10絡12　紗10楽13

しゅう
秀7　周8　秋9　柊9　修10　執11　鷲23

しゅういち
州6一1　秀7一1　周8逸11　柊9一1　修10一1　脩11市5

しゅうえい
周8詠12　周8衛16

修10英8　衆12栄9

しゅうき
秀7麒19

しゅうご
秀7悟10　周8悟10　柊9伍6　修10悟10　習11悟10　萩12午4

じゅうごう
柔9剛10

しゅうごろう
秀7吾7郎9

しゅうさく
秀7作7　秀7咲9　祝9作7　修10朔10

しゅうし
鷲23視11

しゅうじ
秀(7)治(8)　祝(9)治(8)　修(10)士(3)　脩(11)路(13)　衆(12)治(8)

じゅうし
柔(9)史(5)

しゅうじろう
収(4)次(6)郎(9)

じゅうじろう
柔(9)治(8)朗(10)

しゅうすい
秋(9)彗(11)

しゅうすけ
収(4)資(13)　秀(7)介(4)　周(8)亮(9)　秋(9)丞(6)　輯(16)祐(9)　鷲(23)佑(7)

しゅうせい
秀(7)征(8)　秀(7)聖(13)　秋(9)清(11)　修(10)生(5)

しゅうぜん
秀(7)全(6)

しゅうぞう
秀(7)三(3)　修(10)造(10)　修(10)蔵(15)　鷲(23)蔵(15)

しゅうた
秀(7)多(6)　洲(9)太(4)　秋(9)多(6)　輯(16)汰(7)

しゅうたつ
洲(9)達(12)

しゅうたろう
執(11)太(4)朗(10)　鷲(23)太(4)郎(9)

しゅうと
収(4)都(11)　州(6)渡(12)
秀(7)斗(4)　周(8)人(2)　秋(9)人(2)　柊(9)杜(7)　修(10)斗(4)　修(10)登(12)　脩(11)斗(4)　習(11)徒(10)　衆(12)人(2)　就(12)人(2)　輯(16)斗(4)　蹴(19)人(2)　鷲(23)斗(4)　諏(15)有(6)人(2)

しゅうのすけ
舟(6)之(3)輔(14)

しゅうはく
秀(7)珀(9)

しゅうび
修(10)備(12)

しゅうへい
州(6)平(5)　舟(6)平(5)　秀(7)平(5)　周(8)平(5)　柊(9)平(5)　修(10)平(5)
衆(12)平(5)　蹴(19)平(5)　鷲(23)平(5)

しゅうほ
舟(6)歩(8)　秀(7)甫(7)　秋(9)輔(14)

しゅうほう
秀(7)芳(7)　祝(9)訪(11)　秋(9)豊(13)　修(10)峰(10)　修(10)鳳(14)　嵩(13)峰(10)

しゅうま
秀(7)馬(10)　洲(9)真(10)　柊(9)馬(10)　萩(12)満(12)

しゅうめい
秋(9)明(8)　修(10)銘(14)

しゅうや
州(6)野(11)　秀(7)弥(8)　秀(7)夜(8)　周(8)哉(9)
秋(9)弥(8)　柊(9)弥(8)　修(10)矢(5)　崇(11)弥(8)　脩(11)哉(9)　鷲(23)也(3)

じゅうや
柔(9)冶(7)

しゅうれん
修(10)練(14)

しゅうわ
習(11)和(8)

しゅぜん
守(6)善(12)　諏(15)善(12)

しゅめ
主(5)馬(10)

しゅもん
朱(6)文(4)　珠(10)聞(14)

じゅよう
授(11)葉(12)

じゅらい
授(11)來(8)

しゅり
守(6)吏(6)　朱(6)哩(10)　朱(6)理(11)　諏(15)理(11)

じゅり
授(11)理(11)　壽(14)吏(6)　樹(16)哩(10)　樹(16)璃(15)

しゅん
旬(6)　俊(9)　隼(10)　峻(10)　舜(13)　駿(17)　瞬(18)

じゅん
巡(6)　純(10)　隼(10)　惇(11)　淳(11)　準(13)　楯(13)　潤(15)

しゅんいち
旬(6)一(1)　俊(9)市(5)　春(9)一(1)　竣(12)一(1)

駿17市5　瞬18壱7

じゅんいち
巡6壱7　准10一1
純10一1　隼10市5
絢12一1　準13一1
詢13一1

じゅんいちろう
純10一1郎9　隼10一1朗10
淳11一1郎9　絢12一1朗10
順12市5郎9　潤15壱7朗10

しゅんき
竣12紀9　瞬18起10

じゅんき
遵15己3　潤15紀9

しゅんご
俊9午4　春9吾7
俊9呉7　竣12牙7

舜13梧11　駿17伍6
瞬18悟10

じゅんご
洵9吾7　純10呉7
准10吾7　淳11吾7
淳11醐16　順12悟10

しゅんさく
俊9策12

じゅんざぶろう
巡6三3郎9

しゅんじ
俊9児7　峻10児7
駿17路13

じゅんじ
洵9次6　准10司5
純10次6　淳11示5
淳11児8　順12治8

閏12治8　潤15二2
遵15司5　潤15児7

しゅんすけ
俊9甫7　俊9亮9
俊9輔14　隼10佑7
峻10佑7　駿17介4
駿17甫7　瞬18祐9

じゅんすけ
洵9亮9　純10介4
惇11甫7　淳11甫7

じゅんせい
隼10生5

じゅんぞう
准10造10　純10造10
淳11蔵15　順12造10

しゅんた
春9太4　俊9多6

竣12太4　駿17太4
駿17汰7　瞬18太4

じゅんた
准10太4

じゅんだい
純10太4　潤15第11

しゅんたろう
旬6太4朗10　俊9太4朗10
春9多6郎9　舜13汰7朗10
駿17太4郎9　瞬18多6郎9

しゅんと
竣12都11　馴13徒10
詢13徒10

じゅんのすけ
巡6乃2輔14　洵9之3介4
純10之3丞6　純10之3助7
惇11乃2祐9　順12之3介4

閏12之3丞6

しゅんぺい
旬6平5　峻10兵7
竣12平5　駿17丙5

じゅんぺい
純10平5　淳11丙5
惇11平5　潤15平5

しゅんま
俊9馬10　駿17馬10

じゅんま
旬6守6　純10真10
隼10馬10

しゅんめ
詢13芽8

しゅんや
旬6哉9　俊9矢5
俊9彌17　純10也3

隼10矢5　峻10矢5
竣12也3　竣12弥8
駿17也3　瞬18也3
瞬18弥8

じゅんや
巡6矢5　旬6弥8
洵9矢5　純10也3
淳11弥8　淳11哉9
潤15也3　潤15弥8
醇15哉9　諄15哉9

じゅんゆう
准10佑7　隼10勇9
純10湧12　順12悠11

じょいた
叙11偉12太4

しょう
匠6 承8 将10 祥10 笙11 章11 翔12 照13 頌13 槍14 彰14

じょう
丈3 浄9 叙11宇6

しょういち
匠6一1 庄6壱7 昌8一1 祥10市5 章11市5 笙11壱7 翔12壱7 蒋14一1 彰14一1 嘗14一1

じょういち
丞6一1 常11一1 譲20一1

しょういちろう
庄6一1郎9 尚8一1朗10 祥10一1郎9 菖11一1郎9 紹11一1郎9 翔12一1朗10 彰14一1郎9

じょういちろう
城9一1郎9

しょうえい
祥10英8 祥10栄9 渉11永5 翔12英8 勝12瑛12 照13叡16 篠17栄9

しょうえん
照13演14

しょうき
松8喜12 唱11喜12 渉11輝15 湘12生5

勝12基11 晶12貴12 奨13喜12 嘗14喜12 樟15樹16

しょうけん
将10賢16 祥10賢16 祥10顕18 翔12健11 勝12憲16

しょうご
正5悟10 正5護20 青8吾7 省9吾7 荘9吾7 将10伍6 祥10呉7 祥10醐16 笙11互4 章11伍6 晶12吾7 湘12吾7 翔12冴7 晶12冴7 翔12吾7 翔12悟10 樟15悟10 篠17吾7

じょうご
城9伍6

しょうじ
正5次6 生5蒔13 昌8二2 昭9司5 祥10児7 将10治8 紹11治8 菖11侍8 湘12司5 湘12治8 晶12児8 彰14二2 蒋14次6 彰14慈13 樟15二2

じょうじ
丈3慈13 丞6侍8

条7児7 定8治8 浄9児7 穣18司5 穣18次6 譲20二2 譲20司5

しょうすけ
庄6典8 将10介4 祥10典8 祥10祐9 翔12介4 勝12助7 湘12祐9 翔12翼17 蒋14介4 嘗14亮9

しょうせい
匠6正5 将10正5 祥10征8 将10星9 翔12晴12

しょうた
匠6汰7 尚8多6 昇8汰7 星9太4

省9太4 将10太4 祥10太4 祥10多6 菖11多6 湘12太4 翔12太4 頌13太4 蒋14太4 嘗14多6

しょうだい
将10悌10 翔12乃2

しょうたろう
正5太4朗10 正5多6朗10 尚8太4郎9 昌8多6郎9 昭9太4朗10 将10太4郎9 祥10太4朗10 章11太4朗10 翔12太4朗10

じょうたろう
丈3太4郎9 条7太4郎9 譲20太4郎9

しょうと
紹11人2　菖11人2
翔12人2　聖13斗4

しょうのすけ
匠6乃2介4　尚8之3佑7
祥10之3輔14　笙11乃2甫7
章11之3介4　翔12之3亮9

しょうぶ
祥10蕪15　晶12葡12

しょうへい
尚8平5　昌8平5
相9平5　昭9兵7
将10丙5　祥10兵7
唱11平5　翔12平5
湘12平5　嘗14平5

しょうほ
蔣14保9

しょうま
匠6馬10　将10真10
祥10馬10　渉11真10
翔12真10　奨13馬10
憧15馬10　憧15磨16

しょうや
昌8也3　祥10弥8
菖11野11　翔12矢5
翔12弥8　彰14哉9

しょうよう
菖11耀20　湘12遥12

しょうり
将10利7　捷11理11
翔12鯉18

じょううん
如6雲12

じょせい
助7成6

しらき
白5輝15

しりゅう
蒔13隆11

しろう
四5郎9　司5郎9
史5朗10　孜7郎9
梓11朗10　嗣13郎9

しん
辰7　伸7　信9　晋10
進11　晨11　慎13

じん
仁4　壬4　臣7　甚9
陣10　尋12

しんいち
臣7一1　辰7市5
伸7壱7　信9市5
真10一1　晋10一1
清11一1　進11一1
紳11市5　進11壱7
慎13一1　新13一1
槙14一1

しんいちろう
信9一1朗10　森12一1朗10

しんき
新13希7

しんげん
振10絃11

しんご
申5伍6　臣7吾7
伸7悟10　信9五4
信9悟10　晋10伍6
晋10吾7　秦10吾7
真10吾7　真10悟10
清11冴7　慎13伍6
慎13吾7　慎13梧11

じんご
仁4吾7　訊10伍6

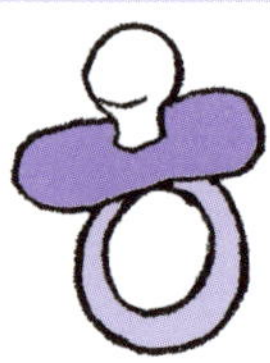

しんさく
伸7作7　信9作7
晋10作7

しんざぶろう
進11三3郎9　新13三3朗10

しんし
紳11志7

しんじ
申5次6　伸7二2
芯7志7　信9次6
晋10司5　真10司5
真10児7　秦10児7
真10治8　真10時10
深11治8　慎13路13

しんじろう
芯7次6朗10　信9二2郎9

しんすけ
伸7介4　津9介4
真10介4　秦10佑7
晋10輔14　進11祐9

じんすけ
任6佐7　甚9佑7

しんせい
心4聖13　新13星9

しんぞう
申5造10　晋10三3　森12蔵15

しんた
芯7太4　伸7多6　津9汰7　晋10太4　進11太4　深11太4　進11多6　新13汰7　榛14太4　薪16太4

じんた
臣7太4　尋12大3

じんだい
仁4大3　臣7悌10

しんたろう
辰7太4郎9　伸7太4朗10　信9太4朗10　秦10太4郎9　晋10太4郎9　晋10太4朗10　新13太4朗10　慎13太4朗10

じんてつ
仁4哲10　甚9徹15　陣10徹15

しんと
伸7人2　新13斗4　槙14杜7

じんと
甚9斗4

しんどう
紳11童12

じんどう
仁4道12

しんのすけ
心4之3介4　申5之3介4　伸7之3丞6　信9乃2佐7　紳11之3介4　慎13之3介4　慎13之3佑7　新13之3資13

じんのすけ
甚9之3輔14

しんぺい
心4平5　伸7平5　信9平5　津9平5　晋10兵7　慎13平5

じんぺい
迅6平5　甚9平5　訊10平5

しんぽ
心4帆6　信9保9　進11歩8　慎13穂15

しんや
心4哉9　申5也3　辰7哉9　臣7治7　信9也3　信9哉9　晋10也3　晋10哉9　秦10哉9　新13也3　慎13弥8

じんや
仁4弥8　訊10也3

しんら
深11羅19

しんり
真10吏6　進11李7

「す」で始まる名前は、さっぱりとしたイメージになります。

すいか
彗11華10

すいき
彗11輝15

すいご
粋10吾7　彗11牙7　遂12吾7

すいこう
粋10晃10

ずいさん
瑞13珊9

ずいしん
瑞13伸7

すいせい
粋10清11　彗11生5　遂12惺12　翠14青8

ずいまる
瑞13丸3

すいりゅう
彗11琉11

すうき
嵩13希7

すえゆき
陶11之3

すがお
清11男7

すぎや
杉7哉9

すぐな
直8馴13

すぐる
卓8　俊9　捷11　勝12　賢16　英8琉11　傑13留10

すけさぶろう
助7三3郎9

すけもち
祐9以5

すざく
朱6雀11　諏15策12

すずお
涼11夫4

すずし
涼11　涼11史5　鈴13史5　錫16嗣13

すずしろ
鈴13代5

すずのすけ
宰10之3介4

すずと
鈴13音9

すずひこ
涼11彦9　鈴13彦9　錫16比4己3

すすむ
存6　享8　晋10　進11　勤12　進11武8　進11夢13　奨13武8　漱14夢13

すずほ
凉10秀7

すずみ
涼11水4

すずや
涼11也3　涼11弥8　鈴13也3　錫16哉9

すなお
直8　忠8　純10　素10直8　淳11央5

すねかつ
強11雄12

すばる
昴9　昴9瑠14　素10晴12

すみつぐ
純10次6　速10次6　澄15続13

すみと
純10人2　純10社7　澄15斗4　澄15豊13

すみとも
在6朋8

すみや
純10哉9　澄15矢5　澄15弥8　寿7美9弥8

せ

「せ」で始まる名前は、情熱的で強さをもつ響きになります。

せい
征8　星9　晟10　晴12　聖13　誓14

せいあ
聖13亜7　青8空8

せいいち
制8一1　征8市5　政9一1　星9一1　晟10一1　晴12一1　聖13一1

せいう
静14宇6

ぜいう
税12右5

せいうん
星9雲12

せいえい
晟10栄9　清11英8　盛11英8　済11瑛12　清11瑛12　惺12栄9　聖13英8　誠13瑛12

せいが
星9河8　聖13牙4　誠13芽8

ぜいかん
税12寛13

せいき
成6基11　成6輝15　征8希7　星9喜12

せいぎ
正5義13　済11儀15　盛11毅15

せいご
成6牙7 制8吾7 征8吾7 青8悟10 星9悟10 星9瑚13 晟10吾7 清11悟10 犀12吾7 聖13吾7 誠13吾7 聖13護20 精14悟10

せいこう
青8昊8 星9幌13 盛11煌13

せいさい
正5砦11 星9彩11 盛11砦11

せいさく
政9作7 晴12作7 惺12索10 誠13朔10

せいし
征8至6 星9志7 清11史5 聖13梓11

せいじ
成6志7 征8次6 青8児7 制8治8 青8慈13 星9児7 省9治8 清11二2 清11司5 惺12児7 誠13二2 勢13児7 誠13侍8 精14二2 誓14二2 静14児7 醒16至6

ぜいじ
税12司5

せいしゅう
星9舟6 成6洲9 青8周8 清11秋9 誠13秀7 聖13舟6

せいしゅん
星9瞬18

せいじゅん
清11詢13 誠13純10

せいしろう
征8志7郎9 星9史5郎9 清11史5郎9 精14志7郎9

せいすけ
星9介4 清11亮9 晴12輔14 静14典8 整16佑7

せいぞう
誠13三3 精14造10

せいた
政9大3 星9汰7 清11太4 清11多6 誠13多6 聖13多6

せいたろう
征8汰7朗10 星9多6朗10 誠13太4郎9 聖13太4朗10

せいと
征8斗4 星9登12 靖13斗4 勢13登12 静14人2 誓14登12

せいな
世5那7

せいふう
清11楓13

せいほ
星9保9 聖13穂15

せいま
征8馬10 星9真10 盛11馬10 聖13茉8 誠13磨16

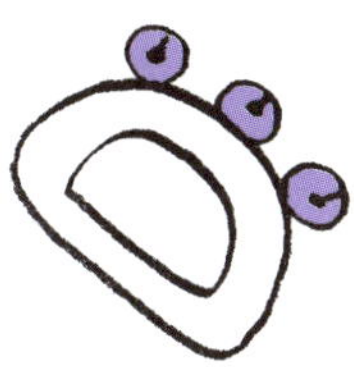

せいめい
清11明8 盛11銘14

せいや
斉8也3 青8治7 斉8哉9 青8哉9 星9矢5 星9夜8 政9弥8 晟10也3 清11哉9 盛11埜11 惺12也3 晴12弥8 聖13也3 靖13也3 聖13矢5 勢13矢5 聖13夜8 誓14也3 誓14哉9 整16也3

せいりゅう
青8竜10 星9流10 星9龍16 清11琉11 聖13瑠14 聖13龍16

せき
碩14

せきたろう
汐6太4郎9

せきと
汐6人2 碩14斗4

せきや
碩14 也3

せつ
雪11

せつき
摂13 希7

せな
世5 那7
瀬19 那7
瀬19 南9

せら
世5 等12
瀬19 良7

せらと
世5 羅19 人2

せりと
芹7 杜7

せりのすけ
芹7 乃2 輔14

ぜん
善12
禅13
然12

せんいち
仙5 一1
茜9 一1
宣9 市5
泉9 市5
閃10 一1

せんくろう
撰15 久3 郎9

せんご
仙5 呉7
茜9 伍6
閃10 吾7

せんじ
泉9 児7

せんしろう
閃10 志7 郎9

せんじろう
先6 次6 郎9

せんり
千3 里7

ぜんぞう
全6 三3
善12 三3
善12 造10
善12 蔵15

せんた
仙5 大3
仙5 太4
仙5 汰7
宣9 多6
宣9 汰7
茜9 汰7
泉9 汰7
扇10 太4
閃10 太4

せんたろう
仙5 太4 郎9
茜9 太4 朗10
宣9 多6 郎9
泉9 汰7 郎9
扇10 太4 郎9

せんと
仙5 音9
茜9 人2
泉9 人2
宣9 登12
閃10 人2

せんのすけ
仙5 ノ1 甫7
泉9 之3 介4
茜9 之3 輔14

せんや
閃10 哉9

せんり
千3 哩10

「そ」で始まる名前は、つつましく穏やかなイメージになります。

そう
奏9
爽11
創12
想13
颯14

そういち
壮6 市5
宋7 一1
草9 一1
奏9 一1
爽11 一1
惣12 一1
湊12 一1
聡14 一1
想13 意13 智12

そういちろう
壮6 一1 郎9
宗8 一1 朗10
荘9 一1 郎9
創12 一1 郎9
総14 一1 郎9
叢18 一1 朗10

そうえい
壮6 永5
奏9 栄9
創12 英8
湊12 栄9

そうかい
漕14 海9
漱14 界9

そうき
壮6 貴12
宗8 騎18
奏9 喜12
創12 揮12
漱14 希7
颯14 紀9

颯14喜12　聡14貴12

そうきゅう
曽11久3

そうくん
宗8薫16

そうご
壮6梧11　宗8呉7　荘9悟10　創12悟10　蒼13午4　蒼13冴7　蒼13瑚13　颯14吾7　漱14梧11

そうこう
蒼13滉13

そうさく
壮6朔10　奏9作7　爽11作7　創12策12　颯14作7

そうし
壮6士3　早6史5　壮6志7　宗8志7　草9史5　奏9志7　創12士3　創12志7　想13至6　想13志7

そうじ
壮6児7　宗8侍8　相9司5　荘9司5　爽11児7　爽11馳13　惣12司5　湊12司5　創12至6　創12児7　総14司5　聡14次6

漱14路13　漱14治8　操16司5　叢18司5

そうじゅ
双4寿7　爽11樹16

そうしろう
操16志7郎9

そうじろう
壮6次6郎9　宋7治8朗10

そうしん
草9心4

そうすけ
壮6助7　早6佑7　壮6輔14　宋7丞6　宗8介4　宗8佑7　宗8典8　宗8亮9　奏9亮9　爽11介4　爽11祐9　爽11輔14

創12介4　惣12介4　創12佑7　総14介4　総14祐9　聡14亮9　操16介4　叢18佑7

そうせい
蒼13生5

そうせき
漱14石5

そうた
双4太4　壮6多6　早6汰7　壮6泰10　宋7大3　走7太4　宋7多6　走7汰7　宗8多6　草9太4　爽11大3　爽11汰7　創12太4　惣12多6　創12汰7　蒼13太4

想13太4　颯14大3　颯14太4　聡14太4　槍14太4　漱14大3　聡14汰7　颯14汰7

そうたろう
相9太4朗10　湊12太4郎9

そうてん
蒼13天4　槍14天4　漕14典8

そうと
想13人2　漕14人2

そうへい
早6平5　壮6丙5　宋7平5　奏9丙5　荘9兵7　爽11平5　颯14平5

そうま
早6馬10　壮6馬10　奏9真10　蒼13真10　想13磨16　総14真10　颯14馬10　漱14磨16

そうめい
壮6明8　荘9命8　草9明8　創12銘14　聡14明8

そうや
壮6哉9　宗8矢5　奏9矢5　草9耶9　惣12矢5　創12治7

そうりゅう
蒼13龍16

そうりん
宗8麟24

そじ
楚13路13

そしゅう
祖9秀7

そなた
奏9奈8多6　素10那7太4

そむ
楚13夢13

そら
天4　空8　宙8　楚13羅19

そらうた
宙8詩13　宙8歌14

そらた
宙8太4　空8太4

そらたけ
空8偉12

そらみつ
宙8暢14

そらん
曽11嵐12

た

「た」で始まる名前は、活動的で明るいイメージになります。

だい
大3　太4　悌10　醍16

だいあ
大3亜7

たいあん
泰10按9

たいが
大3牙4　大3河8　大3峨10　大3賀12　大3雅13　大3駕15　太4我7　太4河8　太4雅13　泰10河8

たいき
大3暉13　大3規11　泰10基11

だいき
大3希7　大3季8

大3起10　大3葵12　大3貴12　大3喜12　大3輝15　大3毅15　大3樹16　悌10己3　舵11行6

たいぎょ
大3魚11

たいけん
太4萱12

たいこ
泰10鼓13

だいご
大3伍6　大3呉7　大3胡9　大3悟10　大3梧11　大3湖12　大3護20　太4悟10　内4悟10　醍16午4

たいさく
泰10朔10

たいし
大3司5　大3志7　太4紫12　太4獅13　汰7史5　泰10史5

たいじ
太4志7　泰10治8　鯛19次6

だいし
大3士3　大3市5　大3思9　醍16史5

だいじゅ
大3頌13　悌10樹16　醍16授11

たいしゅう
大3周8　太4舟6

泰10秀7　泰10周8　泰10洲9　泰10秋9

たいじゅん
泰10絢12

たいしょう
大3菖11　泰10唱11

たいじろう
泰10二2朗10

だいじろう
大3滋12郎9

たいすけ
泰10佑7

だいすけ
大3介4　大3助7　大3佑7　大3典8　大3祐9　大3亮9　大3翼17

たいせい
大3世5 大3生5 大3成6 大3晴12 大3聖13 太4清11 泰10生5 泰10成6 泰10誠13

だいせつ
大3雪11

たいぞう
大3蔵15 泰10三3 泰10造10

たいそん
堆11遜14

たいち
太4一1 太4壱7 太4治8 多6市5 汰7壱7 泰10地6 泰10知8

だいち
大3地6 大3治8 大3致10 大3馳13

たいと
泰10斗4 醍16斗4

だいと
大3斗4 大3留10 大3徒10 醍16人2 醍16富12

たいへい
大3平5 泰10平5

たいほう
大3峯10 泰10豊13

たいむ
大3夢13 太4武8 泰10六4 泰10務11 泰10睦13

だいもん
大3文4 大3紋10 悌10聞14 醍16紋10 醍16聞14

たいよう
大3洋9 大3遥12 大3燿18 太4遙14 太4陽12

たいら
大3良7 太4羅19 平5良7 泰10良7 鯛19良7

たえき
妙7希7 妙7紀9 妙7起10 妙7基11 妙7喜12

たお
太4男7 太4於8 多6巨5 多6緒14 泰10央5

たかあき
天4明8 孝7亨7 廷7明8 孝7明8 空8良7 岳8映9 尭8朗10 岳8瞭17 高10明8 能10明8 高10亮9 貴12昭9 貴12尭8

たかうみ
宇6海9

たかお
天4雄12 孝7旺8 孝7勇9 荘9夫4 高10雄12 隆11夫4 隆11雄12 貴12央5 貴12男7 鷹24雄12

たかおみ
崇11臣7 孝7乙1巳3

たかき
天4紀9 孝7基11 宝8希7 高10輝15 隆11槻15 貴12樹16 貴12熙15 嵩13喜12

たかさと
敬12達12

たかし
孝7 崇11 隆11 貴12 喬12 敬12 嵩13 節13 天4志7 天4詩13 宝8志7 峻10士3 高10視11 隆11史5 隆11司5 隆11嗣13 堯12士3 塁12司5 貴12志7 喬12志7 稜13史5 誉13志7 毅15史5 蕎15史5 賢16梓11 多6嘉14示5 多6加5史5

たかしげ
孝7成6　高10栄9　貴12茂8　尊12重9　敬12慈13　貴12薫16　嵩13繁16

たかじん
孝7訊10

たかすえ
隆11季8　貴12陶11

たかすけ
貴12涼11

たかすみ
孝7住7　孝7澄15

たかずみ
空8澄15

たかつね
貴12曽11　貴12継13

たかづみ
貴12積16

たかつや
尭8釉12

たかつら
孝7行6　貴12羅19

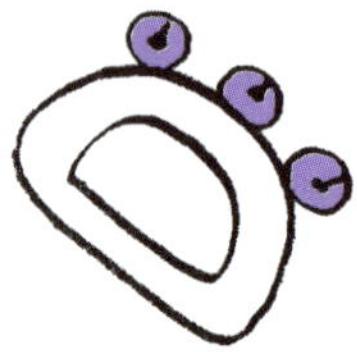

たかと
乙1登12　王4斗4　天4斗4　孝7人2　高10斗4　隆11人2　崇11斗4　貴12人2　堯12徒10　貴12兜11　嵩13人2

たかとう
孝7到8　高10登12

たかとき
貴12旬6　敬12斎11

たかとし
万3智12　天4駿17　尭8俊9　鷹24俊9

たかなみ
空8波8

たかね
汰7謙17　高10峰10

たかのぶ
孝7允4　高10信9　能10信9　貴12伸7　尊12延8　嵩13宣9

たかのり
隆11則9　貴12令5　貴12紀9　貴12憲16

たかはる
天4晴12　高10春9　隆11治8　隆11温12　貴12晴12　貴12陽12　貴12榛14

たかひこ
鷹24彦9　多6珂9彦9

たかひさ
飛9久3　高10恒9　崇11永5　敬12久3　尊12常11　鷹24久3

たかひで
孝7英8　峯10秀7

たかひと
飛9人2　崇11民5　堅12人2　鷹24人2

たかひろ
天4弘5　宇6宙8　卓8弘5　高10大3　高10広5　高10博12　峻10寛13　隆11広5　貴12大3　塁12大3　敬12汎6　貴12宏7　貴12尋12　喬12裕12　貴12博12　貴12寛13

たかふみ
高10史5　崇11文4　隆11史5　隆11典8　貴12文4　敬12史5

たかふゆ
貴12冬5

たかほ
高10帆6　高10甫7　隆11歩8

たかまさ
昂8長8　孝7應17　隆11将10　貴12勝12　敬12正5　敬12応7　敬12均7　應17匡6

たかまろ
貴12麿18　高10麻11呂7

たかみ
誉13実8

たかみき
孝7幹13

たかみち
孝7倫10　飛9道12　隆11充6　崇11径8　隆11通10　崇11道12

たかもと
孝7祖9

たかもり
嵩13執11

たかや
宝8也3　享8矢5　威9弥8　高10哉9　嵩13也3　鳳14也3　駿17治7　鷹24矢5

たかやす
孝7康11　尊12康11

たかゆき
孝7之3　孝7往8
昂8之3　宜8之3　昂8征8　高10征8　隆11之3　陸11行6　隆11如6　隆11行6　隆11幸8　貴12之3　貴12行6　喬12幸8　尊12是9　鷹24雪11

たかよし
崇11善12　崇11任6　尊12克7　堯12芳7

たかより
敬12選15

たから
宝8　昂8良7　貴12羅19

たかわか
貴12童12

たきお
滝13緒14　瀧19男7　多6喜12夫4　多6貴12男7

たきや
瀧19弥8

たく
卓8　拓8　託10　琢11

たくじ
托6次6　拓8侍8　卓8時10　啄10慈13

たくじょう
拓8条7

たくと
巧5人2　巧5斗4　宅6斗4　托6渡12　托6橙16　拓8人2　卓8音9　卓8徒10
啄10斗4　啄10音9　逞11人2　琢11音9　擢17人2　大3玖7斗4

たくのすけ
択7之3甫7　拓8之3翼17

たくのぶ
擢17伸7

たくひろ
卓8宏7　拓8洋9　拓8博12　卓8熙15

たくほ
巧5保9　拓8歩8　卓8葡12　卓8穂15

たくま
逞11　巧5馬10　托6満12　択7真10　卓8真10　拓8馬10　拓8眞10
卓8馬10　卓8満12　拓8摩15　逞11磨16

たくまさ
拓8成6　卓8政9　啄10雅13　琢11全6　琢11匡6

たくみ
巧5　匠6　巧5光6　巧5美9　托6充6　托6実8　宅6望11　匠6深11　沢7巳3　沢7望11　拓8充6　卓8巳3　拓8心4　拓8末5　択7巳3　拓8光6　卓8充6　拓8海9　拓8深11　拓8望11　啄10己3
琢11海9　擢17巳3　泰10玖7弥8

たくむ
拓8夢13

たくも
拓8雲12

たくや
宅6哉9　托6哉9　卓8也3　拓8矢5　卓8哉9　拓8哉9　啄10也3　琢11也3

たくろう
巧5郎9　托6朗10　拓8朗10　逞11朗10　琢11瀧19

たけあき
竹6秋9　武8尭8

岳8享8　武8亮9
建9明8

たけあつ
威9温12

たけいえ
剛10宅6

たけお
竹6生5　武8勇9
威9郎9　赳10央5
健11大3　健11生5
猛11男7

たけおき
健11興16

たけおみ
伯7臣7

たけざね
剛10実8

たけし
剛10　健11　猛11　滝13
毅15　丈3資13　孟8士3
孟8志7　武8志7
剛10士3　剛10志7
烈10志7　赳10志7
健11師10　猛11史5
偉12史5　傑13士3
豪14士3　豪14司5
毅15志7

たけぞう
武8造10

たけちか
岳8近7　岳8幾12
勇9九2　威9隣16

たけつぐ
建9亜7

たけつら
武8烈10

たけと
丈3杜7　岳8人2
武8刀2　武8登12
岳8登12　赳10斗4
彪11人2　健11人2
強11人2　猛11斗4
猛11兜11　義13人2

たけとし
武8世5　岳8利7
武8鋭15　武8駿17
猛11俊9　健11俊9
健11隼10　猛11駿17
剛10斗4史5

たけとも
竹6倫10　武8奉8

たけとら
武8寅11　威9彪11
健11虎8　猛11虎8

たけな
武8魚11

たけなり
武8柔9　赳10成6

たけのぶ
竹6伸7　長8備12
武8演14　武8劉15
健11更7

たけのり
岳8紀9　武8紀9
孟8徳14　武8憲16
威9則9　剛10範15
彪11則9　健11統12

たけはる
武8春9　岳8遥12
岳8陽12

たけひこ
丈3彦9　壮6彦9
孟8彦9　剛10彦9
猛11彦9　雄12彦9

たけひさ
岳8久3

たけひで
孟8秀7　長8秀7

たけひと
武8史5　健11史5

たけひろ
丈3広5　丈3裕12
丈3嘉14　長8大3
岳8大3　武8大3
武8弘5　岳8寛13
岳8勲15　建9宏7
建9寛13　剛10拓8
雄12大3　豪14弘5

たけほ
丈3輔14　竹6保9
剛10帆6

たけま
丈3馬10　岳8磨16
武8真10　剛10真10

たけまろ
剛10麿18

たけみ
壮6望11　武8充6
威9視11　威9爾14

たけみち
丈3方4　武8道12

たけみつ
竹6益10　武8三3　武8充6　岳8満12

たけもと
剛10尤4　健11本5

たけもり
岳8盛11　武8護20

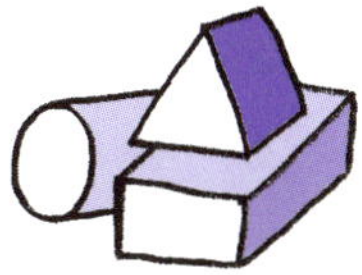

たけや
虎8也3　岳8也3　武8弥8　威9矢5

たけやす
豪14泰10

たけよし
丈3源13　武8麗19　勇9義13　剛10是9

たけより
武8偉12

たける
丈3　壮6　威9　猛11　健11　丈3留10　武8琉11　烈10留10　赳10留10　剛10流10　豪14流10

たけろう
武8郎9

たけわき
健11湧12

たすく
匡6　佐7　佑7　援12　奨13　翼17　匡6工3　翼17玖7

ただあき
糾9明8　唯11晃10　端14亮9

ただあつ
忠8厚9

ただうみ
禎13海9

ただお
糾9雄12　済11男7　理11雄12　惟11雄12

ただかず
肇14和8

ただし
正5　侃8　直8　雅13　義13　廉13　中4史5　旦5史5　任6志7　侃8史5　斉8史5　忠8志7　直8志7　糾9史5　貞9志7

ただすけ
忠8介4　直8佑7　勅9介4　宰10佑7　肇14亮9

ただたか
糾9高10

ただつぐ
唯11継13

ただつね
唯11常11

ただてる
忠8輝15

ただとき
禎13時10

ただとし
斉8要9　勅9理11

ただなお
均7尚8

ただなり
直8也3　忠8斉8

ただのすけ
伝6乃2甫7　匡6之3弐6

ただのぶ
忠8允4　迪8延8　忠8信9　直8信9　惟11宣9　唯11暢14

ただのり
正5典8　忠8法8　忠8制8　唯11徳14

ただひこ
忠8彦9

ただひさ
伝6寿7　忠8久3

ただひと
端14人2

ただひろ
忠8宏7　宰10広5

ただまさ
伊6政9　忠8方4

ただみち
維14倫10

ただやす
正5倭10

ただゆき
忠8之3　規11行6

ただよし
正5督13　忠8侯9　唯11芳7　督13義13

たつあき
辰7暁12　建9旦5
建9昭9　達12明8
達12顕18

たつお
辰7夫4　辰7雄12
建9男7　達12夫4
竪14朗10　龍16乙1
樹16雄12

たつき
樹16　達12埼11　辰7輝15
起10希7　竜10紀9
竜10毅15　達12希7
達12樹16　龍16規11
龍16毅15

たつきよ
竜10聖13

たつし
立5嗣13　竜10志7

たつじ
立5治8　辰7二2
達12次6　達12慈13

たつてる
辰7暉13

たつと
辰7人2　建9登12
竜10等12　達12斗4

たつとし
立5理11　辰7利7
建9俊9　竜10駿17

たつの
竜10埜11

たつのしん
竜10乃2進11

たつのり
辰7了2　辰7礼5
辰7徳14　辰7範15
建9憲16　竜10紀9
達12仙5　達12昇8
達12法8　龍16典8

たつひこ
辰7彦9　竜10彦9
達12彦9　樹16彦9

たつひろ
立5央5　辰7宏7
竜10大3　竜10勲15

たっぺい
辰7平5　達12平5

たつま
立5馬10　辰7馬10
建9真10　起10馬10
達12満12　龍16万3
龍16馬10

たつまさ
辰7昌8　辰7雅13
建9正5　達12允4
龍16匡6

たつみ
巽12　辰7巳3　辰7視11
巽12己3　達12水4
達12望11　龍16光6
龍16海9

たつむね
辰7宗8

たつむ
達12夢13

たつや
辰7矢5　辰7弥8
竜10也3　竜10哉9
達12也3　達12弥8

たつゆき
辰7之3　達12進11
達12如6　達12征8

たつよし
辰7与3　辰7芳7
達12好6　樹16禎13

たつる
立5　辰7琉11

たつろう
辰7郎9　建9朗10
起10郎9　達12郎9
樹16郎9　龍10朗10

たにお
渓11夫4

たねつぐ
胤9継13

たねもと
種14基11

たまかず
瑞13一1　瑶13和8

たまき
環17　圭6樹16　玲9貴12
玲9毅15　珠10樹16
球11騎18　瑞13輝15

たみあき
民5紹11

たみお
民5於8　彩11夫4

たみな
民5那7

ためあき
為9彰14

ためとし
為9寿7　為9鋭15

ためとも
為9与3　為9具8
為9朋8　為9倫10

ためのぶ
為9延8

ためのり
為9憲16

たもつ
全6　任6　完7　扶7
保9　惟11　保9都11
多6茂8都11　多6望11通10

たもん
太4聞14　多6門8

たろう
太4郎9　太4朗10
太4滝13　多6郎9
泰10郎9

だん
団6　弾12

たんご
端14午4

たんじ
鍛17地6

だんじゅうろう
男7十2郎9

たんぞう
旦5三3　鍛17造10

ち

「ち」で始まる名前は、知的で、明るく強い響きになります。

ちあき
千3秋9

ちかお
周8雄12　規11男7
進11雄12　慈13夫4
盟13夫4　慎13雄12
千3禾5夫4

ちかし
比4士3　周8史5
幾12志7　愛13志7
誓14士3　爾14志7
誓14志7　畿15史5

ちかなり
誓14成6

ちかひさ
近7恒9

ちかひと
近7仁4

ちかまさ
近7柾9

ちから
力2　力2良7　主5税12
周8良7　馳13唐10
誓14羅19

ちくぜん
竹6善12

ちさと
治8里7　治8哲10
智12吏6　智12聡14

ちずお
千3寿7夫4

ちなみ
千3波8　智12波8

ちはや
千3早6　智12快7
馳13隼10

ちはる
千3春9　智12遥14

ちひろ
千3広5　千3裕12
千3尋12　地6広5

ちゅうえつ
忠8悦10

ちゅうぞう
忠8三3　宙8造10

ちゅうま
仲6茉8　忠8真10

ちゅうや
中4也3　中4弥8
忠8弥8　宙8哉9

ちょういち
跳13一1

ちょういちろう
超12一1朗10

ちょうき
暢14樹16　寵19希7

ちょうじ
兆(6)志(7)
兆(6)治(8)
長(8)次(6)
長(8)慈(13)
頂(11)治(8)
彫(11)路(13)
超(12)爾(14)
跳(13)次(6)
跳(13)志(7)
暢(14)治(8)

ちょうしろう
潮(15)志(7)郎(9)

ちょうた
長(8)大(3)
挺(10)多(6)
朝(12)汰(7)
暢(14)太(4)

ちょうたろう
兆(6)太(4)郎(9)

ちょすけ
千(3)代(5)介(4)
智(12)与(3)祐(9)

ちりゅう
智(12)笠(11)

つ

「つ」で始まる名前は、粘り強い信念を感じる響きになります。

つかき
司(5)輝(15)

つかさ
士(3)
司(5)
主(5)
典(8)
吏(6)佐(7)
束(7)冴(7)

つぎお
存(6)男(7)

つぎたけ
月(4)岳(8)

つきと
月(4)人(2)

つきのしん
月(4)ノ(1)進(11)
月(4)之(3)進(11)

つぎのり
月(4)紀(9)

つきひこ
槻(15)彦(9)

つきや
月(4)也(3)
月(4)弥(8)
月(4)哉(9)
槻(15)哉(9)
津(9)紀(9)也(3)

つぐお
次(6)夫(4)
次(6)央(5)
貢(10)雄(12)
嗣(13)夫(4)
継(13)男(7)
継(13)朗(10)
嗣(13)雄(12)

つぐとし
次(6)亨(7)
次(6)淑(11)
続(13)利(7)
嗣(13)敏(10)
継(13)稔(13)
嗣(13)駿(17)

つぐな
続(13)那(7)

つぐなり
胤(9)成(6)
継(13)成(6)

つぐひさ
次(6)玖(7)

つぐひと
壬(4)仁(4)
嗣(13)人(2)

つぐみ
禎(13)弥(8)

つづき
続(13)

つとむ
努(7)
孜(7)
勉(10)
務(11)
勤(12)
努(7)武(8)
励(7)武(8)
勉(10)夢(13)
劍(15)武(8)

つなえだ
綱(14)条(7)

つなよし
綱(14)由(5)

つねあき
恒(9)晄(10)
常(11)明(8)

つねお
凡(3)雄(12)
恒(9)夫(4)
恒(9)男(7)
経(11)郎(9)
常(11)男(7)
庸(11)雄(12)
経(11)雄(12)

つねき
恒(9)記(10)

つねただ
経(11)直(8)
常(11)雅(13)

つねのぶ
常(11)延(8)
實(14)信(9)

つねのり
恒(9)路(13)
曽(11)紀(9)

つねひこ
恒(9)彦(9)
常(11)彦(9)
庸(11)彦(9)
常(11)比(4)古(5)
都(11)寧(14)彦(9)

つねひろ
玄(5)洋(9)
恒(9)演(14)
常(11)寛(13)

つねみち
庸(11)道(12)

つねやす
恒(9)靖(13)
鎮(18)泰(10)

つねゆき
統12 幸8 / 常11 由5 紀9

つねよし
恒9 欽12 / 恒9 儀15

つばき
椿13

つばさ
翼17

つゆき
露21 紀9 / 露21 樹16

つよき
健11 輝15 / 豪14 貴12

つよし
剛10 / 健11 / 毅15 / 威9 司5 / 剛10 史5 / 彪11 士3 / 強11 志7 / 敢12 士3 / 堅12 士3

つらゆき
連10 幸8

つるぎ
剣15 義13

つるひこ
弦8 彦9

「て」で始まる名前は、元気で明るい感じのイメージになります。

ていいち
挺10 一1

ていいちろう
定8 市5 郎9 / 貞9 一1 朗10 / 悌10 一1 朗10 / 禎13 一1 郎9

ていが
汀5 雅13 / 逞11 賀12

ていき
貞9 喜12 / 逞11 喜12

ていご
定8 悟10 / 挺10 吾7

ていじ
廷7 司5 / 貞9 次6 / 悌10 治8 / 逞11 児7 / 逞11 慈13 / 禎13 滋12

ていじろう
廷7 治8 郎9

ていぞう
悌10 造10

ていた
汀5 多6

ていたろう
挺10 太4 朗10

ていと
禎13 都11

てつ
哲10 / 鉄13 / 徹15 / 天4 津9

てつあき
哲10 明8 / 哲10 尭8 / 哲10 晃10 / 鉄13 章11 / 徹15 明8

てつお
哲10 夫4 / 哲10 勇9 / 哲10 雄12 / 鉄13 雄12 / 徹15 夫4 / 徹15 央5

てつし
哲10 士3 / 哲10 市5 / 哲10 志7 / 徹15 司5 / 徹15 梓11 / 天4 通10 志7

てつじ
哲10 二2 / 哲10 次6 / 鉄13 二2 / 徹15 司5 / 徹15 滋12 / 徹15 爾14

てつた
哲10 太4 / 哲10 多6 / 哲10 泰10 / 鉄13 太4 / 徹15 汰7

てつたろう
哲10 太4 郎9 / 鉄13 多6 朗10

てつと
哲10 人2 / 哲10 徒10 / 鉄13 人2 / 徹15 斗4

てつなり
哲10 也3 / 哲10 斉8 / 哲10 就12 / 鉄13 成6 / 徹15 也3

てつのぶ
哲10 信9

てつはる
哲10 治8 / 哲10 温12 / 鉄13 春9 / 徹15 張11 / 徹15 晴12

てつひろ
哲10 央5 / 哲10 浩10 / 鉄13 尋12 / 徹15 紘10

てっぺい
哲10平5
鉄13兵7
徹15平5

てつま
徹15馬10

てつや
哲10也3
哲10矢5
鉄13治7
鉄13哉9
徹15也3
徹15耶9

てつる
哲10瑠14
徹15琉11

てつろう
哲10郎9
鉄13朗10
徹15郎9

てるあき
旭6明8
皓12旭6
瑛12明8
皓12陽12
暉13旦5
照13明8
煌13晃10
照13暁12
輝15丙5
輝15旺8
燿18昭9
曜18陽12

てるうみ
輝15海9

てるお
暉13夫4

てるき
旭6規11
昭9輝15
晟10輝15
瑛12己3
瑛12貴12
照13希7
輝15紀9
輝15喜12
輝15綺14
輝15樹16
耀20希7
耀20來8

てるたか
照13尊12

てるとも
旭6智12

てるのぶ
輝15亘6

てるひこ
晟10彦9
皓12彦9
陽12彦9
照13彦9
輝15彦9

てるひさ
輝15悠11

てるひで
瑛12秀7

てるひと
輝15人2
耀20人2

てるみ
瑛12望11
照13充6
輝15海9
耀20己3

てるみち
輝15道12

てるみつ
照13満12

てるや
瑛12哉9
照13矢5
輝15也3
輝15弥8

てるやす
輝15康11

てるゆき
旭6幸8
陽12行6
照13行6
輝15之3
輝15先6
輝15往8
輝15幸8
耀20之3

てるよし
照13美9

てん
天4
典8
展10

てんが
天4河8

てんこう
天4凰11

でんじゅうろう
伝6十2郎9

てんしょう
天4笙11

てんしん
天4伸7
天4進11
典8心4

てんせい
天4青8
典8靖13
展10晴12

てんち
天4智12
典8智12

てんま
天4真10
天4馬10
典8満12
典8磨16

てんむ
天4武8
典8務11
展10武8

てんりゅう
天4琉11
展10竜10

と

「と」で始まる名前は、一本、筋の通った、落ち着いた印象に。

とうい
- 東8 惟11
- 到8 唯11
- 兜11 偉12
- 董12 威9
- 統12 偉12

とういち
- 東8 一1
- 透10 一1

とういちろう
- 桃10 一1 郎9

とうき
- 冬5 紀9
- 東8 騎18
- 桃10 貴12
- 透10 樹16

とうきち
- 透10 吉6
- 棟12 吉6
- 董12 吉6
- 橙16 吉6

とうご
- 冬5 吾7
- 東8 吾7
- 到8 悟10
- 桃10 伍6
- 桃10 吾7
- 桐10 吾7
- 透10 悟10
- 統12 伍6
- 統12 吾7
- 瞳17 吾7

とうし
- 登12 志7

とうじ
- 冬5 児7
- 東8 慈13
- 透10 志7
- 兜11 治8

どうし
- 童12 志7
- 憧15 史5

とうしゅう
- 冬5 柊9

とうしん
- 陶11 心4

とうすけ
- 桐10 佑7
- 桐10 典8
- 登12 介4
- 統12 甫7
- 董12 典8
- 統12 祐9
- 藤18 資13

とうた
- 刀2 太4
- 到8 汰7
- 透10 太4
- 桃10 多6
- 橙16 汰7
- 瞳17 汰7

どうと
- 萄11 斗4

とうふう
- 萄11 風9

とうま
- 刀2 真10
- 冬5 真10
- 冬5 馬10
- 任6 馬10
- 到8 磨16
- 桃10 真10
- 透10 真10
- 兜11 万3
- 兜11 馬10
- 登12 午4
- 棟12 真10
- 董12 真10
- 統12 満12
- 董12 磨16

どうむ
- 童12 夢13

とうや
- 十2 弥8
- 冬5 夜8
- 冬5 哉9
- 到8 矢5
- 到8 埜11
- 桐10 也3
- 透10 哉9
- 島10 椰13
- 兜11 耶9
- 董12 也3
- 統12 哉9
- 橙16 八2

とうよう
- 東8 洋9

とおる
- 亨7
- 利7
- 享8
- 通10
- 透10
- 貫11
- 徹15
- 融16
- 徹15 留10
- 澄15 流10

ときお
- 季8 央5
- 季8 雄12
- 祝9 生5
- 勅9 朗10
- 時10 央5
- 時10 勇9
- 晨11 生5
- 凱12 男7
- 登12 喜12 男7

ときさだ
- 辰7 勘11
- 睦13 貞9

ときじ
- 斎11 路13

ときなり
- 勅9 成6

ときのり
- 登12 紀9 仙5

ときはる
- 登12 希7 春9

ときひこ
- 辰7 彦9
- 勅9 彦9
- 時10 彦9
- 季8 比4 古5
- 登12 希7 彦9

ときひさ
- 兆6 寿7
- 暁12 久3

ときみち
暁12道12

ときむね
刻8宗8　勅9宗8

ときや
季8也3　時10弥8　凱12哉9　登12輝15也3

とくお
徳14郎9　篤16男7

とくじ
督13治8　徳14二2　徳14次6　徳14嗣13　篤16治8

とくじろう
徳14治8朗10

とくま
徳14馬10　徳14真10　篤16馬10　篤16満12　豊13久3満12

とこね
常11音9

としあき
寿7明8　利7明8　寿7晃10　利7暁12　俊9昭9　隼10晃10　敏10明8　淑11彰14　等12明8　稔13秋9

としお
寿7郎9　俊9夫4　敏10央5　稔13勇9　稔13雄12　穏16朗10　都11志7央5

としかず
亨7和8　利7知8　寿7和8　俊9一1　稔13一1　稔13和8　杜7獅13和8

としかつ
俊9且5　鋭15克7

としき
利7来7　寿7紀9　利7樹16　知8己3　俊9記10　俊9揮12　俊9輝15　俊9騎18　敏10生5　隼10輝15　隼10樹16　敏10樹16　淑11貴12　淑11樹16

としくに
利7州6　俊9邦7　威9邦7　淑11国8

としじ
利7次6　俊9司5　敏10二2　稔13慈13

とししげ
利7重9

としぞう
利7三3　寿7蔵15　俊9造10　敏10造10

としたか
迅6鷹24

としちか
季8周8

としつな
利7綱14

としなお
利7尚8　俊9直8　敏10修10

としなり
俊9為9

としのり
利7功5　利7伯7　俊9典8　敏10範15

としのぶ
俊9信9　穏16伸7

としはる
年6治8　利7春9

としひこ
寿7彦9　俊9彦9　敏10彦9　淑11彦9　稔13彦9　歳13彦9　駿17彦9　稔13比4古5

としひさ
寿7久3　利7永5　俊9尚8　敏10久3　稔13弥8

としひで
年6秀7　利7秀7　敏10秀7　峻10英8

としひと
都11詩13人2

としひろ
利7尋12　利7廣15　俊9宏7　登12志7弘5

としふさ
俊9英8

としふみ
甫7文4

とします
利7益10

としまさ
寿7正5　寿7匡6

利7雅13　寿7雅13
俊9政9　敏10将10

としみ
俊9実8　峻10実8
敏10海9　稔13巳3
準13観18　駿17爾14

としみち
迅6理11　利7充6
利7通10　利7道12
俊9満12　敏10充6
敏10倫10　峻10理11
稔13道12　登12志7路13

としや
迅6矢5　利7弥8
寿7哉9　俊9也3
俊9冶7　俊9耶9
峻10也3　敏10矢5

稔13也3　稔13哉9

としやす
利7康11　要9恭10

としゆき
利7行6　寿7幸8
俊9之3　峻10之3
敏10行6　峻10亨7
敏10路13　淑11之3
淑11行6　等12幸8

としろう
利7朗10　俊9郎9
俊9浪10　稔13郎9

とどろき
轟21希7

とみお
臣7生5　富12夫4
福13雄12　登12三3生5

豊13美9男7

とみただ
宝8正5

とみひこ
登12見7彦9

とみひさ
富12久3

とみひで
多6栄9

とみやす
宝8靖13

とむ
富12　杜7武8　徒10務11
登12夢13　渡12夢13

ともあき
友4明8　友4昭9
知8明8　朋8晃10

倶10亮9　智12秋9

ともあつ
与3厚9　友4惇11
友4敦12　朋8温12
倫10篤16　智12篤16

ともえ
僚14得11

ともお
友4郎9　朋8生5
知8於8　智12男7
智12雄12

ともおみ
智12臣7

ともか
朋8嘉14

ともかず
友4和8　朋8一1

朝12和8　智12員10
僚14数13

ともかた
伴7方4

ともき
友4喜12　友4嬉15
共6嬉15　伴7紀9
伴7基11　知8希7
朋8稀12　朋8喜12
奉8暉13　知8輝15
倶10喜12　智12希7
智12紀9　智12城9
等12喜12　智12喜12
智12揮12　智12輝15
朝12樹16

ともくに
友4国8　朋8邦7

朝12邦7　智12国8
僚14邦7

ともさだ
友4定8　伴7貞9
知8禎13　智12定8
朝12貞9

ともじ
朋8兒8

ともしげ
友4茂8　朋8叢18

ともすけ
友4介4　友4亮9
知8甫7　智12佐7

ともたけ
友4毅15　伴7孟8　朋8健11　智12壮6　智12岳8

ともちか
与3親16　友4仁4　友4親16　朋8近7　倶10親16　寅11周8　智12比4　智12親16

ともつぐ
友4次6　伴7継13　朋8嗣13　朝12次6　智12嗣13

ともつな
智12綱14

ともなり
友4成6　友4作7

朋8教11　倫10成6　倫10有6　倫10就12　智12成6

とものぶ
与3允4　友4伸7　伴7延8　知8伸7　朋8延8　朋8宣9　知8信9　倶10信9　朝12信9　智12暢14　僚14信9　僚14展10

とものり
友4紀9　公4紀9　友4則9　比4規11　友4範15　伴7哲10　伴7規11　知8昇8　知8徳14　朋8憲16　智12礼5　智12規11

ともはる
友4栄9　友4温12　友4晴12　伴7遥12　倶10陽12　智12治8　智12春9　朝12陽12

ともひさ
与3久3　友4永5　伴7久3　朋8恒9　智12寿7　朝12寿7

ともひで
与3秀7　友4英8　伴7英8　朋8秀7　智12英8

ともひろ
友4弘5　友4拓8　友4裕12　伴7宏7　伴7啓11　知8弘5　知8広5　朋8宏7　知8展10　朋8裕12　倶10裕12　寅11裕12　智12大3　智12弘5　智12浩10

ともふさ
友4惣12

ともみ
友4充6　友4実8　友4爾14　具8視11　智12実8　朝12望11

ともみち
友4倫10

ともや
友4也3　友4弥8　友4埜11　友4椰13　共6哉9　伴7哉9　奉8弥8　朋8弥8　朋8耶9　知8野11　倶10也3　致10也3　倫10哉9　智12也3

ともやす
友4保9　伴7恭10　伴7寧14　知8快7　朋8靖13　智12保9

ともゆき
友4之3　友4幸8　友4敬12　朋8幸8　知8如6　知8往8　智12之3　智12行6

朝12幸8

ともよし
友4良7　友4亮9　友4義13　友4誼15　知8芳7　知8新13　朋8義13　朋8禎13　智12佳8　智12嘉14

ともろう
与3郎9　友4朗10　伴7朗10　朋8郎9　倫10朗10

ともわき
知8湧12

とよあき
豊章 13 11　豊暁 13 12

とよかず
豊一 13 1　豊和 13 8

とよき
豊喜 13 12　豊樹 13 16

とよくに
豊邦 13 7　豊国 13 8

とよじ
豊二 13 2　豊次 13 6

とよなが
豊永 13 5

とよひさ
豊久 13 3

とよみ
豊巳 13 3　豊充 13 6

とらき
虎貴 8 12　虎輝 8 15　寅樹 11 16

とらじ
寅児 11 7

とらじろう
虎治朗 8 8 10

とらのすけ
虎ノ介 8 1 4　寅之助 11 3 7

とらひと
寅人 11 2

どりょく
努力 7 2

な

「な」で始まる名前は、穏やかさの中に強さをもつ響きになります。

ないと
乃人 2 2　奈紘 8 11

なおあき
朴章 6 11　直明 8 8　尚彰 8 14　直諒 8 15

なおかつ
直且 8 5　尚克 8 7　尚捷 8 11　直勝 8 12　猶雄 12 12

なおき
巨樹 5 16　朴樹 6 16　尚己 8 3　直生 8 5　直紀 8 9　尚貴 8 12　直稀 8 12　尚稀 8 12　尚葵 8 12　尚輝 8 15　直輝 8 15　尚熙 8 15　侃樹 8 16　直樹 8 16　南央樹 9 5 16

なおし
巨司 5 5　直之 8 3　尚史 8 5　直志 8 7　猶志 12 7

なおすけ
直介 8 4　尚佐 8 7　尚甫 8 7　直佑 8 7　直典 8 8　尚亮 8 9

なおずみ
巨純 5 10　尚住 8 7　直純 8 10　直澄 8 15

なおたか
尚孝 8 7　直敬 8 12

なおたけ
直竹 8 6　直岳 8 8　尚武 8 8　尚剛 8 10

なおただ
尚忠 8 8　直紀 8 9　直惟 8 11

なおと
巨斗 5 4　朴登 6 12　尚人 8 2　直人 8 2　若人 8 2　尚登 8 12　順斗 12 4　南央人 9 5 2　七勇人 2 9 2

なおとし
尚敏 8 10　直聡 8 14

なおひこ
名雄彦 6 12 9

なおひさ
巨久 5 3　巨長 5 8　直久 8 3　直永 8 5　尚寿 8 7　直恒 8 9　直比佐 8 4 7

なおひで
巨秀 5 7　直秀 8 7　尚英 8 8　猶英 12 8

なおひと
尚士 8 3　直仁 8 4　尚等 8 12　奈生仁 8 5 4

なおひろ
尚恢 8 9　順広 12 5

なおふみ
- 巨5文4
- 直8文4
- 尚8史5
- 尚8郁9

なおまさ
- 尚8正5
- 尚8匡6
- 尚8政9
- 直8真10
- 尚8雅13
- 直8誠13

なおみ
- 尚8光6
- 直8己3

なおみち
- 尚8充6
- 尚8径8
- 尚8倫10
- 直8理11
- 直8道12
- 尚8満12
- 猶12理11

なおみつ
- 直8光6

なおや
- 巨5也3
- 如6哉9
- 朴6哉9
- 直8也3
- 直8治7
- 尚8耶9
- 那7央5也3

なおやす
- 直8居8

なおゆき
- 巨5之3
- 直8行6
- 直8至6
- 尚8幸8

なおよし
- 尚8禎13
- 直8滝13

ながお
- 永5生5
- 長8生5

なかじろう
- 仲6志7朗10

ながとも
- 永5寅11

ながのぶ
- 永5存6

ながのり
- 永5則9
- 長8典8
- 長8矩10

ながはる
- 永5春9
- 長8晴12

ながひさ
- 永5常11
- 永5壽14

ながゆき
- 永5幸8

ながれ
- 流10
- 永5礼5
- 流10行6

なぎお
- 凪6夫4
- 凪6生5
- 薙16男7
- 薙16雄12

なぎと
- 凪6人2
- 凪6音9
- 薙16人2
- 薙16徒10

なち
- 那7智12

なつお
- 夏10央5
- 夏10生5
- 夏10勇9
- 夏10雄12
- 那7津9夫4

なつき
- 那7月4
- 南9槻15
- 夏10輝15
- 夏10樹16
- 梛11槻15

なつひこ
- 夏10彦9
- 南9津9彦9
- 夏10比4古5

なつひろ
- 夏10宏7

なつや
- 夏10也3
- 夏10弥8

ななお
- 七2央5
- 南9直8

ななみ
- 七2海9
- 名6波8

なみお
- 汎6夫4
- 波8青8
- 洋9男7
- 南9雄12
- 浪10夫4

なみき
- 波8紀9
- 波8起10
- 波8綺14
- 波8輝15
- 浪10輝15

なみぞう
- 波8三3
- 浪10造10

なみたろう
- 浪10太4郎9

なみちか
- 波8親16

なみと
- 波8音9

なみひこ
- 浪10彦9

なみひさ
- 波8尚8
- 浪10久3

なゆた
- 那7由5多6
- 那7結12泰10
- 奈8勇9太4

ならお
楢13夫4　楢13男7
奈8良7夫4

ならじろう
楢13二2郎9

なりあき
成6著11

なりしげ
作7成6

なりひと
成6士3　成6仁4
斉8仁4　斉8等12
就12人2

なりふみ
済11文4

なるき
也3基11　成6樹16

なると
成6音9　成6兜11
鳴14門8

なるひこ
愛13彦9

なるひと
成6仁4　成6均7
稔13人2　愛13仁4
稔13仁4　徳14人2

なるみ
成6充6　稔13実8

なんぼく
南9北5

に

「に」で始まる名前は、温和で信頼感を感じる響きになります。

にいたろう
新13太4郎9

にしき
錦16　仁4識19　西6熙15
仁4史5貴12

にじと
虹9斗4

にすけ
二2助7　仁4介4

にちか
日4夏10　日4翔12
仁4親16　二2千3翔12

にちき
日4紀9　日4輝15
二2千3喜12　仁4智12輝15

ね

「ね」で始まる名前は、協調性を感じるイメージになります。

ねい
寧14　峰10偉12

ねいき
寧14生5

ねいと
寧14杜7

ねお
祢9央5

ねも
祢9茂8　峰10望11

ねんご
念8悟10　稔13吾7

ねんじ
稔13次6　稔13侍8
稔13治8　稔13嗣13

の

「の」で始まる名前は、ゆったりとしたイメージになります。

のあ
乃2吾7　野11安6

のういち
能10一1　農13一1

のぞむ
希7　望11　臨18
希7夢13　望11武8

のぶあき
允4了2　伸7亨7

伸7秋9　伸7晃10
伸7彰14　伸7叡16
延8章11　延8晶12
宣9旭6　宣9昭9
信9紹11　叙9晶12

のぶお
伸7夫4　宜8生5
信9夫4　宣9男7
信9朗10　宣9雄12
展10生5　悦10生5
脩11雄12　敦12生5
暢14央5

のぶかず
允4一1　伸7和8
延8員10　信9一1

のぶかた
信9標15　信9謙17

信9確15　暢14方4

のぶかつ
允4克7　伸7勝12
信9雄12　暢14且5

のぶき
允4樹16　伸7葵12
伸7槻15　伸7樹16
延8輝15　叙9希7
信9紀9　宣9稀12
展10旗14　展10熙15
庸11熙15　暢14喜12

のぶくに
伸7那7

のぶしげ
伸7滋12　敦12茂8

のぶすけ
宣9介4　展10輔14

のぶたか
伸7貴12　信9孝7
信9昂8

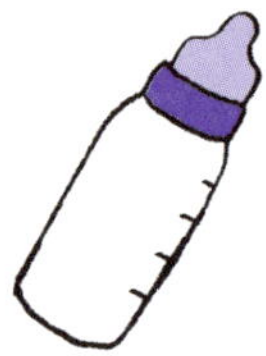

のぶただ
信9斉8　修10忠8

のぶちか
延8周8

のぶつぐ
信9継13　展10貢10

のぶつな
信9統12　展10綱14

のぶつら
信9貫11

のぶてる
延8輝15

のぶと
伸7人2　伸7杜7
延8斗4　延8登12
宣9人2　信9人2
叙9斗4　恒9徒10
信9登12　悦10斗4
脩11斗4　寅11徒10
野11葡12人2

のぶとき
宣9勅9

のぶなが
伸7詠12　演14永5

のぶなり
信9成6　敍11作7

のぶはる
信9治8

のぶひこ
允4彦9　伝6彦9
伸7彦9　宜8彦9
備12彦9

のぶひさ
信9常11　修10久3

のぶひで
敦12秀7

のぶひと
叙9人2　信9人2
宣9仁4

のぶひろ
伸7洋9　延8弘5
延8博12　信9弘5
宣9宏7　信9紘10

叙9博12　展10博12
暢14恢9

のぶふみ
信9史5　書10文4

のぶみち
信9通10　修10路13

のぶや
叙9也3　信9也3
信9弥8　宣9哉9
展10也3　展10哉9
暢14弥8

のぶやす
允4康11　延8靖13
信9快7　信9奉8
信9康11　信9寧14

のぶゆき
申5行6　伸7之3

- 延8 幸8
- 信9 之3
- 信9 而6
- 信9 行6
- 叙9 亨7
- 信9 幸8
- 宣9 幸8
- 信9 門8
- 信9 往8
- 信9 道12
- 信9 遵15
- 展10 晋10
- 総14 之3
- 暢14 行6

のぶよし

- 允4 由5
- 伸7 兆6
- 伸7 芳7
- 伸7 義13
- 信9 欽12
- 宣9 最12
- 信9 淑11
- 信9 儀15
- 啓11 由5
- 経11 芳7
- 暢14 吉6

のぼる

- 昇8
- 登12
- 徳14
- 昇8 瑠14
- 陞10 留10
- 登12 琉11

のりあき

- 了2 明8
- 典8 昭9
- 典8 章11
- 紀9 明8
- 徳14 明8
- 徳14 亮9
- 範15 章11
- 憲16 明8

のりお

- 法8 央5
- 典8 雄12
- 紀9 夫4
- 則9 央5
- 徳14 生5
- 範15 夫4
- 論15 夫4
- 憲16 雄12

のりおみ

- 陞10 臣7

のりかず

- 礼5 和8
- 典8 一1
- 則9 一1
- 紀9 和8
- 準13 和8
- 徳14 一1
- 範15 和8
- 憲16 和8
- 埜11 利7 和8

のりかぜ

- 昇8 風9

のりき

- 典8 貴12
- 則9 希7
- 則9 記10
- 紀9 樹16
- 陞10 規11
- 徳14 希7
- 稽15 基11
- 範15 揮12
- 憲16 熙15

のりしげ

- 規11 繁16
- 賀12 重9
- 緑14 茂8

のりすけ

- 徳14 祐9

のりたか

- 紀9 貴12
- 徳14 尊12

のりたけ

- 功5 武8
- 典8 武8
- 法8 威9
- 則9 武8
- 矩10 毅15
- 徳14 岳8

のりただ

- 則9 匡6

のりちか

- 典8 親16

のりつぐ

- 宜8 嗣13

のりと

- 令5 人2
- 法8 徒10
- 律9 斗4
- 紀9 斗4
- 則9 登12
- 矩10 人2
- 展10 音9
- 基11 人2
- 教11 人2
- 規11 都11
- 勤12 人2
- 慎13 斗4
- 範15 徒10
- 範15 登12
- 憲16 都11

のりとも

- 徳14 倫10

のりなが

- 規11 長8

のりひさ

- 法8 恒9
- 矩10 尚8

のりひと

- 祝9 人2
- 則9 人2
- 律9 仁4

のりひろ

- 典8 大3
- 典8 弘5
- 紀9 拓8
- 哲10 洋9
- 敬12 弘5
- 範15 大3

のりふみ

- 典8 詞12
- 矩10 文4
- 訓10 文4
- 陞10 郁9
- 教11 文4
- 規11 文4
- 識19 史5

のりまさ

- 規11 柾9

のりみち

- 紀9 充6
- 訓10 倫10
- 教11 満12
- 慎13 道12
- 範15 充6
- 憲16 道12
- 憲16 満12

のりみつ

- 師10 充6

のりや
典8弥8　矩10也3　範15哉9

のりゆき
礼5之3　典8之3　法8行6　則9之3　紀9行6　則9行6　律9行6　紀9幸8　則9維14　哲10之3　倫10行6　教11行6　徳14恕10　憲16征8

のりよし
昇8良7　典8芳7　典8頼16　紀9善12　宣9義13　矩10由5　徳14芳7　範15芳7　憲16良7

は

「は」で始まる名前は、伸び伸びとした素直さを感じる響きに。

ばいあん
梅10庵11

はき
波8輝15

はぎと
萩12斗4

ばく
麦7　莫10　幕13

はくえい
珀9瑛12

はくが
珀9河8

はくと
伯7人2　珀9斗4

はくま
珀9磨16

はじむ
創12夢13

はじめ
一1　大3　元4　初7　祖9　順12　源13　新13　肇14　肇14要9

はすき
蓮13喜12

はすね
蓉13音9

はすひろ
蓉13滉13

はすみ
波8澄15　蓉13深11

はたと
旗14徒10

はたまさ
幡15匡6

はたみち
幡15倫10

はたみつ
幡15充6

はたや
旗14矢5　幡15也3

はつのり
初7則9

はつひろ
初7啓11

はやお
駿17　迅6夫4　隼10男7　駿17央5

はやき
早6己3　隼10希7　駿17輝15

はやせ
迅6瀬19

はやた
隼10太4　駿17太4　杷8耶9多6

はやて
颯14　疾10風9

はやと
隼10　迅6人2　勇9人2　速10人2　剣10人2　隼10人2　敏10斗4　颯14人2　颯14斗4　駿17人2　芭7耶9人2　波8也3斗4　波8耶9斗4

はやとう
隼10登12　逸11統12　颯14透10

はやなお
剣10直8

はやま
勇9馬10　隼10真10　駿17磨16

はやる
捷11琉11

はゆま
巴4勇9馬10

はりくに
梁11国8

はりひろ
梁11祐9

はりま
張11磨16
榛14磨16
播15馬10
播15真10
波8里7真10

はる
春9
陽12
晴12
榛14
巴4琉11
波8流10
波8琉11
榮14琉11

はるあき
治8秋9
春9明8
春9煌13
悠11秋9
陽12明8
遥12秋9
遥12映9
榛14明8

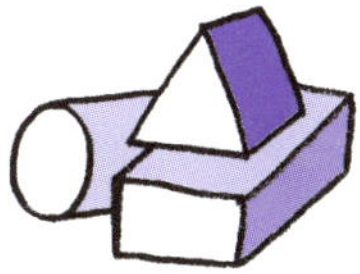

はるお
日4巨5
治8男7
春9夫4
晴12夫4
晴12央5
遥12郎9
遙14雄12

はるか
永5
悠11
遥12
遙14

遥12河8
遙14加5
大3歌14

はるかず
治8主5
春9教11
晴12一1
遥12紀9

はるかど
春9稜13
温12葛12

はるき
日4輝15
治8希7
明8希7
始8来7
春9希7
春9稀12
春9喜12
春9輝15
春9麒19
華10樹16
晏10樹16
張11希7
晴12生5
遥12生5
陽12気6
晴12希7
遥12希7
晴12来7

晴12紀9
開12喜12
遥12葵12
陽12輝15
遙14希7
遼15稀12
芭7留10希7
波8瑠14紀9

はるく
春9駒15
晴12駆14
遥12駈15

はるくら
遥12椋12

はるご
春9冴7
遥12悟10
遥12梧11

はるしげ
令5成6
春9林8
晴12繁16

はるせ
悠11瀬19

はるたか
東8隆11
晴12空8
陽12飛9

はるたつ
東8龍16

はるちか
玄5考6
陽12親16

はると
玄5登12
治8人2
明8音9
春9斗4
春9登12
春9翔12
遥12人2
陽12人2
晴12人2
温12人2
陽12土3
遥12斗4
陽12杜7
温12音9
開12音9
遥12翔12
開12登12
榛14人2

榛14斗4
遙14徒10
波8留10士3
波8瑠14斗4

はるとき
晴12凱12
陽12期12
晴12朝12

はるな
榛14名6

はるなお
青8尚8

はるなり
始8成6

はるのぶ
治8允4
春9信9
陽12亘6
陽12延8
晴12叙9

はるのり
温12則9

はるひ
- 温12日4
- 陽12日4

はるひこ
- 治8彦9
- 栄9彦9
- 晴12彦9
- 遥12彦9
- 榛14彦9
- 榛14比4己3

はるひさ
- 春9恒9
- 遥12久3
- 温12久3
- 陽12寿7
- 晴12尚8
- 陽12悠11

はるひと
- 晏10仁4
- 温12仁4

はるひろ
- 晴12弘5

はるふみ
- 春9史5
- 遥12史5

はるほ
- 晴12蓬14

はるま
- 治8馬10
- 春9真10
- 晴12馬10
- 温12摩15

はるみ
- 治8海9
- 遥12巳3

はるみち
- 遥12亨7
- 晴12道12
- 開12路13

はるみつ
- 春9允4
- 春9満12
- 晴12充6

はるむ
- 春9務11
- 遥12武8

はるや
- 治8哉9
- 春9弥8
- 華10也3
- 晴12夜8
- 遥12也3
- 芭7琉11也3
- 杷8瑠14也3

はるやす
- 治8安6
- 春9泰10
- 春9寧14
- 晴12容10

はるゆき
- 遥12行6
- 晴12享8

はるよし
- 治8慶15
- 春9芳7
- 春9義13
- 晴12好6

はるより
- 温12依8

ばん
- 伴7
- 萬12

ばんえい
- 萬12瑛12

はんぎょう
- 汎6暁12

はんご
- 幡15悟10
- 磐15悟10

はんごろう
- 絆11吾7郎9

はんじ
- 帆6志7

ばんじ
- 伴7治8
- 萬12慈13
- 磐15志7

はんしょう
- 絆11生5

ばんしょう
- 万3昌8
- 万3勝12
- 伴7尚8
- 絆11将10
- 萬12翔12

はんしん
- 絆11心4

はんす
- 帆6主5
- 帆6守6
- 伴7主5
- 絆11須12

ばんせい
- 磐15生5

はんぞう
- 榛14蔵15

はんた
- 汎6太4
- 絆11大3
- 範15多6

はんと
- 絆11徒10
- 範15人2
- 磐15人2

ばんぺい
- 磐15平5

ばんり
- 万3里7
- 万3哩10
- 伴7里7
- 絆11吏6
- 萬12利7

「ひ」で始まる名前は、明るく、軽快なイメージになります。

ひいず
- 禾5
- 秀7
- 英8

ひいろ
- 日4彩11

ひかり
光6 / 日4駆14 / 陽12雁12 / 陽12駈15

ひかる
光6 / 晃10 / 閃10 / 暉13 / 光6琉11 / 輝15瑠14 / 斐12可5留10

ひきとし
牽11世5

ひこまる
飛9古5丸3

ひさお
久3緒14 / 寿7男7 / 長8生5 / 尚8雄12 / 恒9緒14 / 日4佐7夫4 / 比4佐7央5

ひさおき
久3居8

ひさき
永5喜12 / 寿7來8 / 寿7祈8 / 寿7期12 / 弥8喜12 / 桐10生5

ひさし
久3 / 寿7 / 尚8 / 恒9 / 久3史5 / 央5士3 / 向6志7 / 玖7志7 / 寿7志7 / 弥8志7 / 恒9士3 / 桐10士3 / 悠11志7 / 彌17志7 / 毘9佐7志7

ひさしげ
仙5成6

ひさたか
喜12章11 / 尚8貴12

ひさちか
久3誓14 / 恒9見7

ひさてる
悠11毘9

ひさと
久3斗4 / 仙5登12 / 寿7人2 / 寿7橙16 / 悠11音9 / 彌17人2 / 比4佐7人2

ひさなが
寿7詠12

ひさのぶ
尚8信9

ひさのり
久3則9 / 久3規11 / 久3勤12 / 永5経11 / 尚8典8 / 尚8徳14 / 恒9紀9

ひさひろ
久3央5

ひさみ
壽14美9

ひさみち
久3儒16 / 寿7迪8 / 尚8命8

ひさみつ
悠11充6

ひさみね
悠11嶺17

ひさむ
尚8蕪15

ひさもと
久3端14

ひさや
久3矢5 / 久3治7 / 玖7矢5 / 寿7弥8 / 尚8也3

ひさよし
久3嘉14 / 尚8義13

ひしかず
菱11和8

ひした
菱11多6

ひだか
飛9高10 / 飛9鷹24 / 陽12鷹24

ひであき
秀7昂8 / 秀7明8 / 秀7著11

ひであつ
英8惇11

ひでお
秀7夫4 / 秀7保9 / 秀7緒14 / 英8夫4 / 英8巨5 / 英8郎9 / 英8雄12 / 栄9雄12 / 日4出5男7

ひでかず
秀7一1 / 英8和8 / 栄9主5 / 栄9和8

ひでかつ
秀7一1 / 秀7克7 / 英8活9 / 栄9勝12

ひでき
任6樹16 秀7起10 秀7輝15 秀7樹16 英8生5 英8喜12 英8樹16 英8麒19 日4出5樹16

ひでしげ
英8森12

ひですえ
秀7居8

ひでたか
秀7孝7 秀7隆11 秀7貴12 秀7堅12 秀7鷹24 英8崇11

ひでただ
秀7正5 英8匡6 英8貞9 英8唯11 栄9忠8

ひでたつ
英8達12

ひでちか
英8周8

ひでつぐ
秀7胤9 秀7貢10

ひでつな
任6綱14 英8維14 栄9統12

ひでと
秀7人2 秀7翔12 秀7登12 英8人2 英8橙16 日4出5登12

ひでとき
秀7祝9

ひでとし
秀7俊9 秀7等12 英8禾5 英8禄12

ひでとも
秀7朋8 英8友4 英8智12 英8聖13

ひでなお
英8直8 毘9尚8

ひでなが
秀7詠12

ひでなり
英8業13

ひでのぶ
秀7洵9 秀7叙11

ひでのり
秀7紀9 秀7則9 秀7矩10 英8典8 英8識19 栄9典8 栄9徳14

ひでひこ
英8彦9 栄9彦9

ひでふさ
秀7亮9

ひでふみ
英8史5

ひでほ
秀7帆6

ひでまさ
秀7督13 栄9征8

ひでみ
秀7充6 英8巳3 英8弥8

ひでみち
秀7通10 英8路13

ひでみつ
秀7満12 英8充6

ひでむ
英8夢13

ひでもり
秀7盛11

ひでや
秀7冶7 秀7弥8 英8也3 栄9矢5 豪14弥8

ひでゆき
秀7行6 英8之3

ひでよ
秀7与3 英8誉13 栄9世5

ひでよし
秀7惟11

ひとき
一1基11 一1喜12 仁4喜12 仁4輝15

びどう
枇8憧15

ひとし
仁4 史5 恒9 等12 準13 一1志7 仁4司5 仁4志7 仁4詞12 均7士3 洵9史5 比4登12詩13

ひとなり
人2徳14

ひとむ
仁4夢13　史5武8　比4登12夢13

ひとよし
仁4義13

ひなた
陽12向6　日4菜11太4

ひびき
響20　響20己3　響20生5　響20樹16　飛9日4樹16

ひゅうが
日4向6　彪11牙4　彪11我7

ひゅうま
彪11磨16　飛9勇9馬10

ひょう
彪11

ひょうえい
彪11永5　彪11栄9

ひょうが
豹10牙4

ひょうご
兵7吾7　兵7梧11　彪11冴7　標15悟10

ひょうすけ
標15祐9

ひょうへい
標15平5

ひら
飛9羅19

ひらかど
平5廉13

ひらく
拓8　展10　啓11　墾16　拓8功5　啓11玖7

ひりゅう
日4竜10　飛9劉15

ひろ
比4呂7

ひろあき
広5尭8　弘5明8　央5明8　礼5明8　弘5堯12　広5滉13　宏7明8　宏7顕18　拡8章11　洋9旭6　紘10明8　博12明8　博12昭9　廣15昭9

ひろお
浩10郎9　博12雄12　寛13男7　比4呂7平5

ひろおき
広5興16　洋9沖7　宥9宙8　浩10沖7

ひろかず
汎6和8　宏7和8

ひろかた
弘5標15

ひろかね
宏7摂13

ひろき
大3生5　大3揮12　大3槻15　大3樹16　大3騎18　公4稀12　弘5期12　広5綺14　広5嬉15　広5樹16　央5樹16　宏7宜8　宏7稀12　宙8希7　宙8輝15　宥9希7　洋9輝15　浩10己3　浩10生5　容10希7　展10来7　紘10暉13　浩10毅15　恕10樹16　博12己3　裕12喜12　普12揮12　博12喜12　熙15喜12　比4呂7揮12

ひろさと
大3賢16

ひろし
宏7　洋9　浩10　博12　寛13　大3史5　公4志7　弘5志7　広5志7　宏7志7　宏7侍8　昊8士3　拓8志7　宙8志7　洸9志7　浩10士3　紘10史5　恕10思9　湖12史5　裕12史5　尋12司5　皓12司5　裕12至6　滉13志7　寛13視11　演14史5　碩14史5

ひろしげ
大3穣18　広5成6　弘5茂8　広5重9　広5繁16

ひろずみ
広5純10

ひろたか
大3尊12　大3空8
大3昂8　弘5剛10
弘5琢11　拓8昂8
拡8隆11　浩10孝7
普12孝7　裕12宣9
博12高10　裕12隆11
博12崇11　裕12貴12

ひろたけ
央5丈3　玄5武8
浩10武8　紘10孟8
寛13岳8　演14武8

ひろたつ
宏7竜10　宏7達12
浩10立5　博12龍16

ひろたみ
広5彩11

ひろちか
洋9周8　寛13睦13

ひろつぐ
央5世5　浩10次6
浩10承8　博12亜7
博12嗣13

ひろと
大3渡12　大3翔12
汎6斗4　宙8人2
昊8登12　祐9人2
恢9斗4　恕10斗4
紘10杜7　啓11人2
啓11図7　博12人2
皓12刀2　寛13土3
潤15人2　潤15都11

衛16斗4　比4呂7十2
枇8呂7人2　陽12路16人2

ひろとし
宏7敏10　紘10利7
浩10肇14　博12俊9
裕12敏10

ひろなお
広5堅14　浩10直8
博12尚8

ひろなり
太4平5　広5斉8
恕10成6　博12遂12

ひろの
広5野11

ひろのすけ
弘5乃2介4　宥9乃2助7
浩10之3祐9　博12之3佐7

ひろのぶ
大3展10　広5悦10
広5暢14　宏7江6
洋9展10　恕10伸7
啓11伸7　裕12展10

ひろのり
広5訓10　広5識19
宏7則9　拡8憲16
浩10典8　裕12典8
博12法8　博12識19
寛13範15

ひろはる
宏7治8

ひろひこ
弘5彦9　広5彦9
浩10彦9　博12彦9
飛9呂7彦9

ひろふさ
祐9芳7

ひろふみ
汎6史5　拓8史5
洋9史5　啓11文4
博12史5　尋12史5
寛13文4　比4呂7史5

ひろま
洋9馬10　浩10真10

ひろまさ
弘5将10　宏7雅13
洋9完7　洋9昌8
浩10征8　紘10勝12

裕12正5　博12昌8

ひろます
広5益10

ひろみ
大3海9　広5光6
宏7海9　裕12充6
尋12視12　寛13巳3

ひろみち
大3陸11　弘5径8
弘5道12　広5融16
洋9道12　拓8路13
皓12迪8　博12通10
裕12道12　寛13往8
滉13宙8　豊13道12

ひろむ
弘5　大3陸11
大3夢13　広5務11

- 広5夢13
- 宙8夢13
- 紘10舞15
- 裕12武8
- 潤15夢13
- 飛9路13武8

ひろや

- 大3也3
- 丈3哉9
- 宏7弥8
- 拡8也3
- 恢9弥8
- 浩10矢5
- 宏7也3
- 博12哉9
- 博12彌17
- 寛13也3
- 廣15弥8
- 熙15哉9

ひろやす

- 大3保9
- 広5泰10
- 弘5康11
- 拓8烈10
- 宥9泰10
- 洋9靖13
- 博12求7
- 衆12保9
- 尋12保9
- 博12保9
- 裕12泰10
- 寛13康11

ひろゆき

- 弘5行6
- 広5之3
- 汎6之3
- 祐9雪11
- 博12之3
- 尋12幸8
- 裕12之3
- 博12幸8
- 寛13之3
- 滉13行6
- 熙15之3

ひろよし

- 弘5良7
- 拓8良7
- 浩10佳8
- 尋12由5
- 博12美9
- 裕12義13
- 博12義13

びん

- 敏10

びんご

- 敏10梧11

「ふ」で始まる名前は、知的で落ち着いたイメージになります。

ふうが

- 風9牙4
- 風9我7
- 風9芽8
- 風9河8
- 風9雅13
- 楓13雅13

ふうき

- 風9貴12
- 風9喜12
- 富12貴12
- 楓13樹16

ふうご

- 風9吾7

ふうし

- 風9史5
- 富12士3
- 楓13司5

ふうた

- 風9太4
- 風9汰7
- 富12大3
- 富12多6
- 楓13太4

ふうま

- 風9守6
- 風9真10
- 風9馬10
- 風9磨16
- 富12馬10
- 楓13守6

ふうや

- 風9弥8
- 富12矢5
- 楓13矢5

ふかし

- 洸9
- 淑11
- 深11
- 洸9史5
- 深11士3

ふき

- 扶7喜12

ふきと

- 蕗16人2

ふく

- 福13

ふくすけ

- 福13祐9

ぶけつ

- 武8傑13

ふさお

- 扶7彩11夫4

ふさかた

- 総14堅12

ふさき

- 英8喜12
- 英8騎18
- 総14樹16

ふさじ

- 英8次6
- 絃11慈13
- 扶7佐7志7

ふさのり

- 幾12教11

ふじお

- 藤18夫4
- 扶7二2雄12
- 富12士3男7

ふしつぐ

- 節13歴14

ふじと

- 富12士3人2

ぶそん

- 蕪15村7

ふちお

- 淵12夫4

ぶどう
武童 8・12

ふとし
太 4
芙季 7・8

ふなお
舟男 6・7

ふひと
二仁 2・4
芙史 7・5

ふみあき
文彰 4・14
文瞭 4・17
史暁 5・16
詞明 12・8

ふみお
文雄 4・12
史男 5・7
郁夫 9・4
郁男 9・7
富三男 12・3・7

ふみかず
文一 4・1
史和 5・8

ふみしげ
文重 4・9
史栄 5・9

ふみたか
文尊 4・12
郁貴 9・12

ふみと
芙未斗 7・5・4
普見人 12・7・2

ふみなり
文悟 4・10
史斉 5・8
郁成 9・6

ふみのり
文紀 4・9
文准 4・10
史典 5・8
郁礼 9・5
郁憲 9・16

ふみひこ
芙実彦 7・8・9

ふみひと
史人 5・2
記仁 10・4

ふみひろ
文裕 4・12
郁祐 9・9

ふみまろ
文麿 4・18

ふみや
文也 4・3
文哉 4・9
文耶 4・9
史也 5・3
史治 5・7
郁矢 9・5
郁弥 9・8
富美弥 12・9・8

ぶもん
武門 8・8
蕪文 15・4

ふゆかず
冬一 5・1

ふゆき
冬喜 5・12
冬貴 5・12
冬樹 5・16
冬騎 5・18

ふゆと
扶優人 7・17・2

ふゆひと
冬陽人 5・12・2

ぶんご
文呉 4・7
豊梧 13・11
聞悟 14・10

ぶんた
文多 4・6
豊太 13・4
聞太 14・4

ぶんぺい
文平 4・5
豊兵 13・7
聞陛 14・10

ぶんめい
文盟 4・13
豊明 13・8
聞銘 14・14

「へ」で始まる名前は、粘り強さが感じられる響きになります。

へいじ
平二 5・2
平示 5・5
平次 5・6
平志 5・7
平治 5・8
平侍 5・8
陛次 10・6

へいすけ
平甫 5・7
平亮 5・9
兵亮 7・9
兵祐 7・9
兵輔 7・14

へいぞう
丙三 5・3
平蔵 5・15

へいた
平大 5・3
平太 5・4
丙汰 5・7
平泰 5・10
兵大 7・3

へきと
碧杜 14・7

べんじ
弁次 5・6
勉治 10・8

ほ

「ほ」で始まる名前は、ゆとりがあり、落ち着いた印象の響きに。

ほいち
葡12壱7

ほうえい
芳7英8
法8瑛12
峰10栄9

ほうざん
邦7山3

ほうが
逢11賀12

ほうご
芳7悟10
逢11吾7

ほうし
法8志7
奉8詩13

ほうじゅ
逢11儒16

ほうしゅう
方4秀7

ほうすけ
奉8甫7
峰10輔14
蜂13亮9
鳳14典8

ほうせい
朋8正5
宝8星9
峯10正5
峰10生5
峰10成6
鳳14星9

ぼうせい
昴9青8

ほうゆう
保9佑7

ほかぜ
帆6風9

ほくさい
北5斎11

ほくしん
北5辰7

ほくと
北5斗4
北5杜7
北5徒10
北5兜11
保9久3斗4

ほしお
星9郎9

ほしき
星9喜12
星9貴12
星9輝15

ほしひこ
斗4彦9
斗4比4古5
歩8志7彦9

ほしみつ
星9充6

ほずま
秀7真10

ほずみ
秀7光6
保9恭10
穂15純10
穂15澄15

ほせ
歩8世5
歩8瀬19
保9勢13

ほたか
歩8高10
保9嵩13
穂15昂8

ほだか
帆6高10
秀7鷹24
穂15高10

ほたる
蛍11
保9多6琉11

ほづみ
歩8積16
保9摘14
穂15積16

ほのお
炎8

ほまれ
誉13
帆6稀12
秀7稀12

ま

「ま」で始まる名前は、穏やかで優しいイメージになります。

まあく
真10亜7玖7

まいき
舞15貴12

まいく
真10郁9
麻11育8

まいと
舞15音9

まお
真10雄12　麻11雄12
磨16央5

まきお
牧8夫4　牧8央5
槙14央5　槙14雄12
真10木4央5　真10樹16生5
満12希7夫4　萬12喜12男7

まきし
牧8士3　牧8史5
蒔13司5　槙14詩13

まきしげ
薪16重9

まきたろう
牧8太4郎9

まきと
牧8人2　蒔13杜7
槙14登12

まきはる
牧8陽12

まきひこ
薪16彦9

まきひと
薪16仁4

まきひろ
牧8宏7

まきや
牧8弥8　槙14哉9
真10木4矢5　真10輝15哉9

まこと
実8　真10　誠13　睦13
詢13　實14　諒15
真10登12　真10誼15
諒15斗4　真10己3斗4

まさあき
大3菊11　正5秋9
昌8昭9　政9明8
政9章11　政9彰14
柾9彰14　真10章11
雅13彬11　雅13暉13

まさお
昌8夫4　征8生5
将10雄12　理11夫4
勝12男7　雅13央5
真10佐7王4

まさおき
大3宙8　雅13興16

まさおみ
正5臣7　匡6臣7
政9臣7　将10臣7

まさかげ
正5景12　政9景12

まさかず
正5和8　柾9和8
将10種14

まさかつ
昌8克7　勝12甲5

まさかね
将10謙17

まさき
正5喜12　正5幹13
正5輝15　全6稀12
壮6貴12　匡6旗14
応7紀9　斉8樹16
政9希7　真10先6
真10埼11　将10揮12
真10輝15　将10輝15
真10毅15　将10徽17
真10麒19　董12規11
雅13己3　雅13来7
誠13希7　聖13季8
雅13紀9　督13規11
聖13輝15　雅13畿15
整16基11　應17貴12
茉8沙7樹16　真10早6樹16
真10沙7樹16　真10咲9樹16
真10紗10輝15

まさきよ
真10心4

まさくに
正5邦7　正5國11
政9国8　将10邦7
勝12邦7

まさご
真10呉7　雅13梧11

まさし
方4史5　正5志7
正5資13　正5嗣13
庄6史5　匡6司5
昌8詩13　政9志7
柾9視11　真10巳3
将10司5　将10志7
理11思9　勝12志7
晶12志7　晶12思9
聖13志7　雅13梓11
雅13詞12　雅13蒔13
真10佐7史5

まさしげ
正5重9　政9成6
真10重9　将10繁16

まさずみ
正5澄15 昌8澄15 政9純10 雅13純10 雅13澄15

まさたか
正5剛10 正5高10 正5隆11 正5稜13 全6孝7 甫7貴12 昌8隆11 政9孝7 柾9貴12 真10宇6 将10隆11

まさたけ
長8猛11 将10盛11 将10猛11

まさただ
正5糾9 正5恭10 雅13唯11

まさたね
正5種14

まさちか
雅13親16 真10左5力2

まさつぐ
正5次6 匡6次6 政9承8 柾9続13 将10二2 将10胤9 将10貢10 真10歴14

まさつね
正5鎮18

まさと
万3悟10 允4登12 正5人2 昌8人2 征8門8 政9杜7 真10人2 将10飛9 将10登12 真10聡14 理11人2 茉8佐7斗4 真10佐7斗4

まさとし
正5利7 正5俊9 正5稔13 昌8寿7 昌8準13 将10俊9 雅13季8 雅13俊9

まさとも
勝12智12

まさなお
正5朴6 正5直8 正5順12 匡6尚8 雅13直8

まさなり
正5就12 将10就12

まさのぶ
政9伸7 正5信9 正5脩11 壮6暢14 昌8伸7 政9信9 将10宣9 雅13与3

まさのり
正5則9 正5矩10 正5論15 匡6則9 将10律9 勝12則9

まさはる
正5治8 正5温12 巨5温12 政9晴12 将10大3 雅13治8

まさひこ
正5彦9 昌8彦9 政9彦9 雅13彦9

まさひで
正5栄9 昌8秀7 政9英8 倭10秀7 勝12英8 雅13秀7

まさひと
匡6仁4 政9人2 真10仁4 雅13人2 聖13史5 誠13士3 優17仁4

まさひら
正5衡16

まさひろ
正5大3 正5展10 正5廣15 匡6浩10 昌8弘5 政9広5 将10広5 真10裕12 雅13弘5 雅13広5 雅13博12 優17大3

まさふみ
正5文4 征8文4 政9郁9 勝12史5 順12史5 雅13史5 雅13郁9

まさみ
正5海9 政9己3 勝12実8 雅13海9

まさみち
正5理11 正5道12 正5路13 将10道12 勝12道12 匡6己3治8

まさみつ
正5光6 昌8満12

まさむね
正5統12
将10宗8

まさもと
正5基11

まさや
公4哉9
正5也3
均7也3
昌8哉9
柾9矢5
柾9哉9
将10矢5
真10爽11
雅13也3

まさゆき
正5育8
成6晋10
完7至6
昌8行6
政9行6
柾9往8
柾9教11
政9之3
将10之3
晶12之3
雅13之3
雅13行6

まさゆみ
将10弓3

まさよし
大3吉6
正5尚8
正5佳8
正5惟11
正5義13
全6良7
壮6毅15
柾9祥10
将10芳7
聖13純10
将10善12
雅13豊13
誠13義13

まさより
順12若8

まさる
大3
勝12
賢16
勝12琉11
優17琉11

ましゅう
真10宗8
真10修10

ますたか
益10孝7

ますてる
加5暉13
倍10光6
益10輝15

ますなり
益10成6

ますひろ
加5宏7

ますみ
益10実8
真10統12
真10澄15
増14光6
鱒23美9

またへい
又2平5

またやす
全6保9

まどか
円4
真10徒10嘉14

まなお
真10直8
真10雄12
愛13夫4
真10名6夫4

まなと
真10兜11
愛13斗4
愛13登12

まなぶ
学8
学8歩8
真10武8
真10名6夫4

まひと
麻11人2

まひろ
万3洋9

まもる
守6
保9
衛16
護20
守6留10
衛16留10

まゆと
真10由5人2
磨16由5人2

まよ
万3葉12
真10与3
真10世5

まりお
球11勇9
球11雄12
鞠17男7
万3吏6央5
万3里7生5
真10理11雄12
麻11理11夫4

まるお
丸3男7

まれすけ
希7甫7
希7典8
希7祐9
希7輔14
稀12介4
稀12祐9
稀12亮9

まん
萬12

まんさく
万3朔10
萬12作7

まんじろう
万3次6郎9
満12二2朗10

まんてん
萬12槇14

み

「み」で始まる名前は、明るさと感性の鋭さを感じる響きに。

みお
実央 8 5
弥男 8 7
深旺 11 8

みかさ
実笠 8 11
海嵩 9 13
深笠 11 11
御笠 12 11

みきお
幹大 13 3
幹夫 13 4
幹男 13 7
樹夫 16 4
未来雄 5 7 12
未貴央 5 12 5
美喜勇 9 12 9

みきたか
樹喬 16 12

みきと
幹人 13 2
未来人 5 7 2

みきひこ
美期彦 9 12 9

みきひと
望輝人 11 15 2

みきや
幹矢 13 5
樹哉 16 9
未来弥 5 7 8
実祈也 8 8 3
実貴也 8 12 3

みぎわ
汀和 5 8

みくに
充邦 6 7
実邦 8 7
海来仁 9 7 4

みさき
岬希 8 7

みずお
瑞雄 13 12

みずき
瑞希 13 7
瑞基 13 11
瑞喜 13 12
瑞樹 13 16

みずほ
瑞秀 13 7
瑞甫 13 7
瑞保 13 9

みずる
水流 4 10

みそら
視宙 11 8

みたて
実楯 8 13

みたま
光瑶 6 13
御瑞 12 13

みちあき
道義 12 13

みちお
亨央 7 5
倫生 10 5
道夫 12 4
道男 12 7
道緒 12 14
路雄 13 12
三千男 3 3 7
美智雄 9 12 12

みちおみ
壬千臣 4 3 7

みちかず
倫七 10 2

みちき
満揮 12 12

みちさだ
径定 8 8
命貞 8 9

みちしげ
道誠 12 13

みちたか
至賢 6 16
道嵩 12 13

みちたけ
三千丈 3 3 3

みちただ
迪均 8 7
理覚 11 12

みちたて
理竪 11 14

みちつら
倫羅 10 19

みちと
理人 11 2
満斗 12 4
充智登 6 12 12

みちとき
満時 12 10

みちとし
充敏 6 10
通俊 10 9
倫利 10 7
通寿 10 7
倫理 10 11
満利 12 7
光智利 6 12 7

みちなが
康永 11 5

みちなり
迪成 8 6
迪就 8 12
道成 12 6
巳千成 3 3 6

みちのすけ
充之介 6 3 4

みちのぶ
倫暢 10 14
理信 11 9
道伸 12 7
満宣 12 9

みちのり
充功（6・5）　倫範（10・15）

みちはる
充春（6・9）　至晴（6・12）　倫晴（10・12）

みちひこ
迪彦（8・9）　徹彦（15・9）

みちひさ
教久（11・3）　三千尚（3・3・8）

みちひで
倫英（10・8）　道偉（12・12）

みちひと
径人（8・2）　道人（12・2）

みちひろ
倫央（10・5）

みちまさ
道柾（12・9）　通政（10・9）　道将（12・10）

みちや
学弥（8・8）

みちやす
迪康（8・11）　道儒（12・16）

みちゆき
倫行（10・6）　通幸（10・8）　陸行（11・6）　道之（12・3）　路之（13・3）　路幸（13・8）

みちよし
通祥（10・10）　道至（12・6）　路禄（13・13）

みちより
倫選（10・15）

みちる
満（12）　道琉（12・11）

みつあき
光明（6・8）　充暁（6・12）　満彰（12・14）

みつお
充央（6・5）　光於（6・8）　貢朗（10・10）　満夫（12・4）　満男（12・7）　巳津男（3・9・7）

みつき
充希（6・7）　光貴（6・12）　光喜（6・12）　充樹（6・16）　満来（12・7）　満喜（12・12）

みづき
巳月（3・4）　深槻（11・15）

みつくに
光邦（6・7）　慎国（13・8）

みつさと
充慧（6・15）

みつたけ
光竹（6・6）

みつちか
光親（6・16）　満睦（12・13）

みつと
実人（8・2）　慎人（13・2）

みつとき
光時（6・10）

みつとし
光迅（6・6）　光年（6・6）　光寿（6・7）　充利（6・7）　光稔（6・13）　満利（12・7）　満敏（12・10）

みつとら
光虎（6・8）

みつなり
充勢（6・13）　貢成（10・6）

みつのぶ
満信（12・9）

みつのり
充伯（6・7）　充緑（6・14）

みつはる
光成（6・6）　光治（6・8）　充遥（6・12）　光温（6・12）　充温（6・12）　実晴（8・12）　満春（12・9）　満榛（12・14）

みつひこ
三彦（3・9）　充彦（6・9）　満彦（12・9）　実津彦（8・9・9）

みつひで
益秀（10・7）

みつひろ
充弘（6・5）　光広（6・5）　充浩（6・10）　満広（12・5）

みつほ
充帆（6・6）

みつまさ
光正（6・5）　実雅（8・13）

みつみ
光巳（6・3）　充光（6・6）　光爾（6・14）

みつや
十哉（2・9）　三矢（3・5）　三哉（3・9）　允哉（4・9）　充也（6・3）　光矢（6・5）　充冶（6・7）　光弥（6・8）

充彌 6・17
美津矢 9・9・5

みつよし
充賛 6・15
満彬 12・11

みつる
充 6
満 12
巳紘 3・11
光流 6・10
光留 6・10
光鶴 6・21
満留 12・10
満瑠 12・14
爾留 14・10
未津瑠 5・9・14

みどう
実萄 8・11

みどり
碧 14

みなき
南樹 9・16

みなせ
南世 9・5
南瀬 9・19

みなと
港 12
湊 12
南斗 9・4
皆斗 9・4
港都 12・11
湊都 12・11

みねあき
峰晃 10・10

みねあつ
峰淳 10・11
嶺篤 17・16

みねお
峰夫 10・4
美祢男 9・9・7
巳年雄 3・6・12

みねかず
峰寿 10・7
峰和 10・8

峯教 10・11

みねき
峰暉 10・13

みねたか
峯高 10・10
峯隆 10・11
峰貴 10・12
嶺隆 17・11
嶺鷹 17・24

みねと
峰十 10・2
峰斗 10・4
峰登 10・12

みねのぶ
峯信 10・9

みねひろ
峯広 10・5
嶺大 17・3
嶺宏 17・7

みねほ
嶺歩 17・8

みのり
実 8
稔 13
穣 18
壬基 4・11
充徳 6・14
実典 8・8
実矩 8・10
実範 8・15
海則 9・9
稔里 13・7

みのる
実 8
稔 13
穣 18
穂留 15・10
実之瑠 8・3・14

みはる
光晴 6・12
美治 9・8

みまき
実蒔 8・13

みやび
雅美 13・9

みゆう
海友 9・4
海勇 9・9
美悠 9・11

みよし
美芳 9・7
実与史 8・3・5

みらい
未来 5・7
未來 5・8
充来 6・7
実来 8・7
弥雷 8・13

みらく
深楽 11・13

みれい
御鈴 12・13

みんけん
民賢 5・16

みんじろう
民治郎 5・8・9

む

「む」で始まる名前は、落ち着きのあるイメージになります。

むうと
夢生渡 13・5・12

むが
武駕 8・15

むさし
武蔵 8・15
武沙司 8・7・5

務早史（11・6・5）

むつお
陸王（11・4）　睦生（13・5）
睦央（13・5）　睦男（13・7）
睦郎（13・9）　睦緒（13・14）
夢津男（13・9・7）

むつき
武月（8・4）　務槻（11・15）
睦喜（13・12）　睦貴（13・12）
夢槻（13・15）

むつと
睦人（13・2）

むつみ
睦（13）　睦実（13・8）

むねお
宗男（8・7）　宗朗（8・10）
宗緒（8・14）　棟郎（12・9）

むねたか
崇高（11・10）

むねただ
宗忠（8・8）

むねと
宗人（8・2）　宗刀（8・2）
宗徒（8・10）

むねとし
宗年（8・6）　宗敏（8・10）
宗稔（8・13）

むねみち
宗至（8・6）　宗理（8・11）

むねやす
志恭（7・10）

むねゆき
宗之（8・3）

め

「め」で始まる名前は、静かさの中に強さを秘めたイメージに。

めい
明（8）　盟（13）　銘（14）
命生（8・5）

めいいち
明一（8・1）　盟一（13・1）
銘一（14・1）

めいき
明希（8・7）　盟樹（13・16）
銘喜（14・12）

めいと
明人（8・2）　明斗（8・4）
盟徒（13・10）

めいほう
明芳（8・7）　明豊（8・13）
銘保（14・9）

めぐむ
徳夢（14・13）

めぐる
巡（6）　周（8）　旋（11）　斡（14）
巡琉（6・11）

めぶき
芽芙輝（8・7・15）　芽歩樹（8・8・16）

も

「も」で始まる名前は、温かさの感じられる響きになります。

もうり
猛理（11・11）　詣理（13・11）

もちあき
茂昭（8・9）

もちゆき
望幸（11・8）

もとあき
求昭（7・9）　扶晃（7・10）
征章（8・11）　祖明（9・8）
素亮（10・9）　素秋（10・9）
倫彰（10・14）　基晃（11・10）
幹亮（13・9）

もといちろう
本一郎（5・1・9）

もとお
元夫（4・4）　素雄（10・12）
基央（11・5）　源郎（13・9）
礎生（18・5）

もとおき
基居（11・8）

もとかず
統一（12・1）

もとき
幹13
元4貴12
元4喜12
元4樹16
求7希7
志7貴12
宗8樹16
素10基11
素10貴12
素10輝15
索10樹16
基11記10
基11喜12
規11輝15
統12基11
幹13輝15
資13樹16

もとなお
基11尚8

もとなが
楽13永5

もとなり
元4也3
本5成6
初7成6
素10成6
基11成6
基11就12

もとね
本5嶺17
楽13音9

もとのぶ
尤4叙9
元4暢14
本5信9

もとのり
本5基11

もとはる
元4晴12
求7陽12
素10治8
素10春9
基11榛14

もとひこ
東8彦9
素10彦9

もとひで
求7英8
索10秀7

もとひろ
始8弘5

もとむ
亘6
元4夢13
求7武8
基11務11

もとや
元4也3
本5弥8
扶7弥8
初7耶9
孟8也3
祖9哉9
索10也3
素10冶7
素10哉9
基11矢5

もとやす
素10泰10
基11安6

もとよし
基11榮14
源13芳7

もとより
基11依8

もりお
守6郎9
盛11男7
盛11雄12
護20夫4

もりかた
守6堅12

もりす
守6主5
保9栖10

もりつぐ
盛11次6
彬11継13

もりつね
守6経11
執11常11

もりと
盛11徒10

もりひこ
司5彦9
守6彦9
護20彦9
盛11比4古5

もりひろ
森12央5
護20広5

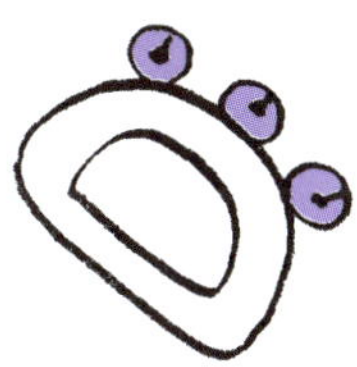

もりやす
護20泰10

もりゆき
守6行6

もりよし
杜7善12
盛11由5

もろしげ
師10成6

もろなお
遂12直8

もんた
文4大3
門8太4
紋10多6
紋10汰7
聞14汰7

もんど
門8努7

「や」で始まる名前は、明るく積極的なイメージになります。

やいち
矢5一1

やえき
八2重9樹16

やえぞう
八2重9三3　八2重9蔵15　弥8栄9蔵15

やおき
八2起10

やかみつ
宅6満12

やくどう
躍21童12

やくも
八2雲12

やすあき
保9明8　保9秋9　保9晶12　泰10明8　泰10秋9　恭10彰14　康11昭9　靖13顕18

やすいえ
安6宅6

やすお
保9生5　恭10郎9　恭10雄12　康11男7　靖13夫4　寧14旺8

やすおみ
泰10臣7

やすき
保9輝15　恭10樹16　恭10麒19　康11起10　康11毅15　鎮18基11

やすさと
泰10邑7

やすし
保9　寧14　安6志7　欣8史5　晏10士3　泰10史5　倭10史5　恭10師10　康11士3　康11史5　靖13史5　静14志7　弥8守6矢5

やすじ
保9二2　保9児7　康11次6

やすたか
叶5高10　悌10孝7　恭10廷7　烈10隆11　康11高10　康11貴12　康11鷹24　靖13尊12

やすたけ
安6剛10　保9威9　恭10健11　康11武8　靖13猛11

やすちか
康11周8

やすてる
保9瑛12　保9照13

やすと
安6音9　保9斗4　康11人2　寧14杜7

やすとし
安6利7　快7敏10　祥10利7　康11年6　康11寿7　貫11理11　靖13俊9　寧14敏10

やすとも
保9伴7　恭10朋8　康11有6　康11智12　康11等12　靖13友4　寧14伴7

やすなり
協8斉8　泰10也3　恭10成6　康11也3　康11斉8　靖13斉8

やすのぶ
恭10伸7

やすのり
保9典8　泰10紀9　泰10則9　泰10謙17　康11成6　康11法8　庸11憲16　靖13矩10　寧14紀9　穏16徳14

やすはる
保9晴12　泰10春9　康11治8

やすひこ
庚8彦9　保9彦9　泰10彦9　恭10彦9　康11彦9

やすひさ
妥7久3　求7尚8　保9久3　泰10悠11

やすひで
保9英8　泰10秀7　恭10秀7　康11英8

やすひと
穏16史5

やすひろ
安6康11　奉8宏7

居8宏7 育8寛13 保9宥9 泰10弘5 泰10汎6 恭10紘10 悌10裕12 泰10寛13 泰10熙15 康11丈3 康11拓8 康11紘10 靖13啓11 寧14比4呂7

やすふみ
育8史5 康11史5

やすまさ
恭10正5 康11柾9 靖13公4

やすみつ
保9光6 恭10光6 康11満12 靖13充6

やすもと
泰10如6

やすもり
泰10衛16

やすゆき
妥7幸8 保9幸8 恵10行6 恭10幸8 泰10幸8 恭10潔15 康11幸8 靖13之3 靖13普12 寧14侑8

やすよし
泰10良7

やすろう
安6朗10 恭10郎9 靖13郎9 寧14朗10

やない
梁11惟11

やひこ
弥8彦9 八2比4古5

やひろ
八2洋9 八2紘10 八2尋12 弥8尋12 椰13弘5

やまと
倭10 山3斗4 大3和8 山3翔12 倭10斗4 八2真10斗4 矢5真10人2 耶9真10徒10

やりたけ
槍14岳8

やりなが
槍14永5

ゆ

「ゆ」で始まる名前は、温和でゆったりとした印象になります。

ゆい
由5 惟11 結12

ゆいき
唯11貴12 維14樹16

ゆいこう
唯11功5

ゆいと
唯11人2 惟11斗4 惟11徒10 唯11登12 唯11徒10 結12人2 結12斗4 結12登12

ゆう
佑7 勇9 祐9 悠11 結12 裕12 由5雨8 悠11宇6

ゆうい
有6唯11

ゆういち
佑7一1 悠11一1 裕12一1 雄12壱7

ゆういちろう
佑7一1郎9 勇9市5朗10 悠11一1郎9 裕12一1朗10 雄12一1郎9 優17一1郎9

ゆうえい
釉12永5

ゆうが
勇9牙4 悠11我7 裕12雅13

ゆうき
友4喜12 友4樹16 由5麒19 有6記10 佑7己3 佑7希7 邑7樹16 侑8樹16 勇9気6 勇9貴12 勇9揮12 勇9幾12 勇9稀12 宥9喜12 宥9稀12 祐9貴12 勇9輝15 勇9騎18 悠11生5 悠11希7 悠11祈8 悠11畿15 悠11徽17 湧12己3 湧12生5 裕12生5

雄12貴12　釉12貴12　結12貴12　湧12貴12　湧12基11　裕12旗14　結12槻15　裕12毅15　雄12騎18　雄12麒19　融16喜12　優17希7　優17記10　優17喜12　優17樹16　由5宇6樹16

ゆうけん

有6現11

ゆうご

右5伍6　由5悟10　有6悟10　祐9伍6　勇9吾7　悠11呉7　悠11吾7　裕12梧11　遊12吾7　裕12護20　優17悟10　優17醐16

ゆうこう

雄12虹9

ゆうごう

佑7郷11　勇9皓12　悠11剛10　悠11豪14

ゆうさく

尤4作7　佑7作7　悠11作7　悠11朔10　湧12策12　優17作7

ゆうし

有6史5　勇9士3　勇9司5　勇9獅13

ゆうじ

侑8司5　勇9二2　悠11史5　悠11弐6　悠11自6　悠11治8　雄12士3　雄12司5

裕12史5　結12至6　裕12滋12　湧12慈13　優17二2

ゆうしゅん

夕3駿17　勇9隼10　湧12駿17

ゆうしょう

佑7将10　悠11祥10　雄12将10　雄12唱11

ゆうしろう

雄12志7郎9

ゆうじろう

友4二2朗10　雄12次6朗10

ゆうじん

勇9臣7　勇9尋12　悠11仁4

ゆうすけ

友4亮9　友4祐9　由5翼17　有6佐7　有6伴7　有6祐9　佑7丞6　佑7典8　柚9佑7　宥9佑7　勇9助7　悠11亮9　悠11翼17　遊12佑7　裕12伴7　裕12祐9　融16佑7　優17介4

ゆうせい

侑8世5　勇9星9　雄12誠13　裕12清11　優17靖13

ゆうぞう

勇9三3　祐9造10　雄12造10　優17蔵15

ゆうそん

侑8巽12

ゆうた

友4多6　佑7太4　佑7多6　佑7舵11　侑8多6　勇9太4　勇9多6　祐9多6　悠11太4　湧12太4　結12太4　裕12太4　湧12汰7　楢13太4　融16太4　優17太4　優17汰7　愉12生5汰7

ゆうだい

勇9大3　悠11大3

裕12大3　雄12大3　釉12大3　湧12大3

ゆうたろう

勇9太4郎9　宥9太4朗10　祐9太4朗10　悠11太4郎9　釉12太4朗10　裕12太4朗10　雄12太4郎9　優17太4朗10

ゆうと

尤4登12　由5登12　侑8徒10　郁9人2　宥9斗4　柚9杜7　勇9翔12　悠11人2　悠11斗4　悠11図7　裕12人2　雄12士3　雄12斗4　釉12斗4　裕12登12　結12登12　結12翔12　雄12登12

雄12 翔12　融16 斗4　優17 人2　優17 斗4　優17 飛9

ゆうのすけ
友4 乃2 丞6

ゆうひ
有6 陽12　佑7 飛9　悠11 枇8　悠11 陽12　雄12 緋14　裕12 飛9

ゆうへい
佑7 平5　勇9 兵7　悠11 平5　雄12 陛10

ゆうほ
勇9 甫7　祐9 歩8　雄12 帆6

ゆうま
佑7 馬10　祐9 馬10
宥9 馬10　勇9 磨16　悠11 茉8　悠11 真10　雄12 馬10　裕12 摩15　裕12 磨16　優17 真10

ゆうや
尤4 也3　友4 耶9　友4 哉9　佑7 八2　佑7 矢5　侑8 弥8　侑8 哉9　祐9 冶7　裕12 也3　裕12 矢5　釉12 冶7　裕12 埜11　楢13 野11　優17 也3

ゆうら
友4 羅19　悠11 良7　雄12 羅19

ゆうり
佑7 吏6　勇9 利7
祐9 理11　祐9 璃15　悠11 璃15　裕12 吏6　裕12 里7　優17 里7　優17 哩10

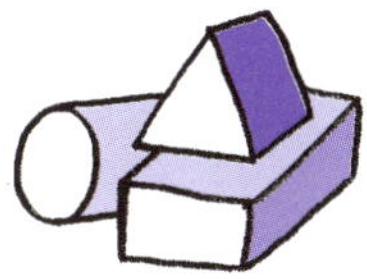

ゆきお
如6 雄12　幸8 緒14　就12 央5　由5 紀9 夫4　由5 埼11 夫4　由5 貴12 夫4　悠11 希7 夫7　結12 紀9 雄12　諭16 紀9 夫4

ゆきかぜ
雪11 風9

ゆきたか
行6 隆11　幸8 敬12　悠11 紀9 喬12

ゆきたけ
幸8 岳8　征8 武8

ゆきつね
行6 庸11

ゆきと
幸8 人2　倖10 斗4　康11 人2　進11 人2　雪11 都11　雪11 翔12　維14 徒10　由5 貴12 斗4　有6 希7 人2

ゆきなお
亨7 朴6

ゆきなが
幸8 長8

ゆきなり
之3 成6　往8 成6　幸8 亨8　是9 成6　倖10 也3　雪11 亨8　遊12 就12　潔15 成6

ゆきのじょう
雪11 ノ1 丞6　雪11 之3 丞6

ゆきのぶ
幸8 信9　透10 修10

ゆきのり
幸8 徳14

ゆきはら
幸8 原10

ゆきひこ
由5 彦9　是9 彦9　倖10 彦9　由5 紀9 彦9　幸8 比4 古5

ゆきひさ
超12 永5

ゆきひで
侑8 秀7　幸8 英8　是9 秀7

ゆきひと
往8 人2

ゆきひろ
之3 弘5　行6 博12　幸8 広5　幸8 浩10　征8 尋12

ゆきふみ
通10 文4

ゆきまさ
而6 優17　幸8 正5

ゆきみつ
倖10 充6

ゆきむら
幸8邑7

ゆきもり
幸8積16

ゆきや
雪11矢5
由5岐7野11

ゆきよし
幸8与3
遊12由5

ゆきより
幸8頼16

ゆずき
柚9紀9
柚9樹16
柚9麒19

ゆずへい
柚9平5

ゆずる
謙17
譲20
遜14瑠14
謙17留10
譲20琉11
諭16鶴21

ゆたか
裕12
富12
豊13
佑7岳8
佑7高10
雄12飛9
雄12高10
雄12鷹24
豊13加5
穣18夏10
由5多6伽7
由5多6珈9

ゆづき
弓3槻15
佑7月4
勇9月4
柚9月4
悠11月4
結12月4
遊12月4
愉12槻15
諭16月4

ゆづる
弓3絃11
由5絃11
佑7鶴21
勇9弦8

ゆみひろ
弓3洋9

ゆめじ
夢13二2
夢13児7
夢13慈13

ゆめと
夢13人2
夢13徒10
夢13都11
夢13登12
夢13富12

ゆりや
由5理11矢5
結12里7也3
愉12里7哉9

よ

「よ」で始まる名前は、優しく、落ち着いた響きになります。

よいち
与3一1
輿17一1

よう
洋9
要9
陽12
瑛12
楊13
鷹24

よういち
洋9一1
容10一1
庸11一1
瑛12一1
葉12一1
瑶13一1
蓉13壱7
謡16一1

よういちろう
洋9一1朗10
要9一1朗10
葉12一1郎9
陽12一1郎9
陽12一1朗10
瑶13一1郎9

ようが
洋9賀12
遥12雅13

ようき
洋9貴12
洋9樹16
陽12希7

ようご
謡16吾7

ようこう
瑛12光6
瑛12煌13
遥12煌13
瑶13晃10

ようし
瑶13史5
蓉13詩13

ようじ
羊6慈13
要9司5
洋9侍8
陽12司5
瑛12路13
葉12爾14
瑶13史5
頌13路13
謡16詞12
曜18史5
耀20志7
鷹24侍8

ようしゅん
遥12春9
陽12駿17

ようじろう
八2滋12郎9
羊6治8朗10
洋9二2郎9
洋9次6朗10
遥12史5郎9
陽12治8朗10

ようすい
- 瑶13 水4
- 陽12 彗11

ようすけ
- 羊6 宥9
- 羊6 輔14
- 洋9 介4
- 要9 介4
- 洋9 右5
- 洋9 甫7
- 要9 輔14
- 容10 介4
- 容10 輔14
- 庸11 介4
- 庸11 左5
- 葉12 介4
- 陽12 介4
- 陽12 輔14
- 謡16 介4
- 謡16 輔14
- 曜18 佑7
- 耀20 介4
- 耀20 亮9
- 鷹24 介4

ようせい
- 謡16 成6

ようた
- 羊6 汰7
- 洋9 太4
- 洋9 汰7
- 容10 太4
- 陽12 太4
- 楊13 太4
- 瑶13 太4
- 瑶13 多6
- 踊14 太4
- 謡16 太4
- 曜18 太4
- 耀20 太4
- 耀20 汰7
- 輿17 宇6 太4

ようだい
- 遙14 大3

ようたろう
- 洋9 太4 郎9
- 容10 太4 郎9
- 瑛12 太4 郎9
- 遥12 太4 朗10
- 曜18 太4 朗10
- 耀20 太4 朗10

ようのすけ
- 永5 乃2 介4
- 洋9 之3 祐9
- 容10 之3 介4
- 陽12 乃2 介4
- 揚12 之3 輔14
- 燿18 之3 亮9

ようへい
- 羊6 平5
- 洋9 平5
- 容10 平5
- 葉12 平5
- 湧12 平5
- 遥12 平5
- 瑛12 平5
- 燿18 平5

ようめい
- 容10 明8
- 陽12 明8

よくと
- 翼17 人2

よしあき
- 孔4 明8
- 由5 章11
- 芦7 明8
- 芳7 晃10
- 孝7 昭9
- 芳7 章11
- 佳8 昭9
- 佳8 映9
- 佳8 彬11
- 佳8 晶12
- 美9 秋9
- 祥10 亮9
- 桂10 章11
- 淑11 晃10
- 善12 明8
- 喜12 章11
- 巽12 晶12
- 義13 享8
- 義13 顕18
- 義13 鑑23
- 嘉14 亮9
- 慶15 明8

よしい
- 成6 偉12

よしえ
- 善12 兄5

よしお
- 力2 生5
- 芳7 生5
- 良7 男7
- 佳8 央5
- 欣8 央5
- 洋9 夫4
- 祥10 郎9
- 悦10 朗10
- 淑11 夫4
- 喜12 雄12
- 嘉14 朗10
- 誼15 朗10
- 夜8 詩13 夫4

よしおみ
- 由5 臣7
- 亮9 臣7
- 能10 臣7

よしか
- 嘉14 佳8
- 舜13 香9

よしかず
- 由5 和8
- 芳7 教11
- 幸8 和8
- 省9 和8
- 亮9 和8
- 備12 一1
- 喜12 和8
- 義13 一1
- 楽13 一1
- 源13 一1
- 禄13 和8
- 慶15 一1

よしかた
- 善12 標15

よしかつ
- 由5 克7
- 良7 且5
- 尚8 活9
- 佳8 勝12
- 能10 活9
- 義13 克7

よしかね
- 芳7 兼10

よしき
- 允4 樹16
- 由5 基11
- 可5 貴12
- 由5 綺14
- 好6 紀9
- 圭6 揮12
- 兆6 騎18
- 快7 気6
- 芦7 紀9
- 君7 起10
- 芳7 輝15
- 欣8 希7
- 佳8 樹16
- 宣9 起10
- 美9 輝15
- 悌10 基11
- 富12 来7
- 巽12 幹13
- 凱12 旗14
- 善12 樹16
- 禄12 樹16
- 善12 騎18
- 義13 毅15
- 儀15 紀9
- 慶15 紀9
- 厳17 貴12

よしきよ
好6清11　美9清11

よしくに
芳7邦7　良7邦7　美9邦7　義13邦7

よしさだ
芳7貞9　良7真10

よしざね
良7実8

よししげ
好6信9　好6榮14　芳7滋12　美9茂8

よしすけ
由5資13

よしずみ
好6澄15　芳7純10　佳8澄15　淳11澄15　義13澄15　嘉14澄15

よしぞう
良7蔵15　陶11造10

よしたか
由5皐11　好6高10　芦7昂8　良7教11　良7崇11　佳8隆11　善12高10　欽12隆11　義13隆11　義13渉11　嘉14高10　譲20敬12

よしたけ
孔4岳8　由5武8　由5赳10　佳8岳8　善12強11　義13毅15　与3士3剛10

よしたつ
芳7起10

よしため
喜12為9

よしつぐ
由5次6　好6嗣13　芳7嗣13　良7嗣13　禎13世5　義13貢10

よしつね
芳7常11　誉13恒9　義13経11

よしづみ
良7積16

よしてる
芳7照13　良7輝15　義13煌13

よしと
与3人2　可5登12　由5渡12　欣8人2　佳8人2　能10斗4　淑11斗4　賀12斗4　賀12音9　葦13人2　義13人2　廉13徒10　義13兜11　滝13登12　嘉14人2　徳14徒10　類18人2　瀧19人2

よしとき
祥10時10

よしとも
由5伴7　良7友4　良7朋8　佳8知8　祥10伯7　淑11智12　義13伴7　義13知8

よしなお
由5治8　由5脩11　好6尚8　芳7直8　義13直8　嘉14尚8

よしなか
美9仲6

よしなり
壬4也3　可5成6　吉6成6　善12就12　嬉15成6　佳8名6吏6

よしのぶ
由5伸7　好6伸7　良7延8　芳7暢14　佳8信9　佳8喜12　善12信9　嘉14更7　嘉14延8　読14信9　慶15存6　慶15信9　誼15信9　慶15喜12

よしのり
考6功5　好6典8　好6規11　兆6規11　芳7教11　佳8法8　宜8則9　佳8憲16　宣9典8　美9紀9　祥10紀9　祥10宣9　喜12文4　善12規11　義13則9　慶15賀12　嬉15範15　徽17典8

よしはる
吉6春9　芳7遙14　善12晴12　義13治8

よしひこ
由5彦9　伊6彦9

吉6彦9　快7彦9
佳8彦9　能10彦9
嘉14彦9　寵19彦9

よしひさ

義13尚8

よしひで

由5秀7　佳8英8
義13英8　嘉14秀7

よしひと

令5仁4　好6仁4
芳7人2　斐12仁4
禄12仁4　義13仁4
輿17士3仁4

よしひろ

由5浩10　伊6洋9
好6尋12　快7洋9
芳7紘10　芳7寛13
佳8広5　佳8宏7
美9宏7　桂10広5
悌10広5　祥10尋12
淑11浩10　善12大3
善12洋9　最12博12
義13弘5　禎13浩10
義13熙15　慶15央5

よしふ

芳7生5

よしふみ

吉6史5　芳7史5
佳8史5　祥10史5
斎11史5　禄12史5

義13文4　嘉14文4

よしまさ

由5雅13　芳7将10
芳7済11　欣8政9
佳8政9　義13勝12
巌20真10

よしみ

嘉14
由5爾14
吉6実8
芳7実8　佳8実8
善12爾14　禎13巳3
滝13水4　義13臣7
愛13実8　誼15深11

よしみち

由5道12

よしみつ

良7三3　祥10充6
巽12満12　義13光6

義13充6　節13満12
嘉14満12　潔15光6

よしむね

由5致10　彬11宗8

よしもと

良7素10

よしもり

好6守6　好6杜7

よしや

吉6哉9　芳7矢5
義13弥8

よしゆき

芳7之3　良7侑8
祥10行6　祥10雪11
善12行6　善12幸8
巽12往8　義13行6
嘉14之3　潔15之3

儀15行6　由5悠11季8

よしろう

由5浪10　吉6郎9
芳7朗10　研9郎9
禄13楼13　嘉14朗10

よはん

与3伴7　世5帆6

よもぎ

蓬14希7

よゆう

誉13楢13

よりあき

依8亮9

よりき

道12輝15　頼16樹16

よりたけ

偉12丈3　頼16健11

よりと

依8人2　資13人2

よりとし

選15俊9

よりとも

陞10友4　頼16朋8

よりひさ

陞10久3　頼16久3

よりひと

偉12人2

よりふみ

依8史5

よりみつ

頼16光6

ら

「ら」で始まる名前は、明るく強い響きになります。

らい
- 雷13

らいあん
- 礼5按9
- 雷13晏10
- 頼16杏7

らいう
- 徠11宇6
- 蕾16有6

らいか
- 礼5佳8
- 来7夏10
- 蕾16佳8

らいき
- 礼5紀9
- 来7喜12
- 来7暉13
- 徠11輝15
- 雷13季8
- 蕾16生5
- 頼16希7
- 頼16貴12

らいご
- 来7悟10
- 雷13吾7
- 蕾16伍6

らいじ
- 来7治8
- 雷13児7
- 頼16司5

らいすけ
- 來8甫7
- 雷13介4

らいぞう
- 雷13蔵15
- 蕾16三3

らいた
- 礼5多6
- 来7汰7
- 來8多6
- 徠11太4
- 雷13太4
- 蕾16太4
- 頼16汰7

らいでん
- 雷13電13

らいと
- 礼5富12
- 来7人2
- 徠11人2
- 雷13斗4
- 蕾16斗4
- 頼16杜7

らいむ
- 礼5務11
- 来7夢13
- 雷13夢13
- 頼16武8
- 蕾16夢13
- 頼16睦13

らいもん
- 来7門8
- 頼16紋10

らく
- 良7来7
- 羅19久3

らくと
- 洛9人2
- 楽13都11
- 楽13富12
- 楽13豊13
- 良7久3人2

らもん
- 良7門8
- 羅19文4
- 羅19聞14

らんざぶろう
- 蘭19三3郎9

らんたろう
- 嵐12太4郎9

らんと
- 嵐12音9

らんのすけ
- 嵐12乃2介4
- 嵐12乃2甫7
- 藍18之3丞6

らんぺい
- 藍18平5

らんぽ
- 嵐12歩8
- 藍18甫7
- 藍18保9

らんま
- 嵐12馬10
- 嵐12真10
- 藍18守6
- 藍18磨16
- 蘭19真10

り

「り」で始まる名前は、若々しく、軽快なイメージになります。

りいち
- 吏6一1
- 利7一1
- 莉10一1
- 理11一1
- 理11壱7
- 璃15一1

りいちろう
- 吏6一1郎9
- 利7壱7朗10
- 理11一1朗10

りえい
- 利7英8
- 莉10栄9

りお
理11雄12　璃15旺8

りおう
莉10央5

りおん
吏6音9　李7恩10　哩10音9　理11穏16

りき
力2　吏6輝15　利7貴12　李7喜12　李7樹16　里7樹16　莉10基11

りきえ
力2衛16

りきお
力2夫4　力2男7　力2雄12　利7紀9夫4　理11基11男7　理11喜12雄12

りきすけ
力2輔14

りきと
力2人2　力2斗4　力2徒10　力2富12　哩10希7斗4

りきや
力2也3　力2治7　力2弥8　力2哉9

りく
陸11　吏6久3　吏6矩10　李7久3　里7久3　利7久3　李7駆14　里7駈15　莉10久3　浬10久3　哩10矩10　理11久3　理11玖7　璃15久3　璃15来7

りくお
陸11王4　陸11男7　陸11朗10

りくと
陸11人2　陸11斗4　陸11飛9　理11久3登12

りくや
陸11也3　陸11治7　陸11夜8　陸11哉9　浬10空8也3

りしん
理11紳11

りすけ
吏6佑7　理11介4　理11祐9　理11輔14

りずむ
吏6澄15　理11澄15　里7杜7務11　理11守6夢13

りそう
理11奏9　莉10笙11

りつお
立5夫4　律9男7　律9郎9　吏6津9雄12

りつじ
立5治8　律9次6

りつや
律9也3　律9治7　律9哉9　律9弥8

りひと
吏6人2　李7仁4　利7仁4　浬10人2　莉10仁4　理11人2

りひろ
浬10洋9

りふう
李7風9

りもん
吏6門8　里7紋10　璃15聞14

りゅう
流10　竜10　琉11　隆11　笠11　瑠14　龍16

りゅういち
柳9一1　竜10一1　竜10逸11　琉11一1　隆11一1　隆11市5　龍16一1

りゅうが
龍16雅13

りゅうき
柳9希7　竜10貴12　流10旗14　留10輝15　竜10樹16　隆11起10　琉11喜12　瑠14輝15　劉15紀9　劉15騎18

りゅうぎ
笠11技7

りゅうご
柳9悟10　竜10冴7　琉11胡9　隆11護20　龍16吾7　龍16梧11

りゅうじ
竜10二2　竜10士3　竜10司5　竜10児7

隆11次6　劉15志7
龍16侍8　龍16兒8
龍16治8

りゅうすけ

立5奨13　隆11介4
隆11輔14　龍16助7
龍16亮9　龍16輔14

りゅうせい

竜10生5　流10星9
琉11星9　隆11清11
隆11晴12　琉11惺12
龍16世5　龍16星9

りゅうぞう

隆11三3　龍16蔵15

りゅうた

柳9太4　隆11太4
瑠14汰7　龍16太4

りゅうたろう

竜10太4郎9　隆11太4郎9
劉15太4郎9　龍16太4朗10

りゅうと

竜10富12　琉11人2
隆11人2　笠11斗4
劉15飛9　龍16人2

りゅうどう

竜10童12　隆11堂11
琉11堂11　劉15道12

りゅうのすけ

柳9之3介4　竜10乃2佑7
竜10之3丞6　竜10之3助7
琉11乃2佑7　隆11之3介4
隆11之3助7　龍16之3介4

りゅうび

瑠14枇8　劉15備12

りゅうへい

竜10平5　隆11平5
隆11陛10

りゅうま

竜10馬10　流10磨16
琉11真10　隆11馬10
隆11真10　劉15馬10

りゅうや

立5哉9　柳9矢5
隆11哉9　瑠14治7
劉15弥8　龍16也3

りょう

亮9　涼11　菱11　稜13
嶺17　諒15　遼15

りょういち

亮9一1　涼11一1
菱11一1　羚11一1
梁11壱7　陵11壱7
稜13一1　諒15一1
遼15一1　崚11伊6知8

りょうえい

良7栄9　亮9瑛12
亮9叡16　諒15永5

りょうか

良7禾5

りょうが

令5峨10　怜8牙4
亮9我7　凌10牙4
涼11牙4　涼11雅13
遼15河8　諒15賀12

りょうき

良7貴12　怜8喜12
梁11輝15　羚11輝15
遼15樹16　嶺17貴12

りょうご

良7呉7　亮9湖12
亮9護20　陵11吾7
涼11胡9　涼11梧11
椋12吾7　稜13呉7
諒15伍6　嶺17悟10

りょうさく

亮9策12

りょうじ

伶7滋12　怜8侍8
亮9司5　玲9司5
亮9児7　凌10而6
涼11滋12　椋12児7
椋12治8　綾14児7
領14治8　嶺17至6
瞭17児7　嶺17治8

りょうしゅう

了2秀7　良7修10
亮9秋9　遼15州6

りょうすけ

了2輔14　令5輔14
良7佑7　怜8介4
怜8典8　亮9介4
亮9弐6　亮9佑7
亮9翼17　凌10介4
涼10介4　凌10佑7
崚11輔14　陵11輔14
椋12介4　稜13介4
領14佑7　遼15介4
諒15甫7　諒15亮9

りょうぞう

了2三3　良7三3　稜13三3　遼15蔵15　嶺17造10

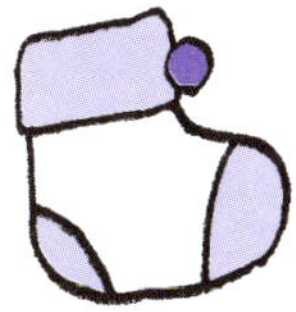

りょうた

了2太4　令5太4　怜7太4　亮9太4　亮9汰7　竜10太4　凌10多6　凌10汰7　涼11大3　菱11大3　涼11太4　陵11太4　崚11太4　梁11太4　涼11多6　陵11汰7　椋12汰7　稜13多6　領14太4　綾14汰7　遼15太4　諒15多6　諒15汰7　嶺17太4

りょうだい

令5醍16

りょうたろう

了2太4郎9　良7太4郎9　良7多6楼13　怜8多6朗10　亮9汰7朗10　凌10太4朗10　陵11太4郎9　崚11太4郎9　涼11太4郎9　菱11太4朗10　綾14太4朗10　領14太4朗10　遼15太4郎9　遼15太4朗10　諒15多6楼13

りょうと

凌10登12　梁11人2　涼11人2　菱11斗4　綾14音9　遼15富12

りょうのしん

椋12之3伸7

りょうのすけ

伶7乃2丞6

りょうび

良7枇8

りょうへい

良7平5　亮9平5　涼11平5　綾14平5　諒15平5　遼15平5

りょうま

怜8真10　亮9真10　亮9馬10　竜10馬10　凌10馬10　凌10摩15　菱11真10　陵11馬10　涼11馬10　僚14馬10　遼15馬10　龍16馬10

りょうめい

良7明8　良7銘14　凌10名6　涼11明8　遼15銘14

りょうや

了2也3　良7也3　良7弥8　怜8冶7　亮9弥8　亮9哉9　凉10也3　凌10弥8　涼11也3　梁11也3　綾14哉9　領14哉9　諒15也3　遼15矢5　瞭17也3　嶺17野11

りょうゆう

羚11優17

りょくよう

緑14葉12

りん

倫10　琳12　鈴13　綸14　凜15　麟24

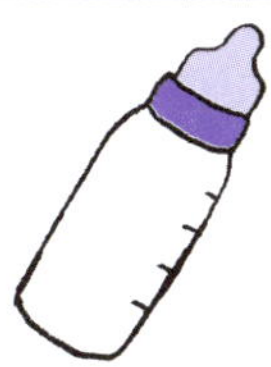

りんく

輪15久3

りんご

林8吾7　麟24悟10

りんじ

綸14次6　凜15二2

りんじゅ

凜15樹16

りんじょう

鈴13条7

りんた

琳12大3　綸14多6　凜15太4　麟24多6

りんたろう

林8太4郎9　倫10太4朗10　琳12太4郎9　鈴13多6朗10　綸14多6朗10　凜15太4郎9　麟24太4郎9　麟24太4郎9

りんと

琳12音9　凜15人2　凜15斗4　麟24音9

りんのすけ
凜之佑 15 3 7

りんぺい
林平 8 5
倫平 10 5
凜平 15 5
麟平 24 5

りんや
林哉 8 9
倫治 10 7
琳也 12 3
琳弥 12 8
凜矢 15 5
凜弥 15 8
凜哉 15 9
麟耶 24 9

りんゆう
倫勇 10 9
綸佑 14 7
凜有 15 6

る

「る」で始まる名前は、一本、筋の通ったイメージになります。

るい
塁 12
類 18
留以 10 5
流以 10 5
留衣 10 6
琉維 11 14
瑠偉 14 12

るいご
塁呉 12 7
塁吾 12 7
塁護 12 20
類梧 18 11

るいじ
塁治 12 8
類司 18 5

るいと
塁人 12 2
塁斗 12 4
瑠絃 14 11
類斗 18 4
琉衣人 11 6 2

るいや
塁哉 12 9

るか
瑠加 14 5

るつ
瑠津 14 9

ると
流音 10 9

るりた
瑠璃多 14 15 6

るりひと
瑠璃人 14 15 2

れ

「れ」で始まる名前は、華やかで明るく、強いイメージになります。

れい
礼 5
励 7
玲 9
嶺 17
令衣 5 6
礼緯 5 16

れいいち
礼一 5 1
令一 5 1
玲一 9 1
鈴壱 13 7
麗市 19 5

れいいちろう
励一郎 7 1 9

れいき
礼喜 5 12
励起 7 10
励騎 7 18
鈴喜 13 12
麗樹 19 16

れいご
怜吾 8 7
玲悟 9 10
澪吾 16 7

れいじ
令司 5 5
伶史 7 5
励至 7 6
伶次 7 6
励児 7 7
怜司 8 5
怜志 8 7
玲示 9 5
玲次 9 6
黎史 15 5
澪司 16 5
嶺志 17 7
麗次 19 6
麗児 19 7

れいしゅん
羚俊 11 9

れいしろう
澪志郎 16 7 9

れいじろう
礼二朗 5 2 10
禮司郎 18 5 9

れいしん
礼信 5 9

れいじん
礼仁 5 4
澪仁 16 4

れいすけ
礼介 5 4
励祐 7 9
怜輔 8 14
玲佑 9 7
黎祐 15 9
澪介 16 4
麗介 19 4

れいた
澪太 16 4

れいたろう
礼多朗 5 6 10
伶太朗 7 4 10

怜8太7郎9
羚11太4郎9

れいと
令5人2
玲9人2
玲9斗4
鈴13徒10
黎15人2
嶺17斗4

れいま
礼5磨16
伶7満12
怜8真10
玲9真10

れいもん
令5文4
礼5門8
玲9聞14
麗19文4

れいや
礼5冶7
怜8弥8
玲9矢5
玲9弥8
黎15哉9
嶺17耶9
禮18弥8
麗19夜8

れいら
令5良7
礼5良7
令5羅19
励7良7
伶7良7
零13羅19
黎15良7
麗19浦10

れお
礼5夫4
伶7勇9
伶7雄12
怜8王4
怜8央5
玲9央5
玲9男7
玲9朗10

れおな
礼5於8那7
伶7雄12名6
伶7緒14七2
玲9央5奈8

れおん
令5音9
礼5穏16
玲9音9

れき
暦14

れきじ
暦14次6

れん
連10
廉13
蓮13
漣14
錬16
簾19

れんこ
錬16虎8

れんご
漣14悟10

れんじ
連10治8
連10爾14
廉13二2
廉13治8
蓮13慈13
漣14治8
練14路13
錬16志7

れんた
連10太4
蓮13大3
廉13多6
練14太4
漣14太4
錬16多6

れんたろう
廉13太4朗10
錬16太4郎9

れんと
漣14音9

れんのすけ
連10之3輔14

れんぺい
連10平5
錬16平5

れんみょう
蓮13明8

「ろ」で始まる名前は、責任感と安定感のあるイメージになります。

ろいち
路13一1
魯15一1

ろうが
滝13牙4

ろき
芦7貴12
路13喜12
鷺24輝15

ろく
禄12
緑14
麓19
呂7玖7
蕗16来7
鷺24玖7

ろくいちろう
六4一1郎9

ろくお
六4雄12
緑14雄12
録16男7

ろくさぶろう
禄12三3郎9

ろくすけ
六4甫7
陸11介4

ろくた
陸11多6
禄12太4

ろくてる 禄12輝15

ろくと 禄12人2　緑14杜7

ろくのすけ 六4之3助7

ろくや 六4弥8　禄12治7　録16矢5

ろくろう 六4良7　六4郎9　鹿11郎9　陸11朗10　禄12郎9　録16朗10

ろこう 蕗16晃10

ろしゅう 芦7州6

ろすい 呂7穂15

ろせい 芦7青8

ろだん 路13檀17

ろっき 六4輝15

ろみお 路13澪16　呂7美9男7

ろんた 論15太4

ろんぺい 論15平5

わ

「わ」で始まる名前は、落ち着きがあり信頼感のあるイメージに。

わかお 若8夫4　若8男7

わかおみ 若8臣7

わかき 童12騎18

わかし 若8史5　稚13志7　和8加5史5

わかと 若8斗4　若8飛9　若8富12　稚13人2

わかはる 若8治8　若8晴12　稚13栄9

わかひこ 若8彦9　稚13彦9

わかひろ 若8丈3　若8広5　若8尋12　稚13宏7　稚13寛13

わかふみ 若8文4　若8郁9　稚13文4　稚13典8　和8加5文4

わかやす 若8快7　若8欣8　若8恭10　稚13寧14

わき 環17輝15

わきお 和8貴12夫4　和8喜12雄12

わくに 和8国8

わさお 和8佐7雄12

わさぶろう 和8三3郎9

わしお 鷲23雄12　和8四5夫4

わしのすけ 鷲23之3介4

わしろう 鷲23郎9　和8志7郎9　倭10四5朗10

わすけ 和8介4　和8佑7

わせい 和8正5　和8生5　倭10星9

わたる 亘6　径8　弥8　恒9　航10　済11　渉11　渡12　亘6琉11　和8足7　和8太4琉11　和8多6留10

外国語の響きの名前

国際化時代にふさわしい、世界で通用する名前を集めました。

英語圏風

マシューはアメリカでもイギリスでも人気の高い名前。日本でも、摩周湖でなじみがあります。

アラン・あらん

安藍（6・18）　有蘭（6・19）　亜嵐（7・12）
吾藍（7・18）　阿嵐（8・12）　愛藍（13・18）

エイバン・えいばん

永伴（5・7）　瑛万（12・3）　叡伴（16・7）

カイル・かいる

快瑠（7・14）　海流（9・10）　開琉（12・11）
絵瑠（12・14）　櫂流（18・10）

ケント・けんと

研豊（9・13）　剣斗（10・4）　拳門（10・8）
健登（11・12）　絢都（12・11）　賢人（16・2）

サム・さむ

冴武（7・8）　咲夢（9・13）　瑳務（14・11）

ジョージ・じょうじ

丈二（3・2）　成児（6・7）　城滋（9・12）
譲司（20・5）　譲次（20・6）　譲治（20・8）

タイガー・たいが

大河（3・8）　大芽（3・8）　大雅（3・13）
太賀（4・12）　泰我（10・7）　黛芽（16・8）

トム・とむ

- 斗夢（4・13）
- 飛武（9・8）
- 音夢（9・13）
- 登務（12・11）
- 豊夢（13・13）

マイク・まいく

- 茉郁（8・9）
- 真生（10・5）
- 舞玖（15・7）

マシュー・ましゅう

- 茉崇（8・11）
- 真洲（10・9）
- 馬柊（10・9）
- 麻修（11・10）
- 摩周（15・8）
- 磨秀（16・7）

レオン・れおん

- 玲音（9・9）
- 羚温（11・12）
- 麗苑（19・8）

ロミオ・ろみお

- 路澪（13・16）
- 呂弥雄（7・8・12）
- 蕗海央（16・9・5）

フランス風

フランスでは、キリスト教の聖人にちなんだ名前をつけるのが一般的となっています。

アンドレ・あんどれ

- 安土礼（6・3・5）
- 安渡玲（6・12・9）
- 晏登伶（10・12・7）

エミル・えみる

- 笑瑠（10・14）
- 英充琉（8・6・11）
- 栄海流（9・9・10）
- 恵満留（10・12・10）
- 瑛光瑠（12・6・14）
- 瑛海琉（12・9・11）

クロウド・くろうど

- 蔵人（15・2）
- 玖朗人（7・10・2）
- 空楼渡（8・13・12）
- 紅桜土（9・10・3）

ノエル・のえる

- 乃愛瑠（2・13・14）
- 乃依留（2・8・10）
- 之枝琉（3・8・11）
- 之英瑠（3・8・14）
- 能栄留（10・9・10）
- 埜恵留（11・10・10）

ラモン・らもん

来(7)門(8)　良(7)紋(10)　楽(13)門(8)
羅(19)文(4)

リク・りく

陸(11)　里(7)来(7)　利(7)駆(14)
莉(10)空(8)　理(11)久(3)　璃(15)紅(9)

ルイ・るい

塁(12)　類(18)　留(10)偉(12)
琉(11)唯(11)　瑠(14)威(9)　瑠(14)尉(11)

ドイツ風

ハンス・はんす

帆(6)主(5)　帆(6)守(6)　伴(7)守(6)
絆(11)須(12)

ヒューイ・ひゅうい

ヒューイ、ヒューゴともに、聡明さを意味する名前「ヒューバート」の愛称です。

日(4)湧(12)唯(11)　飛(9)雄(12)依(8)
陽(12)優(17)衣(6)　緋(14)勇(9)維(14)

ヒューゴ・ひゅうご

灯(6)結(12)冴(7)　飛(9)雄(12)吾(7)
陽(12)優(17)悟(10)　緋(14)勇(9)護(20)

マルク・まるく

丸(3)玖(7)　茉(8)琉(11)紅(9)
真(10)瑠(14)空(8)　万(3)留(10)恭(10)

レオ・れお

礼(5)夫(4)　伶(7)勇(9)　伶(7)雄(12)
怜(8)王(4)　怜(8)央(5)　玲(9)央(5)
玲(9)男(7)　玲(9)郎(9)

イタリア風

「ルイジ」はイタリアで多い名前の一つ。英語名の「ルイス」のイタリア語バージョンです。

マルコ ● まるこ

丸児（3・7）　茉流古（8・10・5）
真琉虎（10・11・8）　麻留己（11・10・3）
満瑠己（12・14・3）　摩瑠湖（15・14・12）

ルイジ ● るいじ

塁治（12・8）　類慈（18・13）　類爾（18・14）
瑠依志（14・8・7）

ギリシャ風

「リオン」は、ライオンという意味をもつ「レオン」という名前がギリシャ語風に転じたものです。

ニコス ● にこす

仁虎珠（4・8・10）　児己守（7・3・6）
新湖須（13・12・12）

リオン ● りおん

李音（7・9）　里温（7・12）　利穏（7・16）
莉苑（10・8）　理音（11・9）　璃園（15・13）

ハワイ風

ハワイ語で「アオ」は光、「マウ」は永遠、「ラニ」は天空を意味します。悠久の流れを感じさせる名前です。

アオ ● あお

青（8）　蒼（13）　吾央（7・5）

マウ ● まう

真羽（10・6）　真宇（10・6）　馬羽（10・6）

ラニ ● らに

礼仁（5・4）　良仁（7・4）　羅児（19・7）

呼びたい愛称からさがす

どんな愛称で呼びたいか、というところから名前の候補を考えてみましょう。

あお くん ちゃん

あおい あおき
あおぞら あおみ

あき くん ちゃん

あきお あきじろう
あきと あきのぶ
あきのり あきひこ
あきひさ あきひと
あきひろ あきら

あっ くん ちゃん

あぐり あさお
あさと あさひ
あさや あすか
あずま あたる
あつお あつし
あつと あつのり
あつひこ あつや
あつろう あとむ
あゆむ あらし
あらた ありたか

あや くん ちゃん

あやき あやた
あやと あやひと

あん くん ちゃん

あんご あんじ
あんじゅ あんり

いお くん ちゃん

いおり いおん

いく くん ちゃん

いくお いくた
いくと いくま

いっ くん ちゃん

いさお いさむ
いしん いずみ
いずも いずる
いたる いちや
いちろう いつき
いっけい いっこう
いっせい いつみ
いなほ いのり

いぶ くん ちゃん

いぶき

えい くん ちゃん

えいいち えいが
えいき えいきち
えいご えいさく
えいじ えいしょう
えいすけ えいた

えっ くん ちゃん

えつし えつじ
えつや えりや

おー くん ちゃん

おういち おうき
おうご おうじ
おうすけ おうた
おうたろう おおぞら

おと くん ちゃん

おとつぐ　おとひこ
おとふみ　おとや

かい くん ちゃん

かいし　かいじ
かいしゅう　かいせい
かいと　かいへい
かいや　かいり

がい くん ちゃん

がいあ　がいか
がいし　がいと

かず くん ちゃん

かずあき　かずお
かずき　かずし
かずしげ　かずたか
かずと　かずとし
かずとも　かずなり
かずひこ　かずひろ
かずま　かずまさ
かずゆき　かずよし

かっ くん ちゃん

かおる　かくと
かげき　かける
かざと　かしわ
かつお　かつし
かつじ　かつと
かつひこ　かつひろ
かつみ　かつや
かぶと　かもん

がっ くん ちゃん

がくし　がくと
がしゅう　がもん

かね くん ちゃん

かねお　かねただ
かねと　かねまさ

かん くん ちゃん

かなた　かなめ
かんいち　かんき
かんくろう　かんご
かんさく　かんじ
かんたろう　かんぺい

きい くん ちゃん

きいち　きいちろう
きしお　きしゅう
きしょう　きしん
きすけ　きたお

きく くん ちゃん

きくお　きくじろう

きっ くん ちゃん

きっぺい　きらり
きりと　きりゅう

きみ くん ちゃん

きみあき　きみお
きみのり　きみはる
きみひさ　きみひろ
きみや　きみゆき

きゅう くん ちゃん

きゅうご　きゅうじ
きゅうた　きゅうま
きゅうや

きよ くん ちゃん

きよかつ　きよし
きよしろう　きよた
きよたか　きよと
きよなり　きよのり

きよはる　きよひこ
きよひろ　きよふみ

きょう くん ちゃん

きょういち　きょうご
きょうじ　きょうしろう
きょうすけ　きょうぞう
きょうた　きょうと
きょうへい　きょうや

きん くん ちゃん

きんいち　きんご
きんじ　きんや

ぎん くん ちゃん

ぎんが　ぎんじ
ぎんた　ぎんや

くう くん ちゃん

くうが　くうや
くおん　くらのすけ
くらま　くろうど

くに くん ちゃん

くにお　くにかず
くにひこ　くにひさ
くにひろ　くにみ

けい くん ちゃん

けいいち　けいが
けいき　けいきち
けいご　けいし
けいじ　けいじゅ
けいしゅう　けいじゅん
けいじろう　けいしん
けいすけ　けいた
けいたろう　けいと
けいま

けん くん ちゃん

けんいち　けんご
けんさく　けんじ
けんじろう　けんしん
けんすけ　けんぞう
けんた　けんたろう
けんと　けんや

げん くん ちゃん

げんかい　げんき
げんじ　げんぞう
げんた　げんたろう
げんのすけ　げんや

こう くん ちゃん

こういち　こうが
こうき　こうじ
こうすけ　こうせい
こうへい　こうめい
こうや　こうよう
こうりん　こごろう
こじろう　ことや

ごう くん ちゃん

ごうき　ごうし
ごうた　ごうと
ごうふう　ごうる

ごろ くん ちゃん

ごろう

さく くん ちゃん

さくじ　さくたろう
さくと　さくや

さだ くん ちゃん

さだお　さだかず
さだはる　さだひろ
さだゆき　さだよし

さっ くん ちゃん

さいき　さいじ
さいぞう　さいもん

さきお　さきた
さきょう　さこん
さすけ　さちお
さちや　さつき
さつま　さつみ

さと くん ちゃん

さとき　さとし

さん くん ちゃん

さんが　さんじ
さんしろう　さんぺい

しい くん ちゃん

ししお　しずお
しずか　しずま
しずや　しどう

しげ くん ちゃん

しげあき　しげお
しげと　しげとし
しげはる　しげひこ
しげゆき　しげる

しゅう くん ちゃん

しゅういち　しゅうえい
しゅうき　しゅうご
しゅうさく　しゅうじ
しゅうすい　しゅうすけ
しゅうせい　しゅうぜん
しゅうぞう　しゅうた
しゅうと　しゅうはく
しゅうへい　しゅうほ
しゅうほう　しゅうま
しゅうめい　しゅうや

しゅん くん ちゃん

しゅんいち　しゅんき
しゅんご　しゅんさく
しゅんじ　しゅんすけ
しゅんた　しゅんたろう
しゅんと　しゅんぺい
しゅんま　しゅんめ
しゅんや

じゅん くん ちゃん

じゅんいち　じゅんき
じゅんご　じゅんじ
じゅんすけ　じゅんせい
じゅんぞう　じゅんた
じゅんだい　じゅんぺい
じゅんま　じゅんや
じゅんゆう

しょう くん ちゃん

しょういち　しょうえい
しょうえん　しょうき
しょうご　しょうじ
しょうすけ　しょうせい
しょうた　しょうと
しょうへい　しょうほ
しょうま　しょうや
しょうよう　しょうり

じょう くん ちゃん

じょういち　じょうご
じょうじ　じょうたろう

しん くん ちゃん

しんいち　しんご
しんさく　しんし
しんじ　しんのすけ
しんぺい　しんや

じん くん ちゃん

じんご　じんた
じんだい　じんや

すー くん ちゃん

すいせい　すぐる
すずお　すずし
すずのすけ　すすむ
すずむ　すなお
すばる　すみや

せい くん ちゃん

せいいち せいき
せいご せいじ
せいしろう せいすけ
せいと せいや

せん くん ちゃん

せんいち せんご
せんじろう せんたろう
せんと せんり

そう くん ちゃん

そういち そうご
そうし そうじ
そうすけ そうた
そうえい そうま

たい くん ちゃん

たいが たいき
たいじ たいしゅう
たいすけ たいせい
たいぞう たいよう

だい くん ちゃん

だいあ だいき
だいご だいじろう
だいすけ だいち

たか くん ちゃん

たかあき たかお
たかし たかと
たかひろ たかふみ
たかまさ たかゆき

たく くん ちゃん

たくじ たくひろ
たくま たくみ
たくや たくろう

たけ くん ちゃん

たけあき たけお
たけし たけと
たけのぶ たけのり
たけひこ たけひろ

たっ くん ちゃん

たすく ただお
ただし ただゆき
たつお たつし
たつじ たつのり
たつひこ たつや
たつゆき たもつ

たろ くん ちゃん

たろう

ちい くん ちゃん

ちあき ちかお
ちから ちさと
ちずお ちはや

ちゅー くん ちゃん

ちゅうま ちゅうや

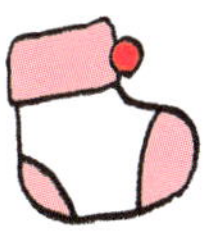

ちょう くん ちゃん

ちょういち ちょうき
ちょうじ ちょうた

つー くん ちゃん

つかさ つきひこ
つぐお つとむ
つねひこ つばさ

つよ くん ちゃん

つよき つよし

てい くん ちゃん

ていいち ていぞう
ていた ていたろう

てつ くん ちゃん

てつお　てつし
てつじ　てつま
てつや　てつろう

てる くん ちゃん

てるあき　てるお
てるき　てるひこ
てるひさ　てるひで
てるみ　てるゆき
てるよし

てん くん ちゃん

てんが　てんこう
てんしょう　てんま

とー くん ちゃん

とうき　とうきち
とうご　とうじ
とうすけ　とうた
とうま　とうや
とうよう　とおる
とどろき　とみお
とみひこ　とよかず

とき くん ちゃん

ときお　ときのり
ときひこ　ときや

とし くん ちゃん

としあき　としお
としかず　としかつ
としき　としのり
としはる　としひこ
としひさ　としひで
としひろ　としふみ
としみち　としや
としゆき　としろう

とも くん ちゃん

ともあき　ともかず
ともき　とものり
ともはる　ともひさ
ともひろ　ともみ
ともや　ともやす
ともゆき　ともよし

なお くん ちゃん

なおかつ　なおき
なおすけ　なおずみ
なおと　なおひこ
なおひろ　なおふみ
なおや　なおゆき

なつ くん ちゃん

ないと　なつお
なつき　なつひこ
なるひと　なるみ

のぶ くん ちゃん

のぶあき　のぶお
のぶかず　のぶひこ
のぶひろ　のぶや

のり くん ちゃん

のりあき　のりお
のりかず　のりき
のりたか　のりたけ
のりふみ　のりゆき

のん くん ちゃん

のぞむ　のぼる

はー くん ちゃん

はじめ　はすね

はく くん ちゃん

はくえい　はくが
はくと　はくま

はや くん ちゃん
はやお　はやた
はやて　はやと

はる くん ちゃん
はるお　はるき
はると　はるのぶ
はるひこ　はるや
はるやす　はるよし

はん くん ちゃん
はんご　はんじ
はんす　はんた

ばん くん ちゃん
ばんえい　ばんしょう
ばんせい　ばんり

ひー くん ちゃん
ひいず　ひいろ
ひかり　ひかる
ひだか　ひとし
ひなた　ひびき
ひらく　ひりゅう

ひさ くん ちゃん
ひさお　ひさき
ひさし　ひさと
ひさのぶ　ひさのり
ひさや　ひさよし

ひで くん ちゃん
ひであき　ひでお
ひでかず　ひでき
ひでと　ひでとし
ひでひこ　ひでほ
ひでゆき　ひでよ

ひゅう くん ちゃん
ひゅうが　ひゅうま

ひょう くん ちゃん
ひょうご　ひょうすけ

ひろ くん ちゃん
ひろあき　ひろし
ひろと　ひろのぶ
ひろひこ　ひろみち
ひろや　ひろやす
ひろゆき　ひろよし

ふう くん ちゃん
ふうた　ふうま
ふかし　ふさのり
ふじお　ふとし

ふみ くん ちゃん
ふみあき　ふみお
ふみのり　ふみひこ
ふみひろ　ふみや

ぶん くん ちゃん
ぶんご　ぶんた
ぶんぺい　ぶんめい

へい くん ちゃん
へいじ　へいすけ
へいぞう　へいた

ほー くん ちゃん
ほいち　ほうえい
ほうが　ほうご
ほうすけ　ほうせい
ほうゆう　ほかぜ
ほくと　ほずま
ほずみ　ほだか
ほづみ　ほまれ

ほし くん ちゃん

ほしお　ほしき
ほしひこ　ほしみつ

まあ くん ちゃん

まいく　まいと
まきお　まきたろう
まこと　ましゅう
まなぶ　まもる
まりお　まれすけ

まさ くん ちゃん

まさあき　まさお
まさかず　まさき
まさくに　まさし
まさたか　まさつぐ
まさと　まさとし
まさのぶ　まさはる
まさひこ　まさひろ
まさみ　まさや
まさゆき　まさる

みい くん ちゃん

みねお　みのる
みやび　みらい

みき くん ちゃん

みきお　みきと
みきひこ　みきや

みっ くん ちゃん

みかさ　みさき
みずき　みずほ
みちあき　みちお
みちひこ　みちひさ
みちや　みちる
みつお　みつき
みづき　みつひこ
みつひろ　みつる

むう くん ちゃん

むつお　むつき
むつと　むつみ

むね くん ちゃん

むねお　むねたか
むねと　むねゆき

めぐ くん ちゃん

めぐむ　めぐる

もと くん ちゃん

もとお　もとき
もとはる　もとひこ
もとひろ　もとや

もり くん ちゃん

もりお　もりと
もりひこ　もりひろ

やっ くん ちゃん

やいち　やえぞう
やくも　やすあき
やすお　やすし
やすじ　やすたか
やすと　やすはる
やすひこ　やすひと
やすひろ　やすふみ
やすまさ　やすゆき
やすよし　やまと

ゆう くん ちゃん

ゆういち　ゆうき
ゆうご　ゆうさく
ゆうじ　ゆうしゅん
ゆうすけ　ゆうぞう
ゆうた　ゆうと
ゆうへい　ゆうま
ゆうや　ゆずき
ゆずる　ゆたか

ゆき くん ちゃん

ゆきお　ゆきと
ゆきなり　ゆきひこ
ゆきひろ　ゆきまさ

ゆづ くん ちゃん
ゆづき　ゆづる

ゆめ くん ちゃん
ゆめじ　ゆめと

よう くん ちゃん
よういち　ようじ
ようすけ　ようせい
ようた　ようへい

よし くん ちゃん
よしあき　よしお
よしかず　よしき
よしたつ　よしとも
よしのぶ　よしのり
よしはる　よしひこ
よしひさ　よしひで
よしひろ　よしみち
よしゆき　よしろう

より くん ちゃん
よりあき　よりとも
よりひさ　よりふみ

らい くん ちゃん
らいき　らいぞう
らいた　らいと

らん くん ちゃん
らんたろう　らんと
らんぽ　らんま

りき くん ちゃん
りきえ　りきお
りきと　りきや

りく くん ちゃん
りくお　りくと

りゅう くん ちゃん
りゅういち　りゅうが
りゅうき　りゅうぎ
りゅうご　りゅうじ
りゅうすけ　りゅうぞう
りゅうた　りゅうと
りゅうどう　りゅうのすけ
りゅうび　りゅうへい
りゅうま　りゅうや

りょう くん ちゃん
りょういち　りょうえい
りょうが　りょうき
りょうご　りょうじ
りょうすけ　りょうぞう
りょうた　りょうたろう
りょうと　りょうへい
りょうま　りょうや

りん くん ちゃん
りんく　りんじ
りんたろう　りんと

れい くん ちゃん
れいいち　れいき
れいご　れいじ
れいじろう　れいじん
れいすけ　れいた
れいと　れいま
れいもん　れいや

れお くん ちゃん
れおな　れおん

れん くん ちゃん
れんこ　れんご
れんじ　れんた
れんたろう　れんと
れんのすけ　れんぺい

人気の音からさがす

「き、や、ま、と」で止める名前や、ア段の音で終わる名前が人気です。

止め字が「き」

かずき　かつき
こうき　しげき
たいき　だいき
たつき　としき
はるき　ひろき
ふゆき　ゆうき

止め字が「ご」

しょうご　しんご
せいご　だいご

止め字が「じ」

けいじ　げんじ
こうじ　そうじ
ゆうじ　りゅうじ
りょうじ　れいじ

止め字が「た」

えいた　きょうた
けんた　こうた
しょうた　そうた
てつた　ふうた
ゆうた　りゅうた
りょうた

止め字が「と」

かいと　がくと
かずと　きりと
しげと　たかと
たくと　はると
ひろと　ほくと
まさと　やまと
ゆうと

止め字が「ま」

きゅうま　こうま
しゅうま　そうま
たつま　とくま
ひゅうま　ゆうま

止め字が「や」

けんや　さくや
しずや　しゅんや
じゅんや　せいや
たかや　たくや
たつや　ひろや
ふみや　まさや
みちや　もとや
りくや

止め字が「せい」

かいせい　こうせい
しゅうせい　たいせい
ゆうせい　りゅうせい

終わりが「い」

かい　がい　けい
せい　だい　るい
れい

終わりが「う」

こう　しゅう
しょう　じょう
そう　ゆう
よう　りゅう
りょう

終わりが「る」

あたる　さとる
たつる　ちはる
とおる　ひかる
まさる　みつる
ゆずる　わたる

終わりが「ん」

かん　けん
しん　じん
しゅん　じゅん
りん　れん

※人気のある名前はP.43でも紹介しています。

2音の名前

2音は呼びやすいのが特徴です。「ん」で終わる音でなければ、添え字を使って2字の名前にすることもできます。

あ行

- いお　威9雄12　偉12央5

か行

- かい　海9　開12
- かつ　克7　勝12
- かん　貫11　幹13
- けい　啓11　渓11　慶15
- けん　拳10　剣10　賢16
- げん　元4　玄5　弦8
- こう　晃10　昊8　煌13
- ごう　剛10　郷11

さ行

- しき　史5季8　志7騎18
- しゅう　秀7　周8　修10
- しゅん　隼10　駿17　瞬18
- じゅん　純10　准10　潤15
- しょう　祥10　将10　翔12
- じょう　丈3　穣18
- しん　臣7　慎13　榛14
- じん　仁4　迅6　陣10
- せい　星9　晴12　聖13
- そう　爽11　創12　颯14

た行

- だい　大3
- たか　鷹24
- たく　卓8　拓8　琢11
- たつ　辰7　達12　龍16
- てつ　哲10　鉄13　徹15
- てる　光6　照13　輝15

な行

- なお　直8　尚8

は行

- ひろ　大3　拓8　寛13

ま行

- まさ　将10　雅13　優17

や行

- ゆう　悠11　湧12　祐9宇6
- よう　陽12　遥12　耀20

ら行

- らい　来7　雷13　頼16
- らん　嵐12
- りき　力2　理11輝15
- りく　陸11　里7久3
- りゅう　竜10　琉11　瑠14
- りょう　亮9　凌10　遼15
- りん　倫10　凛15　麟24
- るい　塁12　類18　留10偉12
- れい　玲9　澪16　嶺17
- れお　怜8央5　玲9於8
- れん　蓮13　廉13　漣14

5音以上の名前

「ろう」や「すけ」などで終わる、クラシカルな響きは男の子らしくなります。

いちたろう
一太郎 1 4 9　壱太朗 7 4 10

いちのじょう
一乃丞 1 2 6　市之譲 5 3 20

えいしろう
英史郎 8 5 9　栄士郎 9 3 9　鋭志朗 15 7 10

かんいちろう
勘一朗 11 1 10　幹一郎 13 1 9

きょういちろう
喬一郎 12 1 9　響一朗 20 1 10

きょうしろう
匡史朗 6 5 10　京士郎 8 3 9　侠志郎 9 7 9

きよしろう
紀由朗 9 5 10　聖士郎 13 3 9

ぎんじろう
吟治朗 7 8 10　銀児郎 14 7 9

ぎんのすけ
吟乃介 7 2 4　銀之輔 14 3 14

けいいちろう
蛍一朗 11 1 10　慶一郎 15 1 9

けいしろう
敬志郎 12 7 9　慧士朗 15 3 10

けいたろう
恵太朗 10 4 10　啓太郎 11 4 9

けんしろう
拳士郎 10 3 9　賢司郎 16 5 9

こうじゅろう
光十朗 6 2 10　晃寿郎 10 7 9

こうじろう
宏治郎 7 8 9　幸次郎 8 6 9

こうたろう
光太朗 6 4 10　幸太郎 8 4 9

こうのすけ
航乃佑 10 2 7　梗之輔 11 3 14

こじゅうろう
小十郎 3 2 9　虎十朗 8 2 10

さくたろう
咲汰楼 9 7 13　朔太郎 10 4 9

さんしろう
三四郎 3 5 9　参史朗 8 5 10

じゅんいちろう
准逸郎 10 11 9　淳一郎 11 1 9

しゅんたろう
俊太郎 9 4 9　駿多朗 17 6 10

しょうじろう
笙治朗 11 8 10　翔二郎 12 2 9

しんのすけ
進之介 11 3 4　新乃左 13 2 5

そうじろう
爽二郎 11 2 9　聡児朗 14 7 10

りゅうのすけ
瑠乃輔 14 2 14　龍之介 16 3 4

りんたろう
倫太郎 10 4 9　鈴太朗 13 4 10

りんのすけ
凜乃丞 15 2 6　麟之介 24 3 4

れいじろう
礼爾朗 5 14 10　麗二郎 19 2 9

れんたろう
蓮太郎 13 4 9　錬多朗 16 6 10

うしろの音からさがす

名前を上から順に考える以外にも、「どんな音で終わるとしっくりくる響きになるかな」と考えてみるのも一つの方法です。

あ行

ーあ

がいあ
せいあ
だいあ

ーあき

かずあき
かつあき
きみあき
さだあき
しげあき
たかあき
たけあき
ただあき
ちあき
つねあき
てるあき
としあき
ともあき
のぶあき
のりあき
はるあき
ひであき
ひろあき
ふみあき
まさあき
みちあき
みつあき
みねあき
もとあき
やすあき
よしあき
よりあき

ーあつ

ただあつ
ともあつ
ひであつ
みねあつ

ーあん

いあん
こうあん
らいあん

ーい

あおい
うたい
かい
がい
けい
せい
だい
とうい
ねい
みらい
ゆい
らい
るい
れい

ーいち

えいいち
かんいち
きいち
きょういち
きんいち
けいいち
けんいち
こういち
しゅういち
しゅんいち
じゅんいち
しょういち
じょういち
しんいち
せいいち
せんいち
そういち
たいち
だいち
ていいち
ゆういち
よいち
よういち
りゅういち
りょういち
れいいち

ーいちろう

かんいちろう
きいちろう
けいいちろう
けんいちろう
げんいちろう
こういちろう
じゅんいちろう
しょういちろう
じょういちろう
しんいちろう
そういちろう
ゆういちろう
よういちろう
れいいちろう

ーう

こう
ごう
しゅう
しょう
じょう
そう
ゆう
よう
りゅう
りょう

ーうみ

たかうみ
ただうみ
てるうみ

ーうん

こううん
しうん
せいうん

ーえい

こうえい
しゅうえい
しょうえい
はくえい
ばんえい
りょうえい

ーお

あお
あきお
あさお
あつお
いお
いくお
いさお
いわお
うしお
かずお
かつお
かづお
きくお
きみお
くにお
さだお
さちお
しげお
しお
しずお
すずお
たかお
たきお
たけお
ただお
たつお
たみお
ちかお
ちずお
つぎお
つぐお
つねお
てつお
てるお
ときお
としお
とみお
なつお
なみお
のぶお
のりお
はやお
はるお
ひさお
ひでお
ふじお
ふみお
ほしお
まきお
まさお
まりお
みきお
みちお
みつお
みねお
むつお
むねお
もとお
もりお
やすお
ゆきお
よしお
りくお
れお
ろみお

ーおき

かずおき
ひさおき
ひろおき
まさおき
もとおき

ーおみ

さだおみ
たかおみ
たけおみ
ともおみ
のりおみ
まさおみ
やすおみ
よしおみ

ーおん

いおん
くおん
しおん
りおん
れおん

か行

ーか

あすか
こうか
がいか
しずか
にちか
はるか
ひだか
ほたか
ほだか
まどか
ゆたか
らいか
りょうか

ーが

えいが
おうが
ぎんが
くうが
けいが
こうが
さんが
せいが
たいが
てんが
ひゅうが
ふうが
ほうが

ゆうが
ようが
りゅうが
りょうが

ーかい

げんかい
そうかい

ーかく

いっかく
さいかく

ーかげ

まさかげ

ーかず

くにかず
さだかず
しげかず
ただかず
としかず
ともかず
とよかず
のぶかず
のりかず
ひでかず
ひろかず
ふみかず
まさかず
みちかず
みねかず
よしかず

ーかぜ

ほかぜ
ゆきかぜ

ーかた

のぶかた
ひろかた
もりかた
よしかた

ーかつ

きよかつ
しげかつ
としかつ
なおかつ
のぶかつ
のりかつ
まさかつ
よしかつ

ーかね

さだかね
ひろかね
まさかね
よしかね

ーき

あおき
あつき
あやき
いちき
いっき
いつき
いぶき
いわき
えいき
おうき
かげき
かずき
かつき
かづき
かんき
けいき
げんき
こうき
ごうき
さだき
さつき
さとき
しげき
しぶき
しゅうき
しょうき
そうき
たいき
だいき
たかき
たつき
たまき
つねき
つばき
つよき
てるき
とうき
としき
とどろき
ともき
なおき
なつき
にしき
のぶき
はるき
ひさき
ひでき
ひびき
ひろき
ふうき
ふゆき
ほしき
まさき
みさき
みずき
みつき
みづき
みねき
むつき
もとき
やえき
やおき
ゆうき
ゆずき
ゆづき
ようき
よしき
らいき
りき
りゅうき
りょうき
れいき
ろき

ーぎ

せいぎ
つるぎ
りゅうぎ

ーきち

えいきち
けいきち
とうきち

ーきよ

これきよ
たつきよ
まさきよ

ーぎょ

えんぎょ
たいぎょ

ーきょう

うきょう
さきょう

ーく

がく
すざく
たく
たすく
ばく
はるく
ひらく
まいく
りく
りんく
ろく

ーくに

かずくに
としくに
ともくに
のぶくに
まさくに
よしくに
わくに

ーくろう

かんくろう
けんくろう

ーけい

いっけい
えんけい

ーけん

こうけん
しょうけん
ゆうけん

ーご

あいご
あんご
えいご
おうご
かいご
かんご
きゅうご
きょうご
けいご
けんご
しゅうご
しゅんご
じゅんご
しょうご
しんご
せいご
そうご
だいご
たんご
ていご
とうご
はんご
ひょうご
びんご
ふうご
ぶんご
ゆうご
らいご
りゅうご
りょうご
れいご

ーこう

いっこう
えいこう
けいこう
けんこう
せいこう
てんこう
ゆうこう
ようこう

ーごろう

きくごろう
こごろう
しゅうごろう
はんごろう

ーこん

うこん
さこん

さ行

ーさ

かずさ
つかさ
つばさ
みかさ

ーさい

こうさい
せいさい
ほくさい

ーさく

えいさく
かんさく
けいさく
けんさく
こうさく
しゅうさく
しゅんさく
しんさく
せいさく
そうさく
たいさく
まんさく
ゆうさく
りょうさく

ーさだ

ときさだ
ともさだ
みちさだ
よしさだ

ーさと

あきさと
きよさと
たかさと
ちさと
ひろさと
みつさと

ーし

あつし
あらし
えいし
えつし
かいし
がいし
がくし
かずし
かたし
かつし
きし
きよし
けいし
けんし
ごうし
さとし
しゅうし
しんし
すずし
そうし
たいし
だいし
たかし
たけし
ただし
たつし
ちかし
つよし
てつし
ひさし
ひとし
ひろし
ふかし
ふとし
ほうし
まさし
むさし
やすし
ゆうし

ーじ

あんじ
いくじ
えいじ
えつじ
おうじ
かいじ
かつじ
かんじ
きゅうじ
きょうじ
きんじ
ぎんじ
けいじ
けんじ
げんじ
こうじ
さくじ
さんじ
しゅうじ
しゅんじ
じゅんじ
しょうじ
じょうじ
しんじ
せいじ
そうじ
たくじ
たつじ
ちょうじ
ていじ
てつじ
とうじ
ときじ
とくじ
ともじ
とよじ
とらじ
ねんじ
はんじ
へいじ
やすじ
ゆうじ
ゆめじ
ようじ
りゅうじ
りょうじ
るいじ
れいじ
れんじ

ーしげ

あつしげ
かずしげ
これしげ
たかしげ
とししげ
ともしげ
のぶしげ
のりしげ
はるしげ
ひでしげ
ひろしげ
ふみしげ
まさしげ
みちしげ
よししげ

ーじゅ

えいじゅ
けいじゅ
こうじゅ
そうじゅ
だいじゅ
ほうじゅ

ーしゅう

かいしゅう
きしゅう
けいしゅう
けんしゅう
せいしゅう
たいしゅう
とうしゅう
ほうしゅう
ましゅう
りゃくしゅう

ーしゅん

えいしゅん
こうしゅん
せいしゅん
ゆうしゅん
ようしゅん
れいしゅん

ーじゅん

こうじゅん
せいじゅん
たいじゅん

ーしょう

いっしょう
えいしょう
きしょう
けんしょう
たいしょう
てんしょう
ゆうしょう

ーじょう

きんじょう
ゆきのじょう

ーしろ

くにしろ
すずしろ

ーしろう

きよしろう
きょうしろう
けんしろう
こうしろう
さんしろう
せいしろう
せんしろう
ゆうしろう

ーじろう

あきじろう
きくじろう
ぎんじろう
けいじろう
けんじろう
こじろう
こうじろう
しゅうじろう
じゅうじろう
せんじろう
そうじろう
だいじろう
ゆうじろう
ようじろう
れいじろう

ーしん

いっしん
えいしん
かいしん
かんしん
きしん
けいしん
けんしん
そうしん
たつのしん
つきのしん
てんしん
ほくしん
りしん
りょうのしん
れいしん

ーじん

けんじん
こうじん
たかじん
ゆうじん
れいじん

ーす

はんす
もりす

ーず

しみず
ゆず

ーすい

こうすい
しゅうすい
ようすい

ーすえ

たかすえ
ひですえ

ーすけ

あやのすけ
えいすけ
えいのすけ
えんのすけ
かんすけ
かんのすけ
がんのすけ
きすけ
ぎすけ
きくのすけ
きょうすけ
きんのすけ
ぎんのすけ
くらのすけ
けいすけ
けんすけ
げんのすけ
こすけ
こうすけ
さすけ
しゅうすけ
しゅうのすけ
しゅんすけ
じゅんすけ
じゅんのすけ
しょうすけ
しょうのすけ
しんすけ
しんのすけ
すずのすけ
せいすけ
そうすけ
たいすけ
だいすけ
ただすけ
ただのすけ
なおすけ
のぶすけ
のりのすけ
ひょうすけ
へいすけ
ほうすけ
まれすけ
ゆうすけ
ゆうのすけ
ようすけ
よしすけ
りゅうすけ
りゅうのすけ
りょうすけ
れいすけ
れんのすけ
ろくすけ

ーすみ

あきすみ
きよすみ
たかすみ

ーずみ

きよずみ
たかずみ
なおずみ
ひろずみ
まさずみ
よしずみ

ーせ

はやせ
はるせ
ほせ
みなせ

ーせい

いっせい
えいせい
かいせい
きょうせい
こうせい
しゅうせい
じゅんせい
しょうせい
すいせい
そうせい
たいせい
ばんせい
ほうせい
ぼうせい
ゆうせい
ようせい
りゅうせい

ーせき

こうせき
そうせき

ーせつ

けいせつ
こうせつ
だいせつ

ーそう

いっそう
げんそう

ーぞう

くにぞう
けいぞう
けんぞう
げんぞう
こうぞう
さいぞう
しゅうぞう
じゅんぞう
たいぞう
たけぞう
ていぞう
としぞう
ゆうぞう
よしぞう
らいぞう
りゅうぞう

ーぞら

あおぞら
おおぞら

ーそん

たいそん
ぶそん

た行

ーた

あつた
あやた
あらた
いくた
うた
えいた
えんた

おうた
かなた
かんた
かんぺいた
きゅうた
きよた
きょうた
けいた
けんた
げんた
こうた
しょうた
しゅんた
じゅんた
じょいた
しょうた
しんた
せいた
そうた
そらた
ちょうた
ていた
てつた
とうた
はやた
ひなた
ふうた
ぶんた
へいた
もんた
ゆうた
ようた
らいた
りゅうた
りょうた
れいた
れんた
ろくた

—だい

こだい
こうだい
じんだい
ゆうだい
ようだい
りょうだい

—たか

ありたか
かずたか
かつたか
きみたか
きよたか
くにたか
しげたか
ただたか
てるたか
ときたか
としたか
のぶたか
のりたか
はるたか
ひさたか
ひでたか
ひろたか
ふみたか
まさたか
みきたか
みちたか
みねたか
むねたか
やすたか
ゆきたか
よしたか

—たけ

かつたけ
きよたけ
くにたけ
なおたけ
のりたけ
ひろたけ
まさたけ
みちたけ
やすたけ
ゆきたけ
よしたけ

—ただ

あきただ
かずただ
かつただ
さねただ
しげただ
つねただ
なおただ
のぶただ
のりただ
ひでただ
まさただ
みちただ
むねただ

—たつ

えいたつ
かいたつ
しげたつ
しゅうたつ
ひでたつ
ひろたつ
よしたつ

—たね

しげたね
まさたね

—たろう

おうたろう
かんたろう
きょうたろう
けいたろう
けんたろう
げんたろう
こたろう
こうたろう
さくたろう
しゅうたろう
しゅんたろう
しょうたろう
じょうたろう
しんたろう
せいたろう
せんたろう
そうたろう
ちょうたろう
ていたろう
まきたろう
ゆうたろう
ようたろう
らんたろう
りゅうたろう
りょうたろう
りんたろう
れんたろう

—ち

おさち
しょうち
てんち
なち

—ちか

あきちか
きみちか
これちか
しげちか
としちか
のぶちか
のりちか
はるちか
ひさちか
ひでちか
ひろちか
まさちか
やすちか

—つ

たもつ
てつ
るつ

—つぐ

いそつぐ
おとつぐ
これつぐ
さだつぐ
たけつぐ
ただつぐ
たねつぐ
ともつぐ
のぶつぐ
ひでつぐ
ひろつぐ
まさつぐ
もりつぐ
よしつぐ

—つな

あきつな
としつな
のぶつな
ひでつな

—つね

ただつね
まさつね
もりつね
ゆきつね
よしつね

—つら

たかつら
たけつら
のぶつら

—て

はやて

—てつ

いってつ
こてつ
のぶてつ

—てる

かずてる
きみてる
きよてる
ただてる
のぶてる
ひさてる
やすてる

—でん

らいでん

—と

あきと
あさと
あつと
あやと
あると
いくと
いさと
いつと
えいと
おと
おくと
かいと
がいと
かくと
がくと
かざと
かずと
かつと
かづと
かねと
かぶと
かんと
がんと
きよと
きりと
くにと
けんと
げんと
ごうと
さくと
しげと
しゅうと
しゅんと
しょうと
すみと
たいと
だいと
たかと
たくと
たけと
たつと
どうと
ないと
なおと
にじと
のぶと
のりと
はくと
はやと
はると
はんと
ひさと
ひでと
ひろと
ふみと
ふゆと
ほくと
まいと
まこと
まさと
みきと
みつと
みなと
みねと
むつと
むねと
めいと
もりと
やすと
やまと
ゆうと
ゆきと
ゆめと
よしと
よりと
らいと
らんと
りきと
りくと
りゅうと
りょうと
りんと
ると
るいと
れいと
れんと

—ど

くろうど
はいど
もんど

—どう

かいどう
きどう
ごどう
しどう
しんどう
じんどう
やくどう
りゅうどう

—とき

かずとき

ただとき
のぶとき
はるとき
ひでとき
よしとき

—とし
あきとし
あつとし
かずとし
かつとし
しげとし
たかとし
たけとし
ただとし
たつとし
つぐとし
なおとし
ひでとし
ひろとし
まさとし
みちとし
みつとし
やすとし

—とも
あきとも
ありとも
かずとも
さねとも
すみとも
たけとも
ためとも
てるとも
ながとも
のりとも
ひでとも
まさとも
やすとも
よしとも
よりとも

—とら
たけとら
みつとら

な行

—な
いさな
いわな
しげな
せな
れおな

—ない
さない
やない

—なお
かつなお
すなお
ただなお
としなお
はるなお
ひでなお
ひろなお
まさなお
もとなお
ゆきなお
よしなお

—なが
としなが
のぶなが
ひさなが
ひでなが
みちなが
もとなが
ゆきなが

—なり
あきなり
かずなり
きみなり
きよなり
これなり
しげなり
たけなり
ただなり
つぐなり
ときなり
としなり
ともなり
のぶなり
ひでなり
ひろなり
ふみなり
まさなり
ますなり
みちなり
みつなり
もとなり
やすなり
ゆきなり
よしなり

—ね
あまね
たかね
はすね
もとね

—の
たつの
はすの
ひろの

—のぶ
あきのぶ
あつのぶ
かずのぶ
かつのぶ
さだのぶ
しげのぶ
たかのぶ
たけのぶ
ただのぶ
ためのぶ
つねのぶ
てつのぶ
てるのぶ
としのぶ
とものぶ
ながのぶ
はるのぶ
ひさのぶ
ひでのぶ
ひろのぶ
まさのぶ
みちのぶ
みつのぶ
もとのぶ
やすのぶ
ゆきのぶ
よしのぶ

—のり
あきのり
あつのり
ありのり
かげのり
かずのり
かつのり
きみのり
きよのり
しげのり
たかのり
たけのり
ただのり
たつのり
ためのり
つねのり
ときのり
としのり
とものり
なおのり
はるのり
ひさのり
ひでのり
ひろのり
ふさのり
ふみのり
まさのり
みちのり
みつのり
もとのり
やすのり
ゆきのり
よしのり

は行

—はや
かざはや
ちはや

—はる
かずはる
きみはる
きよはる
さだはる
しげはる
たかはる
てつはる
としはる
ともはる
のぶはる
まさはる
みつはる
もとはる
やすはる
よしはる

—ひ
あさひ
こうひ
しょうひ
はるひ
ゆうひ
しゅうび
そうび

—び
みやび
りゅうび
りょうび

—ひこ
あきひこ
あつひこ
おとひこ
かずひこ
かつひこ
きよひこ
くにひこ
しげひこ
たかひこ
たけひこ
ただひこ
たつひこ
つきひこ
つねひこ
てるひこ
ときひこ
としひこ
とみひこ
なおひこ
なつひこ
のぶひこ
はるひこ
ひでひこ
ひろひこ
ふみひこ
ほしひこ
まさひこ
みきひこ
みちひこ
みつひこ
もとひこ
もりひこ
やすひこ
ゆきひこ
よしひこ

—ひさ
あきひさ
あつひさ
かずひさ
きみひさ
くにひさ
たかひさ
ただひさ
てるひさ
ときひさ
としひさ
ともひさ
とよひさ
のぶひさ
はるひさ
みちひさ
やすひさ
ゆきひさ
よしひさ
よりひさ

—ひで
かずひで
きよひで
たかひで
たけひで
てるひで
としひで
ともひで
なおひで
のぶひで
まさひで
みちひで
みつひで
やすひで
ゆきひで
よしひで

—ひと
あきひと
ありひと
かずひと
きよひと
くにひと
たかひと
たけひと
ただひと
つぐひと
てるひと
としひと
ともひと
なおひと
なるひと
のぶひと
のりひと
はるひと
ふみひと
まさひと
みちひと
やすひと
ゆきひと
よしひと
よりひと

—ひら
あきひら
のりひら
まさひら

—ひろ
あきひろ
かずひろ
かつひろ

きみひろ
きよひろ
くにひろ
たかひろ
たくひろ
たけひろ
ただひろ
たつひろ
つねひろ
としひろ
ともひろ
なおひろ
のぶひろ
はるひろ
ひさひろ
ふみひろ
まさひろ
ますひろ
みちひろ
みつひろ
みねひろ
もとひろ
もりひろ
やすひろ
ゆきひろ
よしひろ
わかひろ

―ぶ

げんぶ
しのぶ
しょうぶ
まなぶ

―ふう

ごうふう
さいふう
せいふう
とうふう
りふう

―ふさ

きよふさ
としふさ
ともふさ
ひでふさ
ひろふさ

―ふみ

あきふみ
おとふみ
かずふみ
きよふみ
さだふみ
たかふみ
としふみ
なおふみ
のぶふみ
のりふみ
はるふみ
ひでふみ
ひろふみ
まさふみ
やすふみ
ゆきふみ
よしふみ
よりふみ

―へい

かいへい
きょうへい
こうへい
しゅうへい
しょうへい
そうへい
たいへい
ゆうへい
ゆずへい
ようへい
りゅうへい
りょうへい

―ぺい

いっぺい
かんぺい
きっぺい
さんぺい
しゅんぺい
じゅんぺい
てっぺい
ぶんぺい
れんぺい

―ほ

いずほ
いなほ
かずほ
しげほ
しゅうほ
しょうほ
たかほ
たけほ
てつほ
ひでほ
みずほ
みつほ
ゆうほ

―ぽ

いっぽ
しんぽ
らんぽ

―ほう

きほう
しゅうほう
たいほう

ま行

―ま

あずま
いくま
かずま
かつま
きゅうま
くらま
けいま
けんま
こうま
こだま
さつま
しずま
しゅんま
しょうま
そうま
たくま
たつま
ちゅうま
てつま
てんま
とうま
とくま
はくま
はりま
はるま
ひゅうま
ふうま
ほずま
ゆうま
らんま
りゅうま
りょうま
れいま

―まさ

あきまさ
かずまさ
かつまさ
かねまさ
きよまさ
これまさ
ただまさ
としまさ
なおまさ
のりまさ
ひでまさ
ひろまさ
みつまさ
やすまさ
ゆきまさ
よしまさ

―ます

とします
ひろます

―まろ

あやまろ
きよまろ
たかまろ
ふみまろ

―み

あおみ
いさみ
いずみ
いつみ
おさみ
かずみ
かつみ
かづみ
くにみ
さだみ
しげみ
たかみ
たくみ
たけみ
たつみ
つぐみ
てるみ
としみ
ともみ
とよみ
なるみ
ひさみ
ほずみ
ほづみ
まさみ
むつみ
よしみ

―みち

あきみち
くにみち
さだみち
さとみち
たかみち
たけみち
ただみち
つねみち
てるみち
としみち
なおみち
のぶみち
のりみち
はるみち
ひさみち
ひでみち
ひろみち
まさみち
むねみち
よしみち

―みつ

あきみつ
あしみつ
きよみつ
くにみつ
これみつ
さだみつ
そらみつ
たけみつ
てるみつ
なおみつ
のりみつ
はるみつ
ひさみつ
ひでみつ
ほしみつ
まさみつ
ゆきみつ
よしみつ
よりみつ

―みね

かずみね
ひさみね

―む

あつむ
あとむ
あゆむ
いさむ
おさむ
きわむ
さむ
さだむ
すすむ
つとむ
とむ
どうむ
のぞむ
はじむ
ひろむ
めぐむ
もとむ

―むね

ときむね
まさむね
よしむね

―め

かなめ
しゅめ
しゅんめ
はじめ

―めい

こうめい
しめい
しゅうめい
せいめい
そうめい
ぶんめい

―も

いずも
たくも
ねも
やくも

―もと

かずもと
きよもと
しげもと
たかもと
たねもと
まさもと
やすもと

―もり

あきもり
かたもり
くにもり
しげもり
たかもり
ひでもり
やすもり
ゆきもり
よしもり

―もん

あもん
かもん
がもん
さもん
さいもん

しもん
しゅもん
だいもん
ぶもん
らもん
らいもん
れいもん

や行

ーや

あさや
あつや
いくや
えつや
えんや
おとや
かずや
かつや
かづや
かなや
きみや
きゅうや
きょうや
きんや
ぎんや
くうや
けいや
けんや
げんや
こうや
ごうや
ことや
さくや
さちや
さとや
しげや
しずや
しゅうや
しゅんや
じゅんや
しょうや
しんや
じんや
すずや
すみや
せいや
そうや
たくや
たけや
たつや
ちゅうや
つきや
てつや
てるや
とうや
ときや
としや
ともや
なおや
のぶや
のりや
はるや
ひさや
ひろや
ふみや
まきや
まさや
みきや
みちや
みつや
もとや
ゆうや
よしや
りきや
りゅうや
りょうや
れいや

ーやす

かずやす
かつやす
くにやす
さだやす
しげやす
たかやす
ただやす
つねやす
としやす
ともやす
なおやす
のぶやす
はるやす
ひろやす
またやす
みちやす
むねやす
もとやす

ーゆう

けんゆう
じゅんゆう
ほうゆう

ーゆき

あきゆき
かずゆき
きみゆき
さだゆき
しげゆき
すえゆき
たかゆき
ただゆき
たつゆき
つねゆき
つらゆき
てるゆき
としゆき
ともゆき
なおゆき
ながゆき
のぶゆき
のりゆき
ひでゆき
ひろゆき
まさゆき
むねゆき
もちゆき
もりゆき
やすゆき
よしゆき

ーよ

ひでよ
まよ

ーよう

こうよう
たいよう
とうよう

ーよし

かずよし
かつよし
さだよし
さねよし
しげよし
たかよし
たけよし
ただよし
つねよし
てるよし
ともよし
なおよし
のぶよし
のりよし
はるよし
ひさよし
ひでよし
ひろよし
まさよし
みちよし
みつよし
やすよし
ゆきよし

ーより

かずより
しげより
たかより
ともより
はるより
まさより
みちより
もとより

ら行

ーら

あきら
いら
おうら
きら
しんら
せら
そら
たいら
たから
ちから
れいら

ーり

あぐり
いおり
いのり
いまり
かいり
きらり
しゅり
じゅり
しょうり
しんり
せんり
ばんり
ひかり
ひじり
みどり
みのり
ゆうり

ーりゅう

うんりゅう
きりゅう
げんりゅう
しりゅう
すいりゅう
せいりゅう
そうりゅう
ちりゅう
てんりゅう
ひりゅう

ーりん

ぎょりん
こうりん
そうりん

ーる

あたる
いずる
いたる
かいる
かおる
かける
きたる
さえる
さとる
しげる
しずる
すぐる
すばる
たける
たつる
ちはる
とおる
のぼる
はる
ひかる
ほたる
まさる
まもる
みちる
みつる
みのる
めぐる
ゆずる
ゆづる
わたる

ーれ

ながれ
ほまれ

ーれん

あれん
いちれん
しゅうれん

ーろ

ひろ
ひいろ

ーろう

あつろう
いちろう
きじゅうろう
ごろう
こごろう
さくろう
しろう
じゅんざぶろう
すけさぶろう
せんくろう
たろう
たくろう
たけろう
たつろう
だんじゅうろう
てつろう
でんじゅうろう
としろう
ともろう
やすろう
よしろう
わしろう

わ行

ーわ

かしわ
しゅうわ
とわ

ん行

ーん

あなん
あらん
かん
ぎん
けん
けいん
げん
こなん
しん
じん
しゅん
じゅん
そらん
てん
びん
まん
よはん
らん
りん
れん

読み方から漢字をさがす

使いたい読み方から漢字を探すときの参考にしてください。読み方だけではなく、漢字を組み合わせたときに変な意味やイメージにならないかどうかのチェックも忘れずに。

あ	安6 有6 亜7 吾7 阿8 愛13
あい	和8 娃9 相9 挨10 逢11 集12 愛13 藍18
あお	青8 蒼13 碧14
あおい	葵12
あおぎり	梧11
あか	赤7 明8
あかつき	暁12
あかね	茜9
あかり	明8
あき	了2 日4 夫4 文4 右5 旦5 且5 丙5 旭6 光6 在6 成6 壮6 亨7 良7 享8 旺8 尭8 昂8 昌8 明8 映9 研9 秋9 昭9 信9 亮9 晃10 晋10 晟10 哲10 朗10 菊11 啓11 郷11 紹11 章11 淳11 商11 晨11 著11 彪11 彬11 瑛12 覚12 暁12 敬12 卿12 皓12 晶12 詔12 陽12 揚12 暉13 義13 煌13 嗣13 照13 誠13 詮13 盟13 彰14 精14 聡14 輝15 慧15 璃15 諒15 叡16 憲16 融16 謙17 瞭17 燦17 顕18 燿18 曜18 麒19 耀20 鑑23
あきら	了2 士3 公4 壬4 央5 旦5 礼5 旭6 行6 光6 在6 成6 全6 存6 亨7 吟7 良7 英8 旺8 学8 侃8 享8 昊8 昂8 昌8 知8 東8 明8 威9 映9 昴9 秋9 昭9 省9 信9 宣9 発9 亮9 玲9 剣10 晃10 高10 祥10 泰10 晟10 哲10 敏10 烈10 朗10 郷11 啓11 章11 彗11 爽11 彪11 彬11 瑛12 覚12 暁12 景12 卿12 皓12 惺12 晶12 智12 斐12 陽12 揚12 煌13 暉13 幌13 滉13 照13 新13 聖13 詮13 爾14 彰14 聡14 徳14 輝15 慧15 徹15 叡16 憲16 融16 瞳17 瞭17 顕18 曜18 燿18 麗19 耀20 鑑23
あくる	明8
あけ	旦5 明8 暁12
あける	明8
あげる	揚12
あさ	元4 旦5 旭6 晨11 麻11 朝12 諒15
あさひ	旭6
あし	芦7 葦13
あした	旦5 朝12
あずさ	梓11
あずま	東8 春9 雷13
あたえ	与3
あたか	恰9
あたる	中4 充6 当6 任6
あつ	充6 孝7 宏7 孜7 京8 昌8 重9 厚9

※旧字体などの異体字は省略しています（「竜」の「龍」、「凜」の「凛」など）。

（前ページから続く）：純10 真10 強11 淳11 惇11 涼11 温12 貴12 敦12 敬12 富12 豊13 斡14 徳14 諄15 醇15 篤16 積16

あつし：忠8 竺8 厚9 重9 純10 淳11 惇11 陸11 温12 敦12 富12 渥12 睦13 醇15 篤16

あつむ：伍6 侑8 修10 輯16

あと：与3

あとう：与3

あま：天4 海9

あまね：周8 弥8 遍12

あや：文4 礼5 英8 采8 郁9 恵10 純10 彩11 章11 琢11 彪11 理11 彬11 絢12 順12 斐12 綺14 彰14 綾14 操16

あやる：斐12

あゆ：歩8 鮎16

あゆみ：歩8

あゆむ：歩8

あら：新13

あらし：嵐12

あらた：新13

あり：也3 可5 在6 有6 存6 惟11

ある：在6 存6 有6

あろう：濯17

あん：安6 行6 杏7 按9 案10 晏10 庵11 鞍15

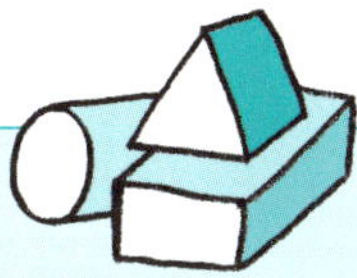

い

い：五4 以5 生5 伊6 衣6 依8 委8 居8 為9 威9 泉9 惟11 尉11 唯11 猪11 偉12 椅12 集12 斐12 葦13 意13 維14 緯16

いえ：宅6 舎8 家10

いお：庵11

いおり：庵11

いかずち：雷13

いき：行6 粋10

いく：生5 行6 育8 郁9 活9 幾12

いこい：憩16

いさ：功5 勇9 勲15

いさお：公4 功5 巧5 勇9 烈10 庸11 魁14 勲15 績17

いさみ：勇9 敢12

いさむ：武8 勇9 偉12 敢12 湧12 勲15

いず：出5 泉9 厳17

いずみ：泉9

いずる：出5

いそ：勤12 磯17

いそし：勤12

いたす：致10

いたる：之3 至6 到8 周8 格10 致10 達12 暢14 徹15

いち：一1 市5 壱7 逸11

いつ：一1 乙1 五4 伍6 壱7 逸11 斎11 溢13 厳17

いっ：一1 逸11

いつき：斉8 斎11 済11 樹16 厳17

いと：文4 糸6 弦8 純10 絃11

いどむ：挑9

いな：稲14

いのり：祈8

いのる：祈8

いる：入2

いるる：容10

いろ：色6 彩11

いわ：石5 岩8 磐15 厳17 巌20

いわい：祝9 斎11

いわお：磐15 厳17 巌20

いん：允4 引4 印6 胤9 音9 員10 寅11 韻19

※上にほかの字がつくときのみ濁音・半濁音になるものは除外しています（「三平（さんぺい）」の「ぺい」など）。

う U

- う：尤4 右5 生5 卯5 宇6 有6 兎7 佑7 雨8 侑8 胡9 宥9 祐9
- うける：享8
- うし：牛4 丑4
- うじ：氏4
- うしお：汐6 潮15
- うす：臼6 碓13
- うた：吟7 唄10 唱11 詠12 詩13 頌13 歌14 謡16
- うち：内4
- うつ：打5 空8
- うつす：映9
- うつる：映9
- うな：海9
- うね：采8 畝10
- うぶ：生5 初7
- うま：午4 宇6 馬10
- うみ：海9 洋9
- うめ：梅10
- うる：閏12 漆14 潤15
- うるう：閏12 潤15
- うるむ：潤15
- うん：雲12 運12

え E

- え：永5 兄5 丙5 衣6 江6 依8 英8 枝8 杷8 栄9 重9 悦10 恵10 笑10 得11 瑛12 詠12 絵12 榎14 慧15 衛16
- えい：永5 英8 泳8 映9 栄9 営12 瑛12 詠12 鋭15 影15 叡16 衛16
- えき：易8 益10
- えだ：条7
- えつ：悦10 越12 閲15
- えっ：益10 越12
- えらぶ：撰15 選15
- えん：円4 炎8 奄8 苑8 延8 園13 演14 鳶14 燕16

お O

- お：乙1 力2 士3 大3 王4 夫4 央5 巨5 乎5 生5 多6 臣7 男7 良7 於8 旺8 青8 保9 勇9 郎9 峰10 朗10 魚11 絃11 麻11 雄12 陽12 豊13 緒14 億15
- おう：王4 央5 応7 往8 欧8 旺8 皇9 桜10 翁10 凰11 奥12 煌13 鷗22 鷹24
- おお：大3 太4 巨5 多6
- おおき：大3 巨5
- おおとり：凰11 鳳14 鴻17 鵬19
- おか：丘5 岳8 岡8 陸11
- おき：沖7 居8 宙8 典8 洋9 起10 致10 意13 置13 興16
- おく：奥12 億15 憶16
- おさ：収4 吏6 伯7 治8 長8 紀9 宰10 修10 納10 脩11 理11 順12 統12 領14
- おさむ：一1 乃2 士3 収4 平5 伊6 成6 医7 攻7 治8 制8 紀9 秋9 耕10 宰10 修10 納10 倫10 経11 脩11 理11 順12 税12 惣12 統12 道12 敦12 靖13 摂13 督13 蔵15 整16 磨16 穣18
- おし：忍7 押8
- おしえ：教11

※旧字体などの異体字は省略しています（「竜」の「龍」、「凜」の「凛」など）。

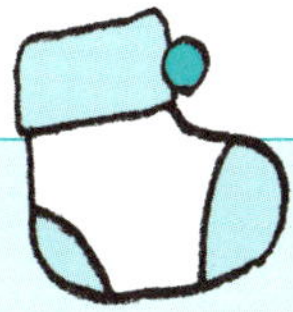

- おす：雄12
- おつ：乙1
- おと：乙1 男7 弟7 音9 響20
- おぼえ：覚12
- おみ：臣7
- おもし：重9
- おや：祖9
- およぐ：泳8
- おり：織18
- おる：織18
- おん：臣7 苑8 音9 恩10 温12 園13 遠13 穏16

か Ka

- か：日4 可5 加5 禾5 乎5 甲5 圭6 伽7 芳7 河8 佳8 和8 珂9 珈9 迦9 海9 科9 夏10 華10 鹿11 賀12 翔12 歌14 嘉14 稼15 駕15 霞17 馨20
- が：牙4 伽7 我7 芽8 河8 珈9 峨10 賀12 雅13 駕15
- かい：介4 快7 改7 海9 恢9 皆9 界9 絵12 開12 堺12 凱12 魁14 鎧18 櫂18
- がい：外5 凱12 鎧18
- かいり：浬10
- かえで：楓13
- かお：薫16
- かおり：薫16 馨20
- かおる：郁9 薫16 馨20
- かき：柿9
- かく：角7 拡8 革9 格10 覚12 摑14 確15 鶴21
- がく：岳8 学8 楽13
- かげ：景12
- かけ：翔12
- かける：翔12 駆14
- かさ：笠11
- かざ：風9
- かし：樫16
- かじ：舵11
- かしわ：柏9
- かす：春9
- かず：一1 九2 七2 二2 十2 八2 三3 千3 万3 円4 収4 司5 主5 冬5 多6 年6 壱7 応7 寿7 利7 知8 和8 胤9 紀9 計9 員10 航10 般10 教11 倭10 運12 葛12 策12 順12 雄12 量12 数13 算14 選15 憲16 麗19
- かずら：葛12
- かぜ：風9
- かた：方4 交6 剛10 容10 済11 崇11 欽12 堅12 普12 傍12 賢16 謙17
- かたし：介4 剛10 堅12 硬12 確15
- かち：捷11 勝12
- かつ：一1 且5 功5 甲5 克7 活9 桂10 勉10 健11 捷11 曽11 凱12 葛12 勝12 遂12 雄12 豪14 確15 賢16
- かっ：勝12
- がつ：月4
- がっ：月4 合6
- かつみ：克7
- かつら：桂10 葛12
- かど：圭6 門8 葛12 廉13
- かな：叶5 乎5 哉9 奏9
- かない：叶5
- かなう：叶5 協8
- かなえ：叶5 鼎13
- かなで：奏9
- かなめ：枢8 要9 最12
- かぬ：兼10 詠12
- かね：包5 金8 周8 矩10

※上にほかの字がつくときのみ濁音・半濁音になるものは除外しています（「三平（さんぺい）」の「ぺい」など）。

兼10 晋10 鉄13 銀14 錦16 謙17 厳17 鐘20 鑑23

かの　鹿11
かのう　叶5 協8
かのえ　庚8
かば　椛11 樺14
かぶ　株10 蕪15
かぶと　甲5 兜11
かま　鎌18
かみ　上3 天4 正5 守6 神9 督13
かみなり　雷13
かむ　神9
かめ　亀11 瓶11
かも　鴨16
かもめ　鷗22
かや　茅8 草9 萱12

かよい　通10
かよう　通10
から　唐10 韓18
かり　刈4 狩9 雁12
かる　狩9 駆14
かわ　川3 河8 革9
かん　完7 侃8 柑9 冠9 莞10 栞10 乾11 勘11 菅11 貫11 敢12 閑12 寛13 幹13 勧13 歓15 環17 観18 鑑23
がん　丸3 元4 岩8 雁12 巌20

き Ki

き　己3 甲5 生5 気6 企6 伎6 希7 芸7 材7 来7 季8 祈8 其8 宜8 紀9 軌9 哉9 城9 起10 記10 帰10 規11 基11 埼11 揮12 棋12 幾12 葵12 稀12 貴12 喜12 期12 幹13 暉13 綺14 旗14 輝15 毅15 嬉15 槻15 畿15 熙15 樹16 機16 徽17 騎18 麒19
ぎ　技7 芸7 宜8 祇9 義13 儀15 誼15 毅15 麒19 議20
きく　菊11 掬11
きざし　兆6 萌11

きずき　築16
きずく　築16
きずな　絆11
きそ　競20
きそう　競20
きた　北5 朔10
きたう　鍛17
きたえ　鍛17
きたる　来7 儀15
きち　吉6
きつ　吉6 桔10 橘16
きっ　吉6 桔10 橘16
きぬ　衣6 絹13
きね　杵8
きのえ　甲5
きのと　乙1
きば　牙4
きみ　王4 公4 仁4 君7 侯9 皇9 乾11

きゃ　伽7
きゅう　九2 弓3 久3 及3 丘5 休6 究7 玖7 求7 糾9 赳10 救11 球11 鳩13
きよ　心4 巨5 圭6 斉8 研9 浄9 純10 淑11 淳11 清11 雪11 陽12 舜13 廉13 聖13 精14 静14 潔15 澄15 磨16 馨20
きょ　巨5 居8 拠8 挙10
ぎょ　魚11
きょう　叶5 兄5 共6 匡6 杏7 亨7 京8 享8 協8 岬8 侠9 恭10 強11 郷11 教11 経11

※旧字体などの異体字は省略しています（「竜」の「龍」、「凜」の「凛」など）。

- （続き）：梗11 喬12 鏡19 響20
- ぎょう：行6 杏7 尭8 暁12 驍22
- きょく：旭6 曲6 極12
- ぎょく：玉5
- きよし：圭6 浄9 泉9 純10 淑11 淳11 清11 雪11 晴12 陽12 聖13 廉13 精14 碧14 潔15 澄15
- きよむ：雪11 澄15
- きら：晃10 煌13 燦17
- きらめ：晃10 煌13 燦17
- きらめき：晃10 煌13 燦17
- きり：桐10 霧19
- きわ：極12
- きわみ：極12
- きわむ：究7 研9 格10 極12 窮15
- きわめ：格10 極12
- きん：公4 均7 芹7 近7 君7 欣8 金8 訓10 菫11 欽12 琴12 勤12 錦16 謹17
- ぎん：吟7 銀14

く Ku

- く：九2 久3 工3 公4 孔4 勾4 功5 共6 求7 玖7 来7 空8 紅9 矩10 倶10 貢10 恭10 琥12 駆14 駒15
- ぐ：久3 求7 玖7 紅9 倶10
- くう：空8
- ぐう：宮10 寓12
- くが：陸11
- くがね：金8
- くさ：草9 種14
- くし：釧11
- くしろ：釧11
- くす：楠13 樟15
- くず：葛12
- くに：州6 地6 邦7 呉7 邑7 国8 郁9 城9 洲9 訓10 恕10 晋10
- くま：阿8 熊14
- くみ：与3 伍6
- くも：雲12
- くら：坐7 府8 倉10 庫10 座10 蔵15
- くり：栗10 繰19
- くる：来7 牽11 徠11 繰19
- くれ：呉7 紅9
- くろ：玄5
- くろがね：鉄13
- くわし：精14
- くん：君7 訓10 勲15 薫16
- ぐん：軍9 群13

け Ke

- け：介4 圭6 気6 希7 佳8 計9 華10 稀12 嘉14 蹴19
- げ：牙4 外5 夏10 華10 解13
- けい：兄5 圭6 佳8 京8 径8 計9 契9 奎9 恵10 桂10 啓11 渓11 掲11 経11 蛍11 景12 敬12 卿12 詣13 継13 肇14 慶15 慧15 稽15 憩16 繋19 競20 馨20
- げい：芸7 迎7 鯨19
- げき：撃15
- けつ：決7 結12 傑13 潔15
- けっ：決7 結12 傑13 潔15
- げつ：月4
- げっ：月4
- ける：蹴19
- けん：見7 建9 研9 兼10 拳10 剣10 軒10 健11 乾11 絃11 現11 舷11 堅12 硯12 絢12 絹13 献13 権15 憲16 賢16 謙17 鍵17 顕18 懸20

※上にほかの字がつくときのみ濁音・半濁音になるものは除外しています（「三平（さんぺい）」の「ぺい」など）。

げん　元4 玄5 弦8 彦9 研9 拳10 原10 現11 絃11 舷11 源13 厳17 巌20

こ Ko

こ　小3 己3 古5 乎5 考6 児7 虎8 胡9 琥12 湖12 瑚13 鼓13

ご　五4 互4 午4 伍6 冴7 呉7 吾7 胡9 悟10 梧11 瑚13 醐16 護20

こい　恋10 鯉18

こう　工3 公4 孔4 甲5 弘5 巧5 広5 功5 江6 考6 行6 好6 光6 向6 亘6 亨7 孝7 更7 宏7 攻7 昊8 昂8 岡8 庚8 幸8 岬8 恒9 洸9 洪9 恰9 厚9 紅9 皇9 侯9 虹9 香9 巷9 航10 晃10 浩10 貢10 倖10 高10 耕10 紘10 剛10 凰11 康11 皐11 梗11 皓12 港12 煌13 滉13 鉱13 綱14 閤14 興16 縞16 衡16 鋼16 鴻17

ごう　江6 合6 昂8 剛10 郷11 強11 皓12 豪14 轟21

こえ　声7

こえる　超12

こがね　金8

こく　石5 克7 谷7 国8 穀14

ごく　極12

ここ　九2 心4

ここの　九2

こころ　心4

こし　越12 輿17

こぞる　挙10

こと　士3 言7 琴12

ことぶき　寿7

この　好6

このむ　好6 喜12

こぶし　拳10

こま　駒15

こゆる　超12

こよみ　暦14

これ　之3 以5 伊6 是9 惟11 維14

こわ　強11

こわし　剛10 毅15

こん　近7 欣8 昆8 建9 根10 紺11

ごん　欣8 勤12 権15 厳17

さ Sa

さ　三3 小3 五4 左5 早6 佐7 沙7 冴7 作7 咲9 砂9 茶9 査9 紗10 彩11 爽11 皐11 瑳14 総14 聡14

ざ　坐7 座10

さい　才3 西6 采8 斉8 哉9 宰10 彩11 済11 斎11 砦11 犀12 最12 歳13

ざい　在6 材7

さえ　冴7 朗10

さえる　冴7

さか　壮6 栄9

さかえ　昌8 栄9

さかき　榊14

さかし　智12 賢16

さかり　壮6 昌8 盛11

さかん　壮6 旺8 昌8 盛11

さき　幸8 咲9 前9 祥10 埼11 開12 福13 鋭15

さぎ　鷺24

さきがけ　魁14

さく　作7 咲9 朔10 索10 開12 策12

さくら　桜10

さこう　栄9

※旧字体などの異体字は省略しています（「竜」の「龍」、「凜」の「凛」など）。

ささ	笹11 讃22
ささぐ	奉8 献13
さざなみ	漣14
さずく	授11
さだ	完7 究7 斉8 制8 定8 貞9 晏10 真10 勘11 偵11 済11 覚12 節13 禎13
さだし	貞9
さだむ	定8 勘11 理11 毅15
さだめ	定8
さち	幸8 祉8 祐9 倖10 祥10 禄12 禎13
さつ	札5 皐11 颯14 察14 薩17
さっ	早6 颯14
さつき	皐11
さと	吏6 邑7 里7 利7 学8 知8 怜8 訓10 恵10 悟10 哲10 敏10 啓11 郷11 理11 開12 覚12 惺12 達12 智12 聖13 聡14 鋭15 慧15 賢16 諭16 識19
さとし	了2 仁4 邑7 利7 知8 怜8 俐9 訓10 恵10 悟10 哲10 敏10 捷11 啓11 彗11 理11 覚12 暁12 敬12 惺12 達12 智12 聖13 聡14 鋭15 慧15 叡16 賢16 諭16 識19
さとす	諭16
さとる	了2 利7 学8 知8 怜8 訓10 悟10 哲10 敏10 啓11 済11 理11 覚12 暁12 惺12 達12 智12 解13 聖13 聡14 慧15 叡16 賢16 諭16 識19
さな	真10
さね	人2 允4 以5 実8 真10 誠13 護20
さぶ	三3
さむる	醒16
さめ	覚12 醒16
さや	明8 清11 爽11 鞘16
さわ	沢7 皐11 爽11
さん	三3 山3 杉7 参8 珊9 算14 賛15 燦17 讃22
ざん	残10

し Si

し	士3 之3 支4 史5 市5 司5 四5 示5 矢5 至6 次6 而6 此6 孜7 志7 侍8 始8 枝8 祉8 知8 茂8 思9 美9 師10 視11 梓11 紫12 詞12 滋12 資13 嗣13 獅13 詩13 賜15
じ	二2 示5 至6 自6 次6 而6 字6 寺6 耳6 弐6 児7 治7 事8 侍8 治8 持9 時10 滋12 智12 嗣13 慈13 路13 爾14 磁14
しい	椎12
しお	汐6 潮15
しか	鹿11
しき	式6 色6 識19
じき	直8
しげ	以5 卯5 成6 臣7 茂8 林8 栄9 重9 城9 甚9 草9 荘9 恵10 習11 盛11 隆11 賀12 滋12 森12 董12 統12 慈13 誠13 誉13 維14 諄15 蕃15 蕪15 薫16 樹16 篤16 繁16 穣18 鎮18
しげし	秀7 重9 滋12 繁16
しげみ	竜10
しげる	卯5 成6 秀7 茂8 林8 栄9 重9 盛11 滋12 森12 慈13 繁16 樹16

※上にほかの字がつくときのみ濁音・半濁音になるものは除外しています（「三平（さんぺい）」の「ぺい」など）。

読み	漢字（画数）
しし	鹿11 猪11 獅13
しず	倭10 康11 閑12 惺12 靖13 静14 寧14 穏16 鎮18
しずか	玄5 康11 閑12 惺12 靖13 静14 寧14
しずく	雫11 滴14
しずめ	鎮18
したがう	順12 遵15
しち	七2
しつ	執11
しっ	疾10
じつ	日4 実8
じっ	十2
しな	科9 級9 信9 品9 倫10 等12
しの	忍7 信9 篠17
しのぎ	凌10
しのぐ	凌10
しのぶ	仁4 忍7 恕10 偲11 堪12
しば	柴10
しま	州6 洲9 島10 縞16
しめ	示5
しめす	示5 宣9
しゃ	叉3 写5 沙7 車7 柘9 紗10 赦11
しゃく	尺4 石5 赤7 釈11 錫16 爵17
じゃく	若8 寂11 雀11 惹12
しゅ	主5 守6 朱6 周8 修10 珠10 殊10 衆12 須12 種14 竪14 撞15 諏15 趣15
じゅ	十2 寿7 受8 従10 授11 就12 頌13 竪14 儒16 樹16 鷲23
しゅう	収4 州6 舟6 秀7 宗8 周8 秋9 洲9 柊9 祝9 修10 袖10 習11 脩11 崇11 集12 衆12 萩12 就12 蒐13 嵩13 酬13 輯16 蹴19 鷲23
じゅう	十2 中4 充6 柔9 重9 従10
しゅく	叔8 祝9 淑11 粛11
じゅく	熟15
しゅつ	出5
しゅん	旬6 俊9 春9 洵9 隼10 峻10 淳11 惇11 竣12 舜13 馴13 詢13 遵15 諄15 駿17 瞬18
じゅん	旬6 巡6 洵9 准10 隼10 純10 淳11 惇11 循12 絢12 順12 閏12 準13 馴13 楯13 詢13 潤15 遵15 諄15 醇15
しょ	且5 処5 初7 杵8 書10 恕10 渚11 楚13 緒14 曙17
じょ	如6 汝6 助7 叙9 恕10
しょう	小3 升4 召5 生5 正5 匠6 庄6 丞6 壮6 肖7 声7 松8 尚8 昌8 昇8 承8 青8 咲9 昭9 省9 星9 政9 荘9 相9 宰10 祥10 将10 章11 渉11 捷11 菖11 梢11 笙11 唱11 紹11 商11 清11 盛11 晶12 翔12 勝12 湘12 惺12 証12 詔12 象12 奨13 照13 詳13 頌13 聖13 摂13 想13 蒋14 彰14 嘗14 精14 蕉15 樟15 憧15 請15 篠17 鐘20
じょう	丈3 上3 允4 丞6 成6 条7 定8 城9 浄9 貞9 晟10 挺10 尉11 常11 盛11 蒸13 誠13 肇14 嘗14 静14 壌16 錠16 穣18 譲20 醸20
しょく	植12 飾13 続13 織18
しら	白5
しらべ	調15
しる	知8 識19

※旧字体などの異体字は省略しています（「竜」の「龍」、「凛」の「凜」など）。

しるし 印6 祥10 証12 瑞13 徽17
しるす 紀9 記10 銘14 録16
しろ 代5 白5 城9 素10
しろがね 銀14
しろし 素10 皓12
しん 心4 申5 芯7 臣7 辰7 伸7 信9 津9 振10 秦10 晋10 真10 紳11 進11 深11 晨11 清11 森12 新13 慎13 槙14 榛14 審15 親16 薪16 鎮18
じん 人2 仁4 壬4 迅6 任6 臣7 辰7 甚9 陣10 訊10 秦10 進11 晨11 深11 尋12 稔13

す Su

す 寸3 主5 守6 朱6 州6 寿7 周8 為9 春9 洲9 珠10 栖10 素10 透10 崇11 須12 順12 嵩13 数13 澄15 諏15
ず 図7 杜7 寿7 津9 珠10 瑞13 頭16
すい 水4 出5 吹7 帥9 粋10 推11 彗11 遂12 翠14 穂15 錐16
ずい 随12 瑞13
すう 枢8 崇11 嵩13 数13 雛18
すえ 末5 季8 居8 陶11 標15
すが 菅11 清11
すき 透10 鍬17
すぎ 杉7
すく 透10 宿11
すぐ 直8
すぐる 克7 英8 卓8 俊9 逸11 捷11 勝12 超12 傑13 豪14 精14 賢16 駿17 優17
すぐれ 勝12
すけ 介4 允4 右5 左5 丞6 如6 佐7 助7 伴7 扶7 甫7 佑7 良7 育8 典8 侑8 昌8 祐9 宥9 亮9 相9 将10 救11 副11 涼11 裕12 資13 奨13 督13 維14 輔14 賛15 翼17
すげ 菅11
すす 進11 勧13
すず 宰10 紗10 涼11 鈴13 錫16
すすぐ 雪11 漱14
すずし 涼11
すすみ 進11
すすむ 一1 万3 且5 生5 丞6 年6 存6 亨7 励7 享8 昇8 征8 迪8 侑8 前9 益10 貢10 将10 晋10 乾11 皐11 進11 卿12 勤12 達12 勧13 奨13 督13 範15
すずむ 涼11
すずり 硯12
すな 沙7 直8 淳11
すなお 朴6 侃8 忠8 直8 是9 純10 素10 淳11 惇11 温12 順12 廉13
すね 強11
すばる 昴9
すぶる 統12
すみ 在6 角7 住7 恭10 純10 栖10 速10 淑11 済11 隅12 統12 維14 墨14 澄15 篤16
すむ 清11 澄15
すめら 皇9
すめらぎ 皇9
すん 寸3 駿17

※上にほかの字がつくときのみ濁音・半濁音になるものは除外しています（「三平（さんぺい）」の「ぺい」など）。

せ Se

- せ　世5 成6 施9 清11 勢13 聖13 瀬19
- ぜ　是9
- せい　生5 正5 世5 成6 西6 声7 斉8 征8 青8 制8 省9 星9 政9 栖10 晟10 清11 盛11 済11 惺12 晴12 犀12 聖13 勢13 靖13 誠13 静14 誓14 精14 醒16 整16
- ぜい　税12 説14
- せき　夕3 石5 汐6 赤7 隻10 釈11 関14 碩14 錫16 積16 績17 蹟18 籍20
- せち　節13

- せつ　拙8 雪11 摂13 節13 説14
- せっ　雪11
- せみ　蝉18
- せり　芹7
- せる　競20
- せん　千3 川3 仙5 先6 亘6 宣9 専9 染9 茜9 泉9 閃10 扇10 船11 旋11 釧11 詮13 銑14 選15 撰15 潜15 遷15 鮮17
- ぜん　全6 前9 善12 然12 禅13 漸14 膳16 繕18

そ So

- そ　十2 三3 衣6 祖9 素10 組11 曽11 楚13 想13 礎18 蘇19
- そう　双4 壮6 早6 宋7 走7 宗8 相9 荘9 奏9 草9 倉10 笙11 崇11 爽11 曽11 曹11 惣12 湊12 創12 装12 蒼13 想13 颯14 聡14 総14 綜14 漕14 漱14 槍14 操16 霜17 叢18
- ぞう　三3 造10 象12 蔵15
- そえ　弐6 添11 副11 輔14
- そく　束7 則9 速10
- ぞく　続13
- そそぐ　注8 雪11 漱14
- そち　帥9 率11
- そつ　帥9 率11
- そっ　帥9 速10 率11
- そなう　具8 備12
- その　其8 苑8 園13
- そめ　初7 染9
- そら　天4 空8 昊8 宙8
- そん　存6 村7 尊12 巽12 遜14 樽16
- ぞん　存6

た Ta

- た　大3 太4 多6 汰7 泰10 舵11
- だ　太4 打5 那7 舵11
- たい　大3 太4 代5 台5 平5 汰7 帝9 帯10 泰10 袋11 隊12 碓13 黛16 戴17 鯛19
- だい　乃2 大3 内4 太4 代5 台5 悌10 提12 醍16 題18
- たいら　平5 庄6 坦8
- たえ　妙7 紗10
- たか　乙1 王4 天4 方4 宇6 考6 好6 応7 孝7 廷7 岳8 学8 宜8 空8 享8 尭8 昂8 卓8 宝8 和8 尚8 威9 栄9 俊9 宣9 荘9 飛9 恭10 高10 剛10 峻10 能10 峰10 教11 啓11 皐11 渉11 章11 崇11 琢11

※旧字体などの異体字は省略しています（「竜」の「龍」、「凜」の「凛」など）。

（前ページから続く）鷹24 毅15 賢16 顕18 寵19 揚12 嵩13 節13 誉13 尊12 登12 雄12 陽12 喬12 敬12 堅12 最12 陸11 隆11 塁12 貴12

たかき 丘5

たかし 大3 天4 丘5 仙5 充6 任6 孝7 岳8 京8 尭8 昂8 宗8 尚8 卓8 宝8 郁9 俊9 峨10 恭10 高10 剛10 峻10 峰10 皐11 崇11 陸11 隆11 貴12 喬12 敬12 最12 尊12 棟12 嵩13 傑13 聖13 節13 誉13 蕎15 駿17

たがやす 耕10

たから 宝8 財10

たき 滝13

たく 巧5 托6 宅6 沢7 択7 卓8 拓8 啄10 託10 琢11 逞11 焚12 擢17

だく 諾15

たくま 逞11

たくみ 工3 巧5 伎6 匠6 卓8

たけ 丈3 全6 壮6 竹6 伯7 岳8 虎8 長8 武8 孟8 威9 建9 洸9 恒9 勇9 高10 剛10 赳10 峻10 烈10 強11 健11 盛11 彪11 猛11 偉12 雄12 嵩13 豪14 毅15

たけき 彪11 猛11

たけし 丈3 大3 壮6 英8 武8 孟8 長8 威9 建9 洸9 勇9 赳10 剛10 峻10 烈10 乾11 健11 彪11 猛11 雄12 傑13 豪14 毅15

たける 丈3 壮6 武8 長8 建9 威9 赳10 剛10 健11 彪11 猛11 雄12 傑13 豪14 毅15

たすく 介4 右5 匡6 丞6 佐7 助7 扶7 甫7 佑7 侑8 祐9 亮9 相9 将10 援12 資13 奨13 輔14 賛15 翼17

ただ 允4 只5 正5 旦5 伊6 匡6 伝6 任6 均7 侃8 斉8 忠8 直8 迪8 紀9 糾9 柾9 勅9 貞9 品9 格10 恭10 宰10 真10 惟11 規11 済11 唯11 理11 渡12 董12 覚12 雅13 資13 禎13 督13 維14 精14 儀15 憲16

たたう 湛12

ただし 公4 仁4 正5 旦5 伊6 匡6 但7 侃8 斉8 征8 忠8 直8 紀9 糾9 是9 政9 荘9 貞9 律9 格10 恭10 矩10 恕10 将10 真10 規11 淳11 理11 覚12 善12 董12 雅13 義13 禎13 廉13 維14 肇14 精14 端14 儀15 質15 憲16 整16

ただす 正5 匡6 侃8 征8 忠8 糾9 政9 貞9 律9 格10 矩10 規11 理11 董12 義13 督13 廉13 端14 質15

たち 立5

だち 達12

たつ 立5 辰7 建9 起10 竜10 健11 超12 達12 樹16

たっ 辰7 達12

たつき 樹16

たつみ 巽12

たつる 立5 建9 樹16

たて 立5 建9 盾9 健11 楯13 竪14

※上にほかの字がつくときのみ濁音・半濁音になるものは除外しています（「三平（さんぺい）」の「ぺい」など）。

たてる　建9
たな　棚12
たに　谷7　渓11
たね　子3　胤9　植12　殖12　嗣13　種14　鎮18
たのし　愉12
たのむ　頼16
たび　旅10
たま　玉5　圭6　玲9　珠10　球11　瑛12　琳12　瑞13　瑶13　賜15　環17
たまき　釧11　環17
たまる　溜13
たみ　丹4　民5　臣7　彩11　黎15
たむろ　屯4
ため　以5　為9
ためる　矯17
たもつ　全6　存6　任6　有6　完7　寿7　扶7　保9　将10　惟11
たり　足7　垂8
たる　足7　垂8　樽16
たん　丹4　旦5　坦8　担8　探11　淡11　堪12　湛12　端14　鍛17
だん　旦5　団6　男7　段9　弾12　談15　壇16

ち Chi

ち　千3　地6　治8　知8　茅8　致10　智12　馳13　稚13
ちえ　智12
ちか　九2　力2　及3　凡3　允4　仁4　比4　史5　央5　考6　近7　実8　周8　知8　恒9　前9　哉9　恭10　真10　進11　務11　悠11　幾12　敬12　尋12　愛13　義13　慈13　慎13　睦13　爾14　静14　誓14　畿15　懐16　親16　隣16
ちかい　誓14
ちかう　誓14
ちかし　九2　史5　近7　周8　庶11　悠11　幾12　睦13　爾14　親16
ちから　力2　能10　税12
ちぎる　契9
ちく　竹6　逐10　筑12　築16
ちつ　秩10
ちなみ　因6
ちなむ　因6
ちまた　岐7
ちゅう　中4　丑4　仲6　沖7　宙8　忠8　抽8　重9　寵19
ちょ　著11　猪11　緒14
ちょう　兆6　長8　重9　挑9　鳥11　頂11　釣11　朝12　超12　跳13　禎13　暢14　肇14　潮15　澄15　調15　蝶15　聴17　寵19
ちょく　直8　勅9
ちん　陳11　椿13　鎮18

つ Tsu

つ　図7　津9　通10　都11
つい　追9
つう　通10
つか　司5　束7　睦13
つかさ　士3　元4　司5　主5　吏6　良7　官8　長8　典8　政9　宰10　僚14
つかね　緯16
つき　月4　槻15
つぎ　二2　次6　存6　亜7　胤9　紹11　継13　嗣13　続13
つく　作7　筑12　皓12
つぐ　二2　壬4　世5　次6　丞6　亜7　告7　庚8　承8　胤9　貢10　紹11　皓12　遂12　統12　継13

※旧字体などの異体字は省略しています（「竜」の「龍」、「凜」の「凛」など）。

（前ページより）嗣13 頌13 続13 禎13　歴14 諭16

- つくす　尽6
- つくる　作7 造10 創12
- つぐる　二2 告7 詔12 嗣13　諭16
- つた　伝6 蔦14
- つたう　伝6
- つたえ　伝6
- つち　土3 地6 椎12
- つづ　続13 綴14
- つづき　続13
- つつみ　堤12
- つつむ　温12
- つづる　綴14
- つと　朝12
- つどい　集12
- つとう　伝6
- つとむ　力2 功5 司5 孜7　努7 励7 労7 孟8　耕10 敏10 勉10 乾11　強11 惇11 務11 敦12　勤12 義13 奨13 勲15
- つな　統12 維14 綱14 縄15
- つね　凡3 玄5 毎6 典8　恒9 則9 矩10 純10　倫10 経11 康11 常11　曽11 庸11 道12 尋12　統12 鎮18 識19
- つの　角7
- つばき　椿13
- つばさ　翼17
- つばめ　燕16
- つぶら　円4
- つみ　摘14 積16
- つむ　積16
- つむぐ　績17
- つもる　積16
- つゆ　露21
- つよ　侃8 威9 勁9 剛10　烈10 強11 健11 敢12　豪14 毅15
- つよし　侃8 威9 勁9 剛10　烈10 強11 健11 彪11　敢12 堅12 幹13 豪14　毅15 厳17 競20
- つら　行6 列6 烈10 連10　貫11 陳11 葛12 羅19
- つらぬき　貫11
- つる　弦8 絃11 敦12 蔓14　鶴21
- つるぎ　剣10
- つれ　連10

て Te

- て　天4
- で　出5
- てい　汀5 廷7 呈7 弟7　定8 貞9 亭9 挺10　悌10 庭10 逓10 偵11　梯11 逞11 堤12 提12　程12 禎13 艇13 鼎13
- てき　笛11 滴14 擢17
- てつ　哲10 鉄13 徹15 撤15
- てっ　哲10 鉄13 徹15 撤15
- てつし　哲10
- てらし　照13
- てらす　曜18
- てる　央5 旭6 光6 明8　映9 昭9 昆9 晃10　晟10 瑛12 揮12 皓12　晶12 陽12 暉13 煌13　照13 輝15 熙15 曜18　燿18 耀20
- てん　天4 典8 展10
- でん　伝6 電13

と To

- と　十2 人2 刀2 士3　土3 戸4 仁4 斗4　外5 灯6 兎7 杜7　図7 利7 知8 東8　門8 音9 飛9 度9　徒10 透10 敏10 留10　都11 兜11 翔12 遂12　渡12 登12 等12 富12　豊13 橙16

※上にほかの字がつくときのみ濁音・半濁音になるものは除外しています（「三平（さんぺい）」の「ぺい」など）。

- ど：土3 努7 度9
- とう：刀2 斗4 冬5 当6 任6 投7 東8 到8 宕8 柔9 透10 唐10 桐10 桃10 能10 陶11 兜11 萄11 塔12 董12 棟12 統12 登12 等12 橙16 瞳17 藤18 騰20
- どう：同6 洞9 桐10 動11 萄11 堂11 道12 童12 憧15 瞳17
- とうる：透10
- とお：十2 亘6 茂8 透10 遠13
- とおる：公4 太4 亘6 亨7 利7 享8 宣9 亮9 泰10 通10 透10 竜10 貫11 済11 達12 超12 道12 博12 暢14 澄15 徹15 撤15 融16
- とき：世5 任6 辰7 季8 刻8 侯9 秋9 祝9 勅9 時10 朗10 斎11 常11 晨11 凱12 期12 暁12 朝12 聡14 鴻17 讃22
- とぎ：研9
- ときわ：常11
- とく：得11 督13 徳14 篤16
- どく：独9
- とこ：常11 徳14
- とし：世5 平5 考6 迅6 年6 亨7 寿7 利7 甫7 季8 知8 威9 紀9 哉9 秋9 俊9 勇9 要9 恵10 隼10 峻10 敏10 倫10 逸11 健11 淑11 惇11 捷11 章11 逞11 理11 暁12 敬12 順12 智12 等12 敦12 富12 禄12 歳13 資13 舜13 聖13 稔13 聡14 肇14 鋭15 慧15 駿17
- とせ：年6 歳13
- とち：栃9
- とつ：突8
- とっ：突8
- どっ：独9
- とどろ：轟21
- とどろく：轟21
- となう：唱11
- とび：飛9 鳶14
- とぶ：飛9
- とみ：多6 臣7 祉8 宝8 美9 智12 登12 富12 禄12 福13
- とむ：富12
- とめ：留10
- とめり：富12
- とも：丈3 大3 与3 公4 巴4 友4 共6 伍6 有6 臣7 那7 伯7 伴7 呂7 委8 具8 知8 朋8 奉8 相9 侶9 倶10 悌10 流10 倫10 寅11 智12 朝12 等12 備12 寛13 僚14 賢16 興16
- とよ：富12 豊13
- とら：虎8 寅11 彪11
- とり：酉7 取8 鳥11
- とりで：砦11
- とる：取8 執11
- とん：惇11 敦12 頓13

な … Na

- な：七2 己3 名6 那7 奈8 南9 納10 菜11 魚11 棚11
- ない：乃2 内4
- なお：巨5 矢5 由5 如6 朴6 有6 君7 侃8 若8 斉8 尚8 直8 修10 真10 脩11 順12 猶12 端14
- なおし：侃8 直8
- なおす：直8
- なか：中4 仲6 宰10 極12

※旧字体などの異体字は省略しています（「竜」の「龍」、「凜」の「凛」など）。

なが　永5 寿7 良7 長8 命8 栄9 修10 祥10 脩11 詠12 斐12 暢14 熙15
ながし　永5 長8 暢14
なかば　央5 半5
なぎ　凪6 梛11 薙16
なごむ　和8
なだ　灘22
なつ　夏10
なな　七2
なの　七2
なみ　凡3 比4 汎6 甫7 波8 並8 南9 洋9 浪10
なら　習11 楢13
ならう　習11 温12
ならし　均7

なり　也3 生5 平5 礼5 匠6 成6 有6 孝7 作7 体7 育8 斉8 為9 威9 柔9 城9 済11 就12 遂12 登12 備12 業13 勢13 誠13 整16
なる　成6 育8 音9 遂12 愛13 誠13 稔13 徳14 鳴14
なん　男7 南9 楠13

に Ni

に　二2 仁4 丹4 弐6 児7
にい　新13
にし　西6
にじ　虹9
にしき　錦16
にち　日4
になう　担8
にゃく　若8
にゅう　入2 柔9
にょ　如6
にん　人2 仁4 任6 忍7 認14

ぬ Nu

ぬ　努7
ぬい　縫16
ぬく　温12
ぬくむ　温12
ぬの　布5

ね Ne

ね　子3 宇6 年6 音9 祢9 根10 峰10 寧14 嶺17
ねい　寧14
ねこ　猫11
ねつ　熱15
ねん　年6 念8 然12 稔13

の No

の　乃2 之3 能10 納10 野11 農13 濃16
のう　能10 納10 農13 濃16
のき　宇6
のぎ　禾5
のぞ　希7 望11
のぞみ　希7 志7 望11
のぞむ　希7 志7 望11 観18 臨18
のどか　和8 温12 閑12
のびる　伸7 延8
のぶ　円4 収4 允4 永5 申5 布5 亘6 伝6 存6 更7 寿7 序7 伸7 延8 欣8 宜8 述8 直8 命8 恒9 洵9 叙9 信9 宣9

※上にほかの字がつくときのみ濁音・半濁音になるものは除外しています（「三平（さんぺい）」の「ぺい」など）。

毘9 悦10 修10 書10 将10 晋10 展10 惟11 啓11 康11 脩11 進11 陳11 陶11 寅11 庸11 喜12 順12 善12 惣12 登12 董12 統12 敦12 備12 揚12 寛13 業13 靖13 誠13 睦13 頌13 演14 説14 総14 暢14 諄15

のぶる 伸7 延8 直8 信9 宣9 展10 陳11 寛13 暢14

のぼり 昇8 登12 徳14 幡15

のぼる 上3 升4 伸7 昂8 昇8 晃10 陞10 皐11 登12 徳14 騰20

のり 了2 工3 仁4 永5 功5 仙5 令5 礼5 至6 式6 成6 孝7 伯7 学8 宜8 周8 昇8 制8 知8 忠8 典8 法8 命8 紀9 軌9 恒9 祝9 乗9 宣9 則9 度9 律9 格10 記10 矩10 訓10 悟10 師10 准10 純10 恕10 哲10 能10 陛10 倫10 勘11 規11 基11 教11 経11 啓11 視11 章11 理11 賀12 卿12 勤12 敬12 詞12 順12 詔12 象12 尋12 智12 朝12 程12 登12 統12 道12 義13 載13 準13 慎13 詮13 稔13 誉13 徳14 緑14 毅15 儀15 慶15 範15 憲16 頼16 謹17 謙17 騎18 顕18 識19 鑑23

は Ha

は 八2 巴4 羽6 芭7 波8 杷8 華10 葉12 覇19

ば 芭7 馬10

はい 拝8 俳10

ばい 梅10

はえ 映9 栄9

はえる 映9 栄9

はか 伯7 博12

はがね 鋼16

はかる 法8 計9 恕10 策12 測12 量12 詢13 権15 諮16 衡16 議20

はぎ 萩12

はく 白5 伯7 拍8 泊8 珀9 柏9 博12

ばく 麦7 莫10 幕13 漠13 爆19

はげみ 励7

はげむ 励7

はし 陛10 端14 橋16

はじむ 一1 元4 甫7 孟8 原10 基11 啓11 寅11 創12 肇14 黎15

はじめ 一1 大3 元4 玄5 吉6 壱7 初7 甫7 始8 孟8 紀9 建9 祝9 春9 哉9 原10 朔10 素10 造10 基11 啓11 萌11 順12 創12 朝12 統12 源13 新13 肇14 黎15

はす 芙7 蓉13 蓮13

はせ 馳13

はせる 馳13

はた 将10 畠10 旗14 幡15

はたす 果8

はち 八2 鉢13 蜂13

はっ 八2 発9

はつ 初7 発9 鉢13 肇14

はと 鳩13

はな 花7 華10

はぶく 省9

はね 羽6

※旧字体などの異体字は省略しています（「竜」の「龍」、「凜」の「凛」など）。

- はま　浜10
- はや　早6 迅6 快7 勇9 剣10 隼10 速10 敏10 逸11 捷11 敬12 颯14 駿17
- はやお　駿17
- はやし　迅6 快7 隼10 速10 敏10 捷11 鋭15
- はやて　颯14
- はやと　隼10 颯14
- はやぶさ　隼10
- はり　梁11
- はる　日4 永5 玄5 立5 令5 治7 始8 治8 青8 知8 東8 明8 孟8 栄9 春9 美9 晏10 桜10 華10 浩10 敏10 流10 張11 悠11 理11 温12 開12 晴12 陽12 遥12 暖13 榛14 遼15
- はるか　永5 玄5 悠11 遥12 遼15
- はるき　開12
- はれ　晴12
- はれる　晴12
- はん　半5 汎6 帆6 伴7 判7 阪7 絆11 範15 蕃15 繁16
- ばん　万3 伴7 絆11 晩12 播15 盤15 磐15 蕃15

ひ Hi

- ひ　火4 日4 比4 氷5 枇8 飛9 毘9 斐12 陽12 緋14
- び　枇8 弥8 毘9 美9 眉9 備12 琵12
- ひいず　禾5 秀7 英8
- ひいで　秀7 英8
- ひいらぎ　柊9
- ひがし　東8
- ひかり　光6 晃10 景12 皓12 曜18
- ひかる　光6 晃10 閃10 瑛12 景12 皓12 暉13 輝15 熙15 曜18 耀20
- ひき　牽11
- ひく　牽11
- ひこ　人2 久3 士3 光6 彦9
- ひさ　久3 永5 央5 仙5 史5 向6 玖7 寿7 学8 尚8 長8 弥8 栄9 胡9 恒9 剛10 修10 桐10 亀11 常11 悠11 喜12
- ひさお　久3
- ひさし　九2 十2 久3 永5 央5 史5 玖7 寿7 学8 尚8 長8 弥8 栄9 恒9 亀11 常11 悠11
- ひし　菱11
- ひじり　聖13
- ひそか　密11
- ひそむ　潜15
- ひたく　昇8
- ひで　任6 秀7 英8 季8 幸8 栄9 毘9 淑11 偉12 傑13 嗣13 豪14 衡16
- ひでし　秀7 英8 栄9
- ひと　一1 人2 士3 仁4 史5 民5 均7 侍8 斉8 倫10 斎11 等12 聖13 整16
- ひとし　一1 人2 公4 仁4 史5 平5 伍6 旬6 均7 斉8 和8 恒9 洵9 倫10 斎11 陸11 結12 等12 雅13 準13 聖13 徹15 衡16 整16
- ひとり　独9
- ひな　雛18
- ひのえ　丙5

※上にほかの字がつくときのみ濁音・半濁音になるものは除外しています（「三平（さんぺい）」の「ぺい」など）。

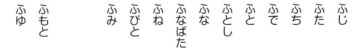

ひのき　檜17
ひび　響20
ひびき　韻19 響20
ひびく　響20
ひゃく　百6 珀9
びゃく　白5
ひゅう　彪11
ひょう　平5 兵7 俵10 豹10 彪11 漂14 瓢17
びょう　平5
ひら　平5 成6 均7 枚8 啓11 開12 衡16
ひらき　啓11 開12
ひらく　拓8 披8 発9 啓11 開12 墾16
ひろ　丈3 大3 太4 公4 央5 玄5 弘5 広5 礼5 光6 亘6 汎6 完7 宏7 拡8 昊8 周8 拓8 宙8 弥8 恢9 彦9 洸9 洪9 厚9 祐9 宥9 洋9 浩10 紘10 恕10 祥10 泰10 哲10 展10 容10 郭11 啓11 都11 景12 敬12 皓12 衆12 尋12 博12 普12 裕12 寛13 滉13 睦13 演14 碩14 熙15 勲15 潤15 衡16 鴻17 優17
ひろい　拾9
ひろし　大3 公4 央5 弘5 広5 光6 汎6 完7 宏7 拡8 昊8 周8 拓8 宙8 長8 恢9 洸9 洪9 厚9 祐9 宥9 洋9 恕10 祥10 紘10 浩10 泰10 容10 郭11 啓11 康11 敬12 湖12 皓12 尋12 博12 普12 裕12 寛13 滉13 演14 碩14 熙15 潤15 鴻17
ひろむ　大3 弘5 汎6 宏7 拡8 拓8 洋9 恕10 紘10 浩10 展10 啓11 普12 博12 裕12 寛13 滉13 演14 熙15
びん　敏10

ふ Hu

ふ　二2 夫4 不4 文4 史5 生5 布5 芙7 扶7 阜8 歩8 風9 浮10 経11 富12 普12 賦15 譜19
ぶ　夫4 生5 布5 芙7 扶7 武8 奉8 歩8 部11 普12 葡12 舞15 蕪15
ふう　二2 風9 富12 楓13
ふえ　笛11
ふか　深11
ふかし　玄5 究7 洸9 洋9 淑11 深11
ふき　吹7 蕗16
ふく　副11 復12 福13
ふさ　成6 芳7 英8 宣9 亮9 記10 紘11 寅11 幾12 滋12 惣12 総14 聡14
ふじ　葛12 藤18
ふた　二2 双4
ふち　淵12
ふで　筆12
ふと　大3 太4
ふとし　大3 太4
ふな　舟6
ふなばた　舷11
ふね　舟6 船11
ふびと　史5
ふみ　文4 史5 良7 典8 迪8 郁9 記10 章11 詞12 践13 踏15
ふもと　麓19
ふゆ　冬5

※旧字体などの異体字は省略しています（「竜」の「龍」、「凜」の「凛」など）。

- ふる　古5 振10 経11
- ぶん　分4 文4 豊13 聞14

へ He

- へ　辺5 兵7
- へい　丙5 平5 兵7 陛10
- べい　瓶11 米6
- へき　碧14
- べに　紅9
- へん　遍12
- べん　弁5 勉10

ほ Ho

- ほ　火4 帆6 秀7 甫7 歩8 宝8 保9 畝10 浦10 葡12 輔14 穂15 舗15
- ぼ　戊5 慕14 暮14
- ほう　方4 芳7 邦7 奉8 宝8 朋8 法8 抱8 放8 保9 峰10 逢11 萌11 豊13 蜂13 鳳14 蓬14 鵬19
- ぼう　茅8 房8 昴9 望11
- ほか　外5
- ほがら　朗10
- ほぎ　寿7
- ほく　北5
- ぼく　卜2 木4 朴6 牧8 睦13 墨14 僕14
- ほし　斗4 星9
- ほず　秀7
- ほたる　蛍11
- ほつ　秀7
- ほっ　北5 法8
- ほのお　炎8
- ほまれ　誉13
- ほまる　誉13
- ほむ　品9 誉13
- ほむる　賞15
- ほろ　幌13
- ほん　本5
- ぼん　凡3

ま Ma

- ま　万3 守6 茉8 真10 馬10 麻11 満12 蒔13 摩15 磨16
- まい　舞15
- まいる　哩10
- まえ　前9
- まがね　鉄13
- まき　牧8 巻9 真10 蒔13 槙14 薪16
- まこ　真10
- まご　孫10
- まこと　一1 允4 丹4 正5 充6 任6 良7 実8 周8 尚8 卓8 忠8 洵9 信9 専9 亮9 純10 真10 衷10 淳11 理11 惇11 款12 智12 詢13 慎13 誠13 節13 睦13 盟13 精14 諄15 諒15
- まさ　大3 允4 公4 仁4 方4 正5 匡6 旬6 成6 全6 壮6 存6 多6 当6 応7 完7 均7 克7 甫7 実8 昌8 征8 斉8 長8 直8 和8 祇9 政9 柾9 祐9 格10 剛10 修10 将10 真10 晟10 容10 倭10 粛11 菖11 理11 晶12 勝12 順12 道12 雄12 雅13 幹13 聖13 誠13 督13 睦13 維14 精14 蔵15 諒15 賢16 薫16 錫16 優17

※上にほかの字がつくときのみ濁音・半濁音になるものは除外しています（「三平（さんぺい）」の「ぺい」など）。

鎮18

まさき　柾9

まさし　允4 仁4 方4 正5 匡6 征8 昌8 政9 将10 真10 粛11 理11 雅13

まさり　俊9

まさる　大3 太4 甲5 正5 多6 当6 克7 秀7 英8 昌8 卓8 長8 俊9 将10 勉10 健11 捷11 偉12 最12 勝12 智12 超12 雅13 傑13 奨13 増14 潤15 賢16 優17

まし　益10

ます　斗4 升4 加5 益10 真10 倍10 勉10 培11 賀12 滋12 満12 増14 潤15 賢16 鱒23

また　又2 亦6 全6 復12

まち　市5 町7

まつ　末5 松8 需14

まとむ　纏21

まとめ　纏21

まな　学8 真10 愛13

まなび　学8

まなぶ　学8

まもり　守6 葵12 衛16

まもる　司5 守6 完7 門8 保9 葵12 養15 遵15 衛16 衛16 鎮18 藩18 護20

まゆ　繭18

まり　球11 毬11 鞠17

まる　丸3 円4

まれ　右5 希7 稀12

まろ　理11 麿18

まん　万3 満12 幡15

み Mi

み　己3 三3 巳3 心4 壬4 水4 文4 未5 民5 光6 充6 究7 見7 臣7 参8 実8 味8 弥8 海9 看9 省9 泉9 相9 美9 南9 益10 酒10 真10 規11 視11 深11 望11 堅12 御12 診12 童12 瑞13 爾14

みお　澪16

みがく　研9 琢11 磨16

みき　幹13 樹16

みぎ　右5

みぎわ　汀5

みさ　節13 操16

みさお　貞9 節13 操16

みさき　岬8

みさと　京8

みず　水4 壬4 泉9 瑞13

みたす　満12

みち　允4 方4 玄5 行6 至6 充6 岐7 亨7 伯7 芳7 往8 学8 享8 径8 宙8 長8 迪8 典8 法8 命8 紀9 信9 訓10 修10 峻10 真10 通10 途10 能10 倫10 教11 康11 術11 務11 庸11 理11 陸11 運12 遂12 達12 道12 満12 裕12 遥12 義13 路13 徳14 慶15 導15 融16 巌20

みちる　充6 満12

みつ　十2 三3 允4 中4 光6 充6 参8 実8 明8 弥8 美9 益10 恭10 晃10 貢10 盛11 密11 順12 備12 満12 溢13 舜13 慎13 豊13 碩14 暢14

みつぎ　貢10 租10 税12 賦15

みつぐ　貢10 税12 調15

みつる　十2 允4 光6 充6

※旧字体などの異体字は省略しています（「竜」の「龍」、「凜」の「凛」など）。

足7 実8 晃10 満12 溢13 碩14 暢14

みとむ　認14
みな　水4 皆9 南9
みなと　港12 湊12
みなもと　源13
みぬ　敏10
みね　峰10 嶺17
みの　蓑13 稔13 穂15 穣18
みのり　農13 稔13 穂15 穫18 穣18
みのる　升4 年6 秀7 酉7 季8 実8 登12 稔13 農13 豊13 熟15 穂15 穫18 穣18
みや　宮10
みやつこ　造10
みやび　雅13
みょう　妙7 明8
みん　民5 明8 眠10

む Mu

む　六4 虫6 身7 武8 務11 陸11 無12 睦13 夢13
むぎ　麦7
むく　椋12
むすぶ　結12
むつ　六4 陸11 睦13 輯16
むつし　睦13
むつみ　睦13
むつむ　睦13
むね　心4 至6 旨6 志7 斉8 宗8 胸10 致10 能10 崇11 順12 統12 棟12
むら　村7 邑7 荘9
むらじ　連10
むれ　群13

め Me

め　女3 米6 芽8 馬10 梅10
めい　名6 明8 命8 盟13 鳴14 銘14
めぐ　芽8 恵10 愛13
めぐみ　仁4 芽8 恩10 恵10 萌11 愛13 慈13 徳14 潤15
めぐむ　仁4 存6 芽8 恩10 恵10 萌11 愛13 慈13 徳14 潤15 寵19
めぐり　周8
めぐる　巡6 周8 旋11 運12 斡14
めん　綿14

も Mo

も　文4 百6 茂8 孟8 莫10 望11 雲12 最12 慕14
もう　孟8 猛11 望11 蒙13
もえ　萌11
もく　木4 睦13 黙15
もち　以5 用5 有6 茂8 持9 望11
もと　一1 大3 元4 心4 太4 尤4 玄5 本5 求7 志7 初7 扶7 固8 始8 宗8 征8 東8 孟8 紀9 泉9 祖9 株10 索10 素10 真10 倫10 規11 基11 許11 智12 統12 意13 幹13 源13 資13 誠13 誉13 楽13 肇14 職18 礎18
もとい　宗8 紀9 素10 基11 統12 幹13 礎18
もとき　材7 基11 幹13 礎18
もとし　元4 素10 基11 幹13 源13 資13 礎18
もとむ　干3 亘6 求7 志7 欣8 要9 索10 素10 基11 探11 需14
もとめ　求7 需14
もとや　基11

※上にほかの字がつくときのみ濁音・半濁音になるものは除外しています（「三平（さんぺい）」の「ぺい」など）。

もみ　籾9

もも　百6　桃10

もり　司5　主5　守6　壮6　杜7　保9　容10　執11　盛11　彬11　森12　衛16　護20

もろ　師10　恕10　脩11　衆12　遂12　諸15

もん　文4　門8　紋10　聞14

や Ya

や　八2　也3　乎5　矢5　治7　弥8　夜8　屋9　耶9　哉9　野11　陽12　椰13

やか　宅6　家10

やく　亦6　役7　益10　躍21

やし　椰13

やす　子3　文4　叶5　平5　安6　休6　考6　快7　求7　寿7　妥7　那7　易8　育8　宜8　居8　協8　欣8　庚8　坦8　定8　奉8　弥8　和8　毘9　甚9　保9　要9　晏10　恭10　恵10　耕10　修10　祥10　息10　泰10　悌10　勉10　容10　烈10　倭10　尉11　逸11　貫11　健11　康11　庸11　運12　閑12　裕12　愛13　鳩13　資13　慈13　靖13　誉13　廉13　静14　遜14　徳14　寧14　億15　慶15　養15　穏16　賢16　鎮18

やすし　仁4　平5　安6　存6　寿7　易8　居8　協8　欣8　坦8　定8　和8　甚9　保9　恭10　祥10　泰10　悌10　尉11　康11　庸11　湛12　裕12　廉13　慈13　靖13　魁14　静14　寧14　燕16　鎮18

やすむ　休6　息10

やつ　八2

やどる　次6

やな　梁11

やま　山3

やまと　和8　倭10

やり　槍14

ゆ Yu

ゆ　弓3　夕3　友4　由5　有6　佑7　侑8　柚9　祐9　勇9　悠11　結12　湯12　愉12　裕12　遊12　雄12　楢13　輸16　諭16　優17

ゆい　由5　惟11　唯11　結12　維14

ゆう　夕3　夫4　友4　尤4　右5　由5　有6　佑7　邑7　酉7　侑8　郁9　勇9　祐9　柚9　宥9　郵11　悠11　結12　裕12　雄12　遊12　湧12　釉12　猶12　楢13　熊14　融16　優17

ゆき　之3　千3　介4　元4　五4　公4　文4　以5　由5　行6　至6　而6　如6　先6　亨7　孝7　志7　育8　往8　享8　幸8　征8　到8　歩8　門8　侑8　是9　起10　恭10　倖10　将10　恕10　晋10　致10　通10　透10　敏10　教11　啓11　脩11　章11　進11　雪11　運12　喜12　敬12　就12　順12　遂12　随12　超12　道12　普12　廉13　維14　潔15　遵15　徹15

※旧字体などの異体字は省略しています（「竜」の「龍」、「凜」の「凛」など）。

- ゆく：行6 征8
- ゆず：柚9
- ゆずる：巽12 禅13 遜14 謙17 譲20
- ゆた：豊13
- ゆたか：大3 完7 阜8 益10 浩10 泰10 淳11 隆11 温12 最12 富12 裕12 寛13 豊13 碩14 優17 穣18
- ゆみ：弓3
- ゆめ：夢13
- ゆるす：恕10

よ Yo

- よ：与3 予4 四5 世5 代5 吉6 余7 夜8 洋9 要9 容10 葉12 誉13 輿17
- よう：用5 幼5 羊6 洋9 要9 容10 庸11 瑛12 湧12 陽12 揚12 揺12 葉12 遥12 溶13 蓉13 瑶13 楊13 傭13 暢14 踊14 養15 謡16 曜18 燿18 耀20 鷹24
- よき：能10
- よく：翼17
- よし：与3 允4 介4 孔4 仁4 壬4 文4 可5 巧5 功5 正5 由5 令5 礼5 伊6 吉6 休6 圭6 好6 考6 至6 旨6 成6 兆6 任6 快7 君7 孝7 克7 秀7 住7 寿7 辰7 芳7 利7 良7 芦7 英8 佳8 宜8 欣8 幸8 叔8 尚8 承8 昌8 斉8 典8 和8 栄9 紀9 祇9 研9 彦9 侯9 持9 柔9 是9 省9 宣9 珍9 南9 美9 祐9 洋9 亮9 益10 悦10 宴10 恭10 恵10 桂10 剛10 修10 純10 恕10 祥10 泰10 致10 悌10 哲10 能10 容10 惟11 啓11 康11 斎11 淑11 淳11 陶11 惇11 彬11 理11 偉12 温12 賀12 凱12 覚12 貴12 喜12 欽12 敬12 最12 滋12 順12 勝12 善12 巽12 裕12 雄12 禄12 斐12 備12 富12 愛13 幹13 義13 資13 慈13 馴13 新13 聖13 誠13 禎13 督13 福13 睦13 誉13 滝13 嘉14 穀14 静14 精14 徳14 読14 歓15 毅15 嬉15 誼15 儀15 慶15 潔15 賛15 養15 緯16 賢16 薫16 整16 頼16 徽17 謙17 厳17 繕18 麗19 議20 巌20 馨20 譲20
- よしのり：義13
- よしみ：好6 交6 美9 修10 嘉14 誼15
- よつ：四5
- よね：米6
- より：以5 可5 因6 自6 依8 居8 若8 和8 帰10 従10 陛10 寄11 率11 偉12 賀12 順12 随12 道12 資13 義13 適14 縁15 頼16 麗19
- よろい：鎧18
- よろし：宜8
- よろず：万3

※上にほかの字がつくときのみ濁音・半濁音になるものは除外しています（「三平（さんぺい）」の「ぺい」など）。

ら Ra

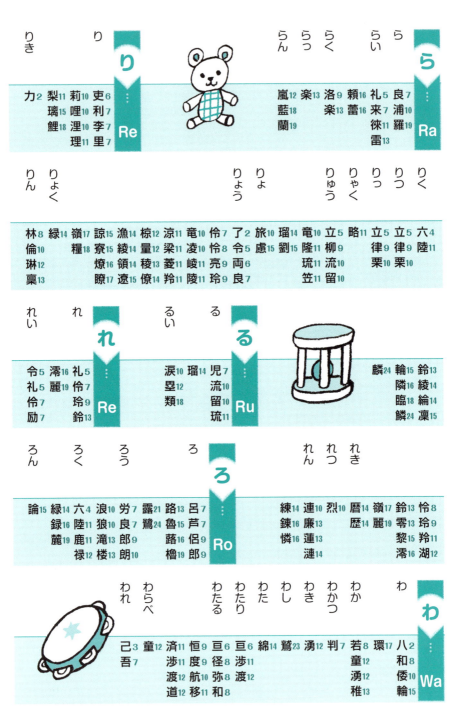

- ら：良7 浦10 羅19
- らい：礼5 来7 徠11 雷13 頼16 蕾16
- らく：洛9 楽13
- らっ：楽13
- らん：嵐12 藍18 蘭19

り Re

- り：吏6 利7 李7 里7 莉10 哩10 浬10 理11 梨11 璃15 鯉18
- りき：力2
- りく：六4 陸11
- りつ：立5 律9 栗10
- りっ：立5 律9 栗10
- りゃく：略11
- りゅう：立5 柳9 流10 留10 竜10 隆11 琉11 笠11 瑠14 劉15
- りょ：旅10 慮15
- りょう：了2 令5 両6 良7 伶7 怜8 亮9 玲9 竜10 凌10 崚11 陵11 涼11 梁11 菱11 羚11 椋12 量12 稜13 僚14 漁14 綾14 領14 遼15 諒15 寮15 燎16 瞭17 嶺17 糧18
- りょく：緑14
- りん：林8 倫10 琳12 稟13 鈴13 綾14 綸14 凜15 輪15 隣16 臨18 鱗24 麟24

る Ru

- る：児7 流10 留10 琉11 瑠14
- るい：涙10 塁12 類18

れ Re

- れ：礼5 伶7 玲9 鈴13 澪16 麗19
- れい：令5 礼5 伶7 励7 怜8 玲9 羚11 湖12 鈴13 零13 黎15 澪16 嶺17 麗19
- れき：暦14 歴14
- れつ：烈10
- れん：連10 廉13 蓮13 漣14 練14 錬16 憐16

ろ Ro

- ろ：呂7 芦7 侶9 郎9 路13 魯15 蕗16 櫓19 露21 鷺24
- ろう：労7 良7 郎9 朗10 浪10 狼10 滝13 楼13
- ろく：六4 陸11 鹿11 禄12 緑14 録16 麓19
- ろん：論15

わ Wa

- わ：八2 和8 倭10 輪15 環17
- わか：若8 童12 湧12 稚13
- わかつ：判7
- わき：湧12
- わし：鷲23
- わた：綿14
- わたり：亘6 渉11 渡12
- わたる：亘6 径8 弥8 和8 恒9 度9 航10 移11 済11 渉11 渡12 道12
- わらべ：童12
- われ：己3 吾7

※旧字体などの異体字は省略しています（「竜」の「龍」、「凜」の「凛」など）。

第3章

イメージからアプローチする

短い音と文字の中に込める思い
イメージから名前をつける

キーワードという目安があると、考え方の枠が広がり、イメージに合った名前も見つけやすくなります。

キーワードを書き出すことから

イメージから名前を考えるときには、キーワードを書き出すことから始めてみましょう。

キーワードのない思いつきを並べるだけでは、アイデアの幅を広げることも、たくさん考えた名前の候補の中から一つだけを選ぶことも難しいものです。

キーワードには、大きく分けて二つの出発点があります。

一つは、「優しさ」や「元気」のように、わが子への思いや願いを表す言葉。もう一つは、「青空」や「春」のように、具体的なモチーフです。もちろん後者も、最終的には「青空——のように透明でさわやか」というように、モチー

キーワードのない候補選びは難しい

キーワードを決めずに思いつくままだと……

名前の候補
俊夫　旺輝　敦志
雄大　駿馬　洋介
優也　陸　悠人

どれかを選ぼうにも決め手がない……

キーワードを決めてみると

これでいこう！

元気さ	優しさ	雄大さ
俊夫　旺輝	優也	雄大　洋介
駿馬	敦志	陸　悠人

どんな路線でイメージを広げればいいかの目安ができる

フから連想されるイメージに結びついていきます。（→P.7でも、イメージからアプローチするときのポイントを紹介しています）

納得できるイメージに近づくために

たとえば「元気」をキーワードにしたとします。そこからイメージを広げるときには、「活力」「健康」のような、意味の広い言葉だけでなく、「『太陽』のように元気」など、具体的なモチーフにになぞらえてみましょう。

意味の広い言葉からだけでは見つからなかった、「あふれるバイタリティで時代をリードした歴史上の人物からあやかってみよう」、などというアイデアも浮かびやすくなります。

反対に、たとえば「秋」を出発点にしたら、秋に関連するモチーフを列挙するだけでなく、どうして「秋」を出発点にしたのか考えてみることも大切です。もしかすると、「秋」そのものではなく、秋らしい「澄んだ空気」の一点がこだわりのポイントになっているかもしれないからです。

こだわるポイントがはっきり見えてくれば、イメージを広げる方向も、よりしっくりくるものへと向けやすくなります。

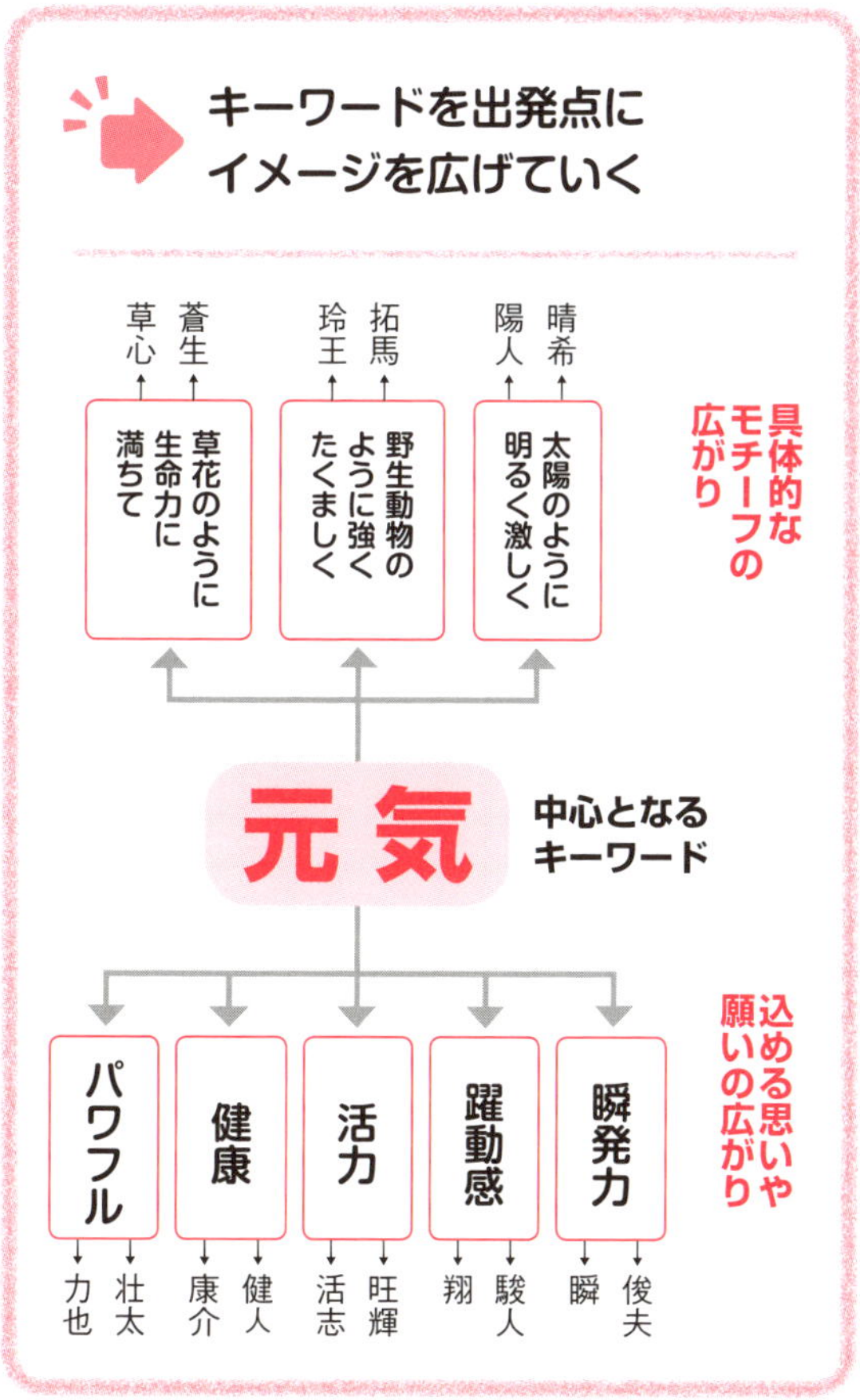

こんな性格になってほしい

何色にも染まっていない赤ちゃん。これからどんな子に育っていってほしいのか、「こんな性格の子に」とイメージをふくらませて、すてきな名前をつけてあげましょう。

大らかに

大空や広い大海原のように、ゆったりと大らかに育ってほしいとの願いを込めて。

画数	名前	読み	由来
10 4	浩介	こうすけ	大らか(浩)な心で伸び伸びと大きくなってほしいから。
5 5	弘平	こうへい	バランスのとれた、安定した大きな心をもつように。
3 7	大亜	だいあ	大らかさを、ダイナミックで印象的なイメージで。
3 13	大雅	たいが	優雅さを感じる漢字と現代的な読み方を組み合わせて。
10 8	泰河	たいが	悠然として、ゆったりとした大らかさをイメージして。
10 8	泰周	たいしゅう	何事にも動じない大物をイメージした名前。
10 3	浩己	ひろき	大らか(浩)な人になってほしいと願いを込めて。
11 6	悠宇	ゆう	悠々とした大きな心になるようにと願って。

イメージ漢字

大 3、弘 5、広 5、宏 7、空 8、宙 8、和 8、海 9、泰 10、朗 10、悠 11、寛 13

明るく

いつも明るいオーラを放ち、誰からも好かれる男の子になってほしいから。

画数	名前	読み	由来
12 2	晶人	あきと	キラキラと光り輝く生き方をしてほしいから。
17 3	瞭大	あきひろ	澄んだ瞳をもち、明るくさわやかな男の子になるように。
7 12	快登	かいと	さわやかな笑顔の、元気のいい子になるようにと。
10 20	莞耀	かんよう	笑顔(莞)を忘れず、輝き(耀)に満ちているように。
4 12	太陽	たいよう	いつも明るく照らす太陽のような子に、と願って。
12 7	晴希	はるき	晴れやかな青空のように、明るく雄大に。
6 11	光琉	ひかる	太陽の輝きのような、まぶしいほどの明るさを。
6 8	光明	みつあき	周囲を明るく照らし出すような存在感のある子に。

イメージ漢字

日 4、旭 6、光 6、快 7、明 8、莞 10、晃 10、晶 12、晴 12、陽 12、瞭 17、耀 20

雄大に

山のように、海のように、ダイナミックな性格の子になってほしいと願って。

画数	名前	読み	説明
8 2	岳人	がくと	山のように、ゆったり落ち着いた子になってほしい。
8 8	青昊	せいこう	「大きな青空」の意。「あおぞら」という読み方も。
3 9	大洋	たいよう	大海原のように、大きな広がりを感じられる人に。
12 3	雄大	たけひろ	男らしい「雄大」の漢字に個性的な読みを合わせて。
5 13	広滉	ひろあき	「広い」の意味をもつ漢字を組み合わせて。
6 8	汎和	ひろかず	大きな気持ちでゆったりとした子になってほしいと。
8 12	昊登	ひろと	大空（昊）のような、大きな心をもってほしいから。
6 3	汎之	ひろゆき	あまねく（汎）広がるような、大きな心にと願って。
10 6	真宇	まさたか	大きな空間を表す「宇」を使った、個性的な名前。
17 3	嶺大	みねひろ	果てしなく連なる山々の嶺のように雄大な男の子に。
9 4	洋介	ようすけ	「介」の止め字で、すっきりとした印象の名前に。
11 4	陵太	りょうた	山のシルエットを連想させる、スケールの大きな名前。

イメージ漢字

巨5 宇6 汎6 岳8 昊8 宙8
洋9 陵11 雄12 滉13 嶺17 鷗22

勇ましく

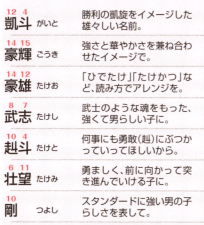

どんな困難にも男らしく立ち向かっていける、勇気のある子に。

画数	名前	読み	説明
12 4	凱斗	がいと	勝利の凱旋をイメージした雄々しい名前。
14 15	豪輝	ごうき	強さと華やかさを兼ね合わせたイメージで。
14 12	豪雄	たけお	「ひでたけ」「たけかつ」など、読み方でアレンジを。
8 7	武志	たけし	武士のような魂をもった、強くて男らしい子に。
10 4	赳斗	たけと	何事にも勇敢（赳）にぶつかっていってほしいから。
6 11	壮望	たけみ	勇ましく、前に向かって突き進んでいける子に。
10	剛	つよし	スタンダードに強い男の子らしさを表して。
9 2	勇人	はやと	勇ましさをそのままストレートに表して。
10 15	真毅	まさき	まっすぐ（真）で強い（毅）心になってほしいと願って。
6 15	壮毅	まさよし	強さを象徴する漢字を重ね、勇気を強調して。
9 18	勇騎	ゆうき	ひるむことなく困難にぶつかっていける子に。
9 10	勇馬	ゆうま	強さの中にも、スピード感のある現代的な名前。

イメージ漢字

壮6 武8 勇9 赳10 剛10 烈10
猛11 敢12 雄12 豪14 毅15 鎧18

強くたくましく

実行力にあふれ、自らの力で前に向かって突き進んでいける強い子に。

名前	画数	読み	説明
勝己	12 3	かつみ	何かに勝つためには、自分に勝つことが必要だから。
堅吾	12 7	けんご	どんな困難もはね返す、堅固な意志と行動力を。
厳起	17 10	げんき	「元気」を連想させる読みを重厚感のある漢字で。
剛毅	10 15	こうき	「剛」を「こう」と読んで個性的な響きに。
剛輝	10 15	ごうき	たくましさの中にも華やかさのあるイメージで。
大起	3 10	だいき	何度でもしぶとく立ち上がる強さをもってほしいから。
威矢	9 5	たけや	シャープなイメージの「矢」を止め字に使って。
強志	11 7	つよし	添え字の「志」で、より強さのイメージを強調して。
武蔵	8 15	むさし	剣豪「武蔵」のイメージで、強い男に。
雄馬	12 10	ゆうま	パワフルで躍動感あふれるイメージで。
力衛	2 16	りきえ	力と守り（衛）を兼ね備えたイメージで。
力也	2 3	りきや	パワーをそのままストレートに表した男らしい名前。

イメージ漢字

力2 太4 武8 威9 起10 剛10
強11 堅12 勝12 雄12 衛16 厳17

まっすぐ素直に

誰に対してもまっすぐな気持ちで、心を開いていける素直な性格の子に。

名前	画数	読み	説明
淳士	11 3	あつし	誠実で素直な性格になってほしいと願って。
篤史	16 5	あつし	人に優しく接し、心を開ける人になってほしいから。
敦寛	12 13	あつひろ	大きな気持ちで何事も受け入れられる人に。
一真	1 10	かずま	常に素直な気持ちをもち続けてほしいと願って。
恭吾	10 7	きょうご	おごることなく、人の話に耳を傾けられる人に。
圭介	6 4	けいすけ	潔い（圭）心をもってほしいと願って。
純平	10 5	じゅんぺい	澄んだきれいな心をもち続けてほしいと願って。
慎一	13 1	しんいち	でしゃばらず、慎ましやかで素直な性格の人に。
慎吾	13 7	しんご	明るくスピード感のある「吾」の音を加えて。
直純	8 10	なおずみ	素直で純粋な子になってほしいと願って。
直人	8 2	なおと	親しみやすい名前で、素直で明るい人気者に。
素貴	10 12	もとき	飾ることなく、まっすぐな心の子にと願って。

イメージ漢字

圭6 直8 和8 恭10 恵10 純10
真10 淳11 敦12 慎13 澄15 篤16

真面目に

裏表がなく、打算で行動せず、清廉潔白で真面目な性格になってほしいから。

画数	名前	読み	説明
9 11	是清	これきよ	「正しく清い」の意。落ち着いた、風格のある名前。
9 6	貞光	さだみつ	正しさをもってほしいと、クラシカルなイメージで。
9 4	省太	しょうた	真面目でがんばり屋の子になってほしいと願って。
9 9	信哉	しんや	人から信頼される、真面目な人になってほしいから。
8 9	宣彦	のぶひこ	品行方正で真面目な子に。格調の高い名前。
9 8	則武	のりたけ	清廉潔白な武士道精神をもった人になってほしいから。
10 15	真輝	まさき	信頼され、一目置かれるほどの真面目な子に。
5 2	正人	まさと	実直さあふれるイメージをそのままストレートに。
5 9	正則	まさのり	正しい道を歩いていける子になってほしいと願って。
13 15	義毅	よしき	正義を守るイメージを重厚感のある漢字を使って。
12 14	善爾	よしみ	真面目で、よい人になってほしいから。
12 6	善行	よしゆき	正しいと信じたことを貫き通していける子に。

イメージ漢字

正5 宣8 実8 信9 是9 省9
則9 貞9 真10 善12 義13 節13

優しく温かく

困っている人には進んで手を差し伸べる、優しく温かい心の子に育つことを願って。

画数	名前	読み	説明
12	敦	あつし	思いやりをもって人と接することのできる子に。
12 7	敦志	あつし	思いやりの心をしっかりもった子にとの願いを込めて。
10 12	莞滋	かんじ	笑顔(莞)で人に潤い(滋)を与える子に。
10 12	恵貴	けいき	思いやりを何より大切にできる子に、と願って。
13 5	慈永	じえい	優しい心(慈)をいつまでも失うことのないように。
13 12	慈温	じおん	慈しみの意味をもつ漢字を組み合わせて。
12 2	温人	はると	優しく、誰からも好かれる子になってほしいから。
13 9	睦郎	むつお	「郎」を止め字に使い、落ち着いた和風の名前に。
9 7	宥佑	ゆうすけ	多くの人に優しさを与える度量のある人にと願って。
8 5	侑世	ゆうせい	「いくよ」と読めば、新感覚の軽やかなイメージに。
17 10	優造	ゆうぞう	人に優しくし、愛されるような人になってほしいと。
17 10	優真	ゆうま	穏やかで優しいイメージの名前。

イメージ漢字

心4 佑7 侑8 宣9 恭10 泰10
温12 滋12 敦12 慈13 靖13 優17

誠実な人に

誰に対しても、どんなときでも、真心で接していける誠実な人に。

画数	名前	読み	由来
16 5	篤生	あつき	何よりも思いやりを大切にする人になるように。
9 7	厚志	あつし	誠実さを志(こころざし)の厚さと考えて。
11 4	経介	けいすけ	筋道(経)をきちんと通す人になることを願って。
8 13	昊誠	こうせい	誠実であることを天(昊)に誓うイメージで。
4 12	仁道	じんどう	人としてあるべき人徳をもって、まっすぐに歩めと。
10 13	泰誠	たいせい	大きく(泰)誠実な心の人になってほしいと願って。
8 15	忠輝	ただてる	真心(忠)のイメージをクラシカルな雰囲気で。
12 10	董真	とうま	自分の心の正しさ(董)と向き合う人に、と。
11 12	淑貴	としき	善良さ(淑)への願いを軽快でさわやかな響きで。
13	誠	まこと	誠実さへの願いをそのままストレートに表して。
5 8	正佳	まさよし	信頼に応えられる人になってほしいと願って。
17 10	優真	ゆうま	真心と優しさを、呼びやすい音の響きで。

イメージ漢字

仁4 均7 佳8 忠8 厚9 真10
経11 淑11 清11 誠13 潔15 篤16

向上心のある人に

新しいことに積極的にチャレンジしていく、向上心をもった人であるように。

画数	名前	読み	由来
12 4	堯斗	あきと	より高い(堯)地点を目指してほしいと願って。
8 8	育旺	いくお	意欲的(旺)な人になってほしいと願って。
8 15	育摩	いくま	常に自分を磨いて(摩)いってほしいから。
6 11	行望	いくみ	たくさんの希望をもって生きていってほしいから。
1 8	一歩	いっぽ	立ち止まることなく一歩ずつ進んでいく人生を、と。
10 3	修己	おさみ	しっかりと学んで大きな人に、との願いを込めて。
1 7	一志	かずし	元気よく、目標に向かって生きることを願って。
7 15	志輝	しき	志のある先にはいつも輝く未来が開けているから。
10 4	修斗	しゅうと	自己修練への願いを元気でさわやかな響きで。
8 15	知輝	ともき	たくさんの知識を得て、輝きへと変えられるように。
8 16	歩積	ほづみ	前向きにこつこつと歩みを積み重ねることを願って。
7 18	励騎	れいき	前向きに励むことを重厚感のある漢字で表現して。

イメージ漢字

一1 立5 志7 励7 育8 拓8
修10 進11 堯12 徹15 摩15 興16

強い心に

困難に負けず、ひるまず、エネルギッシュに前向きに歩いていける子に。

敢武	12 8	いさむ	どんな困難にも負けず果敢に攻めていけるように。
克毅	7 15	かつのり	強い意志(毅)で、困難に打ち勝っていける人に。
克哉	7 9	かつや	苦しさに耐え、打ち勝って(克)いくことを願って。
貫冶	11 7	かんや	苦しさに負けず、貫き通せる人になってほしいから。
堅	12	けん	絶対にくじけない強さをストレートに表現した名前。
晋伍	10 6	しんご	いつも前向きに進み(晋)続けるイメージで。
壮士	6 3	そうし	どんな困難があろうとも、気力盛ん(壮)に、と願って。
剛志	10 7	たけし	強い心のイメージの「剛」を添え字の「志」で強調。
毅騎	15 18	つよき	ひるむことなく困難な戦いに挑む騎士のイメージで。
拓烈	8 10	ひろやす	勢いよく(烈)困難な道を切り拓いていける人に。
拓昂	8 8	ひろたか	苦しさに負けず意気軒昂に切り拓いていくように。
凌牙	10 4	りょうが	どんな困難もしのぐ(凌)ようにと、シャープに表現。

イメージ漢字

壮6 克7 拓8 剛10 晋10 凌10
烈10 貫11 敢12 勤12 堅12 毅15

礼儀正しく

人として欠くことのできない礼儀正しさをもち、さわやかな人であるように。

諄大	15 3	あつひろ	手厚く教えさとす「諄」には、礼儀正しさの意味も。
礼人	5 2	あやと	格調の高さや気品を感じさせる名前。
格	10	いたる	「格式」や「品格」のイメージを1字ですっきりと。
恭奨	10 13	きょうすけ	礼儀正しさ(恭)をしっかりすすめる(奨)ようにと。
恭平	10 5	きょうへい	柔らかい印象の「恭」に「平」を加えて男らしく。
欽也	12 3	きんや	慎み敬う(欽)イメージをりりしい音の響きで。
敬汰	12 7	けいた	人を敬える、礼節をわきまえた人にと願って。
憲吾	16 7	けんご	模範(憲)となるような人になってほしいから。
憲慎	16 13	けんしん	規範をおろそかにしない(慎)礼儀正しい人に。
謙人	17 2	けんと	謙虚さを現代的な音の響きで表した名前。
大雅	3 13	たいが	「雅」には正しい、よい、などの意味も含まれる。
佑典	7 8	ゆうすけ	正しさや礼式を表す「典」を使って格調高く。

イメージ漢字

礼5 宜8 斉8 格10 真10 淑11
欽12 敬12 慎13 諄15 憲16 謙17

思慮深く

目の前の損得に走らず、本質を見極められる思慮深い性格になってほしい。

亜聡	7 14	あさと	シャープな印象の「聡」に「亜」を加えて柔らかく。
按悟	9 10	あんご	じっくりと考え（按）て物事に取り組む人にと。
一考	1 6	いっこう	「考」を音読みで使って、スピード感のある響きに。
賢佑	16 7	けんすけ	賢いだけでなく、その知恵を人の役に立てるように。
考太	6 4	こうた	定番の止め字の「太」を使って、男らしい響きに。
悟央	10 5	ごお	哲学的で奥深さのある漢字をシンプルな読みで。
怜史	8 5	さとし	シャープな印象の「怜」に添え字の「史」を加えて。
省悟	9 10	しょうご	思慮深さを象徴する漢字を組み合わせて個性的に。
志門	7 8	しもん	志が通るべき門という哲学的な意味を西洋風の響きで。
哲也	10 3	てつや	見識があり、賢明な（哲）思慮深さをもった人に。
理人	11 2	まさと	物事の道理を見極める姿勢をもち続けてほしいから。
惟斗	11 4	ゆいと	物事をよく考えて（惟）決断する人になるよう願って。

イメージ漢字

考6 門8 怜8 按9 俊9 省9
悟10 哲10 惟11 理11 覚12 聡14

努力家に

コツコツと目標に向かって努力し、最後までがんばり続けられる人に。

一徹	1 15	いってつ	意志を貫く「徹」を男らしいイメージで。
一磨	1 16	かずま	「かずま」という音の響きで現代的なイメージに。
耕太	10 4	こうた	土台から努力を重ね、着実に歩む子になるよう願って。
脩斗	11 4	しゅうと	整え修める「脩」を、機敏で明るく快活なイメージで。
修平	10 5	しゅうへい	毎日の努力を惜しまない人になることを願って。
漱磨	14 16	そうま	すすぎ（漱）、磨きと、修練を象徴する漢字を使って。
琢磨	11 16	たくま	「才能を磨く」という漢字を組み合わせて印象的に。
達樹	12 16	たつき	努力を重ね、やがては大樹のように大成するように。
徹平	15 5	てっぺい	硬い印象の「徹」に「平」を加えて明るい響きに。
勉彦	10 9	やすひこ	堅実な努力家のイメージで。
凌多	10 6	りょうた	努力を重ね、いろいろな苦難を越え（凌）られる人に。
凛斗	15 4	りんと	心を引き締めて（凛）、努力を忘れずにと願って。

イメージ漢字

克7 努7 耕10 啄10 勉10 凌10
渉11 務11 達12 徹15 凛15 磨16

協調性のある人に

人との和を大切にし、たくさんの友に恵まれるような協調性のある性格に。

画数	名前	読み	説明
8 2	和人	かずと	人との和を大切にするイメージをストレートに。
6 7	共佑	きょうすけ	周囲の仲間に対して情の厚い人になってほしいから。
17 15	環輝	たまき	人とのつながり（環）を明るいイメージで。
4 12	友喜	ともき	幸せな友情関係への願いをそのままストレートに。
10 6	倫成	ともなり	「倫」は「仲間」の意味も。落ち着いた印象の名前。
7 11	伴規	とものり	「規」は「円形」の意味も。友に囲まれるように、と。
8 13	朋禎	ともよし	友だち（朋）に恵まれるようにと願いを込めて。
4 7	比呂	ひろ	人とのつながりを象徴する、シンプルな響きの名前。
12 15	結槻	ゆうき	多くの人と人脈を結んで活躍できるようにと願って。
4 9	友亮	ゆうすけ	伸び伸びとした名前に、よい友人関係を期待して。
12 4	結太	ゆうた	さわやかで快活な男の子のイメージをもたせて。
10 14	連爾	れんじ	人との連なりを、優美で個性的な和風のイメージで。

イメージ漢字

円4 比4 共6 伍6 伴7 朋8
和8 倫10 連10 結12 睦13 環17

思いやりのある人に

温かい思いやりの気持ちで、家族や周囲を大事にする人になってほしいから。

画数	名前	読み	説明
6 7 4	伊佐夫	いさお	助ける（佐）に加えて「勇ましさ」を連想する響きも。
5 6	右匡	うきょう	「右」「匡」ともに、「助ける」という意味をもつ。
11 7	啓佑	けいすけ	開いた（啓）心で、周囲の人を助ける（佑）人に。
10 3	恵大	けいた	思いやりをもって、周囲に恵みをもたらす人に。
13 2	慈人	しげと	周囲への思いやりに満ちた人にと願って。
3 20	大護	だいご	男らしくダイナミックな音の響きで。
4	仁	ひとし	思いやりをそのままストレートに表して。
14 8	寧旺	やすお	勢いある（旺）中にも、人の心を安らげる（寧）人に。
14 8	寧侑	やすゆき	人を助け（侑）、安らげる（寧）ような大人物に。
7 6	佑多	ゆうた	大切なものを守り抜く人になることを願って。
8 8	侑弥	ゆうや	思いやり（侑）に満ちた（弥）人になってほしいから。
9 7	亮佑	りょうすけ	「助ける」を象徴する文字を組み合わせて男らしく。

イメージ漢字

仁4 匡6 佐7 助7 扶7 佑7
侑8 恵10 愛13 慈13 寧14 護20

こんな人生を歩んでほしい

親なら誰でも、子どもには幸せな人生を送ってほしいと願うもの。これから歩む人生でどんなことに恵まれてほしいかという親心が伝わってくる名前です。

健康にすくすくと

心身ともに健康ですくすくと育ってほしいという願いを込めて。

8 3	育大	いくお	健康に恵まれ、大きく育つように期待を込めて。
11 10	健悟	けんご	健康と男の子らしさをストレートにイメージして。
11 4	健斗	けんと	人気の名前。読み方を「たけと」にすると個性的に。
11 11	康基	こうき	健康な体があれば、チャンスに恵まれる。
11 4	康太	こうた	すべては体が資本、健康な体に恵まれるように。
3	丈	じょう	英語名前の雰囲気もある「ジョー」。シンプルな1字名。
3 4 9	丈太郎	じょう-たろう	男の子の名前の王道「太郎」と組み合わせて。
3 16	大樹	だいき	巨木が葉を茂らせるように、伸びやかに生きる人生を願って。

イメージ漢字

丈3 壮6 育8 茂8 活9 健11 康11 盛11 滋12 幹13 樹16 繁16

元気はつらつ

エネルギーに満ちあふれ、いつも明るく前向きに生きていく子に。

8 15	旺輝	おうき	光の中を元気に歩いて行けるようにと願って。
8 7	旺良	おうら	いるだけで周囲にまで元気旺盛さをもたらすように。
4 6	元気	げんき	元気をそのまま表現して。「もとき」という読み方も。
10 10	剛起	こうき	強さ(剛)と、始まり(起)で元気なイメージに。
17 10	駿馬	しゅんま	しなやかな躍動感とスピード感のあるイメージに。
11	逞	たくま	元気でたくましい、男らしい子に育ってほしいから。
4	元	はじめ	元気の源。シンプルで男の子らしい名前。
12 15	陽輝	はるき	明るく照らす太陽に負けないくらい、元気で輝く子に。

イメージ漢字

元4 光6 壮6 旺8 剛10 逞11 晴12 陽12 馳13 駆14 輝15 駿17

幸せに満ちた人生に

いつも明るい笑顔で、幸せいっぱいの日々を送ってほしいから。

名前（画数）	読み	説明
温朗（12 10）	あつろう	温かで優しい幸せに包まれた人生を願って。
嘉唯（14 11）	かい	よいこと（嘉）ばかり（唯）を現代風の音の響きで。
喜大（12 3）	きだい	たくさんの喜びに満ちた、幸せな人生であるように。
幸河（8 8）	こうが	幸せがあふれだすような人生を願って。
倖祐（10 9）	こうすけ	愛情と幸せに包まれて生きていけるように。
倖也（10 3）	こうや	男の子の名前として正統派の音の響きをあてて。
紫温（12 12）	しおん	高貴なイメージをもつ紫と温かさを組み合わせて。
祥英（10 8）	しょうえい	よいこと（祥）と名誉（英）に満ちた人生を願って。
祥多（10 6）	しょうた	よいこと（祥）がたくさん待っている人生を願って。
温音（12 9）	はると	温かい人生への願いが強くイメージできる名前。
瑞希（13 7）	みずき	望む（希望）だけの幸せ（瑞）を、と願って。
嘉高（14 10）	よしたか	よいこと（嘉）への願いを男の子らしい音の響きで。

イメージ漢字

欣8 幸8 祐9 悦10 倖10 祥10
温12 喜12 裕12 瑞13 嘉14 慶15

裕福に

苦労せずに、恵まれた豊かな暮らしができますようにと願って。

名前（画数）	読み	説明
蔵之助（15 3 7）	くらのすけ	財産を増やす縁起のよさを古典的なイメージで。
潤也（15 3）	じゅんや	潤いのある人生への願いをスタンダードに表現。
隆幸（11 8）	たかゆき	縁起のよい「隆」と「幸」を組み合わせて。
裕希（12 7）	ひろき	裕福な人生を過ごせるように、と願って。
裕隆（12 11）	ひろたか	豊かさ（裕）と勢いの盛んさ（隆）を組み合わせて。
潤人（15 2）	ひろと	「広い」も連想できるように、「ヒロ」の音をあてて。
裕展（12 10）	ひろのぶ	発展して財を成していけるようにと願って。
穂高（15 10）	ほだか	たくさんの収穫が得られるようにと願って。
昌隆（8 11）	まさたか	「勢いよく盛んになる」という、成功を願う名前。
満留（12 10）	みつる	財が満ちて留まるような、恵まれた人生を願って。
幸徳（8 14）	ゆきのり	幸せに恵まれた（徳）人生を過ごせるように願って。
豊加（13 5）	ゆたか	オーソドックスな名前に添え字で個性をプラスして。

イメージ漢字

昌8 隆11 富12 満12 裕12 湧12
福13 豊13 徳14 潤15 穂15 蔵15

活躍してほしい

もっている能力を磨き、誰よりも光り輝く活躍を期待して。

晶斗	12 4	あきと	水晶のように透明で澄んだ、輝きある人生を願って。
旭飛	6 9	あさひ	太陽の輝きに向かって飛び立つような人生を願って。
光瑛	6 12	こうえい	いつでも水晶(瑛)のように輝きを放ってほしいと。
昂希	8 7	こうき	高い目標や希望に向かい、たゆまず努力する人に。
琥太郎	12 4 9	こたろう	琥珀のような輝きを放つ、男らしい人に。
駿路	17 13	しゅんじ	一直線に目標に向かっていける、意志の強い人に。
翔冴	12 7	しょうご	際立った鮮やかさで飛び立つような人生に。
捷徒	11 10	しょうと	行動力を発揮して目的に向かって突き進んでほしい。
俊輝	9 15	としき	あふれる才能を磨いて、輝きを増していける人に。
陽飛	12 9	はるたか	太陽に向かって飛び立つように大きく羽ばたけと。
大昂	3 8	ひろたか	大きく天空へ向けて、のイメージで。
晶志	12 7	まさし	澄んだまっすぐな心で目標に向かえる人に。

イメージ漢字

旭6 光6 冴7 志7 昂8 昇8
明8 飛9 捷11 琥12 晶12 輝15

夢がかなうように

夢をかなえて、満たされた人生が送れることを願って。

歩夢	8 13	あゆむ	真面目に自分らしく、夢に向かって歩ける子に。
至	6	いたる	夢をあきらめずに、立ち向かって行ける元気な子に。
栄至	9 6	えいじ	夢や希望がかない、栄光を手にできるようにと願って。
一志	1 7	かずし	強い気持ちで、夢をかなえる男に。
希望	7 11	きぼう	あふれる可能性をそのままストレートに表現して。
叶多	5 6	きょうた	夢をたくさんもち、それを実現できる人になるように。
翔人	12 2	しょうと	夢の実現のために飛び立つような、行動力がある人に。
憧馬	15 10	しょうま	希望に向かって疾走していく、たくましい男の子に。
高輝	10 15	たかき	男らしく、より高みを目指してがんばってほしいと。
達望	12 11	たつみ	希望が達成できるように、という願いを込めて。
大夢	3 13	ひろむ	大きな夢を掲げ、まっすぐに向かっていけるように。
結至	12 6	ゆうじ	目指した夢がしっかり実を結ぶことを祈って。

イメージ漢字

一1 叶5 至6 希7 志7 来7
望11 達12 結12 創12 夢13 憧15

大きく飛び立て

自分の力で、新しい世界に向かって羽ばたいていける強い子に。

名前	画数	読み	意味
開世	12 5	かいせい	新しい世界を切り開いていってほしいと願って。
翔	12	かける	夢をかなえるという目的に向けて飛び立てるように。
高翼	10 17	こうすけ	翼をひろげて、高く飛んでいけるように。
志航	7 10	しこう	男らしく強い意志をもって人生の海にこぎ出せと。
大志	3 7	たいし	大きな志をもって、堂々と歩き出せる子に。
拓洋	8 9	たくひろ	大海原のように広がる未来を切り拓いていける子に。
拓海	8 9	たくみ	大海原に船を進める冒険家の心をもって。
拓望	8 11	たくみ	可能性に満ちた未来を切り開いていけるように。
翼	17	つばさ	空を翔けるイメージをスピーディでダイナミックに。
遥希	12 7	はるき	遥かな希望に向けて飛び立てるように願って。
由翼	5 17	ゆうすけ	「翼」の読み方を変えて個性的な名前に。
徠人	11 2	らいと	明るい音の響きに「来」を表す「徠」を組み合わせて。

イメージ漢字

大3 未5 拓8 飛9 展10 航10
進11 徠11 開12 翔12 遥12 翼17

成功し豊かに

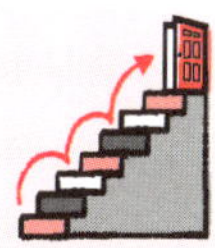

努力したことが成功し、満ち足りた豊かな人生が送れるように願って。

名前	画数	読み	意味
栄太	9 4	えいた	いつまでも栄え続ける人生を願って。
洸成	9 6	こうせい	最後には成功の輝きが待っているようにと願って。
成遂	6 12	しげゆき	「成し遂げる」をそのまま名前にして。
誉実	13 8	たかみ	努力を実らせ、名誉を手にできるようと願って。
達希	12 7	たつき	シャープな音だけを使って現代的な印象の名に。
浩生	10 5	ひろき	大きな（浩）幸せを得られる人生を願って。
裕至	12 6	ひろし	ゆとりのある豊かな人生を手に入れられるように。
完至	7 6	まさゆき	思った通りに進んで、成功を収められるように。
充希	6 7	みつき	望むままに、成功への道が開かれるように。
満樹	12 16	みつき	人生の成功を、大樹が生い茂るイメージと重ねて。
有唯	6 11	ゆうい	成功はただ（唯）、自分次第（有）という訓戒を込めて。
結登	12 12	ゆうと	目的に向けて進み、成功という実が結ぶように。

イメージ漢字

功5 至6 充6 成6 有6 栄9
浩10 結12 遂12 達12 裕12 誉13

自分らしく輝け

多くの可能性をもち、自分らしく生きていける子に。

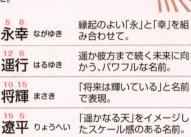

画数	名前	読み	意味
9 10	郁馬	いくま	パワフルな「郁」と勢いの「馬」で突き進めと。
11 15	逸輝	いつき	人より抜きん出て（逸）輝くように願って。
5 6	永伍	えいご	悠久の流れを思わせる、ロマンに満ちた名前。
8 5	旺可	おうか	光を放つという意味の「旺」に願いを込めて。
6 12	向遥	こうよう	遥か彼方まで続く未来に向かって行ってほしいと。
15 4	樟太	しょうた	大きな「楠」、堂々とした大成を期待して。
7 7	利来	としき	「よいことが来る」の意味。「りく」という読みも。
13 3	豊久	とよひさ	実り多い人生を歩き続けてほしいから。
5 8	永幸	ながゆき	縁起のよい「永」と「幸」を組み合わせて。
12 6	遥行	はるゆき	遥か彼方まで続く未来に向かう、パワフルな名前。
10 15	将輝	まさき	「将来は輝いている」と名前で表現。
15 5	遼平	りょうへい	「遥かなる天」をイメージしたスケール感のある名前。

イメージ漢字

永5 可5 未5 来7 紀9 将10
逸11 超12 遥12 豊13 樟15 遼15

栄光を手に

人のできないことを成し遂げ、栄光と名誉を手に入れられる人生を。

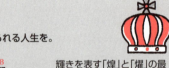

画数	名前	読み	意味
14 1	榮一	えいいち	「栄」の旧字体の「榮」で力強い雰囲気をアップ。
9 8	皇河	おうが	「皇」は、王につながる位の高いイメージ。
4 19	王羅	おうら	一国一城の王のごとく、と期待を込めて。
12 14	凱歌	がいか	人生という戦いに勝ち抜き、喜びの歌をうたえるように。
6 9	光栄	こうえい	名誉、豊かな恵み、富を手に入れることを期待して。
11 15	凰輝	こうき	格調高く縁起がよい名前。
6 5	光生	こうせい	栄光に向かって生きていくことを期待して。
13 3	煌大	こうだい	誰よりも大きく輝くようにと願って。
13 18	煌燿	こうよう	輝きを表す「煌」と「燿」の最強の組み合わせ。
3 10	大峯	たいほう	山の大きな峰のイメージから、大成をなす名前に。
12 3	偉丈	よりたけ	スケールの大きな立派な男になることを期待して。
10 7	竜児	りゅうじ	「竜」のごとく誰よりもすぐれ、栄光を手に。

イメージ漢字

王4 光6 皇9 峯10 竜10 偉12
凱12 煌13 誉13 榮14 鳳14 龍16

安定した人生に

苦労することなく、穏やかで安定した人生が送れるように願って。

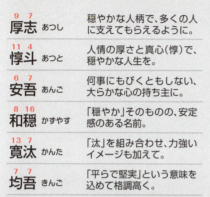

画数	名前	読み	意味
9 7	厚志	あつし	穏やかな人柄で、多くの人に支えてもらえるように。
11 4	惇斗	あつと	人情の厚さと真心(惇)で、穏やかな人生を。
6 7	安吾	あんご	何事にもびくともしない、大らかな心の持ち主に。
8 16	和穏	かずやす	「穏やか」そのものの、安定感のある名前。
13 7	寛汰	かんた	「汰」を組み合わせ、力強いイメージも加えて。
7 7	均吾	きんご	「平らで堅実」という意味を込めて格調高く。
11 5	康世	こうせい	健やかに平和に、穏やかな人生を願って。
16 5	穏央	しずお	個性的な漢字の使い方で、落ち着きを表す名前。
10 6	泰地	たいち	平らな道をゆったりと歩くイメージで。
10 13	泰寛	やすひろ	「泰」と「寛」を組み合わせて、大らかな名前に。
14 4 7	寧比呂	やすひろ	穏やかな中にも、芯の通った強さを込めて。
7 8	妥幸	やすゆき	常によいことに恵まれるようにと願って。

イメージ漢字

太4 安6 均7 幸8 厚9 泰10
康11 惇11 等12 寛13 寧14 穏16

長生きしてほしい

事故や病気に遭うことのない、長生きで楽しい人生を願って。

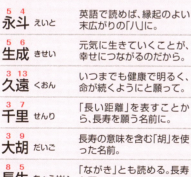

画数	名前	読み	意味
5 4	永斗	えいと	英語で読めば、縁起のよい末広がりの「八」に。
5 6	生成	きせい	元気に生きていくことが、幸せにつながるのだから。
3 13	久遠	くおん	いつまでも健康で明るく、命が続くようにと願って。
3 7	千里	せんり	「長い距離」を表すことから、長寿を願う名前に。
3 9	大胡	だいご	長寿の意味を含む「胡」を使った名前。
8 5	長生	ちょうせい	「ながき」とも読める。長寿を願って。
5 13	永遠	とわ	いつまでも豊かな人生が続くようにと願いを込めて。
8 15	延輝	のぶてる	輝く人生が続く(延)ようにと期待を込めて。
14 6	暢行	のぶゆき	長く(暢)、よい人生を歩いて行けるように願って。
6 14	壮暢	まさのぶ	いつまでも元気(壮)で長生きできるように。
12 5	湧生	ゆうき	湧き出るような生命力を感じさせる名前。
5 7	由伸	よしのぶ	伸び伸びと大らかに、長く生きていけるように。

イメージ漢字

久3 千3 万3 永5 世5 生5
寿7 伸7 延8 長8 胡9 暢14

秀でた才能に恵まれてほしい

「芸術家に」「スポーツ選手に」「世界で活躍を」。わが子の未来を想像しながら、親の期待は高まるばかり。その子の能力や才能が大きく開くような名前を考えましょう。

多彩な才能を

多彩な才能をもち、マルチに活躍する人になってほしいから。

画数	名前	読み	意味
1 6	一考	いっこう	新しい考えをもち、時代をリードする先進的な人に。
15 4	慧太	けいた	きらめく知恵と才能(慧)を表す、現代的な名前。
5 4	巧太	こうた	トップクラスの技術者として活躍してほしいから。
10 6	耕多	こうた	もてる才能を掘り起こして活躍してほしいから。
12	覚	さとる	一を聞いて十を知るくらいの賢い子にと願って。
6 10	匠馬	しょうま	クリエィティブでスピード感のある、男らしい名前。
11 16	琢磨	たくま	コツコツと努力を重ねて才能を磨いてほしいから。
10 12	展博	のぶひろ	スケール感のある漢字を組み合わせ、器の大きさを表す名前。

イメージ漢字

巧 5
考 6
匠 6
耕 10
展 10
能 10
琢 11
覚 12
創 12
博 12
新 13
慧 15

教養を身につけて

幅広く奥深い見識を身につけ、話題も豊富な人になってほしいから。

画数	名前	読み	意味
8 5	怜史	さとし	落ち着いたイメージの漢字を現代的な読み方で。
10 7	悟志	さとし	賢く、まっすぐに伸びていってほしいと願って。
7 8	志門	しもん	学問に励み、懐の大きな人物になってほしいから。
9 9	俊彦	としひこ	「賢い」の意味をもつ漢字を組み合わせて。
9 9	俊哉	としや	優れた人(俊)になってほしいという願いを込めて。
8 3	典大	のりひろ	書物に親しみ書き物をよくし、人の手本になる人徳者に。
8 19	英識	ひでのり	すぐれた知恵と、たくさんの知識をもてるように。
12 10	博高	ひろたか	博識を象徴する漢字を組み合わせ、知性と落ち着きを。

イメージ漢字

伶 7
佳 8
典 8
牧 8
門 8
怜 8
彦 9
俊 9
悟 10
瑛 12
博 12
識 19

聡明な子に

物事の根本を知り、自分で考えていける賢い人に。

名前（画数）	読み	説明
啓斗（11 4）	けいと	「啓蒙」「啓発」のイメージから。
賢也（16 3）	けんや	賢くひたむきな子になってほしいと願いを込めて。
哲史（10 5）	さとし	聡明さと真面目さを兼ね備えたイメージの名前。
聡司（14 5）	さとし	すぐれた才知への願いをスタンダードに表した名前。
惺児（12 7）	せいじ	賢いだけでなく、澄みきった心も兼ね備えた子に。
聡太（14 4）	そうた	賢さをストレートに表した男の子らしい名前。
卓也（8 3）	たくや	誰よりもすぐれた子になってほしいと願って。
知明（8 8）	ともあき	勉学に励み、優秀な子になってほしいと願って。
智大（12 3）	ともひろ	大きな視点で物事を捉えられるような子にと願って。
秀人（7 2）	ひでと	優秀さへの願いをすっきりとした印象の漢字で。
有悟（6 10）	ゆうご	得た知識から物事の道理を見つけ出せる人に。
理一（11 1）	りいち	賢く、論理的に間違いなく判断できる子に。

イメージ漢字

秀7 卓8 知8 悟10 哲10 啓11
理11 惺12 智12 聡14 賢16 諭16

才知あふれる人に

いかなる難題にもすぐれた才知で立ち向かい、成功へと導ける人に。

名前（画数）	読み	説明
慧（15）	あきら	あふれる才知への願いを1字に込めて。
一麒（1 19）	いっき	人並み以上(麒)の英知と、まっすぐ(一)な心を。
鋭一（15 1）	えいいち	鋭さのある、シャープな印象の名前。
英資（8 13）	えいすけ	キラキラと光る知恵をもった子にと願って。
叡智（16 12）	えいち	すぐれた才知の人格者になるようにと願って。
知駿（8 17）	かずとし	すぐれた(駿)才知に恵まれることを願って。
慧悟（15 10）	けいご	知恵と才能に恵まれた子になることを願って。
彗瑛（11 12）	すいえい	きらめきを秘めた、りりしいイメージの名前。
貴尋（12 12）	たかひろ	すぐれた知恵を使って、人の役に立つ子にと。
智英（12 8）	ともひで	音読みで「ちえい」とすれば、個性的な読み方に。
麟太郎（24 4 9）	りんたろう	伝説の神獣・麒麟のように、気高く才能のある人に。
怜一（8 1）	れいいち	賢さ(怜)のある子になってほしいと願って。

イメージ漢字

英8 知8 怜8 彗11 瑛12 貴12
智12 鋭15 慧15 叡16 麒19 麟24

人を率いる人間に

先頭に立ち、人をまとめるリーダーシップを発揮する人になってほしいから。

画数	名前	読み	説明
12	惣	おさむ	人々をまとめ、率いていけるようにと願って。
14 5	総司	そうじ	人々を治める「総」と「司」の組み合わせで。
14 4	総介	そうすけ	多くの人に慕われるようにという願いを込めて。
11 3	崇之	たかゆき	人の上に立つ、どっしりと落ち着いた人物に。
8 7	孟志	たけし	人の上に立ち、力を発揮していけるようにと願って。
8 3	長大	たけひろ	「長」となって、多くの人を引っ張っていくようにと。
12 7	統吾	とうご	人心をまとめ統率できる人になってほしいと願って。
6 7	匡臣	まさおみ	人々の力になり、正しく進めるようにと願って。
10 12	将揮	まさき	重厚感とスピード感を兼ね備えた現代的な名前。
10 12	将就	まさなり	武士の名前のような、男らしい重みのある名前。
5 12	正統	まさむね	統率力をもって、成し遂げられる人になるようにと。
9 14	要輔	ようすけ	要（かなめ）となる、役に立つ人になってほしいと。

イメージ漢字

司5 匡6 長8 孟8 要9 宰10
将10 崇11 揮12 惣12 統12 総14

仕事で大成を

自分に与えられた仕事をバリバリとこなすような人になってほしいから。

画数	名前	読み	説明
5 7	功男	いさお	何でも成し遂げる男になってほしいから。
5 4	功太	こうた	定番の「功」の漢字を使って現代的な響きの名前に。
12	惺	さとる	迷うことなく澄んだ気持ちで仕事をしてほしいと。
10 3	修士	しゅうじ	常に目標に向かっていける人になることを願って。
10 10	修真	しゅうま	「向上心」と「本気」のイメージを組み合わせて。
10 7	峻佑	しゅんすけ	どっしりと落ち着いて、安定感のある大物に。
10 7	高志	たかし	高い目標に向かって進んでいけるようにと願って。
12 3	達也	たつや	困難も乗り越え、達成できる人になってほしいから。
7 8	秀明	ひであき	優秀な仕事ぶりを発揮してほしいと期待を込めて。
7 9	秀俊	ひでとし	優秀を意味する漢字を重ねて、期待の大きさを込めて。
9 14	政彰	まさあき	物事を明らか（彰）にし、正しく（政）行動できる人に。
5 10	正高	まさたか	まっすぐに高い目標に向かっていける人に。

イメージ漢字

功5 秀7 俊9 政9 高10 修10
峻10 彬11 揮12 集12 惺12 達12

芸術家に

絵や歌などの才能に恵まれ、芸術家になって人々に感動を与えられる人に。

11 16	彩樹	あやき	画家を目指すくらい絵画美術の才能にあふれてほしい。
13 4	楽斗	がくと	音楽家を目指してほしいと期待を込めて。
9 11	奏琉	かなる	「奏でる」をイメージした、響きのよい美しい名前。
8 8	画門	がもん	芸術の才能にあふれた人になってほしいから。
20 4	響斗	きょうと	オーケストラをイメージした、個性的な名前。
13 4	詩文	しもん	感性の豊かな子に、という願いを込めた個性的な名前。
9 12	奏喜	そうき	音楽を楽しみ、喜びとしてほしいから。
9 4	奏太	そうた	芸術の才能に恵まれ、豊かに生きてほしいから。
11 13 2	都詩人	としひと	さわやかで個性的、純粋な精神を思わせるイメージに。
4 1	文一	ふみかず	文才にすぐれ、ペンで仕事をしていける人に。
4 8	文弥	ふみや	美しい文章の書ける人にと期待を込めて。
15 9	舞音	まいと	踊るように「音とたわむれる」イメージで。

イメージ漢字

文4 門8 音9 奏9 彩11 笙11
絵12 詠12 詞12 楽13 詩13 響20

独創的な人に

型にはまらず、独創的でクリエイティブな人生を過ごしてほしいと願って。

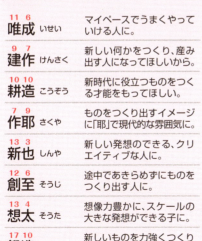

11 6	唯成	いせい	マイペースでうまくやっていける人に。
9 7	建作	けんさく	新しい何かをつくり、産み出す人になってほしいから。
10 10	耕造	こうぞう	新時代に役立つものをつくる才能をもってほしい。
7 9	作耶	さくや	ものをつくり出すイメージに「耶」で現代的な雰囲気に。
13 3	新也	しんや	新しい発想のできる、クリエイティブな人に。
12 6	創至	そうじ	途中であきらめずにものをつくり出す人に。
13 4	想太	そうた	想像力豊かに、スケールの大きな発想ができる子に。
17 10	鍛造	たんぞう	新しいものを力強くつくり出す人になるように。
10 5	展生	のぶお	新しい考え方ができる子になってほしいと願って。
3 10	大展	ひろのぶ	未来に向かって、大きなことが考えられる子に。
5 11	由基	よしき	自由奔放に、自分らしく進んでいける人に。
10 9	能彦	よしひこ	もっている才能を活かして、成果を上げるように。

イメージ漢字

由5 作7 卓8 長8 造10 展10
能10 唯11 創12 新13 想13 興16

スポーツ万能に

身体能力にすぐれ、元気で活発な男の子になることを願って。

11 18	逸騎	いっき	誰よりも速く駆け抜ける、勢いのある名前に。
8 3	泳士	えいじ	水泳をイメージした、精悍な名前。
14	駆	かける	陸上競技をイメージした、スピード感のある名前に。
1 6	一帆	かずほ	マリンスポーツをイメージした、さわやかな名前。
9 15	活輝	かつき	躍動感と輝きに満ちた、快活な子どもになるように。
11 7	球牙	きゅうご	球技のイメージに「牙」でシャープさをプラスして。
20 12	競登	けいと	競い合いながら努力する子になってほしいから。
17 3	駿也	しゅんや	スピード感のある「しゅん」の音には「瞬」も似合う。
17	駿	はやお	スピード感と優秀さの意味を兼ね備えた1字。
6 2	迅人	はやと	個性的でスマートな名前は、活発な子のイメージ。
11 11	捷琉	はやる	フットワークのよい、スポーツ万能の子にと願って。
10	敏	びん	音読みにすることで、素早いイメージを強調して。

イメージ漢字

迅6 帆6 泳8 活9 律9 敏10
逸11 球11 駆14 駿17 蹴19 競20

カッコよく

さわやかでカッコいい、華やかな男性に成長してほしいと願って。

12	晶	あきら	水晶のように清らかな、というイメージを込めて。
7 15	快輝	かいき	性格も容姿もさわやかな人気者になってほしいから。
11 10	清純	きよずみ	澄んだ水を思わせる漢字を組み合わせてさわやかに。
15 12	潔貴	きよたか	けがれのない、清らかで優美なイメージの名前。
11 2	清人	きよと	清々しくさわやかな人柄になるようにと願って。
15 8	澄弥	すみや	清く澄んだ雰囲気で、気品のあるイメージに。
14 9	颯紀	そうき	名を呼んだときに響きのよい、新感覚の名前。
11 4	爽太	そうた	さわやかな雰囲気で、人気者になってほしいと願って。
10 11	透琉	とうる	きれいなイメージの漢字を組み合わせて。
8 12	佳晶	よしあき	キラキラと光る水晶の輝きをイメージして。
9 15	美輝	よしき	多くの人を引きつける魅力的な人になるように。
11 3	涼大	りょうた	さわやかな風のような人柄と容姿をイメージして。

イメージ漢字

快7 美9 透10 清11 爽11 琉11
涼11 晶12 颯14 輝15 潔15 澄15

平和を愛する人に

差別や偏見のない、グローバルな目をもち、平和を愛する人間になってほしい。

名前	画数	読み	説明
安郷	6 11	あさと	穏やかで平和な山里をイメージした名前。
安蓮	6 13	あれん	いつまでも平和で安らかな日々が続くように願って。
和希	8 7	かずき	平和な世界で活躍できるようにと願って。
寛太	13 4	かんた	「寛」の広く大らかなイメージを平和と結びつけて。
昊晴	8 12	こうせい	晴れやかに澄み渡った空がいつまでも続くように。
昊平	8 5	こうへい	大きな空がいつも穏やかであるようにと祈って。
尚平	8 5	しょうへい	無限の平和を感じさせる、ダイナミックな名前。
昌平	8 5	しょうへい	周囲を明るくする、快活なイメージの名前。
静宇	14 6	せいう	静かで穏やかな天空のような広い心をもってほしいと。
大平	3 5	たいへい	平和への願いとスケールの大きさをイメージして。
愛斗	13 4	まなと	人類愛のために闘える男になってほしいと願って。
悠祈	11 8	ゆうき	「祈」を名前に使って、個性的に。

イメージ漢字

平5 安6 依8 祈8 昊8 和8
悠11 愛13 寛13 慈13 静14 護20

国際的に活躍を

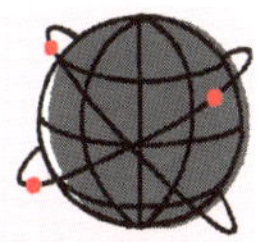

日本を飛び出し、世界に羽ばたきダイナミックに活躍してほしい。

名前	画数	読み	説明
伊玖馬	6 7 10	いくま	「天下を治める」という意味を含む「伊」から。
欧羅	8 19	おうら	ヨーロッパ（欧州）で活躍する人になるように。
海州	9 6	かいしゅう	海から海へ、世界を駆け巡る人になることを願って。
海渡	9 12	かいと	海を渡り、世界へ飛び出していくイメージで。
海哩	9 10	かいり	距離の単位「海里」とマイル（哩）でダイナミックに。
周逸	8 11	しゅういち	世界を駆け周って、活躍してほしいから。
翔英	12 8	しょうえい	イギリスをはじめ、世界に飛び出していく人に。
世羅人	5 19 2	せらと	世界中を舞台にして活躍できる人に。
大	3	だい	「大きい」に、ダイナミックの「ダイ」もかけて。
陸行	11 6	たかゆき	地平線の向こうへと、どこまでも進んでいく人に。
遥彦	14 9	はるひこ	遥かなる新天地で活躍できる人に。
万洋	3 9	まひろ	広い海の向こうの新しい世界に飛び出し活躍を。

イメージ漢字

大3 万3 世5 伊6 州6 英8
欧8 周8 海9 洋9 陸11 遥14

誕生日の季節感・出来事から

この日の感動をいつまでも記憶に残したい。誕生の日の季節や出来事を名前に織り込めば、そんなパパやママの思いを子どもに伝えるメッセージになることでしょう。

春を感じさせる名前

うららかな陽気、晴れやかな気分、若々しい生命力などが春のイメージ。止め字や添え字を加えて、男の子らしい力強さやシャープさを出してもよいでしょう。

名前	画数	読み
陽人	12・2	あきと
爽	11	あきら
温大	12・3	あつひろ
彩来	11・7	あやき
新	13	あらた
郁馬	9・10	いくま
郁也	9・3	いくや
桜雅	10・13	おうが
桜佑	10・7	おうすけ
光輝	6・15	こうき
颯樹	14・16	さつき
咲太郎	9・4・9	さくたろう
青悟	8・10	せいご
青児	8・7	せいじ
青哉	8・9	せいや
爽太	11・4	そうた
貴陽	12・12	たかあき
桃吾	10・7	とうご
颯	14	はやて
陽	12	はる
春煌	9・13	はるあき
春希	9・7	はるき
春登	9・12	はると
陽悠	12・11	はるひさ
春馬	9・10	はるま
春哉	9・9	はるや
日彩	4・11	ひいろ
日菜太	4・11・4	ひなた
日向	4・6	ひゅうが
風牙	9・4	ふうが
風雅	9・13	ふうが
陽介	12・4	ようすけ

春にぴったりのイメージ漢字

光6 芽8 若8 青8
郁9 咲9 春9 風9
桜10 桃10 彩11 爽11
温12 陽12 新13 颯14

夏 を感じさせる名前

燃える太陽、スカイブルーの大空、大海原、青々と繁った木々の間を抜けるすがすがしい風などが夏のイメージ。トロピカルな雰囲気の名前も夏生まれの子にはぴったりです。

名前	画数	読み
青	8	あお
青杜	8・7	あおと
雷	13	あずま
夏偉	10・12	かい
海晴	9・12	かいせい
海斗	9・4	かいと
海里	9・7	かいり
蛍司	11・5	けいじ
虹夏	9・10	こうか
洸河	9・8	こうが
洸星	9・9	こうせい
航生	10・5	こうせい
昊太	8・4	こうた
航平	10・5	こうへい
茂樹	8・16	しげき
繁	16	しげる
涼也	11・3	すずや
拓海	8・9	たくみ
天河	4・8	てんが
夏生	10・5	なつお
夏輝	10・15	なつき
波青	8・8	なみお
波輝	8・15	はき
晴繁	12・16	はるしげ
秀帆	7・6	ひでほ
大海	3・9	ひろみ
風河	9・8	ふうが
帆高	6・10	ほだか
葉介	12・4	ようすけ
雷太	13・4	らいた
涼介	11・4	りょうすけ
涼平	11・5	りょうへい
航	10	わたる

夏にぴったりのイメージ漢字

帆6 波8 茂8 昊8
青8 虹9 南9 洸9
海9 航10 夏10 蛍11
涼11 葉12 雷13 繁16

秋を感じさせる名前

実りの秋に生まれた子には、これからの長い人生が実り豊かであるようにという親の願いを託した名前が人気です。美しく澄んだ空も秋のイメージです。

- 秋生 (9・5) あきお
- 秋朗 (9・10) あきお
- 秋比呂 (9・4・7) あきひろ
- 秋良 (9・7) あきら
- 天音 (4・9) あまね
- 唯月 (11・4) いつき
- 快晴 (7・12) かいせい
- 禾月 (5・4) かづき
- 菊信 (11・9) きくのぶ
- 桔平 (10・5) きっぺい

- 希昴 (7・9) きぼう
- 澄人 (15・2) きよと
- 秋 (9) しゅう
- 穣治 (18・8) じょうじ
- 昴 (9) すばる
- 空澄 (8・15) たかずみ
- 天斗 (4・4) たかと
- 天哉 (4・9) たかや
- 千秋 (3・9) ちあき
- 稔彦 (13・9) としひこ

- 稔也 (13・3) としや
- 豊巳 (13・3) とよみ
- 楓太 (13・4) ふうた
- 穂純 (15・10) ほずみ
- 穂積 (15・16) ほづみ
- 正秋 (5・9) まさあき
- 真澄 (10・15) ますみ
- 充希 (6・7) みつき
- 充也 (6・3) みつや
- 穣 (18) みのり

- 豊 (13) ゆたか
- 良実 (7・8) よしざね
- 芳実 (7・8) よしみ

秋にぴったりのイメージ漢字

月4 天4 禾5 充6
快7 実8 秋9 昴9
桔10 菊11 満12 稔13
豊13 澄15 穂15 穣18

冬 を感じさせる名前

澄みきった空気、冴えて輝く星、純白の雪などに代表されるピュアなイメージと、クリスマス、正月などの楽しいイメージ。冬は名前に織り込むイメージがたくさんあります。

名前	画数	読み
佳寿也	8 7 3	かずや
和雪	8 11	かずゆき
清士	11 3	きよし
聖	13	きよし
潔高	15 10	きよたか
清人	11 2	きよひと
貴凜	12 15	きりん
詣悟	13 10	けいご
玄	5	げん
冴門	7 8	さもん
柊	9	しゅう
柊斗	9 4	しゅうと
純平	10 5	じゅんぺい
純也	10 3	じゅんや
晶冴	12 7	しょうご
星児	9 7	せいじ
聖斗	13 4	せいと
星矢	9 5	せいや
貴冬	12 5	たかふゆ
冬吾	5 7	とうご
透悟	10 10	とうご
冬馬	5 10	とうま
寿紀	7 9	としき
寿哉	7 9	としや
冬騎	5 18	ふゆき
北斗	5 4	ほくと
聖志	13 7	まさし
睦人	13 2	むつと
雪風	11 9	ゆきかぜ
雪成	11 6	ゆきなり
凜太郎	15 4 9	りんたろう
玲央	9 5	れお
玲音	9 9	れおん

冬にぴったりのイメージ漢字

漢字	画数
冬	5
北	5
冴	7
寿	7
柊	9
星	9
玲	9
透	10
純	10
清	11
雪	11
聖	13
睦	13
詣	13
潔	15
凜	15

天気

誕生日の出来事の記憶とともに、大自然の美しさやパワーも分けてもらいましょう。

■晴れ渡った日に生まれたら

晴天のすがすがしくて気持ちのよいイメージにあやかって。

名前	画数	読み
爽	11	あきら
大空	3・8	おおぞら
快晴	7・12	かいせい
清空	11・8	きよたか
昊陽	8・12	こうよう
皐月	11・4	さつき
颯大	14・3	そうた
大晴	3・12	たいせい
天晴	4・12	たかはる
日巨	4・5	はるお
陽日	12・4	はるひ
至晴	6・12	みちはる

■台風の日に生まれたら

台風や嵐がもつ、圧倒的なパワーを分けてもらう名前です。

名前	画数	読み
嵐	12	あらし
風斗	9・4	かざと
響太	20・4	きょうた
轟	21	ごう
豪流	14・10	たける
竜也	10・3	たつや
颯斗	14・4	はやと
響	20	ひびき
風我	9・7	ふうが
風馬	9・10	ふうま
由雨	5・8	ゆう
嵐馬	12・10	らんま

時間帯

特別な時間帯の出産。誕生の感動で、特別美しく目に映った情景から。

■早朝に生まれたら

東の空が白み始めた早朝の清らかさや希望感をイメージして。

名前	画数	読み
蒼生	13・5	あおい
暁生	12・5	あきお
明	8	あくる
朝登	12・12	あさと
朝允	12・4	あさのぶ
朝陽	12・12	あさひ
天翔	4・12	あまと
洸一	9・1	こういち
洸生	9・5	こうき
空紫	8・12	たかし
天晴	4・12	たかはる
陽明	12・8	はるあき
日出男	4・5・7	ひでお
央明	5・8	ひろあき
靖朝	13・12	やすとも

■星のきれいな夜に生まれたら

満天の星々が輝く美しい夜空にあやかって。

名前	画数	読み
銀河	14・8	ぎんが
光河	6・8	こうが
光惺	6・12	こうせい
航星	10・9	こうせい
彗	11	さとし
星夜	9・8	せいや
惺也	12・3	せいや
星洋	9・9	ほしひろ
大宙	3・8	まさおき

一大行事

特別なシーズンに人々が期待する、幸せへの願いや喜びをわが子の幸せへの願いと重ね合わせた名前です。

■クリスマスに生まれたら

聖なる日の清らかなイメージを名前に託して。

- 天音 (4・9) あまと
- 聖人 (13・2) きよと
- 聖亜 (13・7) せいあ
- 聖 (13) たかし
- 快聖 (7・13) かいせい
- 聖大 (13・3) きよひろ
- 聖也 (13・3) せいや
- 聖輝 (13・15) まさき
- 清 (11) きよし
- 光祈 (6・8) こうき
- 天紀 (4・9) たかき
- 聖純 (13・10) まさよし

■正月に生まれたら

新しい年のスタートに生まれた吉兆にあやかった名前です。

- 旦翔 (5・12) あきと
- 慶樹 (15・16) けいき
- 寿正 (7・5) としまさ
- 大吉 (3・6) まさよし
- 新翔 (13・12) あらと
- 大賀 (3・12) たいが
- 元 (4) はじめ
- 八尋 (2・12) やひろ
- 慶賀 (15・12) けいが
- 寿久 (7・3) としひさ
- 寿 (7) ひさし
- 慶明 (15・8) よしあき

■オリンピックの年に生まれたら

選手たちの栄光や力強さにあやかって。

- 凱歌 (12・14) がいか
- 勝斗 (12・4) かつと
- 掲旗 (11・14) けいき
- 英雄 (8・12) ひでお
- 凱路 (12・13) かいじ
- 勝利 (12・7) かつとし
- 拳斗 (10・4) けんと
- 栄光 (9・6) ひでみつ
- 勝輝 (12・15) かつき
- 駆遠 (14・13) くおん
- 武駆 (8・14) たける
- 勇士 (9・3) ゆうし

祝祭日

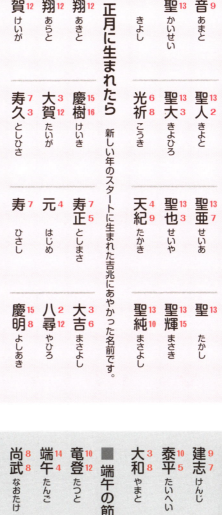

誕生日が祝祭日などと重なった記念に。

■建国記念の日

- 建志 (9・7) けんじ
- 泰平 (10・5) たいへい
- 大和 (3・8) やまと

■端午の節句

- 竜登 (10・12) たつと
- 端午 (14・4) たんご
- 尚武 (8・8) なおたけ

■海の日

- 海斗 (9・4) かいと
- 海里 (9・7) かいり
- 航太郎 (10・4・9) こうたろう

■敬老の日

- 篤志 (16・7) あつし
- 敬吾 (12・7) けいご
- 誠純 (13・10) せいじゅん

■文化の日

- 才雅 (3・13) さいが
- 創士 (12・3) そうし
- 文哉 (4・9) ふみや

■勤労感謝の日

- 育磨 (8・16) いくま
- 耕多 (10・6) こうた
- 拓磨 (8・16) たくま

1月
生まれのヒント

1月の星座

- 山羊座（12/22～1/19）
- 水瓶座（1/20～2/18）

1月の季語

1日	元旦（がんたん）
2日	門松（かどまつ）
3日	松飾り（まつかざり）
4日	初空（はつそら）
5日	小寒（しょうかん）*
6日	出初め（でぞめ）
7日	初富士（はつふじ）
8日	寒柝（かんたく）
9日	初雀（はつすずめ）
10日	初声（はつこえ）
11日	鏡開き（かがみびらき）
12日	寒稽古（かんげいこ）
13日	初場所（はつばしょ）
14日	霜柱（しもばしら）
15日	小正月（こしょうがつ）
16日	雪折れ（ゆきおれ）
17日	松過ぎ（まつすぎ）
18日	霧氷（むひょう）
19日	冬菜（ふゆな）
20日	大寒（だいかん）*
21日	初大師（はつだいし）
22日	冬探し（ふゆさがし）
23日	冬海（ふゆうみ）
24日	雪見（ゆきみ）
25日	寒昴（かんすばる）
26日	笹鳴き（ささなき）
27日	冬菫（ふゆすみれ）
28日	冬牡丹（ふゆぼたん）
29日	旧正月（きゅうしょうがつ）
30日	雪掻き（ゆきかき）
31日	若菜（わかな）

*二十四節気なので年によって日にちが変わります。

初日の出（はつひので）

1月1日に見る日の出を、「初日の出」「初旭」という。古くから初詣とともに、山や海からご来光を拝み、その年の幸福と平和を祈った。

鏡餅（かがみもち）

穀物の豊穣を司る歳神様（としがみさま）へのお供え物として、正月に飾る丸餅。餅の形が丸いのは、三種の神器の一つ八咫鏡（やたのかがみ）に擬したものともいわれる。

獅子舞（ししまい）

家々を訪れてめでたい芸を披露し、新しい年の訪れを祝福する。獅子は古代中国で生まれた想像上の動物で、悪霊を祓い幸福をもたらすといわれる霊獣。

元旦（がんたん）

新しい年の始まり。「旦」は地平線から太陽が現れることで、「日の出」や「朝」を表す。

若水（わかみず）

元日の早朝に年男や長男がくむ水。福水ともいわれる。一年の邪気を除くと信じられ、神棚に供えた後、その水で煮炊きをして雑煮を作ったり、口をすすいだりする。

1月の別称

- 睦月(むつき)
- 祝月(いわいづき)
- 初春月(はつはるづき)
- 太郎月(たろうづき)
- 霞初月(かすみそめづき)
- 早緑月(さみどりづき)
- 建寅月(けんいんげつ)
- 嘉月(かげつ)
- 華歳(かさい)
- 王月(おうげつ)

1月の生活・行事

- 初夢(はつゆめ)
- 御慶(ぎょけい)
- 初詣(はつもうで)
- 御節料理(おせちりょうり)
- 門松(かどまつ)
- 凧揚げ(たこあげ)
- 独楽回し(こままわし)
- 七福神詣(しちふくじんもうで)
- 七草粥(ななくさがゆ)
- 鏡開き(かがみびらき)

1月の気象・時候

- 初空(はつそら)
- 初茜(はつあかね)
- 雪(ゆき)
- 氷柱(つらら)
- 雪明かり(ゆきあかり)
- 雪晴れ(ゆきばれ)
- 風花(かざはな)
- 冴ゆる(さゆる)
- 悴む(かじかむ)
- 霜焼け(しもやけ)

橙飾る(だいだいかざる)

正月に注連縄(しめなわ)に添えたり、鏡餅に乗せて飾ること。橙の実は大きく実っても落ちることがなく、橙の読み方が「代々」を指すことから、「代々大きく育っても落ちない」という願いが込められている。

正月(しょうがつ)

その年の豊穣を司る歳神様をお迎えする行事。正月に門松やしめ飾り、鏡餅を飾ったりするのは、歳神様をお迎えするための準備。

福寿草(ふくじゅそう)

明るい黄色の花色と、その名がめでたいことから、新年に縁起のいい花とされる。本来は旧暦の正月(今の2月)に咲きだすことから、「元日草」とも呼ばれる。現在は元日に咲くように栽培されている。

独楽回し(こままわし)

正月の男の子の代表的な遊びの一つ。独楽の回る姿から頭が回る、仕事がうまく回る、お金が回るなどの縁起のよい意味が込められている。

2月 生まれのヒント

春隣（はるとなり）

冬の終わりに、梅や椿の蕾が開き出し、間近に迫ってくる春の気配を感じさせる言葉。「春と成り（はるとなり）」とも。冬の季語。

春一番（はるいちばん）

立春後、最初に吹く強い南風を春一番と呼ぶ。この風で草木の芽がほどけ、春の本格的な訪れを感じさせる。もともとは漁師言葉。

初午（はつうま）

２月最初の午の日に、各地の稲荷神社で行われるお祭り。稲荷神の使いとされているキツネの好物の油揚げや初午団子をお供えし、五穀豊穣や商売繁盛を祈る。

雪解け（ゆきどけ）

降り積もった雪が、春の陽気の暖かさに次第に解け始めること。

2月の星座

- 水瓶座（1/20～2/18）
- 魚座（2/19～3/20）

2月の季語

1日	寒土用（かんどよう）
2日	凍滝（いてたき）
3日	節分（せつぶん）
4日	立春（りっしゅん）*
5日	寒菊（かんぎく）
6日	金縷梅（まんさく）
7日	探海（たんかい）
8日	針供養（はりくよう）
9日	雪間草（ゆきまぐさ）
10日	雪虫（ゆきむし）
11日	紀元節（きげんせつ）
12日	梅白し（うめしろし）
13日	春の星（はるのほし）
14日	焼野（やけの）
15日	野梅（やばい）
16日	麦踏み（むぎふみ）
17日	迎春花（げいしゅんか）
18日	春興（しゅんきょう）
19日	雨水（うすい）*
20日	雉笛（きじぶえ）
21日	春日和（はるびより）
22日	春意（しゅんい）
23日	梅東風（うめごち）
24日	摘み草（つみくさ）
25日	斑雪（はだれゆき）
26日	春満月（はるまんげつ）
27日	春苺（はるいちご）
28日	春月（しゅんげつ）
29日	二ン月（にんがつ）

＊二十四節気なので年によって日にちが変わります。

2月の別称

- 如月(きさらぎ)
- 梅見月(うめみづき)
- 雪消月(ゆきぎえづき)
- 初花月(はつはなづき)
- 恵風(けいふう)
- 花朝(かちょう)
- 萌揺月(きさゆらぎづき)
- 建卯月(けんぼうげつ)
- 星鳥(せいちょう)
- 美景(びけい)

2月の生活・行事

- 福豆(ふくまめ)
- 恵方巻き(えほうまき)
- 仁王会(にんのうえ)
- 祈年祭(きねんさい)
- 立春(りっしゅん)
- 建国記念日(けんこくきねんび)
- 閏年(うるうどし)
- お事始め(おことはじめ)
- 雪祭(ゆきまつり)
- 雨水(うすい)

2月の気象・時候

- 春浅し(はるあさし)
- 寒明け(かんあけ)
- 残雪(ざんせつ)
- 冴え返る(さえかえる)
- 春時雨(はるしぐれ)
- 春寒(しゅんかん)
- 雪間(ゆきま)
- 春めく(はるめく)
- 遅春(ちしゅん)
- 凍解(いてどけ)

梅(うめ)

寒い季節にいち早く、凛と花を咲かせることから、めでたいものとされる。春の到来を告げる花。別称「春告草(はるつげぐさ)」。梅花を愛でる宴は奈良時代から始まったといわれる。

立春大吉(りっしゅんだいきち)

禅寺では、立春の早朝、門に「立春大吉」と書いた紙を貼る習慣がある。縦書きにすると四つの文字が左右対称になり縁起がよく、一年間を平穏無事に過ごすことができるとされる。

焼嗅(やいかがし)

節分の行事の一つ。節分の夜、柊の枝に焼いたイワシの頭を刺して戸口に吊しておくと、鬼や邪気が家に入り込むのを防ぐとされる。

豆まき(まめ)

歳神様(としがみさま)が入れ替わるとされる季節の変わり目の隙をついて、鬼が入り込もうとするので、豆をまいてその鬼を追い払うための行事。豆は「魔滅(まめ)」に通じ、無病息災の意味も込められている。

3月
生まれのヒント

東風（こち）
東から吹いてくる風。ふつう、春風をいう。「あゆのかぜ」「こちかぜ」とも。かつて、春は東風に乗って運ばれると考えられていた。

春雷（しゅんらい）
春に発生する雷。立春を過ぎてから初めて鳴る雷を初雷（はつらい）という。冬眠していた虫たちが、雷鳴に驚いて目覚めるとも考えられ、「虫出しの雷」とも呼ばれる。

啓蟄（けいちつ）
二十四節気の一つで３月６日頃に当たる。「啓」は「ひらく」、「蟄」は「土の中で冬ごもりしている虫」という意味。地中に潜んでいた動物たちが動き始める、暖かい気候を表している。

土筆（つくし）
３月頃から日の当たる土手や畦道に生える。筆のような形をしているのでこの名がある。

3月の星座
- 魚座（2/19～3/20）
- 牡羊座（3/21～4/19）

3月の季語

1日	春火鉢（はるひばち）
2日	海雲（かいうん）
3日	雛祭（ひなまつり）
4日	雪解（ゆきげ）
5日	鶴帰る（つるかえる）
6日	啓蟄（けいちつ）*
7日	野遊び（のあそび）
8日	青麦（あおむぎ）
9日	独活（うど）
10日	柳絮（りゅうじょ）
11日	春泥（しゅんでい）
12日	春雨（はるさめ）
13日	春霖（しゅんりん）
14日	春蘭（しゅんらん）
15日	藪椿（やぶつばき）
16日	種袋（たねぶくろ）
17日	春暁（しゅんぎょう）
18日	春暖（しゅんだん）
19日	茎立（くくたち）
20日	初雷（はつらい）
21日	春分（しゅんぶん）*
22日	春嵐（はるあらし）
23日	山笑う（やまわらう）
24日	引鳥（ひきとり）
25日	桜（さくら）
26日	桜湯（さくらゆ）
27日	花衣（はなごろも）
28日	青き踏む（あおきふむ）
29日	春休み（はるやすみ）
30日	霾ぐもり（よなぐもり）
31日	春の虹（はるのにじ）

＊二十四節気なので年によって日にちが変わります。

3月の別称

- 弥生(やよい)
- 花見月(はなみづき)
- 夢見月(ゆめみづき)
- 桃月(とうげつ)
- 染色月(そめいろづき)
- 花飛(かひ)
- 五陽(ごよう)
- 青章(せいしょう)
- 建辰月(けんしんづき)
- 佳月(かげつ)

3月の生活・行事

- 修二会(しゅにえ)
- 桃の節句(もものせっく)
- 春彼岸(はるひがん)
- ホワイトデー
- 春分の日(しゅんぶんのひ)
- 卒業式(そつぎょうしき)
- 種蒔き(たねまき)
- 田打(たうち)
- お水取り(おみずとり)
- 社日(しゃにち)

3月の気象・時候

- 雪の果て(ゆきのはて)
- 春塵(しゅんじん)
- 春疾風(はるはやて)
- 春光(しゅんこう)
- 芽吹き(めぶき)
- 陽炎(かげろう)
- 桜前線(さくらぜんせん)
- 雪崩(なだれ)
- 水草生う(みずくさおう)
- 霞(かすみ)

春の錦（はるのにしき）

さほど色彩感のなかった冬が終わり、色とりどりの花が、錦の織物のように美しく咲いている様子。

山笑う（やまわらう）

草木が芽吹く頃、山全体が淡い色合いに包まれる様子。冬の静まった印象から一変し、みずみずしい命で満たされた、おおらかさ、やわらかさ、艶やかさを帯びている。

下萌（したもえ）

早春、地中から草の芽が出始めること。下萌の「下」は「枯草の下」の意。「草萌え」とも。厳しい冬を耐えた生命力の強さが感じられる言葉。

水温む（みずぬるむ）

春になって寒さがゆるみ、川や池の水も温んでくる。オタマジャクシが泳ぎ出し、タンポポが咲くなど、春もいよいよ本番を迎えるという仲春の季語。

踏青（とうせい）

春の野に出かけ、青々とした草を踏んで遊ぶこと。春の野遊び。もともと、古い中国の行事から来た言葉だが、散策やそぞろ歩きなど幅広く使用されている。

春の水（はるのみず）

雪解けが始まり、水量の多くなった川や湖沼の水のこと。水の表面は、春の光を受けて明るくきらきらと輝いて美しく、川岸のひび割れも水を吸って本来の黒々とした色に戻っていく。

4月 生まれのヒント

桜（さくら）

昔から日本人に愛されてきた花。いくつもの品種があるが、8割がソメイヨシノといわれる。「桜吹雪」や「桜影」と桜にまつわる美しい言葉も多い。

新生活（しんせいかつ）

新しく始まる生活のこと。入園式・入学式・入社式など、日本では春の4月がスタートの月となることがほとんど。

清明（せいめい）

二十四節気の一つで4月5日頃に当たる。陽気がよくなる春先の、清らかで生き生きとした様子を表した「清浄明潔(しょうじょうめいけつ)」という語を略したもの。

百千鳥（ももちどり）

春の野山で、小鳥たちが群がり、さえずっているさまをいう。合奏しているかのように聞こえる鳴き声は、春の躍動感を感じさせる。

4月の星座

- 牡羊座 (3/21～4/19)
- 牡牛座 (4/20～5/20)

4月の季語

1日	初蝶(はつちょう)
2日	花の雨(はなのあめ)
3日	風光る(かぜひかる)
4日	春眠(しゅんみん)
5日	清明(せいめい)*
6日	亀鳴く(かめなく)
7日	花曇(はなぐもり)
8日	花御堂(はなみどう)
9日	花見(はなみ)
10日	風車(かざぐるま)
11日	鶯(うぐいす)
12日	朧(おぼろ)
13日	春色(しゅんしょく)
14日	蜃気楼(しんきろう)
15日	春望(しゅんぼう)
16日	花莚(はなむしろ)
17日	春深し(はるさがし)
18日	春の潮(はるのしお)
19日	初音(はつね)
20日	穀雨(こくう)*
21日	雲雀(ひばり)
22日	花の雲(はなのくも)
23日	花の影(はなのかげ)
24日	山繭(やままゆ)
25日	海鳴り(うみなり)
26日	茶摘(ちゃつみ)
27日	若草(わかくさ)
28日	春の夢(はるのゆめ)
29日	惜春(せきしゅん)
30日	春の宵(はるのよい)

*二十四節気なので年によって日にちが変わります。

4月の別称

- 卯月（うづき）
- 卯花月（うのはなづき）
- 木葉採月（このはとりづき）
- 六陽（りくよう）
- 修景（しゅうけい）
- 建巳月（けんしげつ）
- 清和月（せいわづき）
- 純陽（じゅんよう）
- 鳥月（ちょうげつ）
- 苗植月（なえうえづき）

4月の生活・行事

- 入園（にゅうえん）
- 入学（にゅうがく）
- 花見（はなみ）
- 花御堂（はなみどう）
- 十三詣り（じゅうさんまいいり）
- 復活祭（ふっかつさい）
- 水口祭（みなくちまつり）
- 春の土用（はるのどよう）
- 山王祭（さんのうまつり）
- エイプリルフール

4月の気象・時候

- 春時雨（はるしぐれ）
- 春雷（しゅんらい）
- 長閑（のどか）
- 養花雨（ようかう）
- 花信風（かしんふう）
- 風光る（かぜひかる）
- 穀風（こくふう）
- 朧（おぼろ）
- 春永（はるなが）
- 春陽（しゅんよう）

日永（ひなが）

春になり、昼間の時間がのびてくることをいう。実際は夏のほうが春より日が長いが、冬が短いだけに、春のほうが長く感じられる。

暖か（あたた）

暑くも寒くもない、ほどよい温度。四季の体感温度を表す季語として、夏の「暑し」、秋の「冷やか」、冬の「寒し」に相応する。麗らかで暖かい気温に、心もうきうきしてくる。

花見（はなみ）

桜の花を愛でること。もともと春の農作業に先立ち、豊作を祈願して行われていた。平安時代には貴族たちの間で桜を見ながら和歌を詠むのがはやり、江戸時代には庶民にも広がった。

春爛漫（はるらんまん）

あたり一面に花が咲きほこり、光あふれんばかりに明るく輝いた様子。これから成長していく力強さや、希望に満ちあふれた姿を想像させる言葉。

しんじゅ
新樹

みずみずしい若葉に覆われた初夏の樹木をいう。日差しを受けて輝く葉や、新樹に包まれた山々は美しいだけでなく躍動感を感じさせる。若葉の出始めた桜は、葉桜と呼ぶ。

せいわ
清和

初夏の、よく晴れたさわやかで、のどかな天気のこと。陰暦４月（陽暦５月頃）の異名を清和月という。

かぜかお
風薫る

若葉や青葉の緑さわやかな香りをたっぷりと含んだ、すがすがしい夏の風。風をほめたたえた季語。

たんご　せっく
端午の節句

男の子の成長を祝い、立身出世を願う行事。「端午」は「月初めの午（うま）の日」という意味。鯉のぼりを掲げ、武者人形を飾り、柏餅やちまきを食べてお祝いをする。

5月
生まれのヒント

5月の星座

- 牡牛座（4/20～5/20）
- 双子座（5/21～6/21）

5月の季語

1日	燕（つばめ）
2日	夏隣（なつどなり）
3日	八十八夜（はちじゅうはちや）
4日	花守（はなもり）
5日	菖蒲（しょうぶ）
6日	立夏（りっか）*
7日	新緑（しんりょく）
8日	藤棚（ふじだな）
9日	新樹（しんじゅ）
10日	青嵐（あおあらし）
11日	薄暑（はくしょ）
12日	風薫る（かぜかおる）
13日	蔦若葉（つたわかば）
14日	草笛（くさぶえ）
15日	時鳥（ほととぎす）
16日	牡丹（ぼたん）
17日	郭公（かっこう）
18日	若葉冷え（わかばびえ）
19日	白牡丹（しろぼたん）
20日	緋牡丹（ひぼたん）
21日	小満（しょうまん）*
22日	夏浅し（なつあさし）
23日	滝（たき）
24日	夏柳（なつやなぎ）
25日	新茶（しんちゃ）
26日	清和（せいわ）
27日	青野（あおの）
28日	葉桜（はざくら）
29日	草矢（くさや）
30日	青葉雨（あおばあめ）
31日	入梅（にゅうばい）

＊二十四節気なので年によって日にちが変わります。

5月の別称

- 皐月(さつき)
- 菖蒲月(あやめづき)
- 五色月(いついろづき)
- 橘月(たちばなづき)
- 吹喜月(ふぶきづき)
- 星花(せいか)
- 啓月(けいげつ)
- 開明(かいめい)
- 建午月(けんごげつ)
- 幸月(さつき)

5月の生活・行事

- 八十八夜(はちじゅうはちや)
- みどりの日(みどりのひ)
- こどもの日(こどものひ)
- 菖蒲湯(しょうぶゆ)
- 母の日(はははのひ)
- 立夏(りっか)
- 葵祭(あおいまつり)
- 潮干狩り(しおひがり)
- 茶摘み(ちゃつみ)
- 田植え(たうえ)

5月の気象・時候

- 陽光(ようこう)
- 青風(せいふう)
- 凱風(がいふう)
- 景風(けいふう)
- 新緑(しんりょく)
- 薫風(くんぷう)
- 翠雨(すいう)
- 若葉風(わかばかぜ)
- 青田(あおた)
- 軽暑(けいしょ)

八十八夜(はちじゅうはちや)

立春から88日目。「八十八」という字を組み合わせると「米」という字になることから、米作りや農作業を始める日として重要視されてきた。茶摘みにも最適のシーズン。

菖蒲(しょうぶ)

さわやかな香りの菖蒲には、邪気を祓う霊力があると信じられ、昔から「端午の節句」には無病息災を願って軒先に飾ったり、菖蒲湯に入ったり、枕の下に敷いたりした。

鯉(こい)のぼり

竜門という滝を登った鯉は竜になるという中国の伝説を受け、強くたくましくとの願いを込めて、江戸時代から飾られるようになった。5色の吹き流しは、魔除けの意味がある。

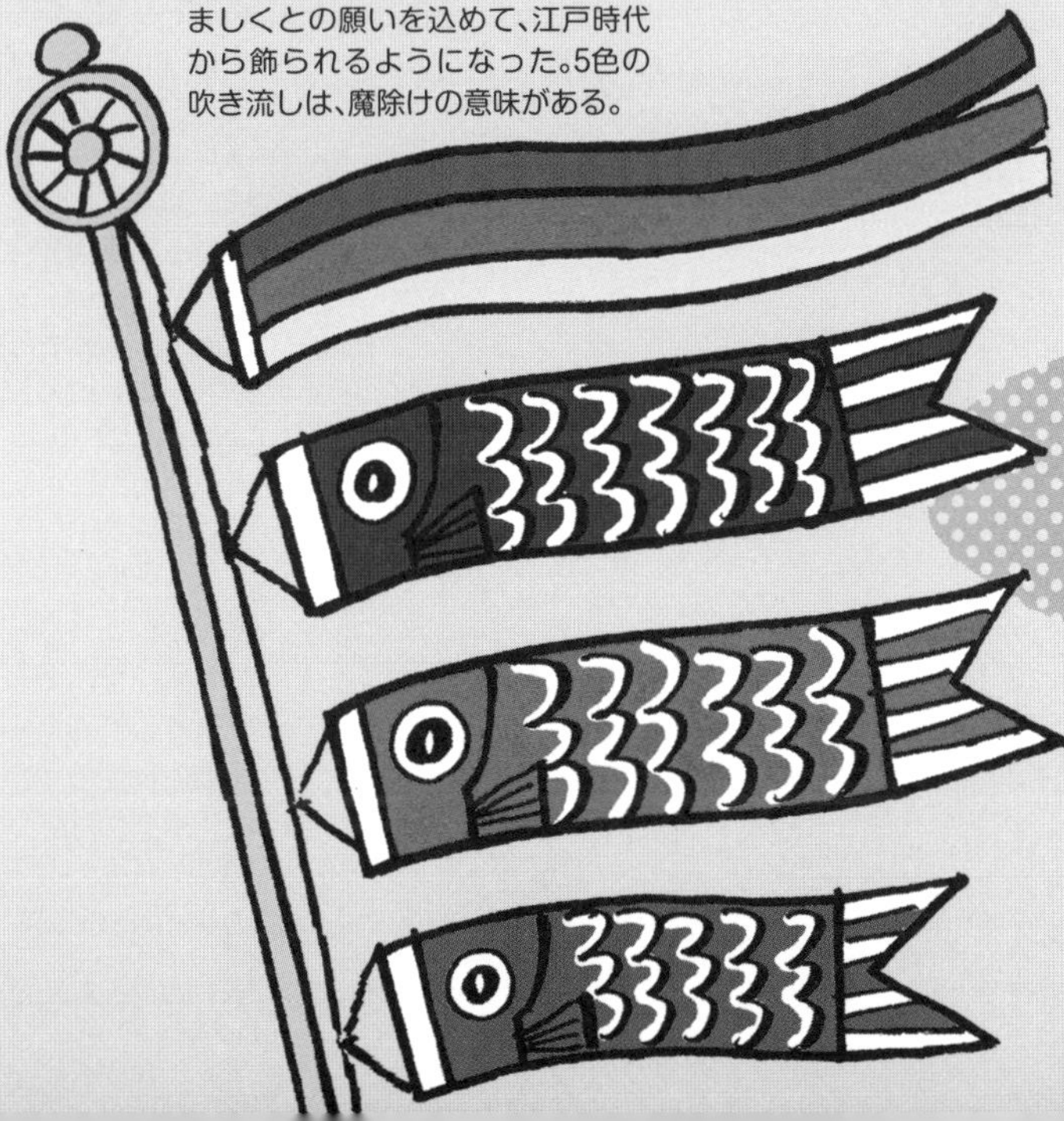

6月
生まれのヒント

蛍（ほたる）

緑色を帯びた光を放って闇夜を彩る虫。梅雨が訪れる頃、流れがゆるやかできれいな水辺に姿を現す。浮かんでは消える光は、幻想的で美しい。日本では主に源氏蛍（げんじぼたる）と平家蛍（へいけぼたる）の2種類。

黄雀風（こうじゃくふう）

梅雨の時期に吹く南東の風のこと。湿気を含み蒸し暑い。この風が吹く頃、「海魚変じて黄雀となる（海の魚が地上のスズメの子になる）」との中国の言い伝えによる。

麦の秋（むぎのあき）

麦の穂が実り、収穫期を迎えた初夏の頃をいう。麦にとっては「収穫の秋」のため、こう呼ばれる。陰暦4月の異名。「麦秋（ばくしゅう）」とも。

6月の星座

- 双子座（5/21～6/21）
- 蟹座（6/22～7/22）

6月の季語

1日	更衣（ころもがえ）
2日	岩燕（いわつばめ）
3日	田植え（たうえ）
4日	浮巣（うきす）
5日	早乙女（さおとめ）
6日	芒種（ぼうしゅ）*
7日	竹の花（たけのはな）
8日	夏蛙（なつがえる）
9日	青葉冷（あおばびえ）
10日	入梅（にゅうばい）
11日	紫陽花（あじさい）
12日	蛍（ほたる）
13日	月下美人（げっかびじん）
14日	大南風（おおみなみ）
15日	田畑（たばた）
16日	漆掻く（うるしかく）
17日	翡翠（かわせみ）
18日	梅雨晴（つゆばれ）
19日	結葉（むすびば）
20日	明早し（あけはやし）
21日	夏至（げし）*
22日	夏暖簾（なつのれん）
23日	夏野（なつの）
24日	夏山（なつやま）
25日	青田（あおた）
26日	今年竹（ことしだけ）
27日	夏衣（なつごろも）
28日	夏籠り（げごもり）
29日	明易（あけやす）
30日	暑気払い（しょきばらい）

*二十四節気なので年によって日にちが変わります。

6月の別称

- 水無月（みなづき）
- 風待月（かぜまちづき）
- 鳴神月（なるかみづき）
- 松風月（まつかぜづき）
- 田無月（たなしづき）
- 涼暮月（すずくれづき）
- 季月（きげつ）
- 建未月（けんびげつ）
- 小暑（しょうしょ）
- 雷月（らいげつ）

6月の生活・行事

- 田植え（たうえ）
- 父の日（ちちのひ）
- 富士詣（ふじもうで）
- 蛍狩り（ほたるがり）
- 芒種（ぼうしゅ）
- 時の記念日（ときのきねんび）
- 更衣（ころもがえ）
- 夏越の祓（なごしのはらえ）
- 夏至（げし）
- 嘉祥（かじょう）

6月の気象・時候

- 五月雨（さみだれ）
- 五月晴れ（さつきばれ）
- 梅雨寒（つゆさむ）
- 入梅（にゅうばい）
- 黒南風（くろはえ）
- 夏の川（なつのかわ）
- 青嵐（あおあらし）
- 虎が雨（とらがあめ）
- 黄雀風（こうじゃくふう）
- 山背風（やませかぜ）

紫陽花（あじさい）

梅雨の時期を代表する花。小さな花が群れ咲いて大きな毬（まり）の形をなす。土壌によって、赤、青、紫、白など色が変化するため、「七変化」とも呼ばれる。

芒種（ぼうしゅ）

二十四節気の一つで、6月6日頃を指す。稲など「芒（のぎ）」のある植物の種を植える時期。「芒」とは、イネ科の植物にあるトゲのような突起のこと。

梅雨（つゆ）

春と夏をつなぐ長雨の季節を梅雨と呼ぶ。梅の実が熟す時期なので、「梅雨」の字が当てられた。農家にとっては恵みの雨。「五月雨」（さみだれ）とも呼ばれる。

短夜（みじかよ）

夏の短い夜のこと。夏至に向かってだんだん短くなる夜の時間を惜しむ気持ち、また涼しい夜風を楽しむ時間が短くて残念、という気持ちが込められている。

7月 生まれのヒント

7月の星座

- 蟹座（6/22～7/22）
- 獅子座（7/23～8/22）

7月の季語

1日	一夏（いちげ）
2日	雲海（うんかい）
3日	金魚草（きんぎょそう）
4日	出水（でみず）
5日	夏花（げばな）
6日	夏灯（なつともし）
7日	小暑（しょうしょ）*
8日	灯涼し（ひすずし）
9日	風鈴（ふうりん）
10日	釣忍（つりしのぶ）
11日	夏雲雀（なつひばり）
12日	夏掛け（なつがけ）
13日	涼気（りょうき）
14日	半夏雨（はんげあめ）
15日	虹（にじ）
16日	蝉（せみ）
17日	打ち水（うちみず）
18日	虹の根（にじのね）
19日	二重虹（ふたえにじ）
20日	白南風（しろはえ）
21日	青草（あおくさ）
22日	風入れ（かぜいれ）
23日	大暑（たいしょ）*
24日	納涼（のうりょう）
25日	氷水（こおりみず）
26日	炎暑（えんしょ）
27日	熱風（ねっぷう）
28日	夏帯（なつおび）
29日	雲の峰（くものみね）
30日	赤富士（あかふじ）
31日	夕焼け（ゆうやけ）

*二十四節気なので年によって日にちが変わります。

夕焼け（ゆうやけ）

夕方に空が赤く染まる現象のこと。夕焼けは年間を通して見られるが、夏がもっとも鮮やかに感じられるとの理由から、俳句では夏の季語に。夕焼けが見られた次の日は晴天。

山開き（やまびらき）・海開き（うみびらき）・川開き（かわびらき）

7月1日は富士山の山開き。旧暦の6月1日には、水難除けを願い川祭りが行われる。海開きは海水浴の解禁日で、もっとも早いのが沖縄の3月末。

梅雨明け（つゆあけ）

梅雨が明けるのは、7月の中旬から下旬頃。梅雨が明けると本格的な夏が到来する。梅雨明け直後は「梅雨明け十日」といって、天気が安定し猛暑が続く。

日焼け（ひやけ）

海に、川に、山にと、こんがり真っ黒に日焼けした子どもたちの笑顔は、夏の一つの風物詩。

7月の別称

- 文月（ふみづき）
- 七夕月（たなばたづき）
- 親月（ふづき）
- 愛逢月（めであいづき）
- 涼月（りょうげつ）
- 流火（りゅうか）
- 建申月（けんしんげつ）
- 桐月（とうげつ）
- 風微月（ふみつき）
- 精霊月（しょうりょうづき）

7月の生活・行事

- 山開き（やまびらき）
- 海開き（うみびらき）
- 川開き（かわびらき）
- 七夕（たなばた）
- 朝顔市（あさがおいち）
- 鬼灯市（ほおずきいち）
- 夏休み（なつやすみ）
- 夏祭り（なつまつり）
- 祇園祭（ぎおんまつり）
- 天神祭（てんじんまつり）

7月の気象・時候

- 天の川（あまのがわ）
- 白南風（しろはえ）
- 夕立（ゆうだち）
- 喜雨（きう）
- 炎天（えんてん）
- 風青し（かぜあおし）
- 日盛り（ひざかり）
- 青田波（あおたなみ）
- 逃げ水（にげみず）
- 夏の露（なつのつゆ）

雷（かみなり）

夕立や雷は夏の風物詩。昔は雷が鳴ると、親が子どもに「雷様におへそをとられる」といっていたが、これは雷が鳴ると温度が下がるため、おなかを冷やさないよう諭すもの。

向日葵（ひまわり）

その名のとおり、太陽に向かって大きな黄色い花を咲かせる夏の代表花。明るくて、はつらつとした元気なイメージを持つ。「日輪草（にちりんそう）」ともいう。

七夕（たなばた）

五節句の一つで、7月7日に行う星祭り。中国の星伝説と、裁縫や技芸の上達を願う乞巧奠（きっこうでん）が日本に伝わり、「棚織津女（たなばたつめ）」の行事が重なったもの。

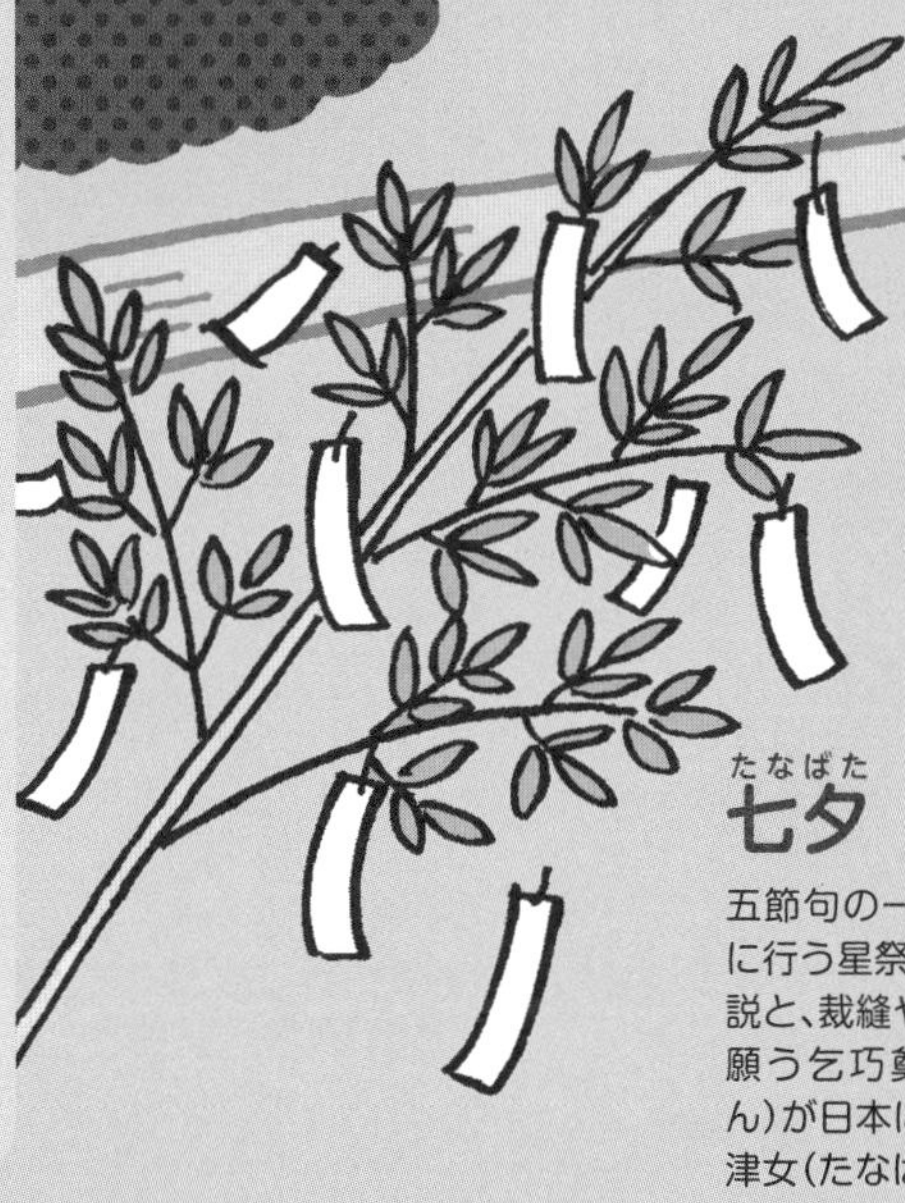

花火

観賞用の花火がはじめて打ち上げられたのは、1600年代といわれる。打ち上げ花火や仕掛け花火など、今では工夫を凝らした、さまざまな模様の花火が夜空を彩る。

浴衣

木綿の単(ひとえ)の着物で、もともと入浴後に着るものだった。江戸時代後期から、日常のほか、盆踊りや夏祭りなどの外出着として、高温多湿な夏には欠かせない衣類となる。

8月
生まれのヒント

8月の星座

- 獅子座
(7/23～8/22)
- 乙女座
(8/23～9/22)

8月の季語

1日	凌霄(りょうしょう)
2日	夏草(なつくさ)
3日	山滴る(やましたたる)
4日	浴衣(ゆかた)
5日	夏座敷(なつざしき)
6日	入道雲(にゅうどうぐも)
7日	夏草(なつくさ)
8日	立秋(りっしゅう)*
9日	夏果つ(なつはつ)
10日	涼し(すずし)
11日	夏雲(なつぐも)
12日	万緑(ばんりょく)
13日	花火(はなび)
14日	星月夜(ほしつきよ)
15日	盆踊り(ぼんおどり)
16日	送火(おくりび)
17日	遠花火(とおはなび)
18日	露涼し(つゆすずし)
19日	氷菓(ひょうか)
20日	残暑(ざんしょ)
21日	茜草(あかね)
22日	秋暑し(あきあつし)
23日	処暑(しょしょ)*
24日	夜の秋(よるのあき)
25日	鬼火(おにび)
26日	初嵐(はつあらし)
27日	流灯(りゅうとう)
28日	撫子(なでしこ)
29日	秋草(あきくさ)
30日	秋めく(あきめく)
31日	秋高し(あきたかし)

*二十四節気なので年によって日にちが変わります。

8月の別称

- 葉月(はづき)
- 木染月(こぞめづき)
- 月見月(つきみづき)
- 紅染月(べにそめづき)
- 燕去月(つばめさりづき)
- 荘月(そうげつ)
- 桂月(けいげつ)
- 建酉月(けんゆうげつ)
- 天岡(てんこう)
- 穂発月(ほはりづき)

8月の生活・行事

- 花火大会(はなびたいかい)
- 盆踊り(ぼんおどり)
- 盆休み(ぼんやすみ)
- 精霊流し(しょうろうながし)
- 大文字(だいもんじ)
- 納涼(のうりょう)
- 打ち水(うちみず)
- 不知火(しらぬい)
- 麻刈り(あさがり)
- 終戦記念日(しゅうせんきねんび)

8月の気象・時候

- 涼風(りょうふう)
- 初嵐(はつあらし)
- 夕凪(ゆうなぎ)
- 秋めく(あきめく)
- 蝉時雨(せみしぐれ)
- 新涼(しんりょう)
- 炎暑(えんしょ)
- 晩夏(ばんか)
- 残暑(ざんしょ)
- 秋近し(あきちかし)

流星（りゅうせい）

流れ星のこと。流星の正体は宇宙空間に漂っている塵(ちり)で、地球大気に突入して光を放つ。8月は特に、ペルセウス座流星群が活動するため、多くの流星が見られる。

南風（みなみかぜ）

南から吹く風のことで、冬の北風に対して夏の南風という。「はえ」とも呼び、梅雨時期に吹く南風を「黒南風(くろはえ)」、その後の南風を「白南風(しろはえ)」と呼ぶ。

夕凪（ゆうなぎ）

夕方、海辺で海風と陸風が交替するときに無風状態になること。海上が静まり穏やかになり、海に沈む夕日もよく見える。

天の川（あまのがわ）

初秋にあたる8月、澄みきった夜空の、一年でもっとも高い位置にかかる天の川。七夕伝説の織姫と彦星を隔てる川で、「銀河」「銀漢」ともいう。

9月
生まれのヒント

白露（はくろ）

二十四節気の一つで9月8日頃から「秋分」の前日までを指す。少しずつ暑さがやわらぎ、草花に朝露がつき始める時期。ツバメが去っていくのもこの頃。

重陽の節句（ちょうようのせっく）

9月9日に行われる、菊が主体の節句。菊の気品ある香りが邪気を祓うとされ、菊の花を食べたり、菊酒を飲んでお祝いをする。五節句の一つ。

萩（はぎ）

草冠に秋と書く萩は、秋の代表花。枝垂れした細い茎に、ピンク色の小さな花をたくさんつける姿が、控えめで可憐な印象を与える。秋の七草の一つ。

鈴虫（すずむし）

リーン、リーンという鳴き声が秋の到来を告げる虫。鳴くのはオスで、求愛のため左右の前翅（まえばね）をすり合わせて音を出す。

9月の星座

- 乙女座（8/23～9/22）
- 天秤座（9/23～10/23）

9月の季語

1日	野分（のわけ）
2日	鈴虫（すずむし）
3日	夜長（よなが）
4日	天高し（てんたかし）
5日	秋雲（あきぐも）
6日	稲穂（いなほ）
7日	花野（はなの）
8日	白露（はくろ）*
9日	重陽（ちょうよう）
10日	三日月（みかづき）
11日	新涼（しんりょう）
12日	秋祭（あきまつり）
13日	虫の音（むしのね）
14日	秋簾（あきすだれ）
15日	秋日和（あきびより）
16日	萩（はぎ）
17日	虫時雨（むししぐれ）
18日	名月（めいげつ）
19日	明月（めいげつ）
20日	稲雀（いなすずめ）
21日	良夜（りょうや）
22日	秋の空（あきのそら）
23日	秋分（しゅうぶん）*
24日	秋耕（しゅうこう）
25日	月光（げっこう）
26日	豊年（ほうねん）
27日	豊作（ほうさく）
28日	不知火（しらぬい）
29日	弓張月（ゆみはりづき）
30日	秋の山（あきのやま）

＊二十四節気なので年によって日にちが変わります。

9月の別称

- 長月（ながつき）
- 菊月（きくづき）
- 竹酔月（ちくすいづき）
- 授衣（じゅえ）
- 紅葉月（もみじづき）
- 建戌月（けんじゅつげつ）
- 詠月（えいげつ）
- 高秋（こうしゅう）
- 季白（きはく）
- 稲熟月（いなあがりつき）

9月の生活・行事

- 十五夜（じゅうごや）
- 秋彼岸（あきひがん）
- 流鏑馬（やぶさめ）
- 重陽の節句（ちょうようのせっく）
- 秋社（しゅうしゃ）
- 風祭（かぜまつり）
- 月見（つきみ）
- 秋の七草（あきのななくさ）
- 二百十日（にひゃくとおか）
- 敬老の日（けいろうのひ）

9月の気象・時候

- 秋涼（しゅうりょう）
- 葉風（はかぜ）
- 野分（のわけ）
- 中秋（ちゅうしゅう）
- 虫時雨（むししぐれ）
- 白露（はくろ）
- 宵闇（よいやみ）
- 月の雫（つきのしずく）
- 実りの秋（みのりのあき）
- 花野（はなの）

十五夜（じゅうごや）

旧暦の８月15日。月見団子や里芋をお供えし、すすきを飾って、月を愛でながら五穀豊穣を祝う。十五夜の月を「中秋の名月」、また、芋をお供えすることから「芋名月」とも呼ぶ。

実りの秋（みのりのあき）

四季のなかでも、稲や芋などの穀物や野菜が豊富に収穫される秋をたたえた言葉。何を食べてもおいしく感じられることから「食欲の秋」という言葉も生まれた。

稲の波（いねのなみ）

稲穂がこうべをたれて、一面、風にたなびいているさまをいう。黄金色に輝いて波を打つ様子は、絵を見ているように美しく、「黄金（こがね）の波」とも呼ばれる。

秋水（しゅうすい）

秋の頃の、澄み切った水の流れのこと。転じて曇りがなく清らかなものを指したり、研ぎ澄まされた刀のことをいったりする。

10月 生まれのヒント

天高し（てんたかし）

秋は空気が澄み、鮮やかに晴れた空が遠くまで抜けるように、高く見える様子を表す。「秋高し」ともいう。

羊雲（ひつじぐも）

秋に、もこもこと大きめの塊がいくつもでき、あたかも羊が群れをなしているかのように見える雲。正式には「高積雲」という。「羊雲が出ると翌日は雨」といわれる。

露霜（つゆじも）

露が凍って霜のようになり、うっすら白くなった状態。「水霜（みずしも）」ともいう。晩秋に見られる光景で、冬が間近に迫っていることを告げている。

馬肥ゆる（うまこゆる）

秋になると、馬も食欲が増し肥えてたくましくなるという意味。かつて馬は大切な労働力だったため、その馬が丈夫に健やかに育つことは喜ばしいことだった。

運動会（うんどうかい）

暑くもなく寒くもない気持ちのよい秋は、運動会にはもってこいの季節。子どもたちのがんばる姿に、応援している大人たちも熱が入る。

10月の星座

- 天秤座（9/23～10/23）
- 蠍座（10/24～11/21）

10月の季語

1日	秋夕焼け（あきゆうやけ）
2日	秋の風（あきのかぜ）
3日	鰯雲（いわしぐも）
4日	猪（いのしし）
5日	秋の日（あきのひ）
6日	狐花（きつねばな）
7日	秋時雨（あきしぐれ）
8日	寒露（かんろ）*
9日	椋鳥（むくどり）
10日	金木犀（きんもくせい）
11日	銀杏（ぎんなん）
12日	桃吹く（ももふく）
13日	秋色（あきいろ）
14日	新米（しんまい）
15日	竜田姫（たつたひめ）
16日	灯火親し（とうかしたし）
17日	秋晴（あきばれ）
18日	芒（すすき）
19日	馬肥ゆ（うまこゆ）
20日	数珠玉（じゅずだま）
21日	秋霜（しゅうそう）
22日	松手入れ（まつていれ）
23日	霜降（そうこう）*
24日	種採り（たねとり）
25日	爽やか（さわやか）
26日	秋の海（あきのうみ）
27日	秋暮れる（あきくれる）
28日	色鳥（いろどり）
29日	霧（きり）
30日	紅葉（もみじ）
31日	冷まじ（すさまじ）

*二十四節気なので年によって日にちが変わります。

10月の別称

- 神無月(かんなづき)
- 時雨月(しぐれづき)
- 初霜月(はつしもづき)
- 陽月(ようげつ)
- 大月(たいげつ)
- 坤月(こんげつ)
- 建亥月(けんがいげつ)
- 小陽春(しょうようしゅん)
- 刈稲月(かりねづき)
- 定星(ていせい)

10月の生活・行事

- 運動会(うんどうかい)
- 体育の日(たいいくのひ)
- 十三夜(じゅうさんや)
- 稲刈り(いねかり)
- ハロウィン
- 秋祭(あきまつり)
- 味覚狩り(みかくがり)
- 恵比寿講(えびすこう)
- 神嘗祭(かんなめさい)
- 更衣(ころもがえ)

10月の気象・時候

- 初紅葉(はつもみじ)
- 秋晴れ(あきばれ)
- 暮れの秋(くれのあき)
- 秋雨(あきさめ)
- 初霜(はつしも)
- 秋澄む(あきすむ)
- 清秋(せいしゅう)
- 野山の錦(のやまのにしき)
- 山粧う(やまよそおう)
- 灯火親しむ(とうかしたしむ)

秋澄む(あきすむ)

秋の澄んだ大気のこと。秋は大陸から移動してくる高気圧に覆われ、乾燥した日が多くなる。すると、遠くまではっきりと見え、虫の音や物の音なども澄んで聞こえるようになる。

初紅葉(はつもみじ)

秋になって、初めて目にする紅葉のこと。秋の訪れや、小さい秋を発見した喜びを表す言葉。

秋晴れ(あきばれ)

秋の空が、雲一つなく清々しく晴れわたること。

冷まじ(すさまじ)

晩秋の頃の、すさまじい寒さを表す言葉。それまで感じていた快い冷涼さよりも、やや強まった、冬の到来を感じさせる印象。

体育の日(たいいくのひ)

1964年に東京オリンピックが開催されたのを記念して、2年後、開会式が行われた10月10日が「体育の日」に制定された。現在はハッピーマンデー制度で第2月曜日に。

11月
生まれのヒント

昴

冬の冷たく透き通った空に、肉眼で見られる６つの星のこと。牡牛座(おうしざ)にあるプレアデス星団で、「昴」は１個の星ではなく星の集まりにつけられた名前。

冬めく

山々の様子だけでなく、雨や風、空気などで、どこか冬らしさを感じること。本格的な冬が到来する前の気配。

晩秋

秋を初秋、仲秋、晩秋と分けた、最後の秋のこと。秋が急速に深まっていき、冬がすぐそこまで近づいてきている気配が感じられる時期。陰暦9月の異名。「暮秋(ぼしゅう)」とも。

霜の声

霜の降りた寒い夜の、音もなくしんとしている様子。霜が降りるような寒い夜のことを「霜夜」という。

芸術の秋

11月3日は文化の日。イベントも多く、音楽や美術、演劇などの芸術に触れたりする機会が多い。読書の秋ともいわれ、秋の夜長に読書をたしなむのも古くからの習慣。

11月の星座

- 蠍座
(10/24～11/21)
- 射手座
(11/22～12/22)

11月の季語

1日	吾亦紅(われもこう)
2日	柿(かき)
3日	朝霧(あさぎり)
4日	夕霧(ゆうぎり)
5日	夜霧(よぎり)
6日	秋深し(あきふかし)
7日	立冬(りっとう)*
8日	菊(きく)
9日	濃紅葉(こもみじ)
10日	紅葉狩り(もみじがり)
11日	紅葉山(もみじやま)
12日	散紅葉(ちりもみじ)
13日	冬立つ(ふゆたつ)
14日	侘助(わびすけ)
15日	冬めく(ふゆめく)
16日	鳥渡る(とりわたる)
17日	落葉(らくよう)
18日	冬初め(ふゆはじめ)
19日	冬浅し(ふゆあさし)
20日	秋桜(コスモス)
21日	短日(たんじつ)
22日	小雪(しょうせつ)*
23日	麦蒔き(むぎまき)
24日	白鳥(はくちょう)
25日	風除け(かざよけ)
26日	小春(こはる)
27日	冬囲(ふゆがこい)
28日	暮早し(くれはやし)
29日	時雨虹(しぐれにじ)
30日	綿入れ(わたいれ)

＊二十四節気なので年によって日にちが変わります。

11月の別称

- 霜月（しもつき）
- 神楽月（かぐらづき）
- 神帰月（かみきづき）
- 霜降月（しもふりづき）
- 天正月（てんしょうづき）
- 黄鐘（おうしょう）
- 建子月（けんしげつ）
- 章月（しょうげつ）
- 天泉（てんせん）
- 竜潜月（りゅうせんづき）

11月の生活・行事

- 酉の市（とりのいち）
- 七五三（しちごさん）
- 亥の子の祝い（いのこのいわい）
- 新嘗祭（にいなめさい）
- 高千穂の夜神楽（たかちほのよかぐら）
- 紅葉狩り（もみじがり）
- 読書の秋（どくしょのあき）
- 十日夜（とおかんや）
- 冬休み（ふゆやすみ）
- 文化の日（ぶんかのひ）

11月の気象・時候

- 晩秋（ばんしゅう）
- 時雨（しぐれ）
- 神立風（かみたつかぜ）
- 冬めく（ふゆめく）
- 小春日和（こはるびより）
- 小雪（しょうせつ）
- 星の入東風（ほしのいりごち）
- 落葉（らくよう）
- 水澄む（みずすむ）
- 木枯らし（こがらし）

酉（とり）の市（いち）

11月の酉の日に、各地の神社で行われる、開運招福、商売繁盛を願うお祭。さまざまな縁起物で飾られ、福と運をかき込むといわれる「熊手」を求めて、大勢の参詣者でにぎわう。

新嘗祭（にいなめさい）

天皇が、その年に収穫された新穀を神にお供えし、神とともにそれを食べることで収穫に感謝し、来年の豊作を祈る行事。現在、すべての生産と勤労に感謝する勤労感謝の日に。

亥（い）の子（こ）の祝（いわい）

11月の亥の日、亥の刻（午後9～11時頃）に行われる子孫繁栄と、収穫に感謝し豊作を祈るお祭。亥の子餅を食べると、無病息災で過ごせるといわれている。

12月
生まれのヒント

除夜の鐘

大晦日の夜、お寺で108回つく鐘のこと。108つの煩悩を鐘をつくごとに浄化する意味があり、107回は年内に、1回は新年につく。

天狼

冬の夜空で、宝石のようにひときわ輝く星。おおいぬ座のシリウスのこと。その輝きを狼の眼光にたとえて、古代中国では天狼といった。和名は「青星(あおぼし)」。

虎落笛

冬の厳寒の夜空を、激しい風がヒューヒューと音を立てて吹くこと。「虎落」とは竹を立てて並べて作った物干しで、それが風に吹かれて、笛のように音を立てることに由来する。

冬至

二十四節気の一つで、12月22日頃。この日は昼がもっとも短く、夜がもっとも長い。風邪をひかないように柚子湯に入ったり、栄養豊富なかぼちゃを食べたりする。「一陽来復」ともいう。

柚子

11月から1月に旬を迎える黄金の果実・柚子。すがすがしい香りとさっぱりとした酸味が特徴。12月22日頃の冬至には血行を促進する柚子湯に入る慣わしがある。

12月の星座

- 射手座（11/22〜12/22）
- 山羊座（12/23〜1/19）

12月の季語

1日	虎落笛(もがりぶえ)
2日	千鳥(ちどり)
3日	冬日(ふゆび)
4日	初雪(はつゆき)
5日	枇杷の花(びわのはな)
6日	時雨(しぐれ)
7日	大雪(たいせつ)*
8日	雪蛍(ゆきぼたる)
9日	木枯(こがらし)
10日	冬茜(ふゆあかね)
11日	冬ざれ(ふゆざれ)
12日	霙(みぞれ)
13日	枯野(かれの)
14日	冬濤(ふゆなみ)
15日	冬籠り(ふゆごもり)
16日	冬桜(ふゆざくら)
17日	冬の空(ふゆのそら)
18日	初氷(はつごおり)
19日	初霜(はつしも)
20日	火桶(ひおけ)
21日	冬雲(ふゆぐも)
22日	冬至(とうじ)*
23日	吹雪(ふぶき)
24日	聖夜(せいや)
25日	山眠る(やまねむる)
26日	霜枯れ(しもがれ)
27日	蜜柑(みかん)
28日	年の瀬(としのせ)
29日	年の暮(としのくれ)
30日	年深し(としふかし)
31日	大晦日(おおみそか)

*二十四節気なので年によって日にちが変わります。

12月の別称

- 師走（しわす）
- 梅初月（うめはつづき）
- 氷月（ひょうげつ）
- 暮歳（ぼさい）
- 臘月（ろうげつ）
- 茶月（さげつ）
- 清祀（せいし）
- 建丑月（けんちゅうげつ）
- 大呂（たいりょ）
- 天晧（てんこう）

12月の生活・行事

- クリスマス
- 歳の市（としのいち）
- お歳暮（おせいぼ）
- 忘年会（ぼうねんかい）
- 年越し（としこし）
- 正月事始め（しょうがつごとはじめ）
- 冬至（とうじ）
- 大晦日（おおみそか）
- 除夜の鐘（じょやのかね）
- 針供養（はりくよう）

12月の気象・時候

- 北風（きたかぜ）
- 冬霞（ふゆがすみ）
- 霜柱（しもばしら）
- 初雪（はつゆき）
- 初氷（はつごおり）
- 冬凪（ふゆなぎ）
- 星冴ゆ（ほしさゆ）
- 月冴ゆ（つきさゆ）
- 冬木立（ふゆこだち）
- 樹氷（じゅひょう）

クリスマス

12月24・25日はイエス・キリストの誕生を祝うキリスト教のお祭り。クリスマスツリーを飾ったり、プレゼント交換をしたり、七面鳥やケーキを食べたりしてお祝いをする。

山眠（やまねむ）る

紅葉でにぎわいを見せていた山野も、葉が散って彩りを失い、ひっそりと静まりかえっている様子。あたかも深い眠りに入っているかのようなイメージ。

年越（としこ）し

大晦日の夜のこと。前もって掃除はすませておき、おせち料理を作るなどの正月を迎える準備を整えたあと、長寿や開運を願って年越しそばを食べる。

モチーフ選びのヒント

好きなものや尊敬しているもの、さまざまなモチーフから名前を考えてみましょう。少しまわりを見渡すだけでも、ヒントとなるモチーフはたくさんあります。

自然から

自然を敬い慕う気持ちは誰の心にもあることでしょう。自然をモチーフにすると、自然がもつエネルギー、躍動感、生命力が感じられる名前になります。

大自然を連想するもの

大海原や大地がもつ、包容力や雄大さ、力強いイメージなどが男の子の名前によく合います。

大地・土

大地は生命を育む存在。包容力と揺るがぬ意志をもった、雄大な男の子になることを願って。

- 育土 8・3 いくと
- 千土 3・3 かずと
- 丘児 5・7 きゅうじ
- 丘真 5・10 きゅうま
- 耕大 10・3 こうだい
- 広野 5・11 こうや
- 壌治 16・8 じょうじ
- 大地 3・6 だいち
- 拓磨 8・16 たくま
- 拓心 8・4 たくみ
- 地広 6・5 ちひろ
- 大陸 3・11 ひろむ
- 陸行 11・6 みちゆき
- 陸王 11・4 むつお
- 雄大 12・3 ゆうだい
- 幸原 8・10 ゆきはら
- 陸 11 りく
- 陸夜 11・8 りくや

山

どっしりとした存在感と安定感、峻厳な峰々のような清らかで気高い誇りをもった子に。

- 一渓 1・11 いっけい
- 岩樹 8・16 いわき
- 岳 8 がく
- 岳斗 8・4 がくと
- 渓壱 11・7 けいいち
- 渓太 11・4 けいた
- 渓太郎 11・4・9 けいたろう
- 岳人 8・2 たけと
- 岳利 8・7 たけとし
- 岳紀 8・9 たけのり
- 岳陽 8・12 たけはる
- 岳大 8・3 たけひろ
- 峰生 10・5 ほうせい
- 穂高 15・10 ほだか
- 山翔 3・12 やまと
- 嶺 17 りょう
- 稜介 13・4 りょうすけ
- 嶺志 17・7 れいじ

川・湖

小川のせせらぎの優しさや大河の雄大感、澄んだ湧水・湖の透明感などのある人に。

- 泉 9 いずみ
- 和水 8・4 かずみ
- 清志郎 11・7・9 きよしろう
- 江一郎 6・1・9 こういちろう
- 幸河 8・8 こうが
- 江生 6・5 こうき
- 湖南 12・9 こなん
- 州一 6・1 しゅういち
- 潤平 15・5 じゅんぺい
- 潤也 15・3 じゅんや
- 渉永 11・5 しょうえい
- 湘吾 12・7 しょうご

- 清瑛 11・12 せいえい
- 清哉 11・9 せいや
- 泉一 9・1 せんいち
- 太河 4・8 たいが
- 沢巳 7・3 たくみ
- 達水 12・4 たつみ

- 波也斗 8・3・4 はやと
- 水輝 4・15 みずき
- 水流 4・10 みずる
- 湊 12 みなと
- 湧大 12・3 ゆうだい
- 渉 11 わたる

海

大海原の雄大さ、穏やかな海の生命力や包容力、荒々しい波の力強さ。海のもつさまざまな表情に思いを託して。

- 育海 8・9 いくみ
- 潮 15 うしお
- 海春 9・9 うみはる
- 沖耶 7・9 おきや
- 吏海 6・9 おさみ
- 櫂 18 かい
- 海紀 9・9 かいき
- 海司 9・5 かいじ
- 櫂治 18・8 かいじ
- 海青 9・8 かいせい
- 海里 9・7 かいり
- 輝海洋 15・9・9 きみひろ

- 舷貴 11・12 げんき
- 航一朗 10・1・10 こういちろう
- 航太 10・4 こうた
- 航平 10・5 こうへい
- 汐 6 しお
- 舵一 11・1 だいち

- 拓海 8・9 たくみ
- 輝海 15・9 てるうみ
- 波央 8・5 なお
- 波瑠斗 8・14・4 はると
- 正海 5・9 まさみ
- 港 12 みなと

開放感や爽快感、輝きを連想させるもの

天空や風、光の輝きなどに関連する言葉を使うと、明るさや空間の広がりがイメージできる、現代的な名前になります。

風

軽やかで心地よいそよ風のような、さわやかな人に。あるいは烈風のような、激しく男らしい人に。

- 爽(11) あきら
- 嵐(12) あらし
- 息(10)吹(7) いぶき
- 風(9)早(6) かざはや
- 和(8)爽(11) かずさ
- 剛(10)風(9) ごうふう
- 爽(11)介(4) そうすけ
- 爽(11)汰(7) そうた
- 颯(14)太(4) そうた

- 昇(8)風(9) のりかぜ
- 疾(10)風(9) はやて
- 颯(14) はやて
- 風(9)雅(13) ふうが
- 風(9)汰(7) ふうた

- 風(9)真(10) ふうま
- 帆(6)稀(12) ほまれ
- 流(10)風(9) りゅうき
- 涼(11)介(4) りょうすけ
- 涼(11)也(3) りょうや

空

大きく広がる空。自由で健やかに、大空へと羽ばたくように願いを込めて。

- 旭(6)翔(12) あきと
- 陽(12)伸(7) あきのぶ
- 朝(12)生(5) あさお
- 快(7)翔(12) かいと
- 翔(12) かける
- 空(8)牙(4) くうが
- 虹(9)輝(15) こうき
- 虹(9)大(3) こうた
- 東(8)雲(12) しののめ
- 翔(12)悟(10) しょうご
- 素(10)晴(12) すばる
- 天(4)明(8) たかあき

- 空(8)良(7) たかあき
- 朝(12)弥(8) ともや
- 虹(9)斗(4) にじと
- 晴(12)空(8) はるたか
- 晴(12)弘(5) はるひろ
- 晴(12)道(12) はるみち

- 晴(12)夜(8) はるや
- 大(3)空(8) ひろたか
- 八(2)雲(12) やくも
- 結(12)翔(12) ゆうと
- 陽(12)太(4) ようた
- 雷(13)夢(13) らいむ

光

明るく前向きなイメージ。未来への希望と輝きを感じさせてくれます。

- 暁12 あきら
- 千3輝15 かずき
- 洸9一1郎9 こういちろう
- 晃10雅13 こうが
- 広5輝15 こうき
- 光6希7 こうき
- 煌13毅15 こうき
- 晄10介4 こうすけ
- 閃10一1 せんいち
- 太4陽12 たいよう
- 巧5光6 たくみ
- 唯11晃10 ただあき
- 照13彦9 てるひこ
- 輝15人2 てるひと
- 尚8輝15 なおき
- 延8輝15 のぶてる
- 陽12向6 ひなた
- 光6寿7 みつとし
- 光6虎8 みつとら
- 光6温12 みつはる
- 光6流10 みつる
- 保9照13 やすてる
- 湧12輝15 ゆうき
- 耀20太4朗10 ようたろう

宇宙・星

宇宙や輝く星のように、ロマンと想像力に満ちた、スケールの大きな人になるように。

- 惺12 あきら
- 宇6一1 ういち
- 宇6匡6 うきょう
- 銀14河8 ぎんが
- 煌13月4 こうが
- 航10彗11 こうすい
- 洸9星9 こうせい
- 秋9彗11 しゅうすい
- 昴9 すばる
- 星9雲12 せいうん
- 星9瞬18 せいしゅん
- 星9史5郎9 せいしろう
- 惺12也3 せいや
- 宙8太4 そらた
- 宇6宙8 たかひろ
- 天4馬10 てんま
- 恒9 ひさし
- 宙8人2 ひろと
- 北5斗4 ほくと
- 歩8志7彦9 ほしひこ
- 星9充6 ほしみつ
- 光6矢5 みつや
- 佑7月4 ゆづき
- 流10星9 りゅうせい

植物からイメージする

厳しい環境でも地中深く根を下ろして繁栄し、空に向かってまっすぐに伸びてゆく植物に、わが子の成長への願いを重ね合わせてもすてきです。

草花

たくましい生命力、豊かな実り、華やかで色彩的なイメージなどが感じられる名前になります。

- 藍輝 18 15 あいき
- 蒼生 13 5 あおい
- 稲帆 14 6 いなほ
- 惟蕗 11 16 いぶき
- 菊次郎 11 6 9 きくじろう
- 桔平 10 5 きっぺい
- 梗介 11 4 こうすけ
- 紫苑 12 8 しおん
- 繁 16 しげる

- 菖一郎 11 1 9 しょういちろう
- 草心 9 4 そうしん
- 賢梓 16 11 たかし
- 椿 13 つばき
- 灯麻 6 11 とうま
- 尚葵 8 12 なおき
- 徳菊 14 11 のりあき
- 穣 18 みのる
- 蕾太 16 4 らいた

- 菱一 11 1 りょういち
- 菱真 11 10 りょうま
- 蓮 13 れん

樹木

大地に根を張り、いつしか見上げるような巨木へと成長する樹木のように、健やかに育つよう願いを込めて。

- 樹 16 いつき
- 桜雅 10 13 おうが
- 桧 10 かい
- 楓 13 かえで
- 可士和 5 3 8 かしわ
- 完梧 7 11 かんご
- 幹太郎 13 4 9 かんたろう
- 杏一 7 1 きょういち
- 桐人 10 2 きりひと
- 光梓 6 11 こうじ
- 咲太朗 9 4 10 さくたろう
- 柊吾 9 7 しゅうご

- 松喜 8 12 しょうき
- 慎梧 13 11 しんご
- 杉哉 7 9 すぎや
- 大樹 3 16 だいき
- 友椰 4 13 ともや
- 英樹 8 16 ひでき

- 幹大 13 3 みきお
- 柚樹 9 16 ゆずき
- 葉一郎 12 1 9 よういちろう
- 葉平 12 5 ようへい
- 瑠枇 14 8 りゅうび
- 椋治 12 8 りょうじ

動物からイメージする

ワイルドでしなやかな躍動感、力強い生命力にあやかった名前です。

魚・虫

個性的な能力でたくましく生きていってほしいから。

名前	画数	読み
鮎夢	16・13	あゆむ
勇魚	9・11	いさな（＝鯨）
岩魚	8・11	いわな
鳶魚	14・11	えんぎょ
治虫	8・6	おさむ
魚龍	11・16	ぎょりゅう
魚鱗	11・24	ぎょりん
蛍一	11・1	けいいち
昆一郎	8・1・9	こんいちろう
翔鯉	12・18	しょうり
大魚	3・11	たいぎょく
鯛良	19・7	たいら
武魚	8・11	たけな
蝶路	15・13	ちょうじ
蜂亮	13・9	ほうすけ
鱒美	23・9	ますみ
鱗太郎	24・4・9	りんたろう
鱗音	24・9	りんと

鳥

大きく悠然とした羽ばたきで大空に舞い上がり、風に乗って自由に飛び回る鳥のように、社会へと力強く飛び立っていく人になることを願って。

名前	画数	読み
燕太	16・4	えんた
鷗賀	22・12	おうが
凰太郎	11・4・9	おうたろう
鶴翔	21・12	かくと
雁慈	12・13	がんじ
修鳳	10・14	しゅうほう
鷲也	23・3	しゅうや
隼	10	しゅん
隼生	10・5	じゅんせい
朱雀	6・11	すざく
鷹人	24・2	たかひと
鷹雪	24・11	たかゆき
千隼	3・10	ちはや
隼貴	10・12	としき
光鶴	6・21	みつる
鷹介	24・4	ようすけ

動物全般

野生動物や伝説の神獣のように、雄々しく、力強く、たくましく。男の子らしい風格とバイタリティを強く感じさせる名前になります。

名前	画数	読み
猿之輔	13・3・14	えんのすけ
猪佐武	11・7・8	いさむ
麒一	19・1	きいち
求馬	7・10	きゅうま
虎太朗	8・4・10	こたろう
卯	5	しげる
獅門	13・8	しもん
秀麒	7・19	しゅうき
早馬	6・10	そうま
拓馬	8・10	たくま
猛虎	11・8	たけとら
龍典	16・8	たつのり
辰郎	7・9	たつろう
虎輝	8・15	とらき
豹牙	10・4	ひょうが
羊輔	6・14	ようすけ
龍兒	16・8	りゅうじ
龍之介	16・3・4	りゅうのすけ
麟太郎	24・4・9	りんたろう
玲王	9・4	れお

春の動植物

花・植物

李（すもも）

初春に白い花を咲かせ、6～8月に実をつける。プルーンもスモモの仲間。名前は果実が桃よりも酸味が強いことからつけられた。

山吹（やまぶき）

4～5月に山吹色の花を多数咲かせる。庭・公園に植えられるほか、低山の渓谷や明るい林などに生える。古くから栽培され、万葉集にも歌が詠まれる。

桐（きり）

古くから日本に渡り、たんすなど家具の材料として知られる。5～6月に紫色の花がまとまってつき、花は家紋などのモチーフとしても知られる。

菖蒲（しょうぶ）

サトイモ科の植物で、アヤメ科の花菖蒲とは別のもの。端午の節句に欠かせないもので、葉を入れた菖蒲湯は、邪気を祓って心身を清めるといわれる。

皐月（さつき）

常緑のツツジで品種によってピンク、白、赤色の花を咲かせる。ほかのツツジ類よりも1～2カ月ほど開花が遅く、5月に花を咲かせることから「皐月」と名づけられた。

動物

やまどり
山鳥

本州から九州にかけて見られる日本固有の鳥で、丘陵や山地のよく茂った森林に生息する。オスは光沢のある赤褐色の体色で長い尾を持ち、繁殖期の春に羽をはばたかせて縄張りを主張する。

ほおじろ
頬白

日本のほぼ全域の川原や低木のある草原などで見られる。のど・頬・眉の模様が白いことが名前の由来。オスは春になると目立つ場所で「チョッピーチュルルピピピロピー」とさえずる。

きじ
雉

本州から九州の平地や山地の田畑や草原などで見られる、日本の国鳥。オスは全体に美しい体色で、目のまわりが赤く、繁殖期には「ケーン」と大きな声で鳴く。

その他の花・植物・動物

●花・植物

木通（あけび）・杏（あんず）・かすみ草（かすみそう）・金鳳花（きんぽうげ）・熊谷草（くまがいそう）・欅（けやき）・桜（さくら）・石楠花（しゃくなげ）・芍薬（しゃくやく）・紫蘭（しらん）・新緑（しんりょく）・花海棠（はなかいどう）・春牡丹（はるぼたん）・一人静（ひとりしずか）・藤（ふじ）・双葉葵（ふたばあおい）・木蓮（もくれん）・蓮華草（れんげそう）・若葉（わかば）

●動物

河原鶸（かわらひわ）・七星天道（ななほしてんとう）・春駒（はるこま）・雲雀（ひばり）・蜜蜂（みつばち）・紋白蝶（もんしろちょう）

夏の動植物

花・植物

紫陽花（あじさい）

梅雨に咲く代表的な花の一つ。古くは「あづさゐ」と呼ばれ、「あづ」は集まる、「さゐ」は藍色の小さい花で、集まって咲く小さな藍色の花の意味とされる。

梧桐（青桐）（あおぎり）

葉が大きく切れ込み、6～7月に白い小さな花を咲かせる。日本には奈良時代に渡来したといわれ、野生化したもののほか、公園や街路樹として植えられる。名前は樹皮が青くて桐に似ることから。

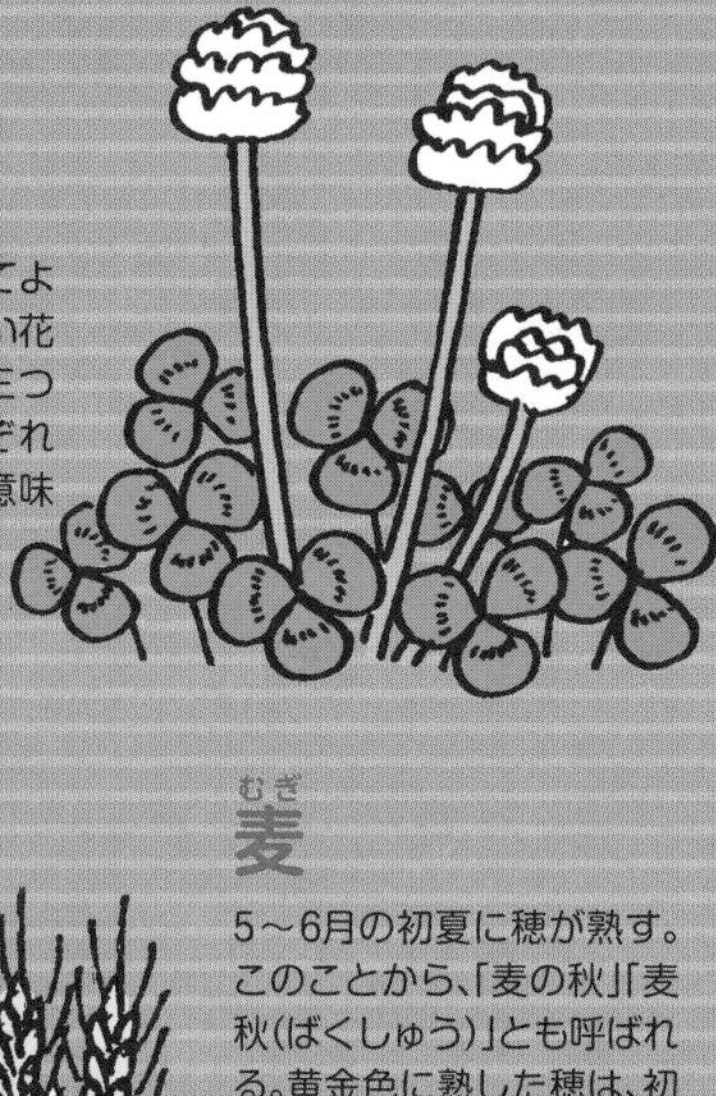

白詰草（しろつめくさ）

別名のクローバーとしてよく知られ、5～8月に白い花を咲かせる植物。葉が三つに分かれていて、それぞれ「希望」「信仰」「愛情」の意味があるとされる。

麦（むぎ）

5～6月の初夏に穂が熟す。このことから、「麦の秋」「麦秋(ばくしゅう)」とも呼ばれる。黄金色に熟した穂は、初夏の風に吹かれるとサラサラと乾いた音を響かせる。

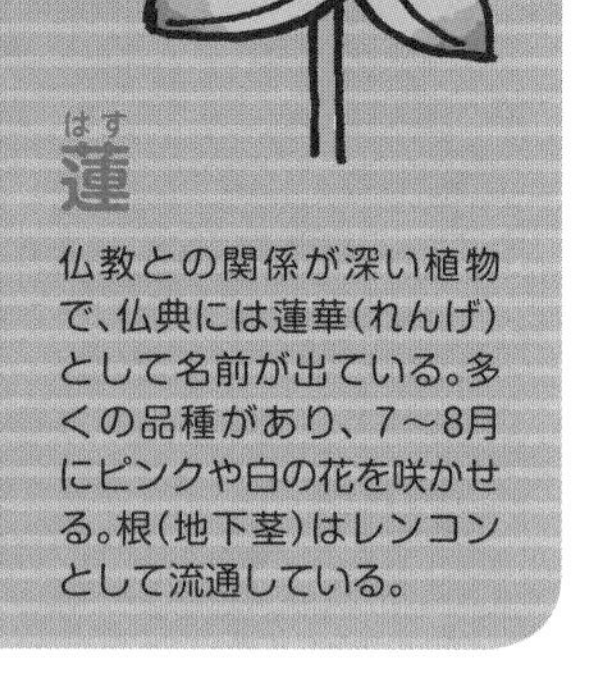

蓮（はす）

仏教との関係が深い植物で、仏典には蓮華(れんげ)として名前が出ている。多くの品種があり、7～8月にピンクや白の花を咲かせる。根(地下茎)はレンコンとして流通している。

動物

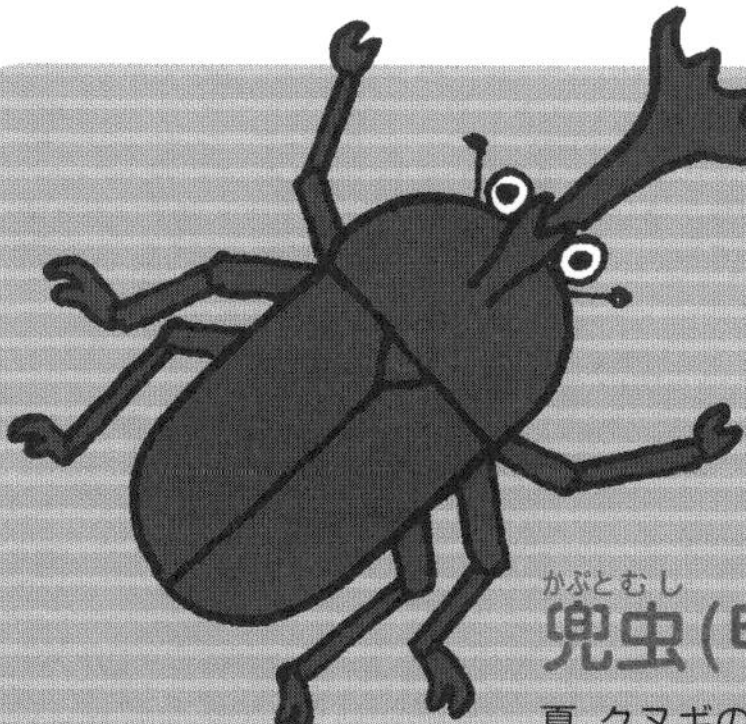

兜虫(甲虫)

夏、クヌギの樹液などに集まり、オスは突き出た角で戦って樹液を取り合う。本州から沖縄にかけて見られる。クワガタと並んで子どもたちに人気の昆虫。

揚羽蝶

揚羽蝶はアゲハチョウ科の総称。春よりも夏の個体のほうが大きい。羽を揚げながら花にとまる姿から揚羽蝶と呼ばれる。羽の色と模様が美しいことから世界中に愛好家がいる。

蛍

夏の夜に水辺の草むらなどで、オスが腹部を発光させて飛ぶ。代表的な蛍に源氏蛍(げんじぼたる)と平家蛍(へいけぼたる)がある。古くから人気のある昆虫で、蛍を観賞することを「蛍狩り」という。

その他の花・植物・動物

花・植物

青葉(あおば)・朝顔(あさがお)・夾竹桃(きょうちくとう)・梔子(くちなし)・孔雀草(くじゃくそう)・駒草(こまくさ)・百日紅(さるすべり)・西瓜(すいか)・泰山木(たいさんぼく)・露草(つゆくさ)・夏椿(なつつばき)・南天(なんてん)・花菖蒲(はなしょうぶ)・万緑(ばんりょく)・向日葵(ひまわり)・鳳仙花(ほうせんか)・木槿(むくげ)・矢車草(やぐるまそう)・若竹(わかたけ)

動物

雨蛙(あまがえる)・郭公(かっこう)・翡翠(かわせみ)・駒鳥(こまどり)・燕(つばめ)・時鳥(ほととぎす)

秋の動植物

花・植物

真弓（まゆみ）

北海道から九州の山地に生え、庭や公園などに植えられる。秋に果実がピンクに熟し、中から赤い種子が出る。名前は、かつてこの材から弓をつくったことから。

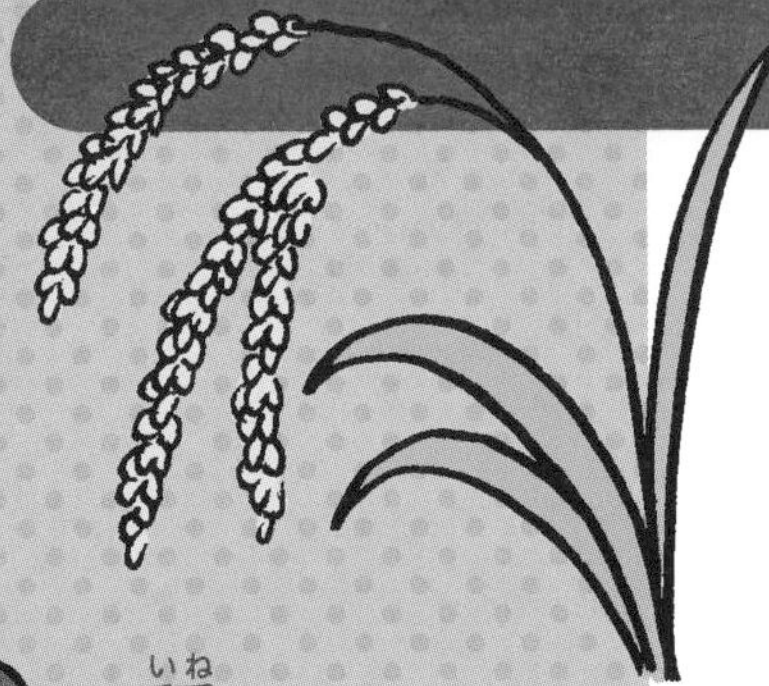

竜胆（りんどう）

本州から九州にかけての山野に生える。9～11月に紫のきれいな花を咲かせる。根が竜の胆のように苦いことから竜胆と名づけられ、漢方として使用される。

稲（いね）

米をとるために古くから栽培されてきた、日本人にはなくてはならない植物。黄金色の稲穂が広がる田んぼは、日本の秋を代表する風景。

水引（みずひき）

全国各地の路傍などで見られ、8～10月に穂のように小さな花をつける。花が上からは赤く、下からは白く見えることから「水引」になぞらえてこの名前がつけられた。

木楢（こなら）

雑木林を代表する樹木の一つ。秋に熟す実はドングリとして知られ、拾い集めたりする。同じブナ科の椚（くぬぎ）やカシ、シイなどのドングリも含めて「木の実（このみ）」とも呼ばれる。

動物

雁（かり・がん）

カモ目カモ科の総称で、日本では雁金（かりがね）、真雁（まがん）などが見られる。晩秋に北海道から九州にかけて飛来する渡り鳥。湖沼や田畑などでよく見られる。

百舌鳥（もず）

秋に「キィーキチキチ」と縄張りを主張する激しい鳴き声は「秋の高鳴き」と呼ばれる。捕らえた獲物を木の枝やトゲなどにさす習性があり、これを「百舌鳥のはやにえ」といい、後日食べることもある。

秋茜（あきあかね）

腹部が赤い、いわゆる「赤とんぼ」の代表的な種類の一つ。平地から山地にかけての池や湿地、水田などに生息し、夏に高原や山頂などの涼しい場所に移動して秋に低地に戻る。

その他の花・植物・動物

●**花・植物**

銀杏（いちょう・ぎんなん）・楓（かえで）・寒椿（かんつばき）・菊（きく）・金木犀（きんもくせい）・胡桃（くるみ）・鶏頭（けいとう）・木の実（このみ）・山茶花（さざんか）・芒（すすき）・石蕗（つわぶき）・栃の木（とちのき）・野牡丹（のぼたん）・萩（はぎ）・柊（ひいらぎ）・藤袴（ふじばかま）・弁慶草（べんけいそう）・木瓜（ぼけ）・紅葉（もみじ・こうよう）・吾亦紅（われもこう）

●**動物**

鶉（うずら）・鹿（しか）・鈴虫（すずむし）・鶫（つぐみ）・飛蝗（ばった）・椋鳥（むくどり）・山雀（やまがら）

冬の動植物

花・植物

たちばな
橘

日本固有のかんきつ類で、古くは古事記や日本書紀に記述が見られる。花、実、葉は家紋などに利用される。別名にヤマトタチバナ、ニホンタチバナがある。

せり
芹

水辺や湿地、田の中や溝などに生える野草。全体に黄緑色で、7～8月に白色の花を咲かせる。株全体に独特の香りがあり、おひたしや鍋、七草粥の材料にする。

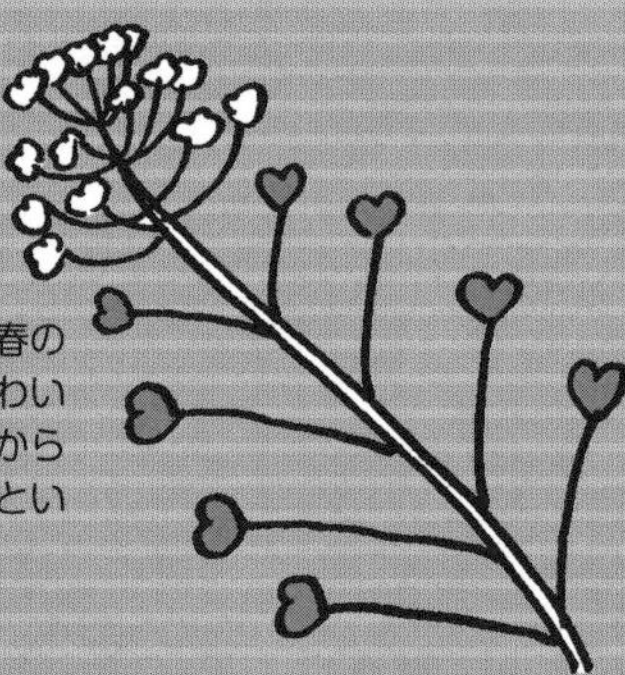

なずな
薺

田畑や荒れ地に生える春の七草の一つ。名前は、かわいく撫でいつくしむことから「撫で菜」が由来の一つといわれる。

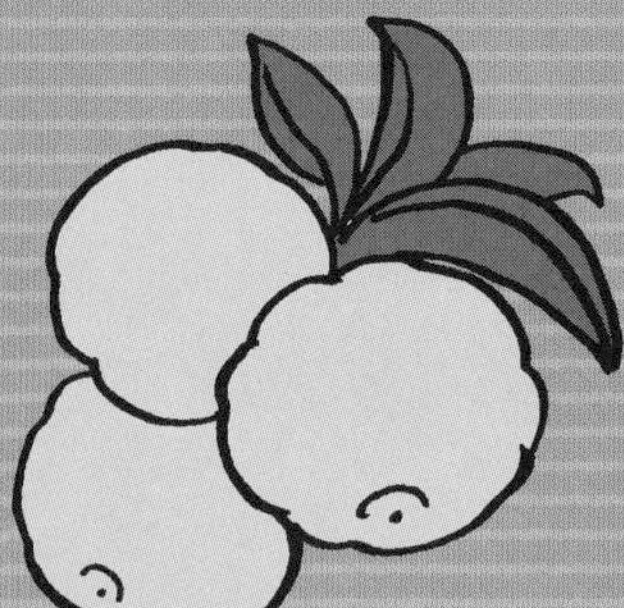

ゆず
柚子

さわやかな香りと酸味のあるかんきつ類。黄色に熟した果実と未成熟の青い実を料理などに利用する。また、冬至の日に柚子湯に入ると、カゼを引きにくくなるといわれる。

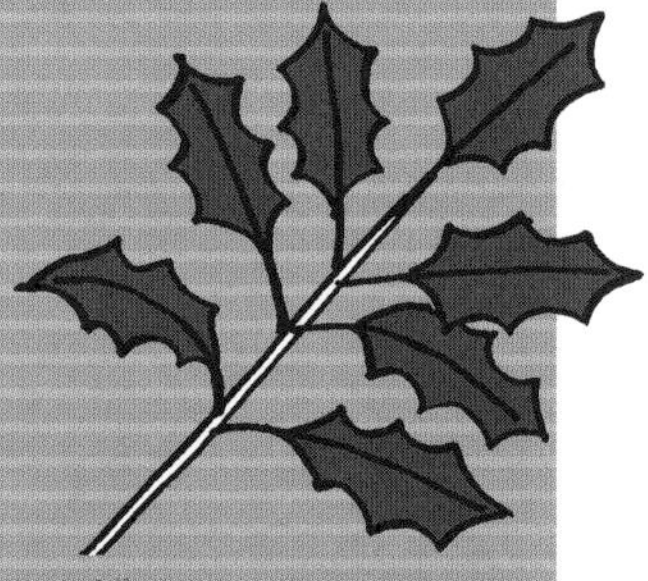

ひいらぎ
柊

葉の縁にあるトゲが特徴的な樹木。成長した木ではトゲがない葉も出る。節分の夜にイワシの頭を刺した柊の枝と、大豆の殻を束にして門におくと、邪気を祓うと信じられてきた。

動物

鷹（たか）

鷹はタカ目タカ科のうち比較的小さなものの総称で、オオタカ、クマタカ、ハイタカなどがいる。名前の由来は「高く」飛ぶさまや、ほかの鳥に比べて「気高い」が由来とされる。

隼（はやぶさ）

冬には海岸や海辺の山の断崖や広い水面のある地域、草原などに見られる。まれに市街地のビルなどでも生息する。速いはばたきと低い滑空でとても速く飛翔する。

目白（めじろ）

全国の低地から山地にかけて見られる。暖地に多く、都市部の街路樹や庭木などでもよく見られる。背は黄緑色。目のまわりが白いことから目白と呼ばれる。

その他の花・植物・動物

●花・植物

黄梅（おうばい）・金魚草（きんぎょそう）・雲間草（くもまぐさ）・杉の花（すぎのはな）・千両（せんりょう）・椿（つばき）・猫柳（ねこやなぎ）・葉牡丹（はぼたん）・柊（ひいらぎ）・福寿草（ふくじゅそう）・松（まつ）・金縷梅（まんさく）・楪（ゆずりは）・檸檬（れもん）・臘梅（ろうばい）・若菜（わかな）・七草（ななくさ／せり・なずな・ごぎょう・はこべら・ほとけのざ・すずな・すずしろ）

●動物

鶯（うぐいす）・羚羊（かもしか）・鷹（たか）・千鳥（ちどり）・白鳥（はくちょう）・真鴨（まがも）・百合鷗（ゆりかもめ）・鷲（わし）

思い入れのあるものから

これまでの人生で大切にしてきたものや思い出、大好きなもの。パパとママがそれらにかけた思いの深さを、わが子への愛情の深さとして表すことができます。

映画

感動して心に残った映画、パパやママにとって思い出の映画の登場人物のように、自分なりの価値観を見つけ出して生きていくことを願って。

椿 13 つばき
『用心棒』の主人公、椿三十郎から。頼もしい心意気をもってほしいと願って。

虎治朗 8 8 10 とらじろう
『男はつらいよ』の主人公、車寅次郎から。人情味あふれる生き方を願って。

鴻飛 17 9 こうひ
『天地黎明』の主人公、黄飛鴻から。文武両道の卓越した能力を人のために役立てる人間になるように願って。

美紀 9 9 よしのり
『ロッキー』の主人公の師、ミッキーから。厳しさと優しさを兼ね備えた、懐の深い人になることを願って。

玲斗 9 4 れいと
『風と共に去りぬ』のレット・バトラーから。生命力と魅力に満ちた男性になるように。

六輝 4 15 ろっき
『ロッキー』の主人公、ロッキーから。困難を乗り越え、栄光を手にすることを願って。

旅

狭い価値観にとらわれず、積極的にいろいろな経験をして見聞を広めてほしいという願いを込めて。

歩 8 あゆむ
海渡 9 12 かいと
祝訪 9 11 しゅうほう

輝道 15 12 てるみち
紀行 9 6 のりゆき
道人 12 2 みちひと

由浪 5 10 よしろう
旅宇 10 6 りょう
航 10 わたる

音楽

人生という楽器を使い、自分らしい音色と旋律で周囲と美しいハーモニーを奏でられるような人になってほしいと願って。

宇汰 6 7 うた
和音 8 9 かずと
弦 8 げん
弦宗 8 8 げんそう
琴ノ助 12 1 7 ことのすけ
笙 11 しょう

唱平 11 5 しょうへい
奏一 9 1 そういち
多歌之 6 14 3 たかゆき
響 20 ひびき
謡介 16 4 ようすけ
鈴 13 りん

流音 10 9 ると
呂玖 7 7 ろく

読書

文字や書物を連想させる字から。理知的なイメージの名前になります。

- **吟二**（7・2） ぎんじ
- **言波**（7・8） ことは
- **書文**（10・4） のぶふみ
- **文也**（4・3） ふみや
- **優記**（17・10） ゆうき
- **読信**（14・9） よしのぶ

美術

美術全般から。感性豊かな子に育ってほしいという願いを込めて。

- **絵太郎**（12・4・9） えたろう
- **絵都**（12・11） えと
- **光画**（6・8） こうが
- **巧**（5） たくみ
- **彫路**（11・13） ちょうじ
- **刻宗**（8・8） ときむね

日本の伝統芸能

歌舞伎や能など、日本が誇る伝統芸能から。格調の高さが感じられる名前になります。

●歌舞伎

桜助（10・7） おうすけ
『助六由縁江戸桜』のタイトルから。美男子で江戸っ子の助六が、宝刀・友切丸を探す物語。江戸の粋とエネルギーを感じる作品にあやかって。

道成（12・6） みちなり
『京鹿子娘道成寺』のタイトルから。1753年に初代中村富十郎が初演して大評判になった女方舞踊。この作品がかもし出す美にあやかって。

義経（13・11） よしつね
『義経千本桜』の主人公、義経から。武勇と人格にすぐれた人物になることを願って。

礼信（5・9） れいしん
『祇園祭礼信仰記』のタイトルから。織田信長と豊臣秀吉の活躍を脚色した物語。作品のもつエネルギーにあやかって。

●浄瑠璃

俊寛（9・13） としのぶ
『平家女護島』の主人公、俊寛から。自身を犠牲にしても友人のために力を尽くすような意志の強い人になることを願って。

又平（2・5） またへい
『傾城反魂香』の主人公、又平から。一途な性格と、奇跡を起こすほどの絵の才能に恵まれることを願って。

●能楽

維茂（14・8） これしげ
『紅葉狩』の主人公、維茂から。神剣によって鬼退治をする物語。強い男の子になることを願って。

友成（4・6） ともなり
『高砂』の主人公、友成から。友成のように、めでたく崇高な出来事に恵まれることを願って。

思い入れのあるものから

スポーツから

スポーツの好きな、健康的で活発な男の子になるように願って。

サッカー

あふれるスピード感や、漢字で書いたときの「蹴球」から。活発で足の速い子になるように。

- 豪(14)琉(11) ごうる
- 周(8)人(2) しゅうと
- 蹴(19)平(5) しゅうへい
- 蹴(19)真(10) しゅうま
- 俊(9) しゅん
- 駿(17)人(2) はやと

野球

ひたむきに白球を追いかける高校球児のように、さわやかでフェアプレイ精神あふれる男の子になるように。

- 一(1)球(11) いっきゅう
- 打(5)海(9) うつみ
- 球(11)太(4) きゅうた
- 章(11)斗(4) しょうと
- 好(6)守(6) よしもり
- 塁(12) るい

陸上競技

しなやかなスピード感あふれる名前になります。

- 快(7)飛(9) かいと
- 駆(14) かける
- 駿(17)太(4)郎(9) しゅんたろう
- 走(7)太(4) そうた
- 跳(13)一(1) ちょういち
- 速(10)人(2) はやと

登山

山岳のイメージも重ね合わせ、力強さや気高さ、雄大さが感じられる名前に。

- 岳(8) がく
- 岳(8)登(12) がくと
- 山(3)歩(8) さんぽ
- 幸(8)岳(8) ゆきたけ

サーフィン

波のもつダイナミックなエネルギーをもらえるように。

- 泳(8)太(4) えいた
- 波(8)起(10) なみき
- 波(8)親(16) なみちか
- 波(8)瑠(14)斗(4) はると

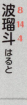

水泳

水泳が上手になるように、だけではなく、水の透明感のイメージも加わった名前になります。

- 泳路（8・13）えいじ
- 泳生（8・5）えいしょう
- 久呂瑠（3・7・14）くろる
- 飛沫（9・8）しぶき

スキー・スノーボード

雪景色のすがすがしさと、スピード感をイメージして。

- 雪（11）きよし
- 雪斗（11・4）きよと
- 銀ノ介（14・1・4）ぎんのすけ
- 白輝（5・15）しらき
- 雪翔（11・12）ゆきと
- 雪矢（11・5）ゆきや

スケート

マイナスイメージの強い「滑る」をポジティブにとらえて優雅に。

- 滑信（13・9）かつのぶ
- 滑優（13・17）かつまさ
- 輪久（15・3）りんく
- 瑠津（14・9）るつ

ダンス

躍動感やリズム感をもち、身体全体で伸び伸びとした表現ができる子に育つように。

- 伊舞紀（6・15・9）いぶき
- 跳志（13・7）ちょうじ
- 舞貴（15・12）まいき
- 躍童（21・12）やくどう
- 踊太（14・4）ようた
- 理守夢（11・6・13）りずむ

ボクシング

苦境になってもタフに何度でも立ち上がる、元気な男の子になるようにと願って。

- 完太（7・4）かんた
- 志撃（7・15）しげき
- 打壱（5・7）だいち
- 利一（7・1）りいち

武道・格闘技

日本男児の伝統的な美徳、「質実剛健」を感じる名前になります。

- 弓真（3・10）きゅうま
- 拳（10）けん
- 剣一（10・1）けんいち
- 拳磨（10・16）けんま
- 合気（6・6）ごうき
- 柔治朗（9・8・10）じゅうじろう
- 武道（8・12）たけみち
- 鍛地（17・6）たんじ
- 演武（14・8）ひろたけ

先人の知恵から

長い歴史を越えて今も親しまれているものの中からヒントを探す方法もあります。深い素養や品格の高さが感じられる名前になります。

四字熟語

短い言葉の中に人生の教訓などが込められています。

一期一会（いちごいちえ）

すべての出会いは一生に一度だから大切にしよう、ということ。

一期（1 12） かずき
巡一（6 1） じゅんいち

温故知新（おんこちしん）

過去の事実から新しい知識や見解を得ること。

知新（8 13） ともよし
温人（12 2） はると

公明正大（こうめいせいだい）

公平で、良心に恥じることなく正しいこと。

公明（4 8） きみあき
正大（5 3） まさひろ

質実剛健（しつじつごうけん）

飾り気がなく、まじめで強く健やかなこと。

剛健（10 11） ごうけん
剛実（10 8） たけざね

清廉潔白（せいれんけっぱく）

心が清く、後ろめたいところがないこと。

清人（11 2） きよと
廉（13） れん

悠々自適（ゆうゆうじてき）

世間にわずらわされず、心のままに暮らすこと。

悠（11） ゆう
悠自（11 6） ゆうじ

こんな四字熟語もおすすめ！

一意専心 いちいせんしん
よそ見をせずに、一つのことにひたすら集中すること。

温厚篤実 おんこうとくじつ
性格が穏やかで情けが深く、誠実で優しいこと。

金声玉振 きんせいぎょくしん
才知と人徳が調和した、素晴らしい人物になるということ。

大器晩成 たいきばんせい
偉大な人物は、才能が開くまで時間がかかるということ。

天真爛漫 てんしんらんまん
飾らず無邪気で、ほほえましくなるような人柄のこと。

七転八起 ななころびやおき
何度失敗しても、くじけずに立ち直ってやりぬくこと。

勇猛果敢 ゆうもうかかん
勇ましく、決断力に優れ、思い切って行動できること。

古典

偉大な思想家の残した言葉や、古典に登場する人物もヒントになります。

『論語』

中国古代の思想家・孔子の教えをまとめたもの。

仁 4 じん

巻中で高い人徳として語られている、思いやりや慈しみの心。

勇義 9 13 たけよし

巻中の一節「義を見てせざるは勇なきなり」（正しいことを決行できないのは勇気がない、の意）から。

礼仁 5 4 れいじん

孔子が重んじた「礼」（道徳的な規範）と「仁」の精神から。

『源氏物語』

平安時代に紫式部が書いた、後世の文芸に多大な影響を与えた一大物語。

源治 13 8 げんじ

タイトルの『源氏物語』から。

光 6 ひかる

主人公・光源氏の名前から。

『古今和歌集』

日本で最初の勅撰和歌集。

秋近 9 7 あきちか

紀友則の歌「秋近う野はなりにけり白露のおける草葉も色変はりゆく」（野は秋も間近な様子になった。白露を置いた草の葉も色が変わっていく）から。「あきちこう」に「きちこう＝桔梗」という花の名前が隠されていることでも有名。

空波 8 8 たかなみ

紀貫之の歌「さくら花ちりぬる風のなごりには水なき空に波ぞたちける」（風が吹いて桜の花が散った。風が去った後のなごりには、水のない空に花びらの波が立つのだった）から。

『徒然草』

歌人で随筆家の吉田兼好による随筆集。

和仁 8 4 かずひと

吉田兼好が居を構えた仁和寺から。

神楽 9 13 かぐら

「第十六段」の一節「神楽こそ、なまめかしく、おもしろけれ。おほかた、ものの音には、笛・篳篥（ひちりき）。常に聞きたきは、琵琶・和琴」（神楽は優美で趣き深い。よく聞こえてくる音色は笛や篳篥。いつでも聞いていたいのは琵琶、和琴だ）から。

兼好 10 6 かねよし

作者・吉田兼好から。

『三国志』

中国の後漢末期から三国時代までの興亡史。

孟徳 8 14 たけのり

魏の基礎を築いた王・曹操の字の孟徳から。

孔明 4 8 よしあき

蜀漢を政治と軍事の両面で支えた武将・諸葛亮の字の孔明から。

劉飛 15 9 りゅうと

蜀漢の皇帝・劉備と、それに仕えた武将・張飛から。

地名から

思い出の地や憧れの地など、パパやママにとって意味のある地名、あるいは生誕地のように、赤ちゃんと深い結びつきのある地名からヒントを得る方法も。

日本の地名

純和風の日本人らしさや、歴史的な奥深さが感じられる名前になりそうです。

飛鳥 9 11 あすか
奈良県にある地名。昔、都（飛鳥京）があったことから、歴史ロマンを感じる響きに。

出雲 5 12 いずも
島根県東部あたりの旧国名。10月に日本の神々が集まる地、という伝承は有名。

甲斐 5 12 かい
山梨県の旧国名。戦国時代、織田信長と天下を争った武田信玄の本拠地として有名。

日高 4 10 ひだか
北海道の中心的な山脈の名。奥深さや雄大さが感じられる。

穂高 15 10 ほだか
長野県。穂高岳は飛騨山脈（北アルプス）の最高峰。

那智 7 12 なち
古来より多くの信仰を集める熊野三山の一つ、那智大社から。

琉聖 11 13 りゅうせい
沖縄本土を中心に、独自の文化を築いた王朝・琉球から。

海外の地名

世界を舞台に。憧れの土地の名前から探してみましょう。

亜夢 7 13 あむ
オランダの首都・アムステルダムから。

伊太耶 6 4 9 いたや
イタリアに漢字を当てたときの「伊太利」から。

加那多 5 7 6 かなた
カナダに漢字を当てたときの「加奈陀」から。

創琉 12 11 そうる
大韓民国の首都・ソウル特別市から。

泰 10 たい
タイ（タイ王国）に漢字を当てたときの「泰」から。

多陽地 6 12 6 たひち
世界的人気を誇るリゾート地・タヒチから。

豪 14 ごう
オーストラリアに漢字を当てたときの略称「豪州」から。

英吉 8 6 えいきち
イギリスに漢字を当てたときの略称「英国」から。

瑞典 13 8 みずのり
スウェーデンに漢字を当てたときの「瑞典」から。

寛治 13 8 かんじ
聖なる川として信仰の対象にもなっている、ガンジス川から。

維也 14 3 ただなり
オーストリアの首都・ウィーンに漢字を当てたときの「維納」から。

巴希 4 7 ゆうき
フランスの首都・パリに漢字を当てたときの「巴里」から。

有名人・偉人から

不屈の精神や斬新なアイデアで時代をリードした偉大な人物たち。そんな偉人たちの作品や人物伝などから伝わってくる高い志をわが子にももってほしいと願って。

日本の有名人・偉人

日本が誇る有名人・偉人から。不屈の精神やきらめく才能で、社会に存在感を示すような人になることを願って。

実篤（8 16） さねあつ
明治から昭和時代にかけて、文芸を中心に幅広い分野で活躍した文豪、武者小路実篤から。

治朗（8 10） じろう
戦中・戦後と活躍し、日本の外交にも大きな影響を与えた信念の実業家、白洲次郎から。

漱一（14 1） そういち
明治から大正時代にかけて活躍した文豪、夏目漱石から。

宗一郎（8 1 9） そういちろう
戦後日本の代表的な技術者で、本田技研工業(ホンダ)の創業者、本田宗一郎から。

英世（8 5） ひでよ
世界の医学に貢献した細菌学者、野口英世から。

龍馬（16 10） りょうま
狭い枠にとらわれない広い視野と高い志で明治維新の基礎を築いた志士、坂本龍馬から。

海外の有名人・偉人

全世界に名をとどろかせている、海外の有名人・偉人から。自分の選んだ道で高い評価を得られることを願って。

亜印（7 6） あいん
物理学に歴史的転換をもたらした物理学者、アインシュタインから。

瀬那（19 7） せな
天才F1レーサー、アイルトン・セナから。

武利（8 7） たけとし
カンフー映画を世界に認めさせた香港のトップスター、ブルース・リーから。

牧王（8 4） まきお
アメリカの人種差別撤廃運動の中心的指導者、キング牧師から。

真沙央（10 7 5） まさお
世界でもっとも有名な劇作家、シェークスピアを日本語で表すときの「沙翁」から。

優吾（17 7） ゆうご
世界の文芸に影響を与えた作家、ヴィクトル・ユーゴーから。

来翔（7 12） らいと
世界初の有人動力飛行を成功させたライト兄弟から。

玲（9） れい
「ソウルの神様」とも呼ばれる、歌手でピアニストのレイ・チャールズから。

礼央奈（5 5 8） れおな
芸術・技術の幅広い分野に足跡を残した天才、レオナルド・ダ・ヴィンチから。

麗音（19 9） れおん
若者文化に強い影響を与えたミュージシャン、ジョン・レノンから。

物語から

神話・伝承の世界から、最近の小説やマンガまで。古今東西の物語に登場する人物像に、わが子に託したい願いや思いを重ね合わせることもできます。

神話・伝説・伝承から

神話や伝説として語られる物語から。神秘的なイメージの名前になります。

日本の神話・伝説・伝承

八百万の神々、日本に残る言い伝えの中から。仏教とともに日本に伝わってきた神々も、神々しく力強い名前のヒントになります。

偉ノ輔 12 1 14 いのすけ
足の速い人のたとえにも使われる、仏教の神・韋駄天から。

佐之助 7 3 7 さのすけ
日本神話のヤマタノオロチ退治の話で有名な、須佐之男命（すさのおのみこと）から。

栖久那 10 3 7 すくな
日本神話に登場する神、須久那美迦微（すくなびこな）から。

武 8 たける
日本神話で英雄として描かれている、日本武尊（やまとたけるのみこと）から。

海外の神話・伝説・伝承

世界各地にもさまざまな神話や伝承があり、個性的な神々が登場します。その神秘的で神々しいイメージにあやかって。

虎珀 8 9 こはく
中国の伝説で、西方を守護するとされる神獣・白虎から。

世宇 5 6 せう
ギリシャ神話で登場する神々の王・ゼウスから。

平良 5 7 たいら
さまざまな冒険に挑んだ、ギリシャ神話で一番の英雄・ヘラクレスから。

杜緒琉 7 14 11 とおる
北欧神話の中で、剛勇無比を誇る雷の神・トールから。

那汰 7 7 なた
中国で親しまれ、『西遊記』などにも登場する少年神・ナタ太子から。

毘沙男 9 7 7 ひさお
仏教で四天王の一員とされる毘沙門天から。

鳳貴 14 12 ほうき
よいことが起きる兆しとして現れるとされる、中国の伝説の鳥・鳳凰から。

瑠瀬 14 19 るせ
ギリシャ神話で、メドゥーサを退治した英雄・ペルセウスから。

玲夢 9 13 れむ
狼に育てられ、ローマ帝国を建国したとされる双子の兄弟、ロムルスとレムスから。

蓮 13 れん
インド神話の創造神・ブラフマーが生まれた蓮華の花から。

小説・マンガの登場人物から

作中の登場人物の性格や、経験を通して成長する姿は生き方の道しるべになることでしょう。

小説

人間らしい情感、あるいはカッコいい男前ぶり。そんな登場人物たちの生き様に思いを託して。

鮎太 16 4 あゆた
一人の人物の少年期から壮年期までを通して人間らしさを描いた、『あすなろ物語』（井上靖著）の主人公から。

朔太郎 10 4 9 さくたろう
切ない青春恋愛小説として大ブームを起こした、『世界の中心で、愛をさけぶ』（片山恭一著）の主人公から。

大治郎 3 8 9 だいじろう
『剣客商売』（池波正太郎著）で、剣術修行をしながら人間的にも成熟していく登場人物から。

誠 13 まこと
『池袋ウエストゲートパーク』（石田衣良著）で、やんちゃな中に正義感を秘めた主人公から。

光彦 6 9 みつひこ
内田康夫の推理小説シリーズで登場する名探偵から。

良平 7 5 りょうへい
大人の世界と出会った幼い少年の心を描いた、『トロッコ』（芥川龍之介著）の主人公から。

亘 6 わたる
異世界に迷い込んだ少年の葛藤と成長を描いた、『ブレイブ・ストーリー』（宮部みゆき著）の主人公から。

マンガ

ピンチを乗り越えながら、勇気や正義を貫き通す魅力的な人物たちのように、輝いた生き方をしてほしいという願いを込めて。

亜叶夢 7 5 13 あとむ
『鉄腕アトム』（手塚治虫作）で、愛と正義と勇気にあふれる主人公から。

一歩 1 8 いっぽ
『はじめの一歩』（森川ジョージ作）で、いじめられっ子から日本を代表するボクサーへと成長してゆく主人公から。

金太郎 8 4 9 きんたろう
『サラリーマン金太郎』（本宮ひろ志作）で、型破りの言動で周囲の人の意識をも変えていく主人公から。

拳 10 けん
『北斗の拳』（原作・武論尊、作画・原哲夫）で、弱肉強食となった世界で、愛と義のもとに、弱者を助け戦い続ける主人公・ケンシロウから。

耕作 10 7 こうさく
『島耕作』（弘兼憲史作）シリーズで、前向きな性格と幸運で出世街道を駆け上っていく主人公から。

参治 8 8 さんじ
『ONE PIECE（ワンピース）』（尾田栄一郎作）で、ふだんはクールながら友のためには命も賭ける登場人物・サンジから。

承太郎 8 4 9 じょうたろう
『ジョジョの奇妙な冒険』（荒木飛呂彦作）で、母を救うために敵に立ち向かっていく、クールな中に激しさと正義感を秘めた主人公から。

花道 7 12 はなみち
『SLAM DUNK（スラムダンク）』（井上雄彦作）で、ただの不良少年から才能を開花させていく主人公から。

日本男児らしさから

ちょっと西洋風でスマートな名前も人気ですが、最近では、日本男児らしい力強さを感じさせる名前、和の情緒を感じさせる古風な名前にも人気が集まっています。

漢字の印象から

日本男児らしい、力強さ・実直さなどを感じさせる漢字から。

- 一心（1・4）いっしん
- 歌伎（14・6）うたき
- 克己（7・3）かつみ
- 兼正（10・5）かねただ
- 敬紀（12・9）けいき
- 剛毅（10・15）ごうき
- 実直（8・8）さねただ

- 忍（7）しのぶ
- 修練（10・14）しゅうれん
- 純一朗（10・1・10）じゅんいちろう
- 慎（13）しん
- 仁（4）じん
- 仁乃輔（4・2・14）じんのすけ
- 青児（8・7）せいじ

- 高潔（10・15）たかゆき
- 武道（8・12）たけみち
- 忠彦（8・9）ただひこ
- 毅（15）つよし
- 仁義（4・13）ひとよし
- 勇樹（9・16）ゆうき
- 礼一（5・1）れいいち

音の響きから

日本ならではの名前の響きから。昔からある読み方が、逆に新鮮さを感じさせます。

- 文ノ甫（4・1・7）あやのすけ
- 市蔵（5・15）いちぞう
- 伊助（6・7）いすけ
- 倉之助（10・3・7）くらのすけ
- 小路郎（3・13・9）こじろう
- 才蔵（3・15）さいぞう
- 三四郎（3・5・9）さんしろう
- 太一（4・1）たいち
- 竜乃進（10・2・11）たつのしん
- 男十郎（7・2・9）だんじゅうろう
- 月ノ進（4・1・11）つきのしん

- 輝康（15・11）てるやす
- 徳治朗（14・8・10）とくじろう
- 直介（8・4）なおすけ
- 真心（10・4）まさきよ
- 弥彦（8・9）やひこ

- 友乃丞（4・2・6）ゆうのすけ
- 雪ノ丞（11・1・6）ゆきのじょう
- 与一（3・1）よいち
- 雷蔵（13・15）らいぞう
- 力輔（2・14）りきすけ

親や兄弟の名前から

親や兄弟姉妹から名前の1字をもらう名づけの方法がありますが、もう少し発想を広げてみましょう。たとえ同じ漢字は使っていなくても、響き合うような名前なら、お互いの絆の深さも強く実感できます。

	名前	画数	読み
兄の名	空	8	そら
名づけ	大地	3・6	だいち
兄の名	炎	8	ほのお
名づけ	水貴	4・12	みずき
兄の名	虎貴	8・12	とらき
名づけ	竜哉	10・9	たつや
姉の名	香	9	かおる
名づけ	風太	9・4	ふうた
姉の名	美月	9・4	みつき
名づけ	太陽	4・12	たいよう
姉の名	陽奈	12・8	ひな
名づけ	昇	8	のぼる
父の名	航	10	わたる
名づけ	海斗	9・4	かいと
父の名	種明	14・8	かずあき
名づけ	実	8	みのる
父の名	秋彦	9・9	あきひこ
名づけ	春輝	9・15	はるき
母の名	結子	12・3	ゆうこ
名づけ	絆太	11・4	はんた
母の名	蒼	13	あおい
名づけ	藍太	18・4	あいた
母の名	絹香	13・9	きぬか
名づけ	麻人	11・2	あさと

親や兄弟と関連した名づけをするときに気をつけたいポイント

①完全な「対」にしない

家族の名前に関連した名前をつける際には、完全な「対」にならないようにしましょう。たとえば、「文武両道」を由来にして長男に「文武」とつけたからといって、次男に「両道」と名づけてしまうのはNG。

これでは、「両道」くんにとっては、つねにお兄さんの存在が欠かせないものになってしまいます。

あくまで名前は個人のもの。親や兄弟の名前と関連性をもたせるにしても、その名前単独で十分に意味や願いが込められていることが大切です。

②1字目の漢字や音をそろえない

たとえば、長男に「竜一」とつけて、次男を「龍次」としてしまうようなケースです。

これでは、「リュウくん」と声をかけたら兄弟そろって振り向いてしまうので、愛称で呼べなくなってしまいます。

先輩パパ・ママはこうやって決めた

名づけエピソード②

皆既月食の最中に出産 月にちなんだ名前を

晄弥（こうや）くん　美香子ママ

出産翌日から急ピッチで名前を考えました

私がはじめての子どもを出産したのは2014年の皆既月食の真っ最中。この日を待つかのように、予定日よりも2日遅れての誕生となりました。こんな珍しい日に生まれたのだから、もちろん名前も「月」にちなんだものにしようと、それまで考えていた名前を取りやめ、翌日から主人と一から相談。月を連想させる「弦」もちらりと頭をかすめましたが、もっと「月」の偉大さや美しい輝きを表す名前にしようと決めました。

光を照らし続ける存在に

忙しい主人に代わって漢字をピックアップしてくれたのが私の父。そのなかから響きと漢字の組み合わせがしっくり来るものを選びました。「晄弥」の弥にはずっと続くという意味があり、光を照らし続ける存在になってほしいと願いを込めました。

出産前日に見た大きな虹が忘れられず

虹路（こうじ）くん　みちるママ

長女と止め字をそろえて読み方は男の子らしく

長女の名前が「美路（みろ）」だったので、2番目の子がおなかにいるとわかった時点で、同じ止め字の名前にしようと夫と決めていました。ただ、性別が男の子と判明したため、「路」は「ろ」ではなく、男の子の名前にしっくり合う「じ」と読ませることに。「○○じ」という名前は考えやすく、どの名前がいいか決めかねていたところ、出産の前日、大きな虹がかかっているのを見て感動！　おなかの子も、ポンと蹴って返事をしたので、「虹路（こうじ）」にしたいと夫にお願いしました。

憧れの画家と同じ漢字を入れて

偶然にも、私の憧れの画家で、同じ新潟県出身の蕗谷虹児と同じ名前に。しかも、同じ「虹」という漢字を入れることができ、とても満足しています。

諺から選んだ漢字で男らしい名前が誕生！

剛毅（ごうき）くん　由紀ママ

1文字よりも迫力あるイメージの2文字で

子どもの名前については、双方の両親から「〝和〟のイメージで、男らしい名前を」という共通の要望がありました。そこで、夫の好きな諺である「剛毅木訥仁に近し（ごうきぼくとつじんにちかし）」から名前をつけることに。意味は「意思が強く、飾り気や口数の少ない素朴な人物こそが、道徳の理想である仁にもっとも近い者である」。

候補の漢字は「剛」「毅」「訥」「仁」の4つ。1文字でもよかったのですが、2文字のほうが迫力のある名前になりそうだったので、いろいろ組み合わせてみました。

芯の強そうな冒頭の言葉に決定！

ところが、いくら考えても冒頭の「剛毅」が一番読みやすくて格好いい！　両親たちに相談すると、やはり芯の強そうなイメージのこの名前が一番ということになりました。

P.48でも名づけエピソードを紹介しています。

第4章

画数から アプローチする

一つに絞りきれないときは姓名判断を参考にしよう

名前の候補がありすぎて、一つだけになんて絞れない。
そんなときには姓名判断の力を借りる方法もあります。

姓名判断から探る運勢を司る原理

誰しも、無病息災で幸福な人生を送りたいもの。しかし、人生の運不運は人の力ではどうしようもないことも多いものです。

そのために古来から人は、運勢を左右する原理を探り、災厄から身を守ってより幸福に生きるための方法を研究してきました。姓名判断もその一つです。

姓名判断を重視しない人でも

姓名判断を重視しない人でも、いくつも考えた名前の候補から一つだけを選べないときには姓名判断が役立ちます。

ふだんの生活でも、「こっちよりそっちのほうが似合うよ」と言ってもらうことで決断しやすくなることがあるはずです。それと同様に、姓名判断を見て「こっちのほうがいいよ」と決断の後押しをしてもらうのも一つの方法なのです。

姓名判断の基本的な考え方

一口に姓名判断と言っても、さまざまな考え方や流派があります。本書で紹介しているのも、その中の一つの考え方です。

しかし、多くの流派に共通の、ベースとなる考え方があります。

それは、名前のそれぞれの文字の画数から、「天格・地格・人格・外格・総格」の五つの運格（五格）を見る、ということです（それぞれの「運格」が司る働きは左の説明参照）。

　また姓名判断には、古来から伝わる「陰陽五行」の思想も深く関わっています。難しくなるので詳細は省きますが、陰陽五行ではさまざまな要素の調和を重視します。

　そのため、五格の数字もなるべく同じ数にしないほうが偏りが少なくてよい、とも言われています。

五つの運格の働き

①天格	姓の画数の合計数	先祖から受け継いでいる天運なので、個人の名づけには直接影響しない
②地格	名の画数の合計数	おもに、誕生から青年期までの運勢を司る。両親から受け継いだ性質のほか、潜在能力、金銭感覚、恋愛傾向などに影響する
③人格	姓の最後と名の最初の字の合計数	性格や才能、職業運、結婚運、家庭運など、人生の一大事を左右する。特に壮年期の運勢に影響が表れやすい
④総格	姓名の画数の合計数	人格とともに、仕事運、全般運と、一生を通じての運勢を司る。特に晩年期への影響が強い
⑤外格	天格＋地格から人格を引いた数	おもに、人間関係の運勢を司る。社会への順応性、社交運、家庭運など、対人関係への影響が強い

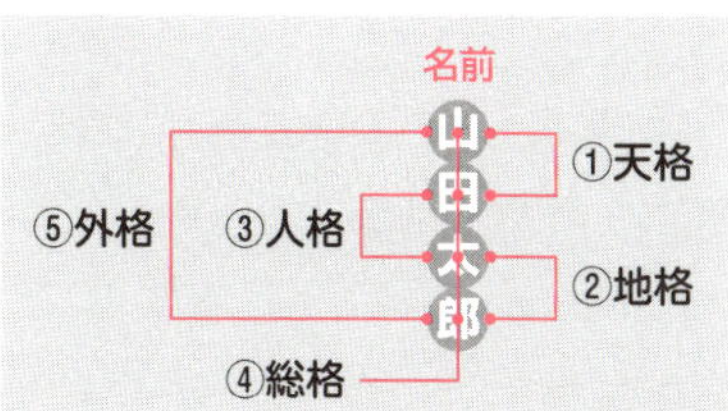

姓名判断を使うときの注意

①流派は一つにする

　流派の違いによって、「吉」となる数と「凶」となる数が入れ替わる場合があります。そのため、複数の流派の考え方を混ぜて使うと意味をなさなくなります。

　自分や周囲の人の名前で調べてみて、もっとも現状に当てはまることを言っていると思う流派の情報だけを見ることが混乱防止のコツです。

②向き合い方を決める

　漢字や音の響きなどにこだわるときは、姓名判断は参考程度に。逆に、姓名判断を重視するなら、気に入った文字が使えないことも多い、と割り切りましょう。

　どっちつかずでは、迷ってばかりで候補選びが難航します。

運格の計算をしてみよう

❶文字ごとの画数の計算

まず、文字ごとの画数を調べましょう。画数の数え方は流派によって異なります。本書では、法務省の「子の名に使える漢字」の常用漢字表と人名用漢字表をもとに、最新の漢和辞典で書かれている画数で計算しています。

❷天格と地格の計算

次に、姓の画数だけを合計する「天格」と、名の画数だけを合計する「地格」を計算しましょう。

このとき、姓が1字の人は天格に1を加えます。1字の名をつける場合は地格に1を加えます。

この、実際にはない「1」のこ

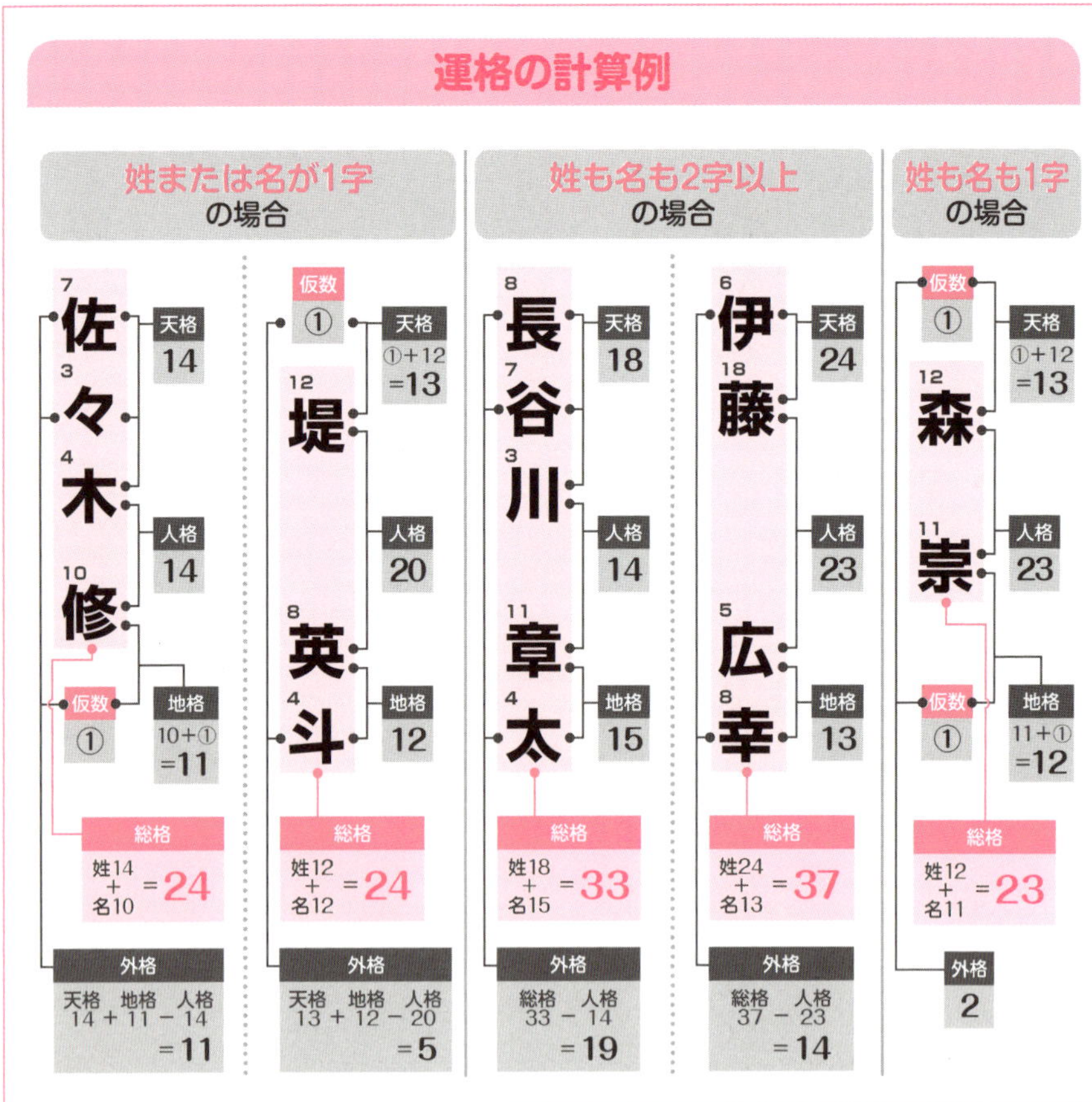

とを「仮数」と言います。

③ 総格と人格の計算

次は、姓と名の全部の画数を合計して「総格」を計算します。

総格の計算では仮数を入れません。つまり、実際にある文字の画数だけを合計するのです。

「人格」は、姓の最後の1字と名の最初の1字の画数を合計します。人格にも、仮数は登場しません。

④ 外格の計算

最後に、「外格」の計算です。外格の計算は、三つのパターンに分けて考えることができます。

一つめは、姓と名の両方とも1字の場合。無条件に外格は「2」になります。二つめは、姓と名のどちらも2字以上の場合。総格から人格を引いた数が外格です。三つめは、姓か名のどちらかだけが1字の場合。このケースは、天格と地格を足した数から人格を引いた数が外格になります。

⑤ 画数による運勢を見る

五格の数を計算したら、次のページにある、「運格の数の意味」と照らし合わせてみましょう。

基本的には「◎」印のついている画数がおすすめです。できるならば、「人格も地格も外格も21画」のように同じ数を何度も使わないほうが、よりよいでしょう。

いずれにせよ、姓名判断の結果で将来が固定されるわけではありません。予見した運勢を人生にどう生かすかは、親の育て方や本人の意志にかかっているのです。

ひらがな・カタカナの画数

ワ	わ	ラ	ら	ヤ	や	マ	ま	ハ	は	ナ	な	タ	た	サ	さ	カ	か	ア	あ
2	2	2	2	2	3	2	4	2	4	2	5	3	4	3	3	2	3	2	3
ヲ	を	リ	り	ヰ	ゐ	ミ	み	ヒ	ひ	ニ	に	チ	ち	シ	し	キ	き	イ	い
3	4	2	2	4	3	3	3	2	2	2	3	3	3	3	1	3	4	2	2
ン	ん	ル	る	ユ	ゆ	ム	む	フ	ふ	ヌ	ぬ	ツ	つ	ス	す	ク	く	ウ	う
2	2	2	2	2	3	2	4	1	4	2	4	3	1	2	3	2	1	3	2
濁音(゛)		レ	れ	ヱ	ゑ	メ	め	ヘ	へ	ネ	ね	テ	て	セ	せ	ケ	け	エ	え
+2画		1	3	3	5	2	2	1	1	4	4	3	2	2	3	3	3	3	3
半濁音(゜)		ロ	ろ	ヨ	よ	モ	も	ホ	ほ	ノ	の	ト	と	ソ	そ	コ	こ	オ	お
+1画		3	2	3	2	3	3	4	5	1	1	2	2	2	3	2	2	3	4

※ひらがな・カタカナの画数の数え方は流派によって異なります（公的な基準がないため）。

運格の数字の意味

運勢を知ることは、よりよく生きるための手がかりを知ること。おすすめ画数にならなくても注意点を知れば、わが子の育て方の目安になります。まずは「総格」「人格」を吉数にすることから考えるとよいでしょう。

◎ おすすめ
○ ふつう
△ あまりおすすめではありません

1画 ◎
独立心・行動力
信念をもって人生を切り拓く行動力と物事を成し遂げるバイタリティで、スケールの大きな人に育つでしょう。

2画 △
協調性・不安定
縁の下の力持ち的な役割を果たします。精神的に不安定な面もありますが、感受性豊かで協調性があります。

3画 ◎
活動的・知識豊富
好奇心旺盛で、明るく積極的。博学で気配りができるので信頼を受けやすく、リーダーの素質があります。

4画 △
忍耐力・頑固
頑固な性格が災いする場面もありますが、忍耐力があり、縁の下の力持ちに徹すれば周囲の人に認められます。

5画 ◎
柔軟性・行動力
柔軟性やバランス感覚、行動力にすぐれています。責任感も強く、経営者や国際人としても能力を発揮します。

6画 ◎
包容力・責任感
小さなことにこだわらず、強い責任感で人から頼りにされ、どんな場面でも臨機応変に対処できます。

7画 ◎
意志強固・知的
決心したら最後まで通す意志の強さがあります。博学で芸術の才能もありますが、協調性に欠ける面に注意を。

8画 ◎
活動的・努力家
陽気で活動的。どんな困難にも立ち向かい克服していきます。一直線に進みすぎて視野が狭くなる点に注意を。

9画 △
頭脳明晰・波乱
頭がよく、感性も豊かで、芸術面などで才能が開花します。好調・不調の波が激しい、波乱万丈の運勢です。

10画 △
決断力・孤独
鋭い感性と決断力で物事を器用にこなします。人から誤解されやすく孤独で人間関係の悩みをもちやすい面も。

11画 ◎
堅実・素直
静かな中に、芯の強さと粘り強さがあります。素直な性格なので、人に引き立てられ、着実に物事を成し遂げます。

12画 △
気配り・繊細
繊細で不安感をもちやすい面もありますが、細かな気配りができるので、補佐役で能力を発揮します。

13画 ◎
社交的・前向き
明るさと話術で場を盛り上げます。頭もよく、常に前向きで小さいことにクヨクヨせず、友人にも恵まれます。

14画 △
初志貫徹・強情
一度決めたことは最後までがんばり抜きます。強情さで人間関係や金銭面のトラブルを抱えないように気をつけて。

15画 ◎
行動力・温和
大らかな性格で人の和を大切にし、知性と行動力で物事に臨機応変に対処します。人にも慕われるリーダー向き。

16画 ◎
温和・芯の強さ
信頼を受けやすい温和な性格で、リーダーシップを発揮します。逆境をバネにする強さも秘めています。

17画 ◎
勝気・直観力
負けず嫌いな性格で努力家。頭がよく、決断力もありますが、頑固なので柔軟性を保つことが大切です。

18画 ◎
明朗快活・活動的
明るい性格で、物事をエネルギッシュに進めていきます。健康でスポーツの才能もあり、友人にも恵まれます。

19画 △
創造力・波乱
鋭い感性と行動力が吉と出る場面もあります。どことなく陰があり、人間関係のトラブルに注意が必要です。

20画 △
頭脳明晰・不安感
頭のよさが生かせれば物事を一気に成し遂げる強さに。一時の成功が持続しにくく、不安感をもちやすい性格。

21画 ◎
指導力・行動力
何事にも負けない不屈の精神力と行動力。大きな組織でリーダーシップを発揮していくタイプです。

22画 △
努力家・中途挫折
大きな理想の実現のために努力します。強い精神力である程度まで成果をあげても、志半ばで断念することも。

23画 ◎
躍進力・実行力
チャンスを確実に生かし発展します。一代で財を築くほどのバイタリティがありますが、傲慢な面には要注意。

24画 ◎
努力家・金運
努力を積み重ねて成功し、経済的に恵まれます。頭がよく、気配りもできるので、周囲の人気を集めます。

25画 ◎
柔軟性・自由闊達
豊富なアイデアと自由な発想力があり、柔軟性を備えた行動力もあります。少し融通のきかないのが難点です。

26画 ○
挑戦心・直情
志は大きく、開拓心も旺盛。喜怒哀楽が激しい面もありますが、人のために尽くせば運が開きます。

27画 ○
努力家・強情
何事にも前向きに努力し、的確な判断力もあります。我が強い面もあるので、協調性を養うことがポイント。

28画 ○
粘り強さ・頑固
頑固な性格で誤解を受けやすいものの、努力で物事を成し遂げる粘り強さが武器。求められるのは柔軟性です。

29画 △
創造力・不平不満
鋭い感性と行動力で、芸術や学問などの特殊な分野で才能を発揮。反面、理想と現実との差に苦しむことも。

30画 △
活動的・波乱
エネルギッシュな行動力で成功をつかみますが、思わぬところで足元をすくわれ、不運に見舞われやすい面も。

31画 ◎
包容力・器用
温和な性格と的確な判断力で誰からも尊敬されます。勉強とスポーツなど、二つの事をこなす器用さもあります。

32画 ◎
行動力・指導力
温和ながら機敏な行動力でチャンスをつかみます。成功してもおごらない性格で人望を集め、指導力を発揮。

33画 ◎
指導力・行動力
勇気と行動力で困難に立ち向かいます。大きな組織で指導力を発揮しますが、傲慢な面が出ると運も下がります。

34画 △
挑戦心・短気
挑戦心にあふれ、うまく達成すると自信がプラスに。短気な面もあり、特に金銭トラブルには気をつけて。

35画 ◎
誠実・学芸運
穏やかな性格で努力家。出世や権力ではなく、学問や技術、芸術面に目を向けて才能を生かすと成功します。

36画 ○
豪快・繊細
前向きに挑戦する豪快さと、繊細で世話好きな両面をもっています。ただし、情けの深さがあだとなることも。

37画 ◎
勤勉・独立心
物事にじっくりと誠実に取り組みます。独立心が旺盛ですが、マイペースな面もあるので協調性が開運のカギ。

38画 ◎
感性・誠実
人を引っ張る指導者タイプではないものの、誠実で豊かな感性に恵まれ、芸術や技術などの分野で成功します。

39画 ○
実行力・傲慢
頭のよさと豊かな感性で、困難に負けず物事を成し遂げます。反面、傲慢さもあるので、周囲への気配りが必要。

40画 △
柔軟性・自己主張
頭の回転が速く、世渡り上手。ただ、自己主張が強く、プライドが高いので人と打ち解けない面があります。

41画 ◎
積極的・素直
素直な性格で慕われ、多くの友に恵まれます。積極的で決断力もありリーダーシップを発揮して成功します。

42画 ○
器用・意志薄弱
器用で何でもこなしますが、熱しやすく冷めやすい面も。物事をやり遂げる強い意志が開運のポイントです。

43画 ○
創造力・派手
感性豊かで創造力もあり、芸術面で才能を発揮します。派手好きで見栄っ張りな面を自重すれば運も開きます。

44画 △
発想力・孤独
ユニークな発想と行動力で個性を発揮します。反面、人から理解を得られずに孤独を味わいやすい部分もあります。

45画 ◎
優しさ・計画性
表面は穏やかで優しく、内面はしっかり者。頭がよく、気配りもでき、計画的に物事を進めていくタイプです。

46画 ○
大胆・飽きやすさ
物事を大胆に進め、努力次第で成功に導きます。飽きやすい性格を抑え、粘り強さを養うことがポイントです。

47画 ◎
大器晩成・積極性
困難にくじけず時間をかけて挑戦を続け、成功をつかみます。明るい性格で、多くの友人に恵まれ、慕われます。

48画 ◎
広い視野・慈愛
知識豊富で大局的な視点の持ち主に。積極的ながら行動は慎み深く、自慢することもないので信頼されます。

49画 △
積極果敢・不安定
活力と行動力があります。反面、成功しても簡単には満足しないなど、不安定さと寂しさを常に抱えそう。

50画 △
活動的・出たがり
若くから頭角を現し、成功する強運があっても、わがままで目立ちたがり屋なせいで、成功が持続しない面も。

51画 ○
気配り・繊細
きめ細かい気配りができます。デリケートな面もあるので、無理な高望みをしないほうが、運が開きます。

52画 ◎
開拓精神・素直
チャレンジ精神旺盛で、多少の困難にも機敏な判断で立ち向かっていきます。素直な性格で誰からも好かれます。

53画 ○
社交的・虚栄心
社交的な性格で友人に恵まれるものの、見栄を張りすぎて嫌われることも。背伸びせずに生きることが重要です。

54画 △
優しさ・優柔不断
優しく、周囲への気配りを欠かさないものの、優柔不断で人に頼まれると断われず、苦労を背負いこむ可能性も。

55画 ○
決断力・中途挫折
頭のよさと決断力で成功するものの、一時的に終わる可能性も。強い意志を持続させることが開運のポイント。

56画 ○
慎重・優柔不断
堅実に努力する慎重派なだけに、決断力に欠け、チャンスを逃しやすい面も。冒険心をもつことも必要です。

57画 ◎
内気・大器晩成
人見知りする性格も、一度心を許せば何でも話せるように。若いうちは苦労するものの、乗り越えていきます。

58画 ○
頑固・開拓精神
頑固な性格に注意が必要。苦労が多い運勢ですが、それを乗り越えることによって幸せがつかめます。

59画 △
奉仕精神・神経質
ボランティア精神のある人です。いっぽうで、神経質で金銭に細かくなる面が出てくる可能性もあります。

60画 △
指導力・不安定
人間関係で悩み、不安定な精神状態になりがちですが、活動的でリーダーシップを発揮する可能性もあります。

姓と相性のよい画数 早見表

日本人に多い姓を中心に、特におすすめの画数について早見表にまとめました。画数を基準にして漢字を選ぶ際の資料としてお使いください。

早見表の見方

名前例	姓に合う名前の画数 2字名・3字名	1字名	姓の画数と例	
亨 7 久允 3・4 博之 12・3	17・14　14・11　14・3　13・5　12・19　12・6　12・3　11・6　9・16　9・6　7・4　4・13　4・1　3・14　2・13　2・5　1・4	17　7	八木	2・4
	20・5　17・1　14・4　14・1　13・4　12・13　12・5　11・14　11・4　9・9　7・11　4・14　4・11　3・15　3・4　2・9　1・14	12	二木	

名前例：姓と相性のよい画数の名前の例。下の数字はその名前の画数

姓に合う名前の画数：姓と相性のよい名前の画数

1字名
1字だけの名前にする場合のおすすめの画数

2字名・3字名
2字以上の名前にする場合のおすすめの画数

姓の画数と例：その画数の姓の例

2・4：姓の画数

3字以上の名前をつけるとき

1字目はそのままの画数でかぞえ、2字目・3字目は合計した数でかぞえます(4字の場合は、下の数が2字目+3字目+4字目の合計になります)。

例 上が10画で下が13画の名前をつける場合

泰10
義13

＝

浩10
太4 ┐
郎9 ┘─13

＝

晃10
士3 ┐
朗10 ┘─13

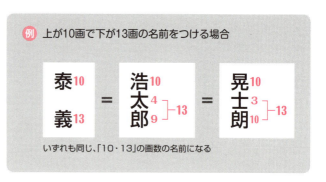

いずれも同じ、「10・13」の画数の名前になる

姓の画数	姓の例	1字名	2字名・3字名	名前例
2・4	八木、二木	7、17、12	1・4、2・5、2・13、3・14、4・1、4・13、7・4、9・6、9・16、11・6、12・3、12・6、12・19、13・5、14・3、14・11、17・14 1・14、2・9、3・4、3・15、4・11、4・14、7・11、9・9、11・4、11・14、12・5、12・13、13・4、14・1、14・4、17・1、20・5	亨 7、久允 3・4、博之 12・3
2・6	入江、又吉	5、15、7、17	1・15、5・3、5・19、7・9、9・4、9・14、9・16、10・5、10・13、10・15、11・5、11・13、12・3、12・5、12・13、15・9 1・16、5・11、7・6、7・16、9・6、9・15、10・3、10・6、10・14、11・4、11・6、11・14、12・4、12・11、15・1、17・6	弘 5、史也 5・3、恭平 10・5
2・10	二宮、八島	5	1・5、5・1、5・16、6・15、7・6、7・16、8・5、8・15、14・9、15・6 3・3、5・6、6・5、7・4、7・14、8・3、8・13、11・14、14・11、21・4	功 5、正行 5・6、宋太 7・4
3・3	山口、小川、小山、山下、丸山、川口	なし	3・4、3・12、3・15、4・14、5・2、5・12、5・20、8・10、10・8、10・21、12・5、13・2、13・5、13・18、14・4、15・10 3・8、3・14、4・13、4・21、5・10、5・13、8・3、10・5、10・15、12・3、12・13、13・4、13・12、14・3、15・3、20・5	巧人 5・2、武士 8・3、慎司 13・5
3・3・9	大久保、小久保、川久保	6、16	4・2、4・19、6・10、6・12、7・1、7・10、8・9、8・15、9・9、12・11、14・9、16・1、16・7 4・12、6・2、6・11、6・17、7・9、7・11、8・10、9・7、12・5、14・2、15・1、16・2	繁 16、安悟 6・10、育郎 8・9
3・4	山内、土井、大木、山中、三木、大内	なし	1・5、3・8、3・14、4・4、4・13、4・21、7・10、9・2、9・15、11・13、11・20、12・5、12・13、13・4、13・12、14・2、14・4、17・8 1・10、3・13、3・15、4・12、4・14、7・4、7・18、9・8、11・5、11・14、12・4、12・12、13・3、13・5、13・18、14・3、14・10、20・5	友斗 4・4、政和 9・8、裕司 12・5
3・5	山本、上田、小田、山田、大石、川田	なし	1・12、3・4、3・12、3・14、6・18、8・8、10・3、10・13、10・15、11・4、11・12、11・14、12・4、12・12、13・2、13・4、13・12、20・5 1・15、3・10、3・13、6・10、8・5、8・15、10・5、10・14、11・2、11・5、11・13、12・3、12・5、12・13、13・3、13・10、16・8	壮馬 6・10、泰平 10・5、健介 11・4
3・6	大西、小西、三好、小池、三宅、大竹	なし	1・5、5・2、5・10、7・8、9・15、10・13、11・4、11・12、12・3、12・12、18・14 1・15、5・3、5・18、9・14、10・5、10・14、11・5、11・13、12・4、15・8	秀虎 7・8、晋太郎 10・13、翔太 12・4

姓の画数	姓の例	1字名	2字名・3字名	名前例
3・7	川村 小沢 大沢 大谷 上村 大村	なし	1・5 1・12 4・21 6・15 8・5 8・15 9・4 9・14 10・5 10・15 11・2 11・10 11・14 16・5 17・4 17・14 / 1・10 4・4 6・5 8・3 8・13 9・2 9・12 10・3 10・13 10・21 11・4 11・12 11・20 16・15 17・8	一記 1・10 / 卓司 8・5 / 悠太 11・4
3・8	小林 山岸 大坪 小松 山岡 大沼	なし	3・4 3・21 5・8 8・5 9・4 9・15 10・14 16・5 17・4 / 3・10 5・2 7・14 8・13 9・12 10・3 13・8 16・8	弘幸 5・8 / 信雄 9・12 / 賢史 16・5
3・9	久保 小泉 小柳 土屋 大城 川畑	なし	2・3 4・21 6・15 7・14 8・3 8・13 9・2 9・12 12・13 15・10 22・3 / 2・4 6・5 7・4 7・18 8・5 8・15 9・4 9・14 15・8 16・5	圭史 6・5 / 幸太郎 8・13 / 輝明 15・8
3・9・5	久保田	6 / 16	1・5 3・4 3・13 6・9 8・13 10・6 10・21 11・5 11・20 12・4 12・9 12・19 13・5 16・5 20・4 / 2・19 3・12 6・1 6・12 10・5 10・11 11・4 11・13 12・3 12・6 12・12 13・3 13・11 20・1	篤 16 / 光彦 6・9 / 雄太 12・4
3・10	三浦 大島 川島 小島 上原 小倉	なし	1・4 3・8 3・21 5・13 6・5 6・18 7・18 8・10 11・14 13・5 14・4 14・18 15・10 / 1・10 3・15 5・3 5・20 6・12 7・4 8・3 11・13 11・21 13・12 14・10 15・3	広大 5・3 / 康輔 11・14 / 総悟 14・10
3・11	山崎 大野 川崎 小野 上野 川野	なし	4・13 4・20 5・12 5・18 6・12 6・18 7・10 10・8 10・14 12・5 13・4 13・8 13・18 14・4 20・4 / 4・14 5・2 5・13 6・5 6・15 7・4 7・14 10・13 10・21 12・12 13・5 13・10 14・3 14・10	考司 6・5 / 慎一郎 13・10 / 響太 20・4
3・11・6	小野寺	5 15 / 12 17	1・10 2・19 7・4 7・11 9・2 9・9 10・3 10・11 11・4 11・10 12・3 15・3 17・1 / 2・9 5・10 7・10 7・18 9・4 10・1 10・7 11・2 11・7 12・1 12・9 15・10 17・4	登 12 / 佑一朗 7・11 / 貴士 12・3
3・11・10	小笠原	7 / 14	1・10 3・10 5・3 5・19 6・7 6・17 7・4 8・3 11・2 13・4 13・11 14・7 14・10 / 3・4 5・2 5・18 6・1 6・11 6・18 7・10 8・9 11・10 13・10 14・3 14・9 15・9	漣 14 / 成壱 6・7 / 路泰 13・10

※3字名の場合は、2番目と3番目の文字の画数を合計した数で見ます。

名前例	姓に合う名前の画数	姓の画数と例
正道 5・12 紀英 9・8 誠一郎 13・10	1字名：なし 2字名・3字名：1・5 3・13 3・15 4・4 4・13 5・3 5・13 6・10 9・8 11・5 12・4 13・3 13・5 13・20 1・15 3・14 3・20 4・12 4・14 5・12 5・18 6・12 9・14 11・12 12・5 13・4 13・10	3・12 大塚 大森 小森 千葉 大場 小椋
正裕 5・12 純平 10・5 啓輔 11・14	1字名：なし 2字名・3字名：3・4 3・13 4・4 4・13 5・2 5・10 5・20 8・13 10・15 11・4 11・10 11・20 12・4 12・13 3・12 3・14 4・12 4・21 5・3 5・12 8・8 10・5 10・21 11・5 11・14 12・3 12・5 20・5	3・13 大滝 小滝 山路
大輝 3・15 秀直 7・8 優太 17・4	1字名：なし 2字名・3字名：1・5 3・4 3・13 3・21 4・12 4・20 7・14 9・15 10・8 10・21 11・5 11・13 17・4 18・3 1・15 3・12 3・15 4・4 4・14 7・8 9・12 10・5 10・14 11・4 11・10 11・20 17・14 18・13	3・14 川端 小関 大嶋 小嶋 大熊 大関
一弘 1・5 勇侍 9・8 浩照 10・13	1字名：なし 2字名・3字名：1・4 1・12 3・10 3・14 8・5 9・4 9・14 10・5 1・5 3・4 3・12 3・20 8・15 9・8 10・3 10・13	3・15 三輪 小幡 大槻
一慧 1・15 直幸 8・8 徹也 15・3	1字名：なし 2字名・3字名：1・4 1・12 5・8 8・5 8・10 15・3 1・5 1・15 5・13 8・8 9・4 16・2	3・16 大橋 三橋 土橋 小澤 大澤 小橋
光司 6・5 佑太 7・4 駿輔 17・14	1字名：なし 2字名・3字名：3・8 3・14 6・5 6・18 7・10 13・4 14・3 17・14 3・13 5・12 6・10 7・4 13・3 14・2 14・10 20・4	3・18 工藤 大藤
正剛 5・10 登也 12・3 煌一郎 13・10	1字名：なし 2字名・3字名：2・13 4・12 5・8 5・18 6・5 12・3 12・13 13・3 13・12 2・14 4・21 5・10 5・20 6・10 12・4 13・2 13・10 14・2	3・19 川瀬
旦 5 成章 6・11 悠貴 11・12	1字名：5 2字名・3字名：1・5 3・10 4・1 4・11 5・1 5・10 5・18 6・7 6・11 11・2 12・1 12・11 13・10 1・12 3・12 4・9 4・19 5・2 5・12 6・1 6・9 6・17 11・12 12・5 13・2	4・2・12 五十嵐

名前例	姓に合う名前の画数（2字名・3字名）	姓に合う名前の画数（1字名）	姓の画数と例
航志（10・7）、公輔（4・14）、剛（10）	15・3、14・4、13・12、13・4、12・19、12・12、10・21、10・7、8・9、5・20、5・13、5・11、5・1、4・20、4・13、4・7、3・14、2・9	10	4・3　片山、中山、井上
	15・9、14・11、14・3、13・11、13・3、12・13、12・4、10・14、8・17、8・3、5・19、5・12、5・3、4・21、4・14、4・12、4・4、3・13		内山、木下、中川
徳一朗（14・11）、文貴（4・12）、宏（7）	17・7、14・9、14・2、13・12、13・4、13・2、12・12、12・4、12・1、11・12、11・2、9・7、7・9、4・12、4・9、3・14、3・12、1・12	7	4・4　木戸、井手、今井
	20・4、14・11、14・3、14・1、13・11、13・3、12・13、12・11、12・3、11・13、11・4、9・14、9・4、4・13、4・11、4・1、3・13、3・4		井戸、木内、中井
篤志（16・7）、康嗣（11・13）、翔（12）	20・4、13・11、13・2、12・11、12・3、11・12、10・14、8・7、6・9、3・13、3・4、1・7	16、6	4・5　中本、中田、太田
	16・7、13・3、12・12、12・4、11・13、11・4、10・13、6・17、6・1、3・12、1・14	12	井出、戸田、内田
健太（11・4）、恒喜（9・12）、慧（15）	17・14、12・19、12・11、12・3、11・20、11・12、11・2、10・13、10・3、9・14、9・4、7・14、5・20、5・2、2・19、1・12	7	4・6　中江、今西、中西
	17・4、12・13、12・9、12・1、11・14、11・4、10・21、10・11、10・1、9・12、9・2、7・4、5・3、5・1、2・9	15	引地、日向、丹羽
優壱（17・7）、恭太朗（10・14）、好（6）	17・7、14・7、11・2、10・11、9・12、8・13、6・1、4・17、4・1、1・4	6	4・7　水谷、今村、中村
	17・4、11・13、10・14、10・3、9・4、6・7、4・20、4・9、1・12		中谷、中尾、木村
繁洋（16・9）、昇太郎（8・13）、央（5）	17・4、16・7、10・13、10・3、9・14、9・4、8・17、8・3、7・4、5・1、3・2	5	4・8　今岡、五味、片岡
	16・9、13・12、10・11、10・1、9・12、9・2、8・13、7・14、5・20、3・3		丹治、中岡、中林
輝彦（15・9）、卓也（8・3）、文徳（4・14）	22・2、16・2、15・3、14・4、12・12、9・2、8・3、7・4、4・21、4・14、4・4、2・9	なし	4・9　中畑、仁科、内海
	22・3、16・9、15・9、14・11、12・13、9・9、8・17、7・11、6・12、4・20、4・7、4・1		今津、中垣、今泉
豪紀（14・9）、直路（8・13）、孝（7）	15・3、14・7、14・3、13・4、11・13、11・7、8・9、7・14、7・4、6・12、6・1、5・13、5・2、3・4	7	4・10　木原、日高、中島
	15・9、14・9、14・4、13・11、11・20、11・12、8・13、8・3、7・11、6・17、6・11、5・19、5・12、3・14		中根、片桐、中原

※3字名の場合は、2番目と3番目の文字の画数を合計した数で見ます。

姓の画数と例	姓に合う名前の画数 1字名	姓に合う名前の画数 2字名・3字名	名前例
4・11 中野 天野 日野 水野 今野 内野	なし	2・4 4・4 4・13 4・19 5・3 5・12 6・11 6・17 7・11 10・13 12・11 13・4 14・3 14・9 / 2・14 4・12 4・14 5・1 5・11 5・13 6・12 7・9 10・7 12・4 13・3 14・2 14・4	広暉 5・13、伸康 7・11、魁哉 14・9
4・12 手塚 戸塚 中道 中塚 中森 水越	5	3・4 3・13 4・1 4・12 4・17 5・11 6・1 6・11 9・12 11・14 12・3 12・9 12・19 13・3 13・12 / 3・12 3・14 4・11 4・13 5・3 5・12 6・9 9・7 11・4 11・20 12・4 12・13 13・2 13・4 20・1	功 5、勇三郎 9・12、隆耀 11・20
4・14 中嶋 井関 比嘉 木暮	7 17	1・2 2・3 3・12 4・1 4・11 4・19 9・14 10・7 11・2 11・12 / 1・12 3・4 3・14 4・9 4・13 9・4 10・3 10・13 11・4 21・2	謙 17、修三朗 10・13、崇文 11・4
4・18 内藤 井藤	なし	3・12 3・20 5・20 6・9 7・4 13・2 13・12 14・2 14・11 / 3・13 5・11 6・7 6・17 7・9 13・3 14・1 14・9 15・1	大滋 3・12、光邦 6・7、遼一 15・1
5 辻 平 北	なし	1・10 3・5 3・15 6・12 10・6 11・7 13・5 16・16 / 1・15 3・10 6・5 8・10 11・5 12・6 16・2	一真 1・10、卓馬 8・10、篤樹 16・16
5・3 石川 市川 北川 古川 田口 平山	5 15 10	3・10 3・13 4・11 4・13 5・8 5・11 5・18 8・16 10・6 12・1 12・11 12・13 13・3 13・11 14・1 14・3 15・1 / 3・12 4・1 4・12 5・3 5・10 5・12 8・8 10・3 10・13 12・3 12・12 13・2 13・10 13・12 14・2 14・10 15・8	純 10、公一 4・1、勝太郎 12・13
5・4 田中 永井 白井 石井 平井 玉井	7	2・13 3・13 4・11 4・19 7・8 9・6 11・13 12・11 13・2 13・10 14・1 14・10 / 3・12 3・20 4・12 4・20 7・16 11・12 12・3 12・12 13・3 13・11 14・2 17・6	寿 7、悠暉 11・13、謙伍 17・6
5・5 石田 本田 田辺 平田 永田 白石	6	1・10 2・19 3・10 6・1 8・13 10・3 10・13 11・10 11・20 12・3 12・13 13・2 13・10 13・18 / 1・12 3・8 3・12 8・3 10・1 10・11 11・2 11・12 12・1 12・11 12・19 13・8 13・12 20・1	旬 6、耕一朗 10・11、譲一 20・1

姓の画数	姓の例	1字名	2字名・3字名	名前例
5・6	本多 永吉 本庄 末吉 末次 加地	5 / 7	1・6, 2・19, 5・2, 5・16, 7・6, 10・3, 11・2, 11・13, 12・12, 18・3 / 1・12, 5・1, 5・8, 5・19, 9・12, 10・11, 11・10, 12・1, 15・6, 18・6	巧 5 / 逸真 11・10 / 劉式 15・6
5・7	田村 古谷 立花 北村 市村 平尾	6	1・10, 4・1, 8・3, 9・2, 9・16, 10・3, 10・13, 11・10, 14・11, 17・8 / 1・12, 4・19, 8・13, 9・12, 10・1, 10・11, 11・2, 11・12, 17・6, 18・3	守 6 / 剛健 10・11 / 騎士 18・3
5・8	平松 平林 石岡 平岡 田所 北岡	5	3・8, 5・6, 5・19, 7・11, 8・3, 8・16, 9・16, 10・8, 13・12, 15・10, 16・8, 17・8 / 5・3, 5・13, 5・20, 7・18, 8・10, 9・2, 10・1, 13・11, 15・3, 16・2, 17・1	玄 5 / 祐樹 9・16 / 謙治 17・8
5・9	田畑 石垣 玉城 古屋 布施 石津	7	2・19, 4・19, 6・1, 6・12, 7・10, 7・16, 8・10, 8・16, 9・8, 12・6, 12・12, 14・3, 15・3, 15・8, 16・2 / 4・13, 4・20, 6・11, 6・18, 7・11, 8・3, 8・13, 9・2, 9・12, 12・11, 12・19, 14・10, 15・6, 16・1, 16・8	壱 7 / 直篤 8・16 / 槍之助 14・10
5・10	石原 田原 加納 田島 北原 矢島	6	1・16, 5・1, 5・11, 5・13, 6・10, 6・12, 7・11, 8・8, 11・6, 13・3, 14・2, 15・1, 15・8 / 3・13, 5・3, 5・12, 5・18, 6・11, 7・10, 7・16, 8・10, 11・12, 13・10, 14・3, 15・3, 21・2	光 6 / 孝一郎 7・10 / 輝久 15・3
5・11	平野 北野 永野 矢野 石黒 石崎	5 / 7	4・1, 4・12, 5・10, 5・12, 6・1, 6・11, 7・10, 10・6, 12・3, 12・19, 13・3, 13・12, 14・1, 14・3, 20・1 / 4・11, 5・3, 5・11, 5・16, 6・10, 7・8, 7・18, 10・11, 12・13, 13・2, 13・8, 13・18, 14・2, 14・11	佑 7 / 雅武 13・8 / 響一 20・1
5・12	本間 石塚 平塚 古賀 甲斐 石渡	6	3・12, 4・11, 4・20, 5・2, 5・10, 5・13, 5・19, 6・10, 6・18, 9・12, 11・13, 12・3, 12・12, 13・2, 13・8, 13・18 / 3・13, 4・12, 5・1, 5・3, 5・11, 5・16, 6・1, 6・12, 9・6, 11・10, 11・20, 12・6, 12・19, 13・3, 13・11, 20・1	考 6 / 圭悟 6・10 / 貫太郎 11・13
5・16	石橋 古橋 古澤 本橋 市橋 田頭	16 / 17	1・10, 5・6, 5・12, 7・10, 8・8, 9・2, 15・1, 16・8 / 1・16, 5・11, 5・19, 8・3, 8・16, 9・8, 16・1	薫 16 / 明昌 8・8 / 龍英 16・8

※3字名の場合は、2番目と3番目の文字の画数を合計した数で見ます。

名前例	姓に合う名前の画数 2字名・3字名	姓に合う名前の画数 1字名	姓の画数と例
慶 15 秀騎 7・18 雅比呂 13・11	3・12 5・10 5・19 6・12 7・8 7・18 13・11 14・1 14・11 15・10 17・8 5・3 5・13 5・20 6・18 7・11 13・2 13・12 14・10 15・3 17・1	15	5・18 加藤
公耀 4・20 正勝 5・12 鈴之助 13・10	2・19 4・19 5・2 5・6 5・12 5・18 6・1 6・18 12・11 13・8 13・11 14・10 16・8 4・13 4・20 5・3 5・8 5・16 5・19 6・11 12・1 12・12 13・10 14・3 16・1	なし	5・19 広瀬 永瀬 加瀬 古瀬
広晶 5・12 寅太朗 11・14 謙豪 17・14	1・4 1・16 5・12 7・4 9・2 9・16 10・7 11・7 11・20 12・6 17・14 18・14 1・10 5・6 5・20 7・10 9・6 10・5 10・15 11・14 12・5 15・10 18・7	なし	6 西 向 芝 仲
景 12 礼一郎 5・10 徳紀 14・9	3・5 4・11 4・19 5・2 5・11 5・19 8・15 12・11 13・2 13・11 14・2 14・10 15・9 3・12 4・12 5・1 5・10 5・18 8・7 10・5 12・12 13・10 14・1 14・9 15・1	12 15 14	6・3 吉川 西山 江口 西川 早川 竹下
榮 14 友隆 4・11 崇裕 11・12	1・5 1・12 2・19 3・12 4・7 4・11 4・19 9・2 11・2 11・12 12・9 12・19 13・10 13・18 14・7 14・11 20・5 1・10 2・9 3・10 4・1 4・9 4・17 7・18 9・12 11・10 12・1 12・11 13・2 13・12 14・1 14・9 20・1	7 14	6・4 竹内 竹中 臼井 向井 安井 吉井
晟 10 有輝 6・15 勝道 12・12	1・5 2・5 3・10 6・7 6・18 10・11 11・10 12・9 13・11 20・1 1・12 2・19 6・1 6・15 8・5 11・2 12・1 12・12 16・5	6 10	6・5 吉田 西田 成田 池田 安田 寺田
航 10 太一 4・1 繁春 16・9	1・10 4・7 6・12 8・10 9・2 9・15 10・15 14・10 16・2 17・1 18・7 4・1 6・5 6・18 8・17 9・9 10・1 11・7 14・11 16・9 17・7	10	6・7 西村 西尾 吉沢 吉村 竹村 西沢
光一郎 6・10 岳史 8・5 暢康 14・11	4・11 4・19 6・5 7・4 7・18 8・5 9・2 12・3 12・11 14・11 15・10 4・12 4・21 6・10 7・8 8・3 8・8 9・4 12・4 14・2 15・8	なし	6・7・9 宇佐美

姓の画数と例		1字名	2字名・3字名	名前例
6・8	吉岡 西岡 安東 伊東 寺岡 竹林	7 17 / 10	3・15 5・12 5・19 7・11 8・10 9・2 9・12 10・1 10・11 13・10 13・18 16・1 16・5 16・15 17・7 / 5・2 5・18 7・10 8・9 8・15 9・9 9・15 10・7 13・5 13・11 15・9 16・2 16・7 17・1	翼 17 / 虎之助 8・10 / 篤毅 16・15
6・9	守屋 安保 西垣	2 16 / 6	2・15 4・19 6・11 6・17 7・11 8・10 9・7 14・2 15・1 16・7 / 4・12 6・10 6・12 7・9 8・9 8・15 9・9 14・9 16・2	力 2 / 芳貞 7・9 / 聡彦 14・9
6・10	吉原 有馬 西島 西原 寺島 西脇	5 15 / 7	1・7 3・12 5・10 5・12 6・9 6・11 7・9 7・18 8・9 11・5 13・2 13・18 14・2 14・11 15・10 / 1・15 5・2 5・11 6・1 6・10 6・15 7・10 8・7 8・17 11・10 13・12 14・1 14・7 15・1	駈 15 / 健剛 11・10 / 銀二 14・2
6・11	吉野 西野 江崎 安部 宇野 吉崎	4 7 20 / 6 14	2・19 4・12 5・1 5・10 5・19 6・9 6・12 6・18 7・9 10・5 12・9 12・19 13・5 13・18 14・2 14・10 / 4・11 4・17 5・2 5・11 6・1 6・10 6・15 7・1 7・11 10・11 12・12 13・2 13・11 14・1 14・7 20・1	均 7 / 秀春 7・9 / 新一朗 13・11
6・12	安達 西森 多賀 有賀 伊達 羽賀	5 / 6	1・5 3・10 4・1 4・11 5・1 5・10 5・18 6・7 6・11 11・2 12・1 12・11 13・10 / 1・12 3・12 4・9 4・19 5・2 5・12 6・1 6・9 6・17 11・12 12・5 13・2 21・2	匠 6 / 基晶 11・12 / 智基 12・11
6・18	伊藤 江藤 安藤	7 / 14	3・10 5・12 5・19 6・5 6・11 6・17 7・1 13・10 14・7 14・10 17・7 / 5・2 5・18 6・1 6・7 6・15 6・18 7・10 13・11 14・9 15・9 20・1	誓 14 / 鉄寅 13・11 / 優汰 17・7
6・19	成瀬 早瀬 百瀬	6 / 12	2・5 4・9 4・19 5・2 5・18 6・7 6・17 12・11 14・2 16・7 / 2・11 4・12 5・1 5・11 6・1 6・10 12・1 13・10 14・9 22・1	博 12 / 光一 6・1 / 敦比呂 12・11
7	谷 伴 杉 角 沢 李 沖 佃	なし	1・15 4・4 6・10 8・17 9・15 10・6 10・14 11・5 11・14 14・2 16・15 17・14 18・7 / 1・16 4・20 8・16 9・7 9・16 10・7 10・15 11・6 11・20 14・10 17・7 18・6	勇志 9・7 / 泰範 10・15 / 謙史郎 17・14

※3字名の場合は、2番目と3番目の文字の画数を合計した数で見ます。

姓の画数	姓の画数と例	姓に合う名前の画数 1字名	姓に合う名前の画数 2字名・3字名	名前例
7・3	村上 谷口 杉山 坂口 村山 谷川	5 14 15	2・9 3・4 3・8 3・10 4・1 4・4 4・9 4・11 4・17 5・1 5・6 5・8 5・10 5・16 5・18 8・17 10・1 10・11 12・1 12・9 12・11 13・8 13・10 13・18 14・1 14・9 14・11 15・6 15・8 15・10 20・1	潔 15 将一 10・1 義幸 13・8
7・3・4	佐々木	4 7 17	1・6 3・8 3・14 3・15 4・7 4・13 4・14 7・11 7・14 9・8 9・14 9・15 11・6 11・7 11・13 12・5 12・6 12・11 13・5 13・8 13・11 14・3 14・7 17・1 17・6 17・7 17・14 20・1	瞭 17 友輔 4・14 誠一朗 13・11
7・3・12	佐久間	なし	1・15 3・8 3・13 4・7 4・11 4・21 5・6 5・8 5・11 6・5 6・7 9・6 9・7 9・14 11・5 11・14 12・1 12・3 12・11 12・13 13・3	一徹 1・15 大和 3・8 淳平 11・5
7・4	坂井 村井 坂元 宍戸 赤木 沢井	4 7 12 14 20	1・4 1・6 3・4 3・10 4・1 4・9 4・17 7・6 7・14 9・4 11・10 12・1 12・9 13・8 13・11 14・10 17・4 20・1 20・4	勤 12 宏匡 7・6 徳之助 14・10
7・5	坂本 村田 杉本 沢田 児玉 足立	12 20	1・4 1・10 2・9 3・8 3・10 6・17 8・17 10・1 10・11 11・10 11・14 12・1 12・9 12・11 13・8 13・10 16・9 20・1	貴 12 一心 1・4 智比呂 12・11
7・6	佐竹 赤羽 住吉 近江 杉江 赤池	5 10 11 12	1・4 1・10 2・6 2・9 5・6 7・4 7・11 7・18 9・9 9・16 10・1 10・8 10・14 11・14 12・6 15・9 15・10 17・1 17・8 18・6 18・14	勉 10 孝太 7・4 慶一郎 15・10
7・7	佐伯 志村 尾形 杉村 赤坂 谷村	4 10 17	1・10 1・16 4・14 4・17 6・1 6・11 6・17 6・18 8・9 8・10 8・16 9・8 9・9 9・14 10・1 10・8 10・11 10・14 11・6 11・10 14・4 14・9 14・10 16・1 16・8 17・1 17・4 17・6 17・14	悟 10 光之輔 6・17 彰信 14・9
7・8	村松 村岡 赤松 坂東 花岡 我妻	10 16 17	3・14 5・1 5・11 5・18 7・9 7・10 7・11 7・16 8・8 8・9 8・10 9・8 9・9 9・14 10・6 10・8 13・4 13・10 15・1 15・8 16・1 17・1 17・6	衛 16 弘康 5・11 哲匡 10・6

名前例	姓に合う名前の画数 2字名・3字名	姓に合う名前の画数 1字名	姓の例	姓の画数
彰 14 克教 7・11 慶一 15・1	15・9 15・1 14・4 13・18 13・8 11・4 8・10 7・14 7・9 6・18 6・9 5・16 5・10 3・4 15・6 14・10 14・1 13・11 11・10 8・16 8・8 7・11 7・8 6・10 6・1 5・11 5・1	14 6 7	杉浦 児島 佐原 杉原 対馬 坂根	7・10
快 7 永一郎 5・10 満康 12・11	14・9 13・10 12・11 7・16 7・8 6・17 6・9 5・18 5・8 4・11 4・1 14・1 13・4 12・1 7・10 7・6 6・11 6・1 5・10 5・1 4・9	7 5 14 6	佐野 杉野 杉崎 尾崎 坂野 赤堀	7・11
開 12 公彦 4・9 貴行 12・6	12・4 9・9 6・10 5・8 4・14 4・1 1・4 12・6 12・1 9・4 5・11 5・1 4・9 3・10	12 5 6	芳賀 那須 村越 志賀 赤塚 赤間	7・12
亘 6 圭造 6・10 聡哉 14・9	17・6 15・1 13・10 7・9 6・17 6・1 5・11 5・1 3・4 15・8 14・9 7・16 7・6 6・10 5・18 5・8 3・10	6	佐藤 兵藤 近藤 谷藤	7・18
司 5 甲一郎 5・10 敦郎 12・9	22・9 14・1 13・8 6・9 5・16 5・6 4・17 4・1 2・4 14・17 13・18 12・9 6・1 5・10 5・1 4・11 2・9	5	村瀬 佐瀬	7・19
大揮 3・12 征之輔 8・17 雅人 13・2	17・6 15・10 13・10 10・15 10・6 9・16 9・14 9・6 8・16 8・7 5・20 5・2 3・4 17・7 16・7 13・12 13・2 10・14 10・5 9・15 9・7 8・17 8・15 7・16 5・10 3・12	なし	林 岸 長 東 牧 迫 岡 金 所	8
文哉 4・9 博貞 12・9 豪汰 14・7	18・3 14・10 13・8 10・3 8・13 5・16 4・17 3・10 2・3 15・9 14・7 12・9 8・16 8・5 5・8 4・9 2・5	なし	金子 青山 岩下 松下 松山 松川	8・3
一平 1・5 翔太郎 12・13 耀司 20・5	20・5 14・9 13・10 12・13 11・10 7・16 4・9 3・10 2・9 1・5 17・8 14・7 13・8 12・9 9・16 4・17 4・7 3・8 1・10	なし	青木 金井 茂木 松井 岩井 武井	8・4

※3字名の場合は、2番目と3番目の文字の画数を合計した数で見ます。

姓の画数	姓の画数と例	1字名	2字名・3字名	名前例
8・5	松本 岡本 和田 岡田 松田 武田	なし	1・7 2・9 3・15 8・3 8・16 10・8 11・7 12・13 16・8 20・5 1・10 3・8 6・5 8・10 8・17 10・15 11・13 13・5 16・9	壮司 6・5 健太郎 11・13 龍彦 16・9
8・6	河合 長江 金光 河西 国吉 岡安	なし	1・10 2・5 5・13 7・10 9・8 9・15 10・8 11・7 11・13 12・9 15・8 17・7 1・16 2・9 5・16 7・16 9・9 10・7 10・13 11・10 12・5 15・3 15・9 18・3	一哲 1・10 寿樹 7・16 道央 12・5
8・7	松尾 岡村 長尾 松村 河村 金沢	なし	1・5 1・16 6・10 8・8 8・10 9・7 9・9 10・8 11・5 14・3 16・7 1・15 4・13 6・17 8・9 8・15 9・8 10・7 10・13 11・7 14・9	吉之助 6・10 泰豊 10・13 悠史 11・5
8・7・3	長谷川	5 15 14	3・10 4・9 5・2 5・10 8・9 12・1 13・2 14・1 14・9 4・1 5・1 5・8 5・18 10・3 12・3 13・10 14・3 15・8	勲 15 大悟 3・10 智也 12・3
8・7・11	長谷部	5 7 6 12	2・9 4・17 5・2 5・10 6・1 7・8 12・3 13・2 13・18 20・1 4・1 5・1 5・6 5・16 6・9 10・1 12・9 13・8 14・1	晶 12 正敏 5・10 慎治 13・8
8・8	松岡 長岡 長沼 若林 若松 松林	なし	3・13 5・10 7・8 7・10 8・8 8・13 9・7 9・16 10・7 13・3 15・10 16・9 17・8 5・3 5・16 7・9 8・7 8・9 8・17 9・8 10・5 10・15 13・8 16・5 16・15	佑一郎 7・10 郁磨 9・16 薫平 16・5
8・9	青柳 板垣 岩城 金城 和泉 長屋	なし	4・17 6・10 7・8 8・7 8・10 8・16 9・9 12・3 14・7 15・3 16・5 16・15 6・9 6・15 7・9 8・8 8・13 9・7 9・15 12・9 14・10 15・9 16・8	壮一郎 6・10 咲哉 9・9 繁輝 16・15
8・10	松浦 松島 河原 松原 長島 門脇	なし	1・5 3・10 5・10 6・9 7・8 7・16 8・7 13・10 14・9 1・16 5・8 6・7 6・17 7・10 8・5 8・15 14・3 15・8	大哲 3・10 辰之助 7・10 範英 15・8

姓の画数	姓の例	1字名	2字名・3字名（姓に合う名前の画数）	名前例
8・11	阿部、岩崎、岡崎、河野、服部、牧野	なし	2・3、5・8、6・7、7・9、10・8、13・5、4・9、5・13、6・10、10・3、13・3	友信（4・9）、壱郎（7・9）、聖史（13・5）
8・12	金森、的場、岩淵、岩間、松葉、門間	なし	1・10、3・8、3・15、4・9、4・17、5・10、5・16、6・7、6・15、9・9、11・7、12・3、12・9、13・5、20・5、1・16、3・10、4・7、4・13、5・8、5・13、6・5、6・9、9・8、9・16、11・10、12・5、12・13、13・8	一磨（1・16）、甲太郎（5・13）、達也（12・3）
8・18	斉藤、松藤、武藤	なし	3・8、5・16、6・9、7・8、14・7、5・10、6・5、6・15、13・8	正浩（5・10）、匡平（6・5）、利英（7・8）
8・19	岩瀬、長瀬	なし	2・9、4・17、5・13、6・5、12・9、13・5、14・7、16・9、4・7、5・3、5・16、6・15、12・13、13・8、16・5	匡範（6・15）、槙宏（14・7）、龍彦（16・9）
9	南、畑、星、柳、泉、神	なし	4・2、4・12、6・10、7・16、8・15、9・6、12・12、16・7、4・4、4・20、6・17、8・7、8・16、9・15、14・10	圭一郎（6・10）、竹之輔（6・17）、賢壱（16・7）
9・3	秋山、荒川、神山、前川、皆川、相川	なし	2・9、4・7、5・6、5・16、10・15、13・8、13・22、14・9、15・8、3・8、4・9、5・8、8・15、12・9、13・12、14・7、15・6、18・7	大空（3・8）、裕哉（12・9）、穣壱（18・7）
9・4	荒木、浅井、畑中、荒井、柏木、秋元	なし	1・4、3・8、4・4、4・14、9・2、9・15、11・7、12・6、13・12、17・7、20・4、2・9、3・15、4・7、7・4、9・9、9・16、11・14、12・12、14・4、17・8	宏斗（7・4）、健史郎（11・14）、優児（17・7）
9・5	前田、津田、柳田、神田、浅田、秋田	なし	1・16、3・4、3・14、6・12、8・9、8・16、10・8、11・6、11・12、12・9、13・4、16・2、16・8、20・4、2・9、3・8、3・15、6・15、8・15、10・7、10・14、11・7、12・6、12・12、13・8、16・7、16・15	一憲（1・16）、隼太朗（10・14）、賢人（16・2）

※3字名の場合は、2番目と3番目の文字の画数を合計した数で見ます。

姓の画数	姓の例	1字名	2字名・3字名	名前例
9・7	神谷 相沢 浅見 柳沢 保坂 染谷	なし	1・15 4・4 6・9 8・7 8・9 9・7 9・12 10・6 10・15 11・6 14・2 16・9 17・4 17・14 1・16 4・12 6・15 8・8 9・6 9・8 9・16 10・7 11・4 11・14 14・7 16・15 17・8	太陽 4・12 武虎 8・8 勘太朗 11・14
9・10	相馬 前原 柏原 相原 柳原 前島	なし	1・4 1・15 5・8 6・12 7・9 11・2 14・2 1・12 3・15 6・7 7・6 8・8 11・7 14・4	一慶 1・15 安吾 6・7 悠人 11・2
9・11	浅野 草野 海野 星野 狩野 神野	なし	2・9 4・9 5・6 5・12 6・7 6・12 7・4 7・8 10・7 10・15 12・9 13・4 13・12 14・7 4・7 4・14 5・8 5・16 6・9 6・15 7・6 7・14 10・8 12・6 13・2 13・8 14・4	正雄 5・12 孝太朗 7・14 義満 13・12
9・12	秋葉 南雲 城間 風間 柘植 草間	なし	1・15 3・8 4・7 5・6 9・2 9・8 11・6 12・12 20・4 1・16 3・14 4・12 5・12 9・7 9・15 12・4 13・4	広光 5・6 政輝 9・15 源太 13・4
9・18	後藤 首藤	なし	3・8 5・6 6・12 7・4 13・8 14・4 15・6 17・8 3・15 5・16 6・15 7・14 13・12 14・7 17・4	寿太朗 7・14 聡佑 14・7 優介 17・4
10	原 浜 脇 島 浦 柴 秦 桂 峯	なし	1・4 1・6 3・2 3・5 5・2 6・2 6・15 7・4 7・14 8・5 11・2 11・12 14・7 1・5 1・12 3・4 3・10 5・16 6・7 6・17 7・6 7・16 8・15 11・10 13・10 15・6	吉之輔 6・17 郷一郎 11・10 聡汰 14・7
10・3	高山 宮川 浜口 宮下 畠山 原口	4 20 10	3・8 4・1 4・14 5・3 5・13 10・1 10・14 12・6 13・5 14・11 20・5 3・15 4・7 4・21 5・6 8・3 10・8 10・15 12・13 13・11 15・3	馨 20 玄太郎 5・13 義章 13・11
10・4	酒井 桜井 高井 高木 宮内 畠中	4 17 7	1・6 3・14 4・7 7・11 9・8 9・15 11・7 12・5 12・11 13・8 14・3 17・1 17・7 20・1 3・8 3・15 4・13 7・14 9・14 11・6 11・13 12・6 13・5 13・11 14・7 17・6 17・14	良 7 貞尚 9・8 進之介 11・7

姓の画数	姓の例	1字名	2字名・3字名	名前例
10・5	原田 宮本 島田 柴田 高田 浜田	16 6 10	16・1 13・3 12・6 11・7 11・5 10・8 10・6 8・8 3・15 3・13 1・5 16・7 13・5 12・11 12・5 11・6 10・13 10・7 8・15 6・11 3・14 1・15	憲 16 巡一朗 6・11 陽平 12・5
10・6	宮地 桑名	17 7 15	17・8 15・1 12・5 11・14 11・5 10・11 10・6 9・8 9・6 7・8 5・3 1・7 17・14 15・6 12・13 12・3 11・6 10・15 10・7 10・5 9・7 7・14 5・11 1・15	努 7 建伍 9・6 涼輔 11・14
10・7	宮沢 高見 高尾 高村 島村 宮坂	6 14	17・14 17・1 16・8 14・7 11・13 11・5 10・14 10・8 10・5 9・7 8・13 8・7 6・1 4・11 1・5 17・7 16・15 16・5 14・1 11・7 10・21 10・11 10・6 9・15 9・6 8・8 6・15 4・14 1・15	圭 6 宗太郎 8・13 瑠希 14・7
10・8	高松 高岡 高林 根岸 栗林 宮武	5 15	17・6 16・1 10・13 10・5 9・14 9・6 8・7 7・8 5・8 3・14 16・7 15・8 10・7 10・3 9・8 8・15 8・5 7・6 5・1	諒 15 浩司 10・5 範宗 15・8
10・9	宮城 梅津 島津 高柳 倉持 高畑	4 14	15・1 12・1 8・8 7・11 6・7 4・1 15・3 12・6 9・7 8・5 7・6 4・14	肇 14 克比呂 7・11 順一 12・1
10・10	栗原 高島 荻原 桑原 宮原 宮島	5 15	15・6 14・11 14・3 13・8 11・14 11・6 8・7 8・3 7・11 7・6 6・11 6・5 5・8 3・15 3・8 15・3 14・7 14・1 13・5 11・7 8・13 8・5 7・14 7・8 6・15 6・7 5・13 5・6 3・14	広 5 義英 13・8 槙之介 14・7
10・11	宮崎 荻野 浜崎 高野 島崎 浜野	12 4 10	14・3 13・3 10・21 10・7 10・1 6・5 5・6 4・7 13・11 12・5 10・14 10・6 6・11 5・11 4・13	創 12 吉康 6・11 魁也 14・3
10・12	馬場 高須 鬼塚 高森 高塚 能登	なし	13・3 12・11 12・1 11・5 9・7 6・7 5・11 5・6 4・11 3・13 1・15 20・5 12・13 12・3 11・14 9・14 9・6 6・5 5・8 4・21 4・7 3・8	太壱 4・7 祐輔 9・14 琳太郎 12・13

※3字名の場合は、2番目と3番目の文字の画数を合計した数で見ます。

姓の画数	姓の画数と例	1字名	2字名・3字名	名前例
10・16	高橋 倉橋 真壁 鬼頭 宮澤	5 15 7	1・5 2・3 5・1 7・8 8・3 8・13 15・6 16・15 1・6 2・5 5・6 7・14 8・7 9・6 16・5 17・14	勲 15 京太郎 8・13 優旗 17・14
10・17	真鍋	4 14 6	1・5 4・7 4・21 6・15 7・14 8・13 14・11 15・6 20・1 4・1 4・14 6・5 7・11 8・3 14・7 15・3 16・5 20・5	精 14 彰一朗 14・11 輝充 15・6
10・19	高瀬	6	4・14 5・3 5・13 12・11 13・5 5・1 5・11 12・6 13・3 16・7	匡 6 景梧 12・11 龍児 16・7
11	堀 梶 菅 乾	なし	4・17 6・7 7・6 14・7 5・16 6・15 7・14	巧磨 5・16 圭吾 6・7 宏太朗 7・14
11・3	野口 黒川 堀口 細川 堀川 亀山	なし	3・4 4・7 4・14 5・2 5・12 8・10 10・7 10・14 12・5 12・12 13・10 14・7 15・6 3・14 4・13 4・20 5・6 5・13 8・13 10・13 10・21 12・6 13・5 14・4 14・10 20・4	正人 5・2 倫太郎 10・13 豪馬 14・10
11・4	清水 堀内 野中 望月 黒木 亀井	なし	1・5 3・13 4・4 4・13 7・10 9・14 11・6 11・12 12・5 13・4 13・10 14・4 2・4 3・14 4・12 4・14 9・7 11・5 11・7 12・4 12・6 13・5 14・2 17・6	洋志 9・7 智行 12・6 鉄之助 13・10
11・5	野田 堀田 亀田 黒田 細田 野本	なし	3・4 3・13 6・10 8・13 10・6 10・21 11・5 11・10 11・20 12・5 13・2 13・12 20・5 3・12 3・14 8・7 10・5 10・7 11・4 11・6 11・14 12・4 12・13 13・4 16・5	大貴 3・12 修轟 10・21 清史郎 11・14
11・6	菊地 堀江 菊池 鳥羽	なし	1・5 5・10 7・14 9・7 10・5 10・14 11・4 11・7 11・13 12・4 12・12 17・4 17・14 19・5 5・2 5・13 9・6 9・12 10・6 10・21 11・5 11・10 11・20 12・6 15・6 17・7 19・2	央一郎 5・10 隆宏 11・7 駿太 17・4

姓の画数と例		1字名	2字名・3字名	名前例
11・7	野村 黒沢 野沢 渋谷 深沢 細谷	なし	1・5 4・13 8・5 9・4 9・14 10・7 11・2 11・6 16・7 1・12 6・7 8・7 9・6 10・5 10・13 11・4 11・12 17・6	一功 1・5 哲秀 10・7 賢吾 16・7
11・10	菅原 梶原 曽根 笠原 野原 野島	なし	1・10 3・14 5・12 6・10 7・10 11・6 11・20 14・2 15・2 3・13 5・6 6・5 7・4 11・5 11・13 13・4 14・10	一剛 1・10 克夫 7・4 渓太郎 11・13
11・11	菅野 清野 黒崎 野崎 細野 紺野	なし	4・7 4・21 5・10 6・5 6・10 7・6 10・6 12・4 13・2 13・12 20・5 4・12 5・6 5・20 6・7 7・4 10・5 10・13 12・13 13・10 14・2	元敦 4・12 敬寛 12・13 響市 20・5
11・18	斎藤 進藤	なし	3・13 6・10 13・5 14・2 17・6 5・13 6・12 13・10 14・4	大雅 3・13 稜一郎 13・10 総二 14・2
12	森 湊 堤 堺 奥 巽	なし	1・10 4・17 5・16 6・15 9・12 11・10 20・5 4・7 5・6 6・5 9・2 9・16 13・12 3・20	壬之輔 4・17 祐人 9・2 悠一郎 11・10
12・3	森下 森川 森口 森山 奥山 富山	10 20	3・13 4・12 4・19 5・3 5・12 8・9 10・13 12・5 12・11 13・4 14・3 14・9 15・3 4・4 4・13 5・1 5・11 5・13 10・6 12・4 12・6 13・3 13・5 14・4 15・1	護 20 瑛太 12・4 徳重 14・9
12・4	筒井 森井 奥井 植木 朝日 森内	7 17	2・19 3・12 4・1 4・11 4・13 9・6 11・4 11・6 12・3 12・5 12・13 13・3 14・1 14・11 20・1 3・4 3・13 4・4 4・12 7・9 9・12 11・5 11・20 12・4 12・9 12・19 13・4 14・3 17・4	秀 7 大瑚 3・13 基弘 11・5
12・5	渡辺 飯田 奥田 森田 森本 富田	6 16	1・5 3・4 3・13 6・9 8・13 10・6 10・21 11・5 11・20 12・4 12・9 12・19 13・5 16・5 20・4 2・19 3・12 6・1 6・12 10・5 10・11 11・4 11・13 12・3 12・6 12・12 13・3 13・11 20・1	賢 16 直太郎 8・13 鉄平 13・5

※3字名の場合は、2番目と3番目の文字の画数を合計した数で見ます。

姓の画数と例		1字名	2字名・3字名	名前例
12・6	落合 喜多	5 15	1・5 5・1 7・6 9・6 10・5 11・4 11・12 12・3 12・11 18・5	潤 康裕 騎史
	葛西 椎名	7	1・12 5・12 9・4 10・3 10・13 11・6 12・1 12・5 17・6	15 11・12 18・5
12・7	奥村 森谷 飯村	4 14	1・4 1・12 4・9 6・12 9・4 10・3 11・5 17・1	迅 宗市 豪太
	植村 富沢 須貝	6	1・5 4・1 4・12 8・5 9・9 10・6 14・4	6 8・5 14・4
12・8	森岡 富岡	5	3・12 5・12 5・20 7・6 8・3 8・9 9・4 9・9 10・1 10・5 13・4 13・12 16・1 16・9 17・4	凜 正耀 竜一朗
	植松 飯沼	15	5・6 5・13 7・4 7・11 8・5 8・13 9・6 9・12 10・3 10・11 13・5 15・6 16・5 17・1	15 5・20 10・11
12・9	湯浅 渥美	4 14	2・9 4・13 6・5 7・4 8・3 12・4 12・12 14・3 15・9 22・9	敦 孔太郎 智広
	結城	12 16	4・12 4・20 6・11 7・9 8・9 12・5 12・19 15・1 16・1	12 4・13 12・5
12・10	萩原 朝倉 森脇	11 15	1・12 3・13 5・11 6・5 7・4 7・9 8・5 11・5 13・3 14・1 14・11	稔 辰哉 静一
	飯島 塚原 森島	13	3・12 5・6 5・20 6・9 7・6 8・3 11・4 11・12 13・12 14・9 15・1	13 7・9 14・1
12・11	渡部 飯野 植野	10 14	4・4 4・20 5・3 5・19 6・9 7・11 12・3 12・12 13・5 13・12 14・4 20・4	哲 光貴 鉄比呂
	奥野 森崎 森野	12	4・11 4・21 5・13 5・20 6・12 10・5 12・6 12・13 13・11 14・1 14・11 20・5	10 6・12 13・11
12・12	飯塚 須賀 椎葉	11	1・12 4・4 4・13 4・20 5・6 5・19 6・5 9・4 11・6 11・13 12・5 12・11 13・4 20・1	進 正貴 脩太郎
	越智 塚越	13	3・4 4・9 4・19 5・3 5・12 6・1 6・11 9・12 11・12 12・1 12・9 12・12 13・11 20・4	11 5・12 11・13
12・16	富樫	5 17	1・12 5・19 8・5 9・4 16・1	駿 広貴 慶昭
	棚橋	7	5・12 7・6 8・9 15・9	17 5・12 15・9

姓の画数と例		姓に合う名前の画数（1字名）	姓に合う名前の画数（2字名・3字名）	名前例
12・18	須藤	5、15、7	3・4、5・3、5・12、6・1、6・9、6・12、7・11、13・5、14・3、15・3、3・12、5・6、5・13、6・5、6・11、7・4、13・4、14・1、14・4、17・1	輝 15、宏一朗 7・11、僚太 14・4
12・19	渡邊、間瀬	6	2・19、4・13、5・11、6・1、12・4、12・9、13・4、16・1、4・12、5・1、5・12、6・11、12・5、13・3、14・3、16・5	至 6、弘寅 5・11、瑛祐 12・9
13・3	溝口、遠山、滝川、福山、滝口、福士	なし	2・19、3・12、4・11、5・2、5・10、5・12、8・8、10・11、12・4、12・19、13・3、13・8、13・18、14・3、15・10、3・4、4・4、4・12、5・3、5・11、5・20、10・5、12・3、12・5、13・2、13・4、13・12、14・2、14・11、20・5	巧馬 5・10、智也 12・3、義博 13・12
13・4	鈴木、福井、福元、新井、照井、碓井	なし	1・5、3・4、4・4、4・12、7・8、9・12、11・5、11・20、12・4、12・19、13・3、13・8、13・18、14・4、17・4、2・19、3・12、4・11、4・20、7・11、11・4、11・10、12・3、12・12、13・2、13・5、13・11、14・2、14・10、20・4	文裕 4・12、紳一郎 11・10、魁人 14・2
13・5	福田、新田、福永、豊田、福本、園田	なし	1・4、1・12、3・4、3・12、8・5、10・5、11・4、12・3、12・11、13・4、1・5、2・5、3・10、6・11、10・3、11・2、11・12、12・5、13・2、13・10	一揮 1・12、竜士 10・3、慎之助 13・10
13・7	滝沢、塩谷、新村、新谷、塩見、塩沢	なし	1・10、4・11、6・11、8・3、8・10、9・4、9・12、10・5、10・11、11・4、14・3、14・11、16・5、17・8、1・12、6・5、6・12、8・5、9・2、9・8、10・3、10・8、11・2、11・10、14・4、16・2、17・4	圭一朗 6・11、悠馬 11・10、篤弘 16・5
13・8	福岡、新妻、新居、豊岡	なし	3・8、5・12、7・4、8・3、9・2、13・3、13・11、16・8、5・11、5・19、7・10、8・8、9・8、13・4、13・18	正都 5・11、勇人 9・2、誠康 13・11
13・10	福島、福原、福留、榊原、豊島、塩原	なし	3・12、5・10、5・20、6・18、7・11、8・10、13・2、13・11、14・4、14・11、15・10、5・3、5・19、6・12、7・8、7・18、11・4、13・5、13・12、14・10、15・3	秀佳 7・8、昇一郎 8・10、徳章 14・11

※3字名の場合は、2番目と3番目の文字の画数を合計した数で見ます。

姓の画数	姓の画数と例	1字名	2字名・3字名	名前例
13・18	遠藤 新藤	なし	3・4 5・11 6・10 7・10 13・4 14・2 17・4 5・2 5・12 6・11 13・3 13・8 14・3	正博 5・12 丞一郎 6・10 謙太 17・4
14	関 境 嶋 榎	なし	1・16 3・15 4・14 7・10 9・14 10・7 11・7 17・6 3・14 4・7 4・17 7・16 9・15 11・6 11・12	太志 4・7 亮輔 9・14 進吾 11・7
14・3	樋口 関口 増子 増山 緑川 徳山	4 14 20	2・19 4・4 4・17 5・2 5・10 5・19 8・10 10・21 12・4 12・19 13・3 13・18 14・2 14・7 15・1 15・9 3・4 4・11 5・1 5・3 5・11 8・7 10・11 12・3 12・9 13・2 13・11 14・1 14・4 14・10 15・3 20・4	譲 20 元之輔 4・17 颯馬 14・10
14・4	緒方 増井 関戸 綿引 熊木	7 14 17 20	3・4 4・1 4・11 7・10 11・2 12・1 12・11 13・4 14・1 14・9 3・10 4・9 4・19 9・4 11・3 12・3 13・2 13・10 14・3	伸 7 芳悟 7・10 聖一郎 13・10
14・5	増田 榎本 徳永 窪田 嶋田 稲田	6 12	3・10 6・10 10・3 11・7 12・4 16・2 6・7 8・10 11・2 12・1 13・3	翔 12 拓真 8・10 景太 12・4
14・7	熊谷 関谷 熊沢 稲村 嶋村 稲見	4 14 17	1・10 6・10 6・18 8・9 9・7 10・7 14・2 14・10 17・7 4・7 6・11 8・3 9・2 10・1 10・21 14・3 16・1	仁 4 航希 10・7 銀之助 14・10
14・9	稲垣 鳴海	12 14 15	4・4 4・21 6・18 7・18 8・10 9・9 14・1 14・10 15・3 15・10 16・9 4・11 6・9 7・11 8・7 8・17 12・3 14・4 14・11 15・9 16・2	順 12 芳騎 7・18 直将 8・10
14・10	関根 熊倉 漆原	7 14	1・10 3・10 5・3 5・19 6・7 6・17 7・4 8・3 11・2 13・4 13・11 14・7 14・10 3・4 5・2 5・18 6・1 6・11 6・18 7・10 8・9 11・10 13・10 14・3 14・9 15・9	聡 14 和彦 8・9 悠真 11・10

姓の画数と例	1字名	2字名・3字名	名前例
14・12 稲葉	12 5 / 6	20・1 13・2 12・3 11・4 6・9 5・10 5・1 4・11 4・1 1・10 / 13・18 12・9 11・10 9・2 6・1 5・2 4・17 4・7 3・4	晴柾 12・9　涼一郎 11・10　旭 6
14・18 齊藤	5 / 15	15・1 13・2 5・10 3・10 3・2 / 14・1 7・9 5・1 3・3	慧一 15・1　辰彦 7・9　遼 15
15・3 横山 横川 影山	15 5 / 14	14・9 14・1 13・2 12・1 8・9 5・10 5・2 4・9 3・10 / 15・8 14・3 13・10 12・3 10・3 5・18 5・8 5・1 4・1	誠之助 13・10　弘一 5・1　暢 14
15・4 横井 横内 駒井	12 / 14	14・2 12・6 11・2 7・9 4・9 3・10 / 17・1 13・3 12・1 9・9 7・6 4・1	郁郎 9・9　友哉 4・9　昱 12
15・5 横田 駒田 廣田	12	16・9 16・1 13・2 12・6 12・1 11・6 10・8 10・1 8・10 8・3 3・10 2・9 1・10 / 20・1 16・2 13・8 12・9 12・3 11・10 11・2 10・3 8・17 8・9 6・9 3・8 1・16	義宗 13・8　虎之輔 8・17　勝 12
15・11 諏訪	5 / 12	14・1 13・2 12・3 7・8 6・1 5・10 5・2 4・17 2・9 / 20・1 13・8 12・9 10・1 6・9 5・16 5・6 5・1 4・1	智胤 12・9　成一 6・1　満 12
16 橘	なし	17・14 16・15 15・6 9・7 8・7 7・10 5・12 5・2 1・15 1・6 / 17・4 16・5 9・12 9・6 7・14 5・16 5・10 1・16 1・7	憲蔵 16・15　伶一郎 7・10　正矩 5・10
16・3 橋口	12 4 / 14 5	14・2 12・1 8・8 5・8 4・9 3・15 / 15・1 13・5 10・8 8・5 5・1 4・1	瑛一 12・1　佳尚 8・8　彰 14

※3字名の場合は、2番目と3番目の文字の画数を合計した数で見ます。

姓の画数	姓の例	1字名	2字名・3字名	名前例
16・5	橋本、橋田、澤田	20、10、12	16・8、12・19、11・5、10・7、8・9、6・5、2・9、1・15、16・15、16・1、12・5、10・21、10・1、8・8、3・8、1・16	響（20）、哲之介（10・7）、健司（11・5）
17・5	篠田、磯田、濱田	10	12・4、11・14、10・15、10・1、8・8、6・7、1・15、16・7、12・1、11・4、10・6、8・15、8・7、3・8	敏（10）、和澄（8・15）、舷史郎（11・14）
17・10	篠原、鍋島、鮫島	14、5、6	14・7、13・8、7・18、7・4、5・20、3・8、14・4、11・14、7・14、6・15、5・6	魁（14）、玄護（5・20）、悠太朗（11・14）
17・11	篠崎、磯野、磯部、磯崎	5、10	20・4、10・14、6・18、6・1、4・20、12・1、7・6、6・7、5・8	倫（10）、礼治（5・8）、航輔（10・14）
17・18	齋藤	6、17	7・6、5・8、3・14、13・4、6・7、5・1	優（17）、広幸（5・8）、雷太（13・4）
18・3	藤川、藤山	なし	14・3、12・19、10・14、10・6、5・19、4・20、4・7、3・13、13・3、12・5、10・7、8・3、5・6、4・13、3・14	大暉（3・13）、晟伍（10・6）、貴史（12・5）
18・4	藤井、藤木	なし	20・5、13・3、12・3、11・5、9・7、7・6、4・7、1・15、17・6、12・13、11・14、9・14、9・6、4・19、3・13	一輝（1・15）、紳輔（11・14）、瑛太郎（12・13）
18・5	藤田、鎌田、藤平、藤本、織田、藤永	なし	13・5、12・6、11・14、11・7、10・14、8・17、3・15、20・5、12・13、12・3、11・13、10・15、10・5、8・7	直希（8・7）、紘毅（10・15）、嵩広（13・5）

姓の画数と例	姓に合う名前の画数	名前例
18・7 藤沢 藤谷 藤村 藤尾	1字名 なし 2字名・3字名 1・5　4・19　6・17　8・15　9・14　10・6　11・5　17・6 1・15　6・7　8・5　9・7　10・3　10・13　16・7	圭壱 6・7 洋徳 9・14 航太郎 10・13
18・8 藤岡 藤枝 難波	1字名 なし 2字名・3字名 5・6　8・3　8・13　10・5　16・5　17・14 7・14　8・7　9・6　15・6　16・15	史成 5・6 孝史郎 7・14 耕司 10・5
18・10 藤原 鎌倉 藤島 藤倉	1字名 なし 2字名・3字名 3・14　6・7　8・5　11・13 5・19　7・6　11・6　14・3	大輔 3・14 奉弘 8・5 悠路 11・13
18・11 藤野 藤崎	1字名 なし 2字名・3字名 4・14　5・3　6・17　10・13　13・3 4・19　5・13　10・6　12・6　13・5	元彰 4・14 剣太郎 10・13 博光 12・6
18・12 藤森 藤間	1字名 なし 2字名・3字名 3・14　4・7　4・14　5・6　6・5　11・6　12・3　12・6 3・15　4・13　5・3　5・13　9・6　11・7　12・5　13・5	正伍 5・6 健之介 11・7 慎平 13・5
19・3 瀬川	1字名 なし 2字名・3字名 3・12　4・12　5・6　8・5　10・6　12・4　13・2　14・2 3・13　4・19　5・18　10・5　10・13　12・13　13・12　20・5	大雄 3・12 直弘 8・5 裕太郎 12・13
19・4 瀬戸	1字名 なし 2字名・3字名 3・12　4・14　9・6　11・4　11・14　12・12　13・2　13・12　21・4 4・4　7・18　9・16　11・13　12・6　12・13　13・5　14・4	克騎 7・18 蛍太 11・4 鉄司 13・5
21・5 鶴田	1字名 なし 2字名・3字名 1・10　3・12　10・11　11・10　12・3　18・3 3・4　8・3　11・4　11・20　13・2	直也 8・3 啓一郎 11・10 敦久 12・3

※3字名の場合は、2番目と3番目の文字の画数を合計した数で見ます。

第5章

漢字からアプローチする

ぜひ使いたい「この1字」
漢字から始める名づけ

まず使いたい漢字を決めてから、ほかの漢字を組み合わせてバランスを調整していくアプローチ方法です。

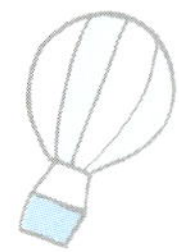

漢字から広がるさまざまなイメージ

漢字はそれぞれに意味をもっているので、名前を文字で見ただけでも、パパやママが名前に込めた思いや願いが何となく伝わってくるものです。

漢字から始める名づけのコツは、まず使いたい1字を選ぶこと。

ポイントになる1字が決まれば、組み合わせ方や画数などは、ほかの文字で調整できます。

あるいは、字数から考える方法もあります。たとえば漢字1字の名前にしようと最初に決めてから、漢字と読み方の候補を考えていく、というやり方です。

（→P.9でも漢字からのアプローチについて紹介しています）

使いたい漢字の意味を調べる

漢字の意味は一つとは限りません。たとえば、「安」という漢字には「安心」のように「やすらか」という意味のほか、「安易」の「たやすい」、「安価」の「（値段などが）やすい」などの意味もあります。漠然としたイメージだけで決めずに、きちんと意味を調べておきましょう。

漢字から考えるときは使い方もポイント

たとえば、使いたい漢字が「陽」だとします。読み方は、「ヨウ」(音読み)や、「ひ」(訓読み)のほか、名前のときだけ使える「名のり」として、「あき・あきら・きよ・きよし・たか・はる」などと読むことができます。

次は、この漢字をどのように使うかを考えていきます。1字だけの名にするか、ほかの漢字と組み合わせるか。ほかの漢字と組み合わせるなら、名の最初のほうで使うか、終わりの文字で使うか。いろいろなケースが考えられます。

使い方の方向性を決めておくほうが、組み合わせる文字や読み方も絞り込みやすくなります。

漢字のいろいろな使い方を考えてみる

「陽」を使うことは決定！

1字の名前にする

読み方——ヨウ／あきら／きよし／はる　など

1字目に使う

①組み合わせる漢字によって読み方はいろいろ
陽人(あきと)　陽春(きよはる)／陽由岐(たかゆき)／陽緒(はるお)／陽路夢(ひろむ)／陽太(ようた)

②添え字を使えば、読み方はそのままで見た目に変化
あきら……陽良／陽楽／陽羅
きよし……陽志／陽詩／陽司
はる……陽留／陽瑠／陽流

終わりに使う

亜陽(あきよ)／洸陽(こうよう)／波留陽(はるひ)／広陽(ひろはる)／雅陽(まさたか)／与思陽(よしあき)

ただ思いつくままに考えるよりも、上記のようにケース分けしながら、「最初は1字目に使うパターンを考えたから、次は終わりに使う方法で考えてみよう」というように進めるほうが、いろいろなアイデアが浮かびやすくなります。

おすすめ漢字970

法務省が定めている「子の名に使える漢字」の中から、使われることの多い漢字970種をピックアップしました。漢字選びの参考にお使いください。

漢字表の見方

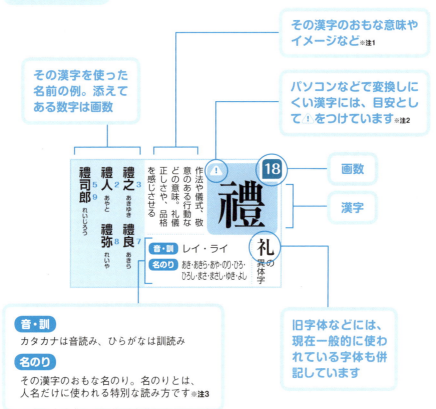

その漢字を使った名前の例。添えてある数字は画数

その漢字のおもな意味やイメージなど※注1

パソコンなどで変換しにくい漢字には、目安として⚠をつけています※注2

画数

漢字

18 ⚠ 禮

作法や儀式、敬意のある行動などの意味。正しさや、品格を感じさせる

音・訓 レイ・ライ

名のり あき・あきら・あや・のり・ひろ・ひろし・まさ・まさし・ゆき・よし

礼の異体字

禮之 3 あきゆき
禮良 7 あきら
禮人 2 あやと
禮弥 8 れいや
禮司郎 5 9 れいじろう

音・訓
カタカナは音読み、ひらがなは訓読み

名のり
その漢字のおもな名のり。名のりとは、人名だけに使われる特別な読み方です※注3

旧字体などには、現在一般的に使われている字体も併記しています

! 漢字表を見るときの注意

※注1 ▶ 本書ではプラスの意味合いを中心に紹介していますが、漢字によってはマイナスの意味合いをもつ場合もあります。使う漢字を決定する前に、きちんと漢和辞典で調べましょう。

※注2 ▶ パソコンの漢字変換機能は機種によって異なります。自分のパソコンや携帯電話のメール機能などで変換しやすいかどうかの確認を忘れずに。

※注3 ▶ 名のりは規格で定められているものではないので、辞書ごとに紹介されている名のりの例も異なります。一冊だけでなく、何冊かの漢和辞典で調べてみるとよいでしょう。

一 1

物事の始め、最もすぐれたもの、すべてなどの意味をもち長男に多くつけられる

音・訓 イチ・イツ・ひとつ

名のり い・おさむ・かず・かつ・すすむ・はじむ・はじめ・ひ・ひと・ひとし・まこと・もと

一希 7 かずき
一馬 10 かずま
圭 6 一 けいいち
慎 13 一 しんいち
紘 10 一郎 9 こういちろう

乙 1

若さや伸びやかさを感じさせる。また、しゃれた様子、趣のある様子も示す字

音・訓 オツ・イツ・おと・きのと

名のり お・き・くに・たか・つぎ・つぐ・と・とどむ

乙彦 9 おつひこ
乙矢 5 おとや
乙登 12 たかと
龍 16 乙 たつお
孝 7 乙巳 3 たかおみ

九 2

数が多く、奥深い様子を示す。物事を深くきわめていくことを期待して

音・訓 キュウ・ク・ここのつ

名のり かず・ここ・ただ・ちか・ちかし・つね・なか・ひこ・ひさ

勇 9 九 たけちか
九柾 9 ただまさ
九詩 13 ひさし
宗 8 九 むねただ
健 11 九朗 10 けんくろう

七 2

七つの海など、七のまとまりで数えられるものが多く、縁起のよさを感じる字

音・訓 シチ・ななつ・なの

名のり かず・な・なな

七喜 12 かずき
七生 5 なお
七斗 4 ななと
倫 10 七 みちかず
七勇 9 人 2 なおと

十 2

数の多いことや、すべて、完全を意味する。十分な能力を備えてほしいと願って

音・訓 ジュウ・ジッ・とお・と

名のり かず・しげ・じつ・じゅ・そ・ただ・とう・とみ・ひさし・みち・みつ・みつる

瑛 12 十 あきみつ
十和 8 しげかず
十弥 8 とおや
十哉 9 みつや
比 4 呂 7 十 ひろと

人 2

おとな、人格、りっぱな人物などを示す。人としての温かさを感じさせる

音・訓 ジン・ニン・ひと

名のり きよ・さね・たみ・と・ひこ・ひとし・ふと・め・むと

朗 10 人 あきと
和 8 人 かずひと
健 11 人 けんと
隼 10 人 はやと
多 6 玖 7 人 たくと

乃 2

かなの「の」「ノ」の元の字。すなわち、まさに、の意味をもち伝統を感じさせる

音・訓 ダイ・ナイ・の

名のり いまし・おさむ・のり・ゆき・ゆく

乃 おさむ
洸 9 乃 こうだい
信 9 乃介 4 しんのすけ
乃吏 6 嘉 14 のりよし

刀 2

武士をイメージさせる字。力強さや鋭さ、引き締まった印象を与える名前に

音・訓 トウ・ト・かたな

名のり はかし

尭 8 刀 あきと
快 7 刀 かいと
刀太 4 とうた
刀真 10 とうま
佐 7 刀志 7 さとし

二 2

一に一を合わせる、倍にする、などの意味から、より多く、という願いを込めて

音・訓 ニ・ジ・ふたつ

名のり かず・さ・し・すすむ・つぎ・つぐ・ふ・ぶ・ふた

二仁 4 ふひと
将 10 二 まさつぐ
優 17 二 ゆうじ
竜 10 二 りゅうじ
信 9 二郎 9 しんじろう

八 2

数が多い、わける、といった意味。末広がりで縁起のいい数としても使われる

音・訓 ハチ・や・やつ・よう

名のり かず・わ・わかつ

八宏 7 かずひろ
一 1 八 かずや
八起 10 やおき
佑 7 八 ゆうや
八滋 12 郎 9 ようじろう

※添え字（漢字1字の最後の音と同音の1字を加えること⇒P.407）を使った変則的な読みは名のりに加えていません。

了 2

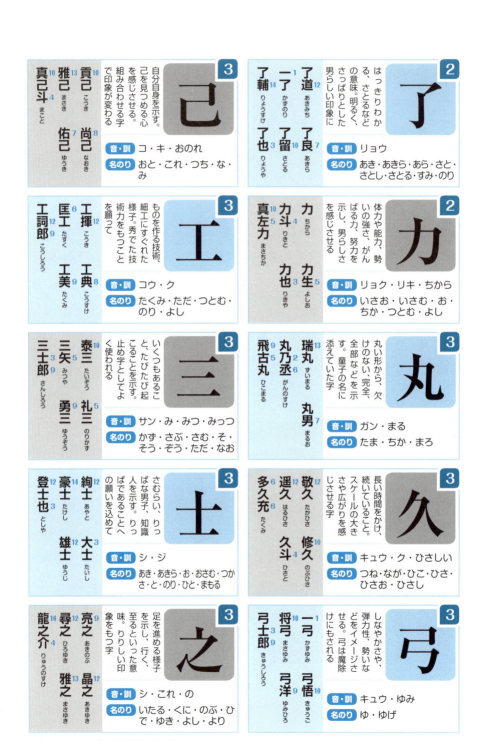

はっきりわかる、さとるなどの意味。明るく、さっぱりとした男らしい印象に

音・訓 リョウ

名のり あき・あきら・あら・さと・さとし・さとる・すみ・のり

- 了道(12) あきみち
- 了良(7) あきら
- 一(1)了 かずのり
- 了留(10) さとる
- 了輔(14) りょうすけ
- 了也(3) りょうや

力 2

体力や能力、勢いの強さ、がんばる力、努力を示し、男らしさを感じさせる

音・訓 リョク・リキ・ちから

名のり いさお・いさむ・お・ちか・つとむ・よし

- 力 ちから
- 力生(5) よしお
- 力斗(4) りきと
- 力也(3) りきや
- 真(10)左(5)力 まさちか

丸 3

丸い形から、欠けのない、完全、全部などを示す。童子の名に添えていた字

音・訓 ガン・まる

名のり たま・ちか・まろ

- 瑞(13)丸 ずいまる
- 丸男(7) まるお
- 丸(2)乃丞(6) がんのすけ
- 飛(9)古(5)丸 ひこまる

久 3

長い時間をかけ、続いていること。スケールの大きさや広がりを感じさせる字

音・訓 キュウ・ク・ひさしい

名のり つね・なが・ひこ・ひさ・ひさお・ひさし

- 敬(12)久 たかひさ
- 修(10)久 のぶひさ
- 遥(12)久 はるひさ
- 久斗(4) ひさと
- 多(6)久充(6) たくみ

弓 3

しなやかさや、弾力性、勢いなどをイメージさせる。弓は魔除けにもされる

音・訓 キュウ・ゆみ

名のり ゆ・ゆげ

- 一(1)弓 かずゆみ
- 弓悟(10) きゅうご
- 将(10)弓 まさゆみ
- 弓洋(9) ゆみひろ
- 弓士(3)郎(9) きゅうしろう

己 3

自分自身を示す。己を見つめる心を感じさせる。組み合わせる字で印象が変わる

音・訓 コ・キ・おのれ

名のり おと・これ・つち・な・み

- 貢(10)己 こうき
- 尚(8)己 なおき
- 雅(13)己 まさき
- 佑(7)己 ゆうき
- 真(10)己斗(4) まこと

工 3

ものを作る技術、細工にすぐれた様子。秀でた技術力をもつことを願って

音・訓 コウ・ク

名のり たくみ・ただ・つとむ・のり・よし

- 工揮(12) こうき
- 工典(8) こうすけ
- 匡(6)工 たすく
- 工美(9) たくみ
- 工詞(12)郎(9) こうしろう

三 3

いくつもあること、たびたび起こることを示す。止め字としてよく使われる

音・訓 サン・み・みつ・みっつ

名のり かず・さぶ・さむ・そ・そう・ぞう・ただ・なお

- 泰(10)三 たいぞう
- 礼(5)三 のりかず
- 三矢(5) みつや
- 勇(9)三 ゆうぞう
- 三(3)士(3)郎(9) さんしろう

士 3

さむらい、りっぱな男子、知識人を示す。りっぱであることへの願いを込めて

音・訓 シ・ジ

名のり あき・あきら・お・おさむ・つかさ・と・のり・ひと・まもる

- 絢(12)士 あやと
- 大(3)士 たいし
- 豪(14)士 たけし
- 雄(12)士 ゆうじ
- 登(12)士也(3) としや

之 3

足を進める様子を示し、行く、至るといった意味。りりしい印象をもつ字

音・訓 シ・これ・の

名のり いたる・くに・のぶ・ひで・ゆき・よし・より

- 亮(9)之 あきのぶ
- 晶(12)之 あきゆき
- 尋(12)之 ひろゆき
- 雅(13)之 まさゆき
- 龍(16)之介(4) りゅうのすけ

※⚠＝パソコンなどで文字が出にくい字

巳 3

十二支の6番目、へびがあてられる。へびは家や財力の守り神ともいわれる

音・訓 シ・み

- 郁巳 9 いくみ
- 克巳 7 かつみ
- 龍巳 16 たつみ
- 真巳 10 まさし
- 巳千成 3 6 みちなり

万 3

とても数の多い様子から、あらゆる、完全、絶対などを意味する縁起のよい字

音・訓 マン・バン・よろず

名のり かず・かつ・すすむ・たか・つむ・つもる・ま

- 万輝 15 かずき
- 万渡 12 かずと
- 万智 12 たかとし
- 万悟 10 まさと
- 万里生 7 5 まりお

丈 3

背が高い、強い様子を示す。目上の人を尊敬する意味も。健康な成長を願う字

音・訓 ジョウ・たけ

名のり とも・ひろ・ます

- 丈慈 13 じょうじ
- 丈裕 12 たけひろ
- 丈留 10 たける
- 丈哉 9 ひろや
- 三千丈 3 3 みちたけ

也 3

断定や感嘆を示し、勢いを与える字。元気を感じさせ、止め字として人気

音・訓 ヤ・なり

名のり あり・これ・ただ・また

- 晋也 10 しんや
- 聖也 13 せいや
- 直也 8 ただなり
- 大也 3 ひろや
- 康也 11 やすなり
- 裕也 12 ゆうや

千 3

数がとても多い様子を示す。縁起のよい文字として古くから使われる

音・訓 セン・ち

名のり かず・ゆき

- 千也 3 かずなり
- 千春 9 ちはる
- 千裕 12 ちひろ
- 信千 9 のぶゆき
- 三千尚 3 8 みちひさ

与 3

力を合わせる、仲間になる、与えるなどの意味。多くの仲間をもつことを願って

音・訓 ヨ・あたえる・あずかる

名のり あと・ため・とも・のぶ・もと・よし

- 与了 2 のぶあき
- 幸与 8 ゆきよし
- 与一 1 よいち
- 与人 2 よしと
- 与士剛 3 10 よしたけ

大 3

大きい、すぐれた、りっぱな、などの意味をもち、伸び伸びとした印象の字

音・訓 ダイ・タ・タイ・おおきい

名のり お・たかし・たけし・はる・ひろ・ひろし・ふと・まさ・まさる・もと・ゆたか

- 大貴 12 だいき
- 大生 5 たいせい
- 大空 8 ひろたか
- 大海 9 ひろみ
- 将大 10 まさはる
- 裕大 12 ゆうだい

允 4

誠実で穏やか、調和のとれた様子を示す。相手を認められる和やかな人に

音・訓 イン

名のり すけ・ただ・ちか・のぶ・まこと・まさ・みつ・よし

- 国允 8 くにみつ
- 允彦 9 のぶひこ
- 允登 12 まさと
- 允哉 9 みつや
- 康允 11 やすちか
- 允樹 16 よしき

土 3

大地や国などを意味する。どっしりと構え、多くを生み出す力を期待させる

音・訓 ド・ト・つち

名のり ただ・つつ・のり・ひじ

- 志土 7 しど
- 陽土 12 はると
- 寛土 13 ひろと
- 雄土 12 ゆうと
- 真季土 10 8 まきと

円 4

欠けたところがない、角がない、などの意味から、完璧さや穏やかさを感じさせる

音・訓 エン・まるい

名のり かず・のぶ・まど・まどか・みつ

- 円弥 8 えんや
- 円成 6 かずなり
- 円水 4 かずみ
- 洋円 9 ひろのぶ
- 円之丞 3 6 えんのすけ

※添え字（漢字1字の最後の音と同音の1字を加えること⇒P.407）を使った変則的な読みは名のりに加えていません。

王 4

統率者、最高位の人物を示す。行動力やリーダーシップをもつことを願って

音・訓 オウ

名のり お・きみ・たか・わか

- 王典 8 おうすけ
- 王崇 11 きみたか
- 王範 15 きみのり
- 王斗 4 たかと
- 真佐王 10 7 まさお

牙 4 ⚠

大将の旗という意味もある。鋭さや力強さなど、精悍なイメージを与える字

音・訓 ガ・ゲ・きば

- 宏牙 7 こうが
- 大牙 3 たいが
- 風牙 9 ふうが
- 涼牙 11 りょうが
- 琥有牙 12 6 こうが

介 4

たすける、間に入り仲立ちするという意味。また、よろいの硬さの意味も

音・訓 カイ・ケ・たすける・すけ

名のり あき・ゆき・よし

- 介都 11 かいと
- 信介 9 しんすけ
- 大介 3 だいすけ
- 優介 17 ゆうすけ
- 慎之介 13 3 しんのすけ

月 4

夜空に輝く月。穏やかさや知性、神秘的でクールといった印象を与える

音・訓 ゲツ・ガツ・つき

名のり つぎ

- 佳月 8 かづき
- 月岳 8 つきたけ
- 月人 2 つきと
- 月紀 9 つきのり
- 月之進 3 11 つきのしん

元 4

もともとは人間の頭を示す字。物事のいちばん始めや大きいものを意味する

音・訓 ゲン・ガン・もと

名のり あさ・ちか・つかさ・はじめ・はる・まさ・もと・ゆき・よし

- 元 はじめ
- 元気 6 げんき
- 元樹 16 もとき
- 元晴 12 もとはる
- 元太朗 4 10 げんたろう

五 4

五は、五行、五穀など、一つのまとまりを形づくる数。整った印象を与える

音・訓 ゴ・いつ・いつつ

名のり い・いず・かず・ゆき

- 五雄 12 いつお
- 英五 8 えいご
- 啓五 11 けいご
- 五郎 9 ごろう
- 信五 9 しんご
- 舜五 13 しゅんご

午 4

十二支のうま。方角では真南を指し、端午の節句などから明るい印象がある字

音・訓 ゴ・うま

名のり ま

- 春午 9 しゅんご
- 蒼午 13 そうご
- 醍午 16 だいご
- 登午 12 とうま
- 鼓午郎 13 9 こごろう

孔 4

穴、中空。古代中国の思想家・孔子のことも示し、風格や知性を感じさせる

音・訓 コウ・あな

名のり く・ただ・みち・よし

- 孔介 4 こうすけ
- 孔太 4 こうた
- 智孔 12 ともよし
- 孔岳 8 よしたけ
- 孔一郎 1 9 こういちろう

公 4

平等で偏らない、正しい様子を示す。敬称としても使われ、気品が感じられる

音・訓 コウ・ク・おおやけ

名のり あきら・きみ・く・ただし・とも・ひろ・まさ

- 公椰 13 きみや
- 公輝 15 こうき
- 公亮 9 こうすけ
- 公紀 9 とものり
- 公稀 12 ひろき
- 公志 7 ひろし

勾 4

かぎで捉える、曲がる、区切りをつけるなどの意味。明晰で歯切れのいい印象

音・訓 コウ・ク・とらえる

名のり にお・まがり

- 勾希 7 こうき
- 勾甫 7 こうすけ
- 勾大 3 こうだい
- 勾陽 12 こうよう
- 多勾斗 6 4 たくと

※⚠=パソコンなどで文字が出にくい字

収 4

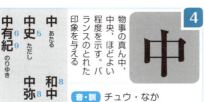

集めてとりまとめること。手に入れることを吸収できるよう願って

音・訓 シュウ・おさめる

名のり おさむ・かず・さね・なお・のぶ・もと

- 収夢 13 おさむ
- 収智 12 かずとも
- 収資 13 しゅうすけ
- 収都 11 しゅうと
- 収次郎 6 9 しゅうじろう

中 4

物事の真ん中、中央、ほどよい程度を示す。バランスのとれた印象を与える

音・訓 チュウ・なか

名のり あたる・かなめ・ただ・ただし・のり・よし

- 中 あたる
- 和中 8 かずただ
- 中史 5 ただし
- 中弥 8 ちゅうや
- 中有紀 6 9 のりゆき

心 4

精神、物事の中心を示す。高い人格、人としての温かさなどを感じさせる字

音・訓 シン・こころ

名のり うち・きよ・ご・さね・なか・み・むね・もと

- 英心 8 えいしん
- 心哉 9 しんや
- 拓心 8 たくみ
- 心暢 14 もとのぶ
- 心之介 3 4 しんのすけ

天 4

頭上の空、神、自然界などを示す字。伸び伸びとした広がりを感じさせる

音・訓 テン・あめ・あま

名のり たか・たかし

- 天雄 12 たかお
- 天志 7 たかし
- 天詩 13 たかし
- 天駿 17 たかとし
- 天弘 5 たかひろ
- 天智 12 てんち

仁 4

思いやりや、慈しみの心、また、その心をもった人のことを示す字

音・訓 ジン・ニ

名のり ただし・と・にん・のぶ・ひと・ひとし・み・よし

- 仁弥 8 じんや
- 仁士 3 ひとし
- 久仁彦 3 9 くにひこ
- 真佐仁 10 7 まさひと

斗 4

元は容量の単位として使われていた字。勇壮な印象の止め字として人気がある

音・訓 ト

名のり け・ほし・ほす

- 海斗 9 かいと
- 健斗 11 けんと
- 隼斗 10 はやと
- 陸斗 11 りくと
- 剛斗史 10 5 たけとし

壬 4

「みずのえ」は水の兄の意味。人当たりがよい、太い、などの意味ももつ

音・訓 ジン・ニン・みずのえ

名のり あきら・つぐ・まさ・み・みず・よし

- 壬 あきら
- 壬太 4 じんた
- 壬仁 4 つぐひと
- 壬也 3 よしなり
- 壬千臣 3 7 みちおみ

内 4

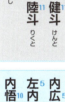

内部、中央、仲間内のことなどを示す。心にしまい大切にするという意味も

音・訓 ナイ・ダイ・うち

名のり ただ・ちか・のぶ・はる・まさ・みつ

- 内広 5 うちひろ
- 巧内 5 こうだい
- 左内 5 さない
- 内貴 12 だいき
- 内悟 10 だいご
- 智内 12 ともはる

太 4

たっぷりと豊か、ゆったり落ち着いているなど、心身の充実ぶりを感じさせる字

音・訓 タイ・タ・ふとい

名のり おお・だ・たか・と・ひろ・ふとし・ます・もと

- 翔太 12 しょうた
- 太一 1 たいち
- 勇太 9 ゆうた
- 涼太 11 りょうた
- 賢太郎 16 9 けんたろう

日 4

太陽を示す字で、明るさや勢い、健康、自然、まっすぐさなどをイメージさせる

音・訓 ニチ・ジツ・ひ・か

名のり あき・てる・とき・はる・ひる

- 朝日 12 あさひ
- 日輝 15 はるき
- 温日 12 はるひ
- 雅日 13 まさはる
- 日佐夫 7 4 ひさお

※添え字（漢字1字の最後の音と同音の1字を加えること⇒P.407）を使った変則的な読みは名のりに加えていません。

比 4

人が二人くっつき並んだところを示す字。同列の仲間、親しむなどの意味も

音・訓 ヒ・くらべる

名のり これ・たか・ちか・つね・とも・なみ・ひさ

- 智比 12 ともちか
- 比規 11 とものり
- 和比古 8・5 かずひこ
- 比登志 12・7 ひとし

夫 4

成人の男を示す字。まさに男の子にぴったりで、止め字として多く使われる

音・訓 フ・ブ・フウ・おっと

名のり あき・お・すけ

- 郁夫 9 いくお
- 隆夫 11 たかお
- 恒夫 9 つねお
- 哲夫 10 てつお
- 英夫 8 ひでお
- 道夫 12 みちお

文 4

学問、文化、教養を示し、美しい模様の意味も。すぐれた教養を期待して

音・訓 ブン・モン・ふみ・あや

名のり あき・とも・のぶ・のり・ひさ・ひとし・やす・ゆき・よし

- 文斗 4 あやと
- 聖文 13 きよふみ
- 崇文 11 たかふみ
- 文明 8 ともあき
- 文重 9 ふみしげ
- 文弥 8 ふみや

方 4

進む方向、まっすぐな道、技術などの意味。正しく一筋に進むことを願って

音・訓 ホウ・かた

名のり たか・ただし・たもつ・のり・まさ・まさし・みち・やす

- 方秀 7 ほうしゅう
- 忠方 8 ただまさ
- 丈方 3 たけみち
- 伴方 7 ともかた
- 登志方 12・7 としみち

友 4

友だち、仲よく助け合うことなどを示す。たくさんのよき友を得られるように

音・訓 ユウ・とも

名のり すけ

- 友昭 9 ともあき
- 友裕 12 ともひろ
- 友也 3 ともや
- 友多 6 ゆうた
- 友二朗 2・10 ゆうじろう

尤 4

目立ってすぐれているもの、珍しいものを示す。個性的な才能を願って

音・訓 ユウ・ウ・もっとも

名のり もつ・もと

- 剛尤 10 たけもと
- 尤叙 9 もとのぶ
- 尤来 7 ゆうき
- 尤作 7 ゆうさく
- 尤登 12 ゆうと
- 尤也 3 ゆうや

以 5

率いる、思う、などの意味をもつほか、物事の起点を表す。個性を感じる字

音・訓 イ・もって

名のり これ・さね・しげ・とも・のり・もち・ゆき・より

- 友以 4 ともちか
- 祐以 9 すけもち
- 以敬 12 ゆきたか
- 留以 10 るい
- 夏以土 10・3 かいと

右 5

上位を意味する字。たっとぶ、助けるという意味も。古風なイメージの名前に

音・訓 ウ・ユウ・みぎ

名のり あき・あきら・これ・すけ・たすく・たか

- 右京 8 うきょう
- 航右 10 こうすけ
- 右伍 6 ゆうご
- 洋右 9 ようすけ
- 己右平 3・5 こうへい

永 5

どこまでも限りなく続く様子。心身の健康や前進、向上を続けることを願って

音・訓 エイ・ヨウ・ながい

名のり え・つね・なが・ながし・のぶ・のり・はるか・ひさ・ひさし

- 永伍 6 えいご
- 崇永 11 たかひさ
- 永生 5 ながお
- 永喜 12 ひさき
- 永乃介 2・4 ようのすけ

央 5

まんなかのこと。堂々とした、芯がしっかりしている人物をイメージさせる

音・訓 オウ

名のり あきら・お・ちか・てる・なかば・ひさ・ひさし・ひろ・ひろし

- 章央 11 あきお
- 晃央 10 あきひさ
- 貴央 12 たかお
- 央士 3 ひさし
- 久央 3 ひさひろ
- 央樹 16 ひろき

※⚠＝パソコンなどで文字が出にくい字

加 5

プラスすること、影響を与えることを示す。多くの知識や能力を得ていくように

音・訓 カ・くわえる
名のり ます・また

- 加暉13 ますてる
- 加宏7 ますひろ
- 加都斗11 4 かつと
- 多加史6 5 たかし

禾 5

稲などの穀物。穂のたれた様子が元になった字。豊かな実りある人生を願って

音・訓 カ・のぎ
名のり いね・とし・のぶ・ひいず・ひで

- 禾積16 かづみ
- 良禾7 りょうか
- 禾都也11 3 かつや
- 千禾夫3 4 ちかお

可 5

よいと認める、それでよい、などを示す。確実、堅実なイメージを与える字

音・訓 カ・べし
名のり あり・とき・よく・よし・より

- 可偉12 かい
- 可貴12 よしき
- 可登12 よしと
- 可成6 よしなり
- 可以斗5 4 かいと

且 5

物を積み重ねた様子を示す字。豊かな見聞、知識を重ねることを期待して

音・訓 かつ

- 且季8 かつき
- 且紀9 かつのり
- 且実8 かつみ
- 且治7 かつや
- 俊且9 としかつ
- 良且7 よしかつ

巨 5

広く大きい、数が多い様子を示す。枠にとらわれない大きさを感じさせる字

音・訓 キョ
名のり お・おお・なお・まさ・み

- 勝巨12 かつなお
- 巨樹16 なおき
- 巨斗4 なおと
- 英巨8 ひでお
- 巨史5 まさし
- 巨温12 まさはる

叶 5

思い通りになる、適合する、一致するなどの意味。可能性や調和を感じさせる

音・訓 キョウ・かなう
名のり かない・かのう・やす

- 叶一1 きょういち
- 叶介4 きょうすけ
- 博叶12 ひろやす
- 叶高10 やすたか
- 叶之助3 7 きょうのすけ

兄 5

年長者のこと。友人などへの敬称としても使われ、大きいの意味もある

音・訓 ケイ・キョウ・あに
名のり え・これ・さき・しげ・ただ・ね・よし

- 兄市5 きょういち
- 兄丞6 きょうすけ
- 兄悟10 けいご
- 善兄12 よしえ
- 兄太朗4 10 けいたろう

玄 5

黒、天の色、奥深くて静か。非常にすぐれている、という意も。神秘的な印象に

音・訓 ゲン
名のり くろ・しずか・つね・のり・はじめ・はる・はるか・ひろ

- 一玄1 かずはる
- 玄貴12 げんき
- 玄音9 げんと
- 玄洋9 つねひろ
- 玄登12 はると
- 玄武8 ひろたけ

乎 5

感嘆や呼びかけ、疑問、推測などを表す。組み合わせる漢字をサポートする字

音・訓 コ・オ・か・や

- 惇乎11 あつや
- 隆乎11 たかや
- 乎生太5 4 こうた
- 比呂乎4 7 ひろお

甲 5

身体を護る防具。物事の最上位、1番目も示す。雄々しい印象を与える字

音・訓 コウ・カン・きのえ・かぶと
名のり か・かつ・き・まさる

- 甲己3 かつき
- 甲範15 かつのり
- 甲也3 かつや
- 甲紀9 こうき
- 智甲12 ともき
- 勝甲12 まさかつ

※添え字（漢字1字の最後の音と同音の1字を加えること⇒P.407）を使った変則的な読みは名のりに加えていません。

功 5

働いて成し遂げたこと、手柄、よい行いを示す。努力、工夫などの意味もある

音・訓 コウ・ク・いさお

名のり あつ・いさ・かた・かつ・こと・つとむ・なり・なる・のり

功大 3 いさお
功児 7 こうじ
功佑 7 こうすけ
功多 6 こうた
功一郎 1 9 こういちろう

史 5

出来事を記録した書、書記官などを示す。勤勉さや品位をイメージさせる字

音・訓 シ

名のり ちか・ちかし・ひさ・ひと・ふみ・み

聡史 14 さとし
隆史 11 たかふみ
健史 11 たけひと
大史 3 ひろし
史人 2 ふみひと
瑶史 13 ようじ

巧 5

技術が高く、上手な様子を示す。一つのことをきわめる能力を期待して

音・訓 コウ・たくみ

名のり たく・よし

巧 たくみ
巧稀 12 こうき
巧大 3 こうだい
巧平 5 こうへい
巧人 2 たくと
巧馬 10 たくま

市 5

大勢の人が集まる場所や取引を示す。友人に恵まれ、繁栄することを願って

音・訓 シ・いち

名のり なが・まち

惇市 11 あつし
浩市 10 こういち
大市 3 だいし
隆市 11 りゅういち
勇市朗 9 10 ゆういちろう

弘 5

中が広い、スケールが大きいなどの意味。心身ともに大きく成長するように

音・訓 コウ・グ・ひろい

名のり お・ひろ・ひろし・ひろむ・みつ

弘 ひろむ
弘気 6 こうき
弘也 3 こうや
智弘 12 ともひろ
弘志 7 ひろし
義弘 13 よしひろ

司 5

役目を担当し、管理する立場の人を示す。統率力やそれに伴う人格を期待して

音・訓 シ・つかさ

名のり おさむ・かず・つとむ・もと・もり

温司 12 あつもり
司利 7 かずとし
賢司 16 けんじ
尋司 12 ひろし
将司 10 まさし
雄司 12 ゆうじ

広 5

寛大で大らかな性格に、また世界に名が知れ渡るような活躍を願って

音・訓 コウ・ひろい・ひろがる

名のり お・たけ・とお・ひろ・ひろし・みつ

広大 3 こうだい
広陽 12 こうよう
高広 10 たかひろ
千広 3 ちひろ
広樹 16 ひろき
広夢 13 ひろむ

矢 5

まっすぐ飛ぶ矢から、直進や誓うの意味も。勢いや実直さを感じさせる字

音・訓 シ・や

名のり ただ・なお

航矢 10 こうや
聖矢 13 せいや
拓矢 8 たくや
矢一 1 やいち
矢真人 10 2 やまと

左 5

そばから支えるという意味がある。伝統的、古風なイメージを加えたいときに

音・訓 サ・ひだり

名のり すけ

啓左 11 けいすけ
浩左 10 こうすけ
左介 4 さすけ
庸左 11 ようすけ
左斗志 4 7 さとし

示 5

教える、わかるように見せること。元々、神様の降りる祭壇を表した字

音・訓 ジ・シ・しめす

名のり しめ・とき・み

恵示 10 けいじ
悟示 10 さとし
淳示 11 じゅんじ
玲示 9 れいじ
多嘉示 6 14 たかし

※⚠＝パソコンなどで文字が出にくい字

主 5

物事や組織の中心。また、中心となって考え処理をすることなどを意味する

- 晃主 10 あきもり
- 主巳 3 かずし
- 主浩 10 かずひろ
- 主馬 10 しゅめ
- 佳主也 8 3 かずや

音・訓 シュ・ス・あるじ・おも・ぬし

名のり かず・つかさ・もと・もり

出 5

内から外へ出ること。ひときわ秀でることも示し、飛躍や成長を感じさせる字

- 出 いずる
- 出志 7 いずし
- 出帆 6 いずほ
- 出満 12 いずま
- 日出登 4 12 ひでと

音・訓 シュツ・スイ・でる・だす

名のり いず・いずる・で

申 5

意見や気持ちを述べる、まっすぐに伸ばす、などの意味。素直で誠実な印象に

- 申伍 6 しんご
- 申次 6 しんじ
- 申樹 16 のぶき
- 申行 6 のぶゆき
- 申之介 3 4 しんのすけ

音・訓 シン・もうす・さる

名のり しげる・のぶ・み・もち

生 5

いきいきとした新しさや、生命を意味する字。伸びやかな力を感じさせる

- 育生 8 いくお
- 生人 2 いくと
- 泰生 10 たいせい
- 大生 3 ひろき
- 悠生 11 ゆうき
- 芳生 7 よしふ

音・訓 セイ・ショウ・いきる・うまれる・はえる・き・なま

名のり いく・お・なり・のり・ふ・み・よ

正 5

まっすぐで正しい、本来のもの、誤りを直す、などの意味。聡明さを願って

- 考正 6 こうせい
- 正悟 10 しょうご
- 正幹 13 まさき
- 正志 7 まさし
- 正太朗 4 10 しょうたろう

音・訓 セイ・ショウ・ただしい・ただす・まさ

名のり きみ・さだ・なお・よし

世 5

時代や人間の社会の意味。その時代や社会を輝いて生きる力を願って

- 一世 1 いっせい
- 恒世 9 こうせい
- 世那 7 せな
- 大世 3 たいせい
- 央世 5 ひろつぐ
- 龍世 16 りゅうせい

音・訓 セイ・セ・よ

名のり つぎ・つぐ・とき・とし

仙 5

仙人のことを示すほか、非凡な才能をもつ人の意味も。豊かな才能を願って

- 仙一 1 せんいち
- 仙汰 7 せんた
- 仙成 6 ひさしげ
- 仙登 12 ひさと
- 登紀仙 12 9 ときのり

音・訓 セン

名のり さね・たかし・のり・ひさ・ひと・より

旦 5

日の出、朝を示す。まぶしい光、輝く未来、成長などをイメージさせる字

- 旦人 2 あきと
- 旦良 7 あきら
- 旦陽 12 あさひ
- 旦史 5 ただし
- 旦三 3 ただみつ
- 暉旦 13 てるあき

音・訓 タン・ダン・あさ・あした

名のり あき・あきら・あけ・ただ・ただし

汀 5

水が打ち寄せる砂地、水面が平らな様子。広がりや穏やかさを感じさせる

- 汀雅 13 ていが
- 汀多 6 ていた
- 汀帆 6 ていほ
- 汀八 2 ていや
- 汀砂 9 なぎさ
- 汀和 8 みぎわ

音・訓 テイ・なぎさ・みぎわ

冬 5

ものの貯蔵の様子からできた字。澄んだシャープさ、思慮深さなどのイメージに

- 冬野 11 かずや
- 冬真 10 とうま
- 冬一 1 ふゆかず
- 冬樹 16 ふゆき
- 冬陽人 12 2 ふゆひと

音・訓 トウ・ふゆ

名のり かず・とし

※添え字（漢字1字の最後の音と同音の1字を加えること⇒P.407）を使った変則的な読みは名のりに加えていません。

丙　5

明らか、火が燃え広がる様子を示す。たくましく大らかに育つ力を願って

音・訓 ヘイ・ひのえ
名のり あき・え

- 丙也 3 あきなり
- 丙尚 8 あきひさ
- 輝丙 15 てるあき
- 丙汰 7 へいた
- 丙威太 9 4 えいた

平　5

でこぼこや偏りがないことから、穏やか、優しい、公平などの意味をもつ

音・訓 ヘイ・ビョウ・たいら・ひら
名のり おさむ・とし・なり・なる・やす・よし

- 旭平 6 あきひら
- 一平 1 いっぺい
- 康平 11 こうへい
- 駿平 17 しゅんぺい
- 颯平 14 そうへい
- 太平 4 ひろなり

北　5

冴え渡る、はっきりとした、澄んで清らか、などをイメージさせる字

音・訓 ホク・きた
名のり た

- 北雄 12 きたお
- 南北 9 なんぼく
- 北斎 11 ほくさい
- 北辰 7 ほくしん
- 北斗 4 ほくと
- 北兜 11 ほくと

本　5

物事の中心や根源を示す。正式、手本などの意味も。揺るぎない印象に

音・訓 ホン・もと
名のり なり・はじめ

- 健本 11 たけもと
- 本成 6 もとなり
- 本信 9 もとのぶ
- 本弥 8 もとや
- 本一郎 1 9 もといちろう

未　5

何もない状態から、多くが始まることを期待させる。希望や飛躍のイメージに

音・訓 ミ・ビ・いまだ・ひつじ
名のり いや・ひで

- 拓未 8 たくみ
- 成未 6 なるみ
- 未喜男 12 7 みきお
- 未津瑠 9 14 みつる

民　5

親しみやすさや、人とコミュニケーションをとっていく力をイメージさせる字

音・訓 ミン・たみ
名のり ひと・み・みたみ・もと

- 崇民 11 たかひと
- 拓民 8 たくみ
- 民於 8 たみお
- 民賢 16 みんけん
- 民治郎 8 9 みんじろう

由　5

物事が起こった原因、理由、いわれ。理知的で穏やかなイメージを与える

音・訓 ユ・ユウ・ユイ・よし
名のり ただ・ゆき・より

- 由悟 10 ゆうご
- 由成 6 ゆきなり
- 由基 11 よしき
- 由浩 10 よしひろ
- 由貴夫 12 4 ゆきお

立　5

しっかりと地に足をつけて立つ、基礎を定めるなどの意味。自立や安定を願って

音・訓 リツ・リュウ・たつ
名のり たか・たかし・たち・たて・はる

- 成立 6 しげたつ
- 立理 11 たつとし
- 立馬 10 たつま
- 宏立 7 ひろたつ
- 立奨 13 りゅうすけ
- 立哉 9 りゅうや

令　5

決まりやおきてのこと。清らか、りっぱ、などの意味もあり、品格のある印象に

音・訓 レイ・リョウ
名のり おさ・なり・のり・はる・よし

- 貴令 12 たかのり
- 令成 6 はるしげ
- 令仁 4 よしひと
- 令輔 14 りょうすけ
- 令太 4 りょうた
- 令司 5 れいじ

礼　5

作法や儀式、敬意のある行動などの意味。礼儀正しさや、品格を感じさせる

音・訓 レイ・ライ
名のり あき・あきら・あや・のり・ひろ・ひろし・まさ・まさし・ゆき・よし

- 礼人 2 あやと
- 礼之 3 のりゆき
- 礼明 8 ひろあき
- 礼太 4 らいた
- 礼二朗 2 10 れいじろう

※⚠＝パソコンなどで文字が出にくい字

安 6

穏やか、安定、安心、満足などの意味。温和で落ち着いた人柄や人生を願って

音・訓 アン・やすい

名のり あ・さだ・やす・やすし

- 安悟 10 あんご
- 安音 9 やすと
- 安紘 10 やすひろ
- 基 11 安 もとやす
- 安喜 12 雄 12 あきお

伊 6

すべてのことを調和する人を示した字。古代中国の伝説的賢人の名前でもある

音・訓 イ

名のり いさ・おさむ・これ・ただ・よし

- 伊吹 7 いぶき
- 克 7 伊 かつただ
- 伊政 9 ただまさ
- 伊洋 9 よしひろ
- 伊平 5 理 11 いおり

衣 6

体にまとうものを示す。成長し、多くのものを身につけていってほしいと願って

音・訓 イ・エ・ころも・きぬ

名のり そ・みそ

- 可 5 衣 かい
- 留 10 衣 るい
- 衣久 3 雄 12 いくお
- 加 5 衣斗 4 かいと

宇 6

大きな屋根の家という意味から、広い空間全般を示す。スケールの大きい印象

音・訓 ウ

名のり うま・たか・ね・のき

- 宇月 4 うつき
- 一 1 宇 かずたか
- 宇海 9 たかうみ
- 宇起 10 たかき
- 由 5 宇樹 16 ゆうき

気 6

生命や心の活力。「空気」など自然現象を示すことも。大きな力を感じさせる字

音・訓 キ・ケ

名のり おき

- 玄 5 気 げんき
- 晃 10 気 こうき
- 陽 12 気 はるき
- 勇 9 気 ゆうき
- 気一 1 郎 9 きいちろう

吉 6

めでたい、運がよい。内容の充実したことを示す字。恵まれ幸せであるように

音・訓 キチ・キツ

名のり さち・とみ・はじめ・よ・よし

- 吉平 5 きっぺい
- 啓 11 吉 けいきち
- 栄 9 吉 しげよし
- 吉成 6 よしなり
- 吉春 9 よしはる
- 吉史 5 よしふみ

匡 6

元の形に正しく直す、助けるなどの意味をもつ。知性や品格も感じられる字

音・訓 キョウ・コウ・ただす

名のり たすく・ただ・ただし・まさ・まさし

- 匡也 3 きょうや
- 則 9 匡 のりただ
- 匡司 5 まさし
- 匡浩 10 まさひろ
- 匡己 3 治 8 まさみち

共 6

ともに、一緒になって。周囲と力を合わせることができる人格を願って

音・訓 キョウ・ク・グ・クウ・とも

名のり たか

- 共治 8 きょうじ
- 共佑 7 きょうすけ
- 共嬉 15 ともき
- 共哉 9 ともや
- 共仁 4 央 5 くにお

旭 6

太陽が地平線から出て一気に輝く様子からできた字。明るく上昇するイメージ

音・訓 キョク・あさひ

名のり あき・あきら・あさ・てる

- 旭斗 4 あきと
- 旭日 4 あさひ
- 旭都 11 きょくと
- 旭規 11 てるき
- 旭智 12 てるとも
- 洋 9 旭 ひろあき

圭 6

古代中国で天子が諸侯に与えた玉器。その形から、すっきりした様子も示す

音・訓 ケイ

名のり か・かど・きよ・きよし・たま・よし

- 圭治 8 きよはる
- 圭介 4 けいすけ
- 圭斗 4 けいと
- 圭揮 12 よしき
- 圭一 1 郎 9 けいいちろう

※添え字（漢字1字の最後の音と同音の1字を加えること⇒P.407）を使った変則的な読みは名のりに加えていません。

伍 6

五つで一組を示す字。そこから仲間の意味にも。多くの仲間に恵まれるように

音・訓 ゴ

名のり あつむ・いつ・くみ・たすく・とも・ひとし

- 伍都 11 いつと
- 啓伍 11 けいご
- 慎伍 13 しんご
- 大伍 3 だいご
- 伍士 3 ともひと
- 祐伍 9 ゆうご

江 6

大きな川、大河のこと。ゆったりとした、スケールの大きい人にと願って

音・訓 コウ・ゴウ・え

名のり きみ・ただ・のぶ

- 英江 8 えいこう
- 江稀 12 こうき
- 江司 5 こうじ
- 江哉 9 こうや
- 江里也 7 3 えりや

考 6

深く思いを巡らせる、遠くまで進む、などの意味。思慮深さを感じさせる字

音・訓 コウ・かんがえる

名のり たか・ただ・ちか・とし・なか・なり・なる・のり・やす・よし

- 考司 5 こうじ
- 考俊 9 たかとし
- 玄考 5 はるちか
- 考功 5 よしのり
- 考太郎 4 9 こうたろう

行 6

進む、出発、ふるまいなど。前に進む行動力、判断力、活力を感じさせる字

音・訓 コウ・ギョウ・アン・いく・ゆく

名のり あきら・いき・たか・つら・のり・みち・もち・やす・ゆき

- 行雲 12 こううん
- 盛行 11 しげゆき
- 孝行 7 たかつら
- 信行 9 のぶゆき
- 行志 7 やすし
- 祥行 10 よしゆき

好 6

よい、好ましい、美しい、すぐれている、などの意。愛すべき人物になるよう願って

音・訓 コウ・このむ・すく

名のり この・すみ・たか・よし・よしみ

- 好佑 7 こうすけ
- 好人 2 たかと
- 好紀 9 よしき
- 好典 8 よしのり
- 好士郎 3 9 こうしろう

光 6

明るく輝くこと、また才能や名声のこと。輝やかしい人生を送ることを願って

音・訓 コウ・ひかる・ひかり

名のり あき・あきら・てる・ひろ・ひろし・み・みつ・みつる

- 光樹 16 こうき
- 貴光 12 たかひろ
- 広光 5 ひろみ
- 光正 5 みつまさ
- 光太郎 7 9 こうたろう

向 6

ある方向に進むこと、志すこと。まっすぐで誠実なイメージを与える字

音・訓 コウ・キョウ・むく・むかう

名のり むか・むき・むけ・むこう・ひさ

- 陽向 12 あきひさ
- 向平 5 こうへい
- 向陽 12 こうよう
- 向志 7 ひさし
- 向太朗 4 10 こうたろう

亘 6

ぐるりと巡る、端々までくまなく及ぶこと。行き届いた人にと願って

音・訓 コウ・セン・わたる

名のり とおる・のぶ・ひろし・もとむ・わたり

- 亘希 7 こうき
- 亘治 8 こうじ
- 亘典 8 こうすけ
- 輝亘 15 てるのぶ
- 陽亘 12 はるのぶ
- 亘琉 11 わたる

在 6

じっとそこにあること。生きているという意味も。静かな力強さを感じさせる

音・訓 ザイ・ある

名のり あき・あきら・あり・すみ・とお・とみ・まき・みつる

- 在朗 10 あきお
- 在朋 8 すみとも
- 在明 8 ありあき
- 在人 2 あると
- 在比佐 4 7 ありひさ

至 6

目指す地点に行き着くこと、この上ないこと。高い志と達成感を得るように

音・訓 シ・いたる

名のり じ・ちか・のり・みち・むね・ゆき・よし

- 淳至 11 あつし
- 健至 11 けんじ
- 航至 10 こうじ
- 至賢 16 みちたか
- 道至 12 みちよし
- 宗至 8 むねみち

※⚠=パソコンなどで文字が出にくい字

次 6

度数や順序を表し、特に2番目を表すことが多い。ものが宿る場所の意味も

音・訓 ジ・シ・つぐ・つぎ
名のり ちか・ひで・やどる

- 克次 7 かつじ
- 佳次 8 けいじ
- 次玖 7 つぐひさ
- 伶次 7 れいじ
- 雄次朗 12 10 ゆうじろう

而 6

しかるに、しかも、などの意味。さらなる展開を期待させ、品格も感じさせる字

音・訓 ジ・しこうして・しかも
名のり し・しか・なお・ゆき

- 惇而 11 あつし
- 詠而 12 えいじ
- 隆而 11 たかし
- 信而 9 のぶゆき
- 而優 17 ゆきまさ
- 凌而 10 りょうじ

守 6

守る、備える、心構えを変えない、などの意味。包容力や男らしさを感じる字

音・訓 シュ・ス・まもり・まもる・もり・かみ
名のり え・さね・ま

- 守善 12 しゅぜん
- 守留 10 まもる
- 守行 6 もりゆき
- 好守 6 よしもり
- 弥守矢 8 5 やすし

州 6

地域、大陸のこと。まとまった様子も示す。大らかさや人を束ねる力を感じる

音・訓 シュウ・す
名のり くに

- 州生 5 くにお
- 州渡 12 しゅうと
- 州平 5 しゅうへい
- 州野 11 しゅうや
- 佳州也 8 3 かずや

舟 6

小舟。大河の流れに負けずに動き回る舟のように、軽快で力強い人生を願って

音・訓 シュウ・ふね・ふな
名のり のり

- 揮舟 12 きしゅう
- 舟平 5 しゅうへい
- 誠舟 13 せいしゅう
- 舟男 7 ふなお
- 舟之輔 3 14 しゅうのすけ

充 6

中身が詰まったこと、足りないものを満たすこと。充実した人物になるように

音・訓 ジュウ・あてる・みちる
名のり あつ・たかし・まこと・み・みち・みつ・みつる

- 充輝 15 あつき
- 充功 5 みちのり
- 充希 7 みつき
- 充弘 5 みつひろ
- 充之介 3 4 みちのすけ

旬 6

行き渡り満ちる。物事のいちばんよい時期。等しくむらがない、という意味も

音・訓 ジュン・シュン
名のり ただ・とき・ひとし・ひら・まさ

- 旬一 1 じゅんいち
- 旬平 5 しゅんぺい
- 旬哉 9 しゅんや
- 貴旬 12 たかとき
- 旬太朗 4 10 しゅんたろう

巡 6

ぐるりと回る、見て回ること。広い場所を回り歩く、行動力が感じられる字

音・訓 ジュン・めぐる
名のり みつ・ゆき

- 巡矢 5 じゅんや
- 巡琉 11 めぐる
- 巡三郎 3 9 じゅんざぶろう
- 巡乃輔 2 14 じゅんのすけ

如 6

そのまま、～のように、などの意味。自然体の中にも品がある、知的な印象の字

音・訓 ジョ・ニョ・ごとし
名のり いく・すけ・なお・もと・ゆき・よし

- 亨如 8 きょうすけ
- 如雲 12 じょうん
- 隆如 11 たかゆき
- 如哉 9 なおや
- 謙如 17 のりゆき
- 如雄 12 ゆきお

庄 6

田舎の家を示す字。平らという意味も。和やかさや、大らかさを感じる

音・訓 ショウ
名のり たいら・まさ

- 昭庄 9 あきまさ
- 庄壱 7 しょういち
- 庄典 8 しょうすけ
- 庄史 5 まさし
- 庄陽平 12 5 まさひこ

※添え字（漢字1字の最後の音と同音の1字を加えること⇒P.407）を使った変則的な読みは名のりに加えていません。

匠 6

新しいものをつくる技術やアイデアにすぐれたことを示す。秀でた才能を願う

音・訓 ショウ・たくみ

名のり なり・なる

- 匠 たくみ
- 匠太 7 しょうた
- 匠馬 10 しょうま
- 匠深 11 たくみ
- 匠乃介 2 4 しょうのすけ

先 6

ものの先端、いちばん前、将来などの意味。積極的で伸びやかなイメージ

音・訓 セン・さき・まず

名のり すすむ・ひこ・ひろ・ゆき

- 先男 7 さきお
- 輝先 15 てるゆき
- 秀先 7 ひでゆき
- 真先 10 まさき
- 先次郎 6 9 せんじろう

丞 6

助ける、補佐をする、上へ進む、などの意味をもつ。古風で粋な印象に

音・訓 ジョウ・ショウ・たすける

名のり すけ・すすむ・たす・つぐ

- 健丞 11 けんすけ
- 丞一 1 じょういち
- 柾丞 9 まさつぐ
- 佑丞 7 ゆうすけ
- 竜之丞 10 3 りゅうのすけ

全 6

欠けたところのない、すべてがそろった状態。バランスのとれた人にと願って

音・訓 ゼン・まったく・すべて

名のり あきら・たけ・たもつ・とも・はる・まさ・また・みつ

- 全 たもつ
- 清全 11 きよはる
- 秀全 7 しゅうぜん
- 全留 10 たける
- 全稀 12 まさき
- 全保 9 またやす

迅 6

飛ぶように速い、激しい様子。勢いや勇ましさを感じさせる、元気な印象の字

音・訓 ジン

名のり とき・とし・はや

- 迅平 5 じんぺい
- 迅鷹 24 としたか
- 迅理 11 としみち
- 迅矢 5 としや
- 迅人 2 はやと
- 光迅 6 みつとし

壮 6

勇ましく、勢いや元気にあふれている様子。男の子らしい堂々とした印象

音・訓 ソウ・ショウ

名のり あき・お・さかり・たけ・たけし・まさ・もり

- 壮頼 16 あきのり
- 壮志 7 そうし
- 壮亮 9 そうすけ
- 壮貴 12 まさき
- 壮次郎 6 9 そうじろう

成 6

でき上がる、成り立つ、成し遂げるなど。りっぱに物事を達成する印象の字

音・訓 セイ・ジョウ・なす・なる

名のり あき・あきら・しげ・しげる・せ・なり・のり・ひら・まさ・よし

- 一成 1 いっせい
- 成輝 15 しげき
- 成志 7 せいじ
- 大成 3 たいせい
- 成晋 10 まさゆき
- 康成 11 やすのり

早 6

時間や時期が早い、すみやか、若いなどの意味。軽快でアクティブなイメージ

音・訓 ソウ・サッ・はやい

名のり さ・さお・さき・はや

- 早佑 7 そうすけ
- 早汰 7 そうた
- 早平 5 そうへい
- 早登 12 はやと
- 真早樹 10 16 まさき

汐 6

海の干満。特に夕方に起こるものを指す。海の雄大さ、さわやかさを感じる字

音・訓 セキ・しお・うしお

名のり きよ

- 汐 うしお
- 汐紀 9 しおき
- 汐音 9 しおと
- 汐人 2 せきと
- 汐太郎 4 9 せきたろう

存 6

ある、保つ、生きている、など。いたわって安否を問う様子が元になっている字

音・訓 ソン・ゾン

名のり あきら・あり・すすむ・たもつ・つぎ・のぶ・のり・やす・やすし

- 存 すすむ
- 存良 7 あきら
- 存伴 7 ありとも
- 存男 7 つぎお
- 永存 5 ながのぶ
- 慶存 15 よしのぶ

※⚠＝パソコンなどで文字が出にくい字

多 6

数や量が多いこと。勝る、ほめるの意味も。豊かな人生になることを祈って

音・訓 タ・おおい

名のり おお・かず・とみ・な・なお・まさ・まさる

- 多希 7 かずき
- 洸多 9 こうた
- 多栄 9 とみひで
- 勇多 9 ゆうた
- 良多朗 7 10 りょうたろう

兆 6

物事の起こる前触れ。数が多い様子も示す。何かを起こす力、風格を感じる

音・訓 チョウ・きざし

名のり とき・よし

- 兆志 7 ちょうじ
- 伸兆 7 のぶよし
- 兆騎 18 よしき
- 兆規 11 よしのり
- 兆太郎 4 10 ちょうたろう

宅 6

住まい。安定感や落ち着きをイメージさせる字。頼もしい人になることを願って

音・訓 タク

名のり いえ・おり・やか・やけ

- 宅斗 4 たくと
- 宅望 11 たくみ
- 宅哉 9 たくや
- 剛宅 10 たけいえ
- 宅満 12 やかみつ
- 安宅 6 やすいえ

伝 6

伝えること。周囲と上手にコミュニケーションをとる能力をもつよう期待して

音・訓 デン・つたわる

名のり ただ・つた・つたえ・つぐ・つとむ・のぶ・のり・よし

- 伝寿 7 ただひさ
- 伝彦 9 のぶひこ
- 伝乃甫 2 7 ただのすけ
- 伝十郎 2 9 でんじゅうろう

托 6

預けること、任せること。多くの信頼できる人たちに出会えるように願って

音・訓 タク

名のり ひろ・もり

- 托渡 12 たくと
- 托保 9 たくほ
- 托満 12 たくま
- 托実 8 たくみ
- 托哉 9 たくや
- 托朗 10 たくろう

弐 6

数字の「二」の代わりにも使われ、加える、増える、添える、などの意味の字

音・訓 ニ・ジ

名のり すけ

- 啓弐 11 けいすけ
- 晃弐 10 こうじ
- 悠弐 11 ゆうじ
- 亮弐 9 りょうすけ
- 匡之弐 6 3 ただのすけ

地 6

大地、土、領地。土台、元となるものも示し、雄大な可能性を感じさせる字

音・訓 チ・ジ

名のり くに・ただ・つち

- 地恭 10 くにやす
- 泰地 10 たいち
- 大地 3 だいち
- 地三 3 つちみ
- 輝地 15 てるじ
- 勇地 9 ゆうじ

任 6

役目につけること、また、引き受けること。責任感をイメージさせる字

音・訓 ニン・ジン・まかせる

名のり あたる・ただ・たもつ・とう・のり・ひで・よし

- 任留 10 あたる
- 任佐 7 じんすけ
- 崇任 11 たかよし
- 任志 7 ただし
- 任馬 10 とうま
- 任樹 16 ひでき

竹 6

植物の竹のように、まっすぐでしなやかに、すくすくと成長するように願って

音・訓 チク・たけ

名のり たか

- 竹生 5 たけお
- 竹倫 10 たけとも
- 竹伸 7 たけのぶ
- 竹留 10 たける
- 竹善 12 ちくぜん
- 光竹 6 みつたけ

年 6

本来は「秊」と書き、「禾＋千」の形でわかるように、豊かな実りを意味した字

音・訓 ネン・とし

名のり かず・すすむ・ちか・とせ・ね・みのる

- 年喜 12 かずき
- 活年 9 かつとし
- 年秀 7 としひで
- 康年 11 やすとし
- 巳年雄 3 12 みねお

※添え字（漢字1字の最後の音と同音の1字を加えること⇒P.407）を使った変則的な読みは名のりに加えていません。

汎 6

英語の「pan＝全〜、総〜」の音にも当てられ、普遍性や広がりを強く感じる字

音・訓 ハン・ホン
名のり なみ・ひろ・ひろし・ひろむ・みな

- 敬汎 12 たかひろ
- 汎夫 4 なみお
- 汎暁 12 はんぎょう
- 汎斗 4 ひろと
- 汎史 5 ひろふみ
- 泰汎 10 やすひろ

帆 6

風を受け船を進める帆。さわやかさや精悍さ、行動力などをイメージさせる字

音・訓 ハン・ほ

- 海帆 9 かいほ
- 一帆 1 かずほ
- 健帆 11 たけほ
- 帆志 7 はんじ
- 帆風 9 ほかぜ
- 充帆 6 みつほ

朴 6

別の漢字の代用で、飾り気がなく素直、の意味で使われる。本来はほおの木

音・訓 ボク
名のり すなお・なお

- 朴章 11 なおあき
- 朴樹 16 なおき
- 朴登 12 なおと
- 朴哉 9 なおや
- 正朴 5 まさなお
- 亨朴 7 ゆきなお

名 6

物事や人の呼び方。すぐれているもののこと。名高い人になるよう祈って

音・訓 メイ・ミョウ・な
名のり あきら・かた・もり

- 弘名 5 こうめい
- 重名 9 しげな
- 名雄彦 12 9 なおひこ
- 真名夫 10 4 まなぶ

有 6

存在すること、もつこと、もち続けること。富んでいること、富の意味もある

音・訓 ユウ・ウ・ある
名のり あ・あり・すみ・たもつ・とも・なお・なり・みち・もち・わ

- 有人 2 ありひと
- 倫有 10 ともなり
- 有希 7 なおき
- 康有 11 やすとも
- 有悟 10 ゆうご
- 有祐 9 ゆうすけ

羊 6

「義・祥・善・美・養」など、よいイメージの漢字の元になっている字

音・訓 ヨウ・ひつじ

- 羊慈 13 ようじ
- 羊宥 9 ようすけ
- 羊汰 7 ようた
- 羊平 5 ようへい
- 羊治朗 8 10 ようじろう

吏 6

官吏の象徴である旗を官吏がもつ形からできた字。シャープで理知的な印象

音・訓 リ
名のり おさ・さと・つかさ

- 吏詞 12 さとし
- 吏倫 10 さとみち
- 吏佐 7 つかさ
- 吏輝 15 りき
- 佳名吏 8 6 よしなり

亜 7

表に出ない支え、2番手。「アジア」の略称のイメージも一般的に定着している

音・訓 ア
名のり つぎ・つぐ

- 建亜 9 たけつぐ
- 博亜 12 ひろつぐ
- 亜都斗 11 4 あつと
- 亜斗夢 4 13 あとむ

壱 7

一つ。物事の始め。もっぱら。数字の「一」の代わりにも使われる字

音・訓 イチ・イツ・ひとつ
名のり いっ・かず・さね・もろ

- 壱樹 16 かずき
- 壱寿 7 かずひさ
- 壱展 10 かずひろ
- 健壱 11 けんいち
- 太壱 4 たいち
- 理壱 11 りいち

応 7

問いや呼びかけに返事をする、引き受けること。柔軟な行動力を感じさせる字

音・訓 オウ
名のり かず・たか・のぶ・のり・まさ

- 応太 4 おうた
- 応介 4 おうすけ
- 応輔 14 おうすけ
- 敬応 12 たかまさ
- 応紀 9 まさき
- 応成 6 かずなり

※⚠＝パソコンなどで文字が出にくい字

伽 7

梵語のカ・ガ・キャの音を表す。退屈を慰めるための物語や相手になる、の意味も

音・訓 ガ・カ・キャ・とぎ

- 伽図人 7 2 かずと
- 多偉伽 6 12 たいが
- 由多伽 5 6 ゆたか

我 7

自分、わたし、わが。頑固。自己をしっかり確立し、道を切り開いていく印象

音・訓 ガ・われ・わ

名のり もと

- 我衣 6 がい
- 我文 4 がもん
- 大我 3 たいが
- 我久 3 がく
- 広我 5 こうが
- 亮我 9 りょうが

快 7

気持ちがよい、楽しい、さわやか。速い。軽やかで、すがすがしい印象の字

音・訓 カイ・こころよい

名のり はや・やす・よし

- 快児 7 かいじ
- 知快 8 ともやす
- 快彦 9 よしひこ
- 快音 9 かいと
- 快気 6 よしき
- 快洋 9 よしひろ

完 7

欠けたところがない、やり遂げる、まっとうする。力強い完全性を感じる字

音・訓 カン

名のり さだ・たもつ・ひろ・ひろし・まさ・みつ・ゆたか

- 完治 8 かんじ
- 完夫 4 さだお
- 完太朗 4 10 かんたろう
- 完典 8 ひろみち
- 洋完 9 ひろまさ

希 7

めったにないこと。願うこと。現代では「希望」から来る明るい印象が強い字

音・訓 キ・ケ

名のり のぞ・まれ・やす

- 一希 1 かずき
- 希夢 13 のぞむ
- 有希人 6 2 ゆきと
- 光希 6 こうき
- 希典 8 まれすけ

究 7

きわめる、とことんまで探る。目指した道は奥の奥まで進む人生を願って

音・訓 キュウ・きわめる

名のり きわみ・きわむ・さた・さだ・すみ・み

- 究 きわむ
- 究多 6 きゅうた
- 究也 3 きゅうや
- 究至 6 きゅうじ
- 究真 10 きゅうま
- 拓究 8 たくみ

玖 7

黒色の、美しい玉のような石。数字の「九」の代わりにも使われる字

音・訓 キュウ・ク

名のり き・ぐ・たま・ひさ

- 玖吾 7 きゅうご
- 玖志 7 ひさし
- 伊玖磨 6 16 いくま
- 玖馬 10 きゅうま
- 理玖 11 りく

求 7

求める、欲しがる、望む、探す。何かを得ようとして努力する、という意味も

音・訓 キュウ・グ・もとめる

名のり き・く・まさ・もと・もとむ・もとめ・やす

- 求志 7 きゅうじ
- 博求 12 ひろやす
- 求陽 12 もとはる
- 求真 10 きゅうま
- 求希 7 もとき
- 求尚 8 やすひさ

杏 7

あんず。実は食用、種も薬用に。中国の故事から学問や医者のイメージもある

音・訓 キョウ・ギョウ・アン・あんず

- 杏悟 10 きょうご
- 杏丞 6 きょうすけ
- 杏太朗 4 10 きょうたろう
- 杏二 2 きょうじ
- 杏治 7 きょうや

均 7

公平に行き渡ること。程度がそろっていること。調和がとれている印象の字

音・訓 キン・ひとしい

名のり お・ただ・なお・なり・ひとし・ひら・まさ

- 均二 2 きんじ
- 均尚 8 ただなお
- 均也 3 まさや
- 敬均 12 たかまさ
- 均司 5 ひとし
- 迪均 8 みちただ

※添え字（漢字1字の最後の音と同音の1字を加えること⇒P.407）を使った変則的な読みは名のりに加えていません。

7 芹

湿地に生える、春の七草の一種。青々とした春のさわやかさを感じさせる

音・訓 キン・せり

名のり き・まさ・よし

- 芹慈 13 きんじ
- 芹哉 9 きんや
- 芹耶 9 きんや
- 芹杜 7 せりと
- 芹乃輔 2 14 せりのすけ

7 近

近くでへだたりがない。親しい。美徳に進み近づき、周囲の人とも親しむように

音・訓 キン・コン・ちかい

名のり ちか・とも・もと

- 右近 5 うこん
- 左近 5 さこん
- 近治 8 きんじ
- 近恒 9 ちかひさ
- 近仁 4 ちかひと
- 近柾 9 ちかまさ

7 吟

低い含み声で詩歌を読むこと、詩歌のこと。気品ある、文化的な印象の強い字

音・訓 ギン・ゴン

名のり あきら・うた・おと・こえ

- 吟 ぎん
- 吟良 7 あきら
- 吟次 6 ぎんじ
- 吟汰 7 ぎんた
- 吟治郎 8 9 ぎんじろう

7 君

君主の「君」は、神と民の仲立ち役が起源。人の上に立ち、調和させる人にと

音・訓 クン・きみ

名のり きん・こ・すえ・なお・よし

- 君紀 9 きみのり
- 君久 3 きみひさ
- 君幸 8 きみゆき
- 功君 5 こうくん
- 君音 9 なおと
- 君起 10 よしき

7 見

見分ける、考える、悟る、などの意味も。物事を見極められる目をもつように

音・訓 ケン・みる

名のり あき・あきら・ちか・み

- 見弥 8 けんや
- 宏見 7 こうけん
- 見次郎 6 9 けんじろう
- 登見彦 12 9 とみひこ

7 呉

人が笑い楽しむ様子からできた字。「中国風」の印象も色濃い、個性的な字

音・訓 ゴ・くれ・くれる

名のり くに

- 呉都 11 くにと
- 呉満 12 くにみち
- 呉尚 8 くれひさ
- 圭呉 6 けいご
- 呉朗 10 ごろう
- 祥呉 10 しょうご

7 冴

氷のように澄み、冴えていること。シャープさ、鮮やかさなどをイメージさせる字

音・訓 ゴ・コ・さえる

名のり さえ

- 冴 さえる
- 賢冴 16 けんご
- 冴就 12 さえなり
- 清冴 11 しんご
- 成冴 6 せいご
- 竜冴 10 りゅうご

7 吾

自分。自分自身をしっかり見つめながら自己を確立していけるように願って

音・訓 ゴ・われ・あ

名のり あき・みち・わが

- 賢吾 16 けいご
- 吾郎 9 ごろう
- 淳吾 11 じゅんご
- 誠吾 13 せいご
- 秀吾郎 7 9 しゅうごろう

7 孝

親を大切にすること。人間の大切な道徳の一つとして、古来からある考え方

音・訓 コウ・キョウ

名のり あつ・たか・たかし・なり・のり・もと・ゆき・よし

- 孝太 4 こうた
- 孝幹 13 たかみき
- 孝康 11 たかやす
- 孝昭 9 よしあき
- 孝士郎 3 9 こうしろう

7 亨

支障なく通じること。神に祈りが通じる、の意味も。順風満帆な幸せを願って

音・訓 コウ・キョウ・とおる

名のり あき・あきら・すすむ・ちか・とし・なが・みち・ゆき

- 亨則 9 あきのり
- 亨祐 9 きょうすけ
- 亨汰 7 こうた
- 叙亨 9 のぶゆき
- 遥亨 12 はるみち
- 亨央 5 みちお

※⚠＝パソコンなどで文字が出にくい字

更 7

新しいものに替える、代わる。さらに。柔軟な変化や積み重ねていくイメージ

音・訓 コウ・さら・ふける
名のり とお・とく・のぶ

- 更貴 12 こうき
- 更賢 16 こうけん
- 更亮 9 こうすけ
- 更哉 9 こうや
- 健 11 更 たけのぶ
- 嘉 14 更 よしのぶ

攻 7

学ぶ、研究する、磨くなどの意味もある。男の子らしい積極的な姿勢のイメージ

音・訓 コウ・せめる
名のり おさむ・たか・よし

- 攻武 8 おさむ
- 攻希 7 こうき
- 攻至 6 こうじ
- 攻准 10 こうじゅん
- 攻祐 9 こうすけ
- 攻太 4 こうた

宏 7

広くて大きい、枠の中が広々している。人としての器の大きさが感じられる字

音・訓 コウ・ひろい
名のり あつ・ひろ・ひろし

- 宏揮 12 こうき
- 宏汰 7 こうた
- 宏弥 8 こうや
- 貴 12 宏 たかひろ
- 宏和 8 ひろかず
- 宏志 7 ひろし

克 7

打ち勝つ、やり抜く、成し遂げる。ひたむきに耐え、克服する強さを感じる字

音・訓 コク・かつ
名のり かつみ・すぐる・なり・まさる・みつ・よし

- 克樹 16 かつき
- 克宣 9 かつのぶ
- 克典 8 かつのり
- 克哉 9 かつや
- 尊 12 克 たかよし
- 鋭 15 克 としかつ

沙 7

砂、砂原。水で洗って悪いものを除く、という意味も。美しく詩的な印象の字

音・訓 サ・シャ・すな
名のり いさ

- 偉 12 沙夫 4 いさお
- 沙 9 美雄 12 さみお
- 真 10 沙樹 16 まさき

佐 7

補佐すること、補佐官。トップを助ける、有能な「縁の下の力持ち」的な存在に

音・訓 サ・たすける・すけ
名のり たすく・よし

- 佐 たすく
- 旺 8 佐 おうすけ
- 佐助 7 さすけ
- 有 6 佐 ゆうすけ
- 佐登 12 士 3 さとし

作 7

新しくつくる、物事をなす。創造力や行動力を感じさせ、素直で純朴な印象も

音・訓 サク・サ・つくる
名のり あり・つくり・とも・なお・なり・ふか

- 圭 6 作 けいさく
- 賢 16 作 けんさく
- 作成 6 なりしげ
- 友 4 作 ともなり
- 作太 4 男 7 さたお

孜 7

つとめる、励む。次々と続けて働き発展する、の意味も。勤勉さを象徴する字

音・訓 シ
名のり あつ・あつし・しげ・すすむ・ただす・つとむ・はじめ・まもる

- 孜 つとむ
- 孜志 7 あつし
- 孜成 6 あつしげ
- 孜人 2 あつひと
- 孜郎 9 しろう
- 孜夢 13 すすむ

志 7

こころざし、望み、願い、などの意味。目標達成に向かって努力できる子に

音・訓 シ・こころざす・こころざし
名のり さね・じ・むね・もと・もとむ・ゆき

- 一 1 志 かずし
- 貴 12 志 たかし
- 宏 7 志 ひろし
- 志恭 10 むねやす
- 雄 12 志郎 9 ゆうしろう

児 7

幼児だけでなく、青年など、若々しくて快活な男子全般のイメージをもつ字

音・訓 ジ・ニ・こ
名のり ちご・のり・はじめ・る

- 至 6 児 いたる
- 健 11 児 けんじ
- 光 6 児 こうじ
- 俊 9 児 しゅんじ
- 真 10 児 しんじ
- 航 10 児 わたる

※添え字（漢字1字の最後の音と同音の1字を加えること⇒P.407）を使った変則的な読みは名のりに加えていません。

寿 7

長生きすること、またそれを祝うこと。長生きを祝福する、とても縁起のよい字

音・訓 ジュ・ス・ことぶき

名のり かず・ず・とし・なが・のぶ・ひさ・ひさし・やす・やすし・よし

- 寿紀 9 かずき
- 寿久 3 かずひさ
- 寿雅 13 としまさ
- 寿人 2 ひさと
- 千 3 寿夫 4 ちずお

秀 7

抜きん出る、目立ってすぐれた様子、美しいという意味。知的ですぐれた人に

音・訓 シュウ・ひいでる

名のり しげる・ひいず・ひで・ひでし・ほ・ほず・みつ・みのる・よし

- 秀一 1 しゅういち
- 秀伍 6 しゅうご
- 秀斗 4 しゅうと
- 瑛 12 秀 てるひで
- 秀樹 16 ひでき
- 秀真 10 ほずま

助 7

力を貸すこと。人を助ける力と心をもつ、大きな人になってほしいと願って

音・訓 ジョ・たすける・すけ

名のり たすく・ひろ・ます

- 晃 10 助 こうすけ
- 助成 6 じょせい
- 幸 8 之 3 助 こうのすけ
- 助三 3 郎 9 すけさぶろう

初 7

物事の起こり、初め。人に先んじる行動力、初心を忘れない謙虚さを願って

音・訓 ショ・はじめ・はつ・うい・そめる・うぶ

名のり もと

- 初 はじめ
- 滋 12 初 しげもと
- 初則 9 はつのり
- 初啓 11 はつひろ
- 初成 6 もとなり
- 初耶 9 もとや

条 7

細長く伸びた枝。すらりと長い、伸びる、筋道立っている、などの意味もある

音・訓 ジョウ

名のり え・えだ・なが

- 公 4 条 きんえだ
- 条児 7 じょうじ
- 拓 8 条 たくじょう
- 綱 14 条 つなえだ
- 条太 4 郎 9 じょうたろう

芯 7

物の中央。中央にある重要な部分。心の筋が通っていて、しっかりした印象

音・訓 シン

- 気 6 芯 きしん
- 芯一 1 しんいち
- 芯志 7 しんじ
- 芯太 4 しんた
- 芯次 6 朗 10 しんじろう

臣 7

家来、民。昔、宮廷の官位名でも使われていたことから、風雅な印象のある字

音・訓 シン・ジン

名のり お・おみ・おん・じ・しげ・たか・とし・とみ・み・みつ

- 臣一 1 しんいち
- 臣吾 7 しんご
- 臣治 7 しんや
- 崇 11 臣 たかおみ
- 智 12 臣 ともおみ
- 将 10 臣 まさおみ

辰 7

十二支の5番目。神獣の竜。「北極星=北辰」など、天体との関連性も深い字

音・訓 シン・ジン・たつ

名のり とき・のぶ・よし

- 辰哉 9 しんや
- 辰暉 13 たつてる
- 辰徳 14 たつのり
- 辰宗 8 たつむね
- 辰太 4 郎 9 しんたろう

伸 7

「申し述べる」の意味ももつ。健康的で大らかな成長や、能力の発揮を願って

音・訓 シン・のびる

名のり ただ・のぶ・のぶる・のぼる・のり

- 伸 しん
- 伸晃 10 のぶあき
- 啓 11 伸 ひろのぶ
- 好 6 伸 よしのぶ
- 伸之 3 丞 6 しんのすけ

図 7

ものの形を書きつけたもの。計画。理性的な構想力や構成力を感じさせる字

音・訓 ズ・ト・はかる

名のり つ・なり・のり・みつ

- 郁 9 図 いくと
- 啓 11 図 ひろと
- 可 5 図矢 5 かずや
- 史 5 図雄 12 しずお

※⚠=パソコンなどで文字が出にくい字

宋 7

中国史上の国名、王朝名。スケールの大きさや風格をイメージさせる字

音・訓 ソウ
名のり おき・くに

- 宋一 1 そういち
- 宋丞 6 そうすけ
- 宋平 5 そうへい
- 宋真 10 そうま
- 宋治朗 8 10 そうじろう

汰 7

大波、潤す、すすぐ、などの意味。水を連想させ、潤いのある人生を期待して

音・訓 タ・タイ

- 慶汰 15 けいた
- 健汰 11 けんた
- 駿汰 17 しゅんた
- 将汰 10 しょうた
- 陵汰 11 りょうた
- 洋汰 9 ようた

男 7

男性、息子、若者。男の子らしく雄々しい印象に。止め字としてよく使われる

音・訓 ダン・ナン・おとこ
名のり お・おと

- 敦男 12 あつお
- 成男 6 しげお
- 将男 10 まさお
- 玲男 9 れお
- 登喜男 12 12 ときお

廷 7

平らな庭。裁判や政治を行う場所を指すことから、おごそかで知的な印象

音・訓 テイ・ジョウ
名のり たか・ただ・なが

- 廷明 8 たかあき
- 廷登 12 たかと
- 廷俊 9 たかとし
- 恭廷 10 やすたか
- 廷治郎 8 9 ていじろう

兎 7

! うさぎの様子から、瞬発力や素早さ、賢さ、優しさなどをイメージさせる字

音・訓 ト・うさぎ
名のり う・うさ

- 健兎 11 けんと
- 悠兎 11 ゆうと
- 兎太郎 4 9 うたろう
- 兎之甫 3 7 うのすけ

杜 7

やまなし。神社にある森にこの字を当てることから、木々のさわやかな印象も

音・訓 ト・ズ・もり
名のり あり

- 健杜 11 けんと
- 成杜 6 しげもり
- 陽杜 12 はると
- 紘杜 10 ひろと
- 政杜 9 まさと
- 好杜 6 よしもり

努 7

力を尽くして粘り強く励むこと。勤勉や努力は、日本男子の伝統的な美徳の一つ

音・訓 ド・ヌ・つとめる
名のり つとむ

- 努 つとむ
- 努武 8 つとむ
- 努夢 13 つとむ
- 努力 2 どりょく
- 門努 8 もんど

那 7

たくさんある。ゆったりしている。梵語の「ナ」の音を表し、知的な印象の字

音・訓 ナ・ダ・なんぞ
名のり とも・ふゆ・やす

- 那希 7 ともき
- 那倫 10 ともみち
- 那智 12 なち
- 那斗 4 やすと
- 那央也 5 3 なおや

忍 7

しのぶ、耐える、がまんする。しなやかで強い精神力を備えた人になるように

音・訓 ニン・しのぶ
名のり おし・しの

- 忍迪 8 おしみち
- 忍晋 10 おしゆき
- 忍武 8 しのぶ
- 忍歩 8 しのぶ
- 忍弥 8 しのや
- 将忍 10 まさおし

芭 7

薬用にも使われ、古来から親しまれてきた植物、芭蕉。知的な印象の名前に

音・訓 ハ・バ
名のり はな

- 芭耶人 9 2 はやと
- 芭留希 10 7 はるき
- 芭琉也 11 3 はるや

※添え字（漢字1字の最後の音と同音の1字を加えること⇒P.407）を使った変則的な読みは名のりに加えていません。

伯 7

年長者、首長、長男、秀でた一芸をもつ人。リーダーシップや才能を期待して

音・訓 ハク

名のり お・おさ・たか・たけ・とも・のり・はか・ほ・みち

- 伯武 8 おさむ
- 伯臣 7 たけおみ
- 伯弥 8 ともや
- 伯人 2 はくと
- 充 6 伯 みつのり
- 祥 10 伯 よしとも

芳 7

よい香り、よい評判。すぐれて賢い人物の意も。高い評価を受けるように願って

音・訓 ホウ・かんばしい

名のり か・かおり・かおる・ふさ・みち・もと・よし

- 拓 8 芳 ひろみち
- 芳英 8 ほうえい
- 芳晃 10 よしあき
- 芳輝 15 よしき
- 芳貞 9 よしさだ
- 芳起 10 よしたつ

伴 7

仲間。何事も分かち合えるような友人に恵まれ、助け合えるように願って

音・訓 ハン・バン・ともなう

名のり すけ・ちか・とも・より

- 和 8 伴 かずとも
- 伴紀 9 ともき
- 伴宏 7 ともひろ
- 伴弥 8 ともや
- 伴治 8 ばんじ
- 有 6 伴 ゆうすけ

邦 7

国家、領地、天下、わが国、などの意味。雄大な視野をもった人になるように

音・訓 ホウ・くに

- 邦朗 10 くにお
- 邦彦 9 くにひこ
- 邦久 3 くにひさ
- 邦博 12 くにひろ
- 邦山 3 ほうざん
- 美 9 邦 よしくに

扶 7

助ける、世話をする、救うこと。他人を思いやることのできる優しい子に

音・訓 フ・ブ・たすける

名のり たもつ・まもる・もと

- 扶 たもつ
- 扶喜 12 ふき
- 扶晃 10 もとあき
- 扶弥 8 もとや
- 扶優 17 人 2 ふゆと

冶 7

金属を溶かして美しく仕上げること。熱く、力強く自分を練り上げるように

音・訓 ヤ

名のり じ・はる・よし

- 生 5 冶 いくや
- 俊 9 冶 としや
- 宏 7 冶 ひろはる
- 祐 9 冶 ゆうや
- 和 8 津 9 冶 かづや

芙 7

蓮の花や芙蓉。大きな花の様子からできた、伸びやかさや大成を感じる字

音・訓 フ・ブ・はす・はちす

- 芙季 8 ふとし
- 芙史 5 ふひと
- 芙未 5 斗 4 ふみと
- 芙実 8 彦 9 ふみひこ

佑 7

助けること、かばうこと。人を助ける力や助け合える仲間をもつように願って

音・訓 ユウ・ウ・じょう・たすける

名のり すけ・たすく

- 光 6 佑 こうすけ
- 大 3 佑 だいすけ
- 佑造 10 ゆうぞう
- 佑太 4 ゆうた
- 佑矢 5 ゆうや
- 良 7 佑 りょうすけ

甫 7

物事の始まり。広い、大きい、などの意味もあり、男子の美称として使われる

音・訓 ホ・はじめ

名のり すけ・とし・なみ・のり・まさ・み・もと・よし

- 和 8 甫 かずほ
- 恵 10 甫 けいすけ
- 俊 9 甫 しゅんすけ
- 甫文 4 としふみ
- 甫貴 12 まさたか
- 洋 9 甫 ようすけ

邑 7

都・村・里など、人の集まり住むところ。大都会というより、町村のイメージ

音・訓 ユウ・むら・さと

名のり くに・さとし・すみ

- 邑思 9 さとし
- 泰 10 邑 やすさと
- 邑樹 16 ゆうき
- 邑斗 4 ゆうと
- 邑夫 4 くにお
- 幸 8 邑 ゆきむら

※⚠＝パソコンなどで文字が出にくい字

来 7

来る、招き寄せる。また、これから先のこと。明るい未来をイメージさせる字

音・訓 ライ・くる・きたる
名のり き・く・こ・な・ゆき

敦来12 あつき
晴来12 はるき
雅来13 まさき
満来12 みつき
来希7 らいき
来人2 らいと

良 7

賢い、すぐれている、できがよい、素直などの意。「ラ」の当て字にも使われる

音・訓 リョウ・よい
名のり あきら・お・すけ・つかさ・なが・ふみ・まこと・ら・ろう・よし

明良8 あきら
和良8 かずよし
俊良9 としなが
良嗣13 よしつぐ
良延8 よしのぶ
良弥8 りょうや

利 7

切れがよい、物事が都合よく運ぶ。考えが鋭い、賢い、役立つなどの意味もある

音・訓 リ・きく
名のり かが・かず・さと・と・とおる・とし・のり・みち・よし

利 とおる
利宣9 かずよし
利思9 さとし
将利10 しょうり
利樹16 としき
紘利10 ひろとし

伶 7

音楽を奏でる人、俳優。小才のきく人。清く澄んだシャープなイメージもある字

音・訓 レイ・リョウ
名のり とし

伶雄12 としお
伶太4 りょうた
伶史5 れいじ
伶弥8 れいや
伶乃丞2 6 りょうのすけ

里 7

村里や田舎といった意味から素朴な印象を与える。自然を愛する心豊かな子に

音・訓 リ・さと
名のり さとし・のり

陽里12 あきさと
海里9 かいり
清里11 きよさと
里司5 さとし
万里3 ばんり
裕里12 ゆうり

励 7

がんばって磨く、強く力づける。周囲と協力し合い、努力できる人になるように

音・訓 レイ・はげむ・はげます
名のり い・すすむ・つとむ

励武8 つとむ
励起10 れいき
励至6 れいじ
励祐9 れいすけ
励一郎1 9 れいいちろう

李 7

すもも。春、白い花が咲くモモに似た果樹。古代中国の偉人の名前に多い

音・訓 リ・すもも
名のり き・もも

李風9 りふう
李恩10 りおん
李樹16 りき
李久3 りく
紀李杜9 7 きりと

芦 7

水辺に生えるイネ科の多年草。地中をはう根茎から、粘り強く丈夫な印象に

音・訓 ロ・あし
名のり よし

芦充6 あしみつ
茂芦8 しげよし
芦明8 よしあき
芦紀9 よしき
芦昂8 よしたか
芦州6 ろしゅう

呂 7

音階や隊列など、「連なり」のイメージをもつ。かなの「ろ・ロ」の元になった字

音・訓 リョ・ロ
名のり おと・とも・なが・ふえ

高麻呂10 11 たかまろ
友比呂4 4 ともひろ
比呂史4 5 ひろふみ

阿 8

本来は曲がった場所を指す字だが、単に「ア」の音に当てて使われることが多い

音・訓 ア・くま・おもねる・お
名のり ひさ

阿央5 あお
阿紋10 あもん
阿喜良12 7 あきら
阿佐人7 2 あさと

※添え字（漢字1字の最後の音と同音の1字を加えること⇒P.407）を使った変則的な読みは名のりに加えていません。

依 8

よる、もたれかかる、よりどころなど。安心感や穏やかさのイメージがある字

音・訓 イ・エ・よる
名のり すけ・つぐ・より

- 佳依 8 かい
- 和依 8 かずより
- 温依 12 はるより
- 基依 11 もとより
- 依亮 9 よりあき
- 依史 5 よりふみ

育 8

しつける、養うなどの意味ももつ。すくすくと健康に育つことを願って

音・訓 イク・そだつ・はぐくむ
名のり すけ・なり・なる・やす・ゆき

- 育央 5 いくお
- 永育 5 えいすけ
- 健育 11 たけなり
- 正育 5 まさゆき
- 育寛 13 やすひろ
- 育史 5 やすふみ

英 8

すぐれた、美しい、などの意味。花の様子が元になった、華やかさのある字

音・訓 エイ
名のり あきら・あや・すぐる・え・たけし・はな・ひで・ふさ・よし

- 英司 5 えいじ
- 英祐 9 えいすけ
- 孝英 7 たかひで
- 俊英 9 としふさ
- 智英 12 ともよし
- 英生 5 ひでき

泳 8

泳ぐ。同じ場所に留まることのない、自由でアクティブな性格を感じさせる字

音・訓 エイ・およぐ

- 泳一 1 えいいち
- 泳吾 7 えいご
- 泳志 7 えいじ
- 泳俊 9 えいしゅん
- 泳佑 7 えいすけ
- 泳汰 7 えいた

延 8

長く伸びる、引き伸ばす、広がる、などの意味。長く続く繁栄や長寿を願って

音・訓 エン・のばす・のびる
名のり すけ・すすむ・ただし・なが・のぶ・のぶる

- 明延 8 あきのぶ
- 尊延 12 たかのぶ
- 朋延 8 とものぶ
- 延弘 5 のぶひろ
- 延博 12 のぶひろ
- 陽延 12 はるのぶ

於 8

～において、～における。「ああ」という感嘆の声も表し、古風な趣のある字

音・訓 オ・おいて・おける
名のり うえ・おうい

- 於佐武 7 8 おさむ
- 於兎弥 7 8 おとや
- 玲於奈 9 8 れおな

欧 8

ヨーロッパ（欧羅巴）の略から、広く西洋を指す。グローバルな活躍を期待して

音・訓 オウ・ウ

- 欧輝 15 おうき
- 欧甫 7 おうすけ
- 欧汰 7 おうた
- 欧羅 19 おうら
- 欧志郎 7 9 おうしろう

旺 8

四方に美しい光を放つ様子。盛ん。明るく意欲的など、活力に富むイメージ

音・訓 オウ・さかん
名のり あき・あきら・お

- 旺 あきら
- 旺雄 12 あきお
- 旺志 7 おうじ
- 旺汰 7 おうた
- 孝旺 7 たかお
- 輝旺 15 てるあき

往 8

前に向かって進む、行き着く。苦難に負けずどんどん前進する力強さを願って

音・訓 オウ・ゆく
名のり おき・なり・ひさ・みち・もち・ゆき・よし

- 往典 8 おうすけ
- 孝往 7 たかゆき
- 寛往 13 ひろみち
- 柾往 9 まさゆき
- 往成 6 ゆきなり
- 往人 2 ゆきひと

河 8

大きな川。大河や銀河のように、雄大でゆったりとしたイメージのある字

音・訓 カ・ガ・かわ

- 河功 5 がく
- 慶河 15 けいが
- 宏河 7 こうが
- 昂河 8 こうが
- 大河 3 たいが
- 遥河 12 はるか

※⚠＝パソコンなどで文字が出にくい字

佳 8

よい、すぐれている、りっぱ、美しい。「佳人」は美人・美男子を指す言葉

音・訓 カ・け・よい

名のり けい・よし

- 智 12 佳 ともよし
- 佳央 5 よしお
- 佳樹 16 よしき
- 佳隆 11 よしたか
- 佳喜 12 よしのぶ
- 佳広 5 よしひろ

芽 8

草木の芽、芽生え。物事のおこり、はじめ。初々しさと、成長への期待感がある

音・訓 ガ・め

名のり めい

- 芽依 8 がい
- 芽久 3 がく
- 洸 9 芽 こうが
- 風 9 芽 ふうが
- 佳 8 芽雄 12 かめお

拡 8

「広」の左に〈てへん〉がつくことで、広げ、広がる動きが強く感じられる字

音・訓 カク

名のり ひろ・ひろし・ひろむ

- 明 8 拡 あきひろ
- 拡章 11 ひろあき
- 拡希 7 ひろき
- 拡隆 11 ひろたか
- 拡憲 16 ひろのり
- 拡也 3 ひろや

岳 8

ごつごつとした、高く険しい山。雄大で崇高な、誇り高さをイメージさせる字

音・訓 ガク・たけ

名のり おか・たか・たかし

- 岳人 2 がくと
- 岳映 9 たかあき
- 岳大 3 たかひろ
- 岳遥 12 たけはる
- 岳久 3 たけひさ
- 岳寛 13 たけひろ

学 8

学ぶ、知る、習う、学問。向上心をもって物事を吸収し続けてほしいと願って

音・訓 ガク・まなぶ

名のり あきら・さと・さとる・さね・たか・のり・ひさ・まな・みち

- 学登 12 がくと
- 学志 7 さとし
- 知 8 学 とものり
- 博 12 学 ひろたか
- 学弥 みちや
- 雄 12 学 ゆたか

侃 8

正しく強い。古い「信」の字と「川」からできた字。伸びやかな、の意味もある

音・訓 カン

名のり あきら・すなお・ただ・ただし・つよし・なお・やす

- 侃 すなお
- 侃吾 7 かんご
- 侃汰 7 かんた
- 侃平 5 かんぺい
- 侃史 5 ただし
- 侃樹 16 なおき

季 8

四季、季節を連想させる風情のある字。「末」の意味もあり、末弟を指すことも

音・訓 キ

名のり すえ・とき・とし・ひで・みのる

- 大 3 季 だいき
- 隆 11 季 たかすえ
- 季雄 12 ときお
- 雅 13 季 まさとし
- 由 5 悠 11 季 よしゆき

祈 8

神仏に願い求めること。強い意志や願望の中にも、清浄な謙虚さが漂う字

音・訓 キ・いのる

- 慈 13 祈 しげき
- 寿 7 祈 ひさき
- 祈久 3 雄 12 きくお
- 実 8 祈也 3 みきや

宜 8

よろしい、適切だ、正しい、当然、などの意味。実直な人柄を期待して

音・訓 ギ・よろしい

名のり き・たか・なり・のぶ・のり・まさ・やす・よし・よろし

- 亮 9 宜 あきのり
- 宜之 3 たかゆき
- 宜生 5 のぶお
- 宜嗣 13 のりつぐ
- 宏 7 宜 ひろき
- 宜則 9 よしのり

居 8

いる、住む、座る、などの意味。腰を落ち着けている、安定感のあるイメージ

音・訓 キョ・コ・いる・おる

名のり い・おき・おり・さや・すえ・やす・より

- 佳 8 居 かい
- 直 8 居 なおやす
- 久 3 居 ひさおき
- 秀 7 居 ひですえ
- 基 11 居 もとおき
- 居宏 7 やすひろ

※添え字(漢字1字の最後の音と同音の1字を加えること⇒P.407)を使った変則的な読みは名のりに加えていません。

協 8

合う、力を合わせる、一緒に、などの意味。周囲と協力できる人になるように

音・訓 キョウ

名のり かな・かなう・かのう・やす

- 協一 1 きょういち
- 協平 5 きょうへい
- 協也 3 きょうや
- 協斉 8 やすなり
- 協之介 3 4 きょうのすけ

享 8

もてなす、まつる、もてなしを受けるなどの意味。春の祭りという意味ももつ

音・訓 キョウ・うける

名のり あきら・すすむ・たか・つら・とおる・みち・ゆき

- 享典 8 きょうすけ
- 享男 7 たかお
- 享矢 5 たかや
- 晴享 12 はるゆき
- 享太郎 4 9 きょうたろう

京 8

都。大きく高い丘。大きく盛んな、の意味も。純和風の雅やかなイメージの字

音・訓 キョウ・ケイ・みやこ

名のり あつ・おさむ・たかし・ちか・ひろし

- 右京 5 うきょう
- 京佑 7 きょうすけ
- 京平 5 きょうへい
- 京輝 15 けいき
- 京志朗 7 10 きょうしろう

尭 8

高い、豊か。中国の伝説上の名君の名。人並み以上にすぐれてほしいと願って

音・訓 ギョウ

名のり あき・たか・たかし・のり

- 尭良 7 あきら
- 尭朗 10 たかあき
- 貴尭 12 たかあき
- 尭志 7 たかし
- 尭俊 9 たかとし
- 広尭 5 ひろあき

欣 8

喜ぶ、楽しむ。いきいきと明るく、笑顔に満ちた人生を送れるように願って

音・訓 キン・コン・ゴン・よろこぶ

名のり やす・やすし・よし

- 欣哉 9 きんや
- 欣央 5 よしお
- 欣希 7 よしき
- 欣人 2 よしと
- 欣政 9 よしまさ
- 欣史 5 やすし

空 8

天空のイメージから、伸びやかさ、包容力、無限の広がりなどが感じられる字

音・訓 クウ・そら・あく・あける

名のり たか

- 空 そら
- 清空 11 きよたか
- 空我 7 くうが
- 空智 12 くうち
- 空弥 8 くうや
- 空太 4 そらた

径 8

小道、近道、まっすぐ、などの意味。横道にそれず一直線に目的に進むように

音・訓 ケイ・キョウ

名のり ただ・みち・わたる

- 崇径 11 たかみち
- 尚径 8 なおみち
- 弘径 5 ひろみち
- 径定 8 みちさだ
- 径太郎 4 9 けいたろう

弦 8

弓のつる、弦楽器に張った糸、弓なりの月。弾力的な強さが感じられる字

音・訓 ゲン・つる

音・訓 いと・お・ふさ

- 弦基 11 げんき
- 弦汰 7 げんた
- 弦也 3 げんや
- 弦彦 9 つるひこ
- 弦之介 3 4 げんのすけ

虎 8

勇猛さを象徴する存在の虎にあやかって。威風堂々とした男らしいイメージ

音・訓 コ・とら

名のり たけ

- 虎祐 9 こすけ
- 虎徹 15 こてつ
- 健虎 11 たけとら
- 虎也 3 たけや
- 虎太郎 4 9 こたろう

昊 8

基本的には夏の空を指すが、単に大空の意味でも使われる。明るさに満ちた字

音・訓 コウ

名のり あきら・そら・とお・ひろ・ひろし

- 昊輝 15 こうき
- 昊至 6 こうじ
- 昊亮 9 こうすけ
- 昊生 5 こうせい
- 昊汰 7 こうた
- 昊士 3 ひろし

※⚠=パソコンなどで文字が出にくい字

岡 8

なだらかで小高い台地。丘陵。大きな障害もなく、見晴らしのよいイメージ

音・訓 コウ・おか

岡樹 16 こうき
岡至 6 こうじ
岡佑 7 こうすけ
岡弥 8 こうや
岡太郎 4 9 おかたろう

庚 8

方角の西や季節の秋と関連が深い。硬く芯が通っている、という意味もつ

音・訓 コウ・かのえ
名のり か・つぎ・つぐ・みち・みちる・みつ・みつる・やす

庚生 5 こうき
庚彦 9 やすひこ
庚子男 3 7 かしお
庚太郎 4 9 こうたろう

幸 8

幸い、好運、恵み。幸福に満ちた人生を送り、人に幸せを与えられる子に

音・訓 コウ・さち・しあわせ
名のり さい・さき・たか・とみ・とも・ひで・ゆき・よし

幸佑 7 こうすけ
朋幸 8 ともゆき
雄幸 12 おさち
幸和 8 よしかず
幸太郎 4 9 こうたろう

昂 8

日が昇る、高く上がる、仰ぎ見る。高みを目指し、意気の上がるイメージ

音・訓 コウ・ゴウ・たかぶる
名のり あき・あきら・たか・たかし・のぼる

昂人 2 あきひと
昂大 3 あきひろ
昂輝 15 こうき
昂哉 9 こうや
昂之 3 たかゆき
秀昂 7 ひであき

岬 8

海に突き出た陸地。そよぐ潮風、目の前の大海原と、さわやかな印象のある字

音・訓 コウ・キョウ・みさき

岬輔 14 きょうすけ
岬暉 13 こうき
岬大 3 こうだい
岬希 7 みさき
岬士朗 3 10 こうしろう

国 8

国家、祖国、故郷などの意味。「日本」や、スケールの大きさを強く感じる字

音・訓 コク・くに
名のり とき

国央 5 くにお
国隆 11 くにたか
国伸 7 くにのぶ
国宏 7 くにひろ
国恭 10 くにやす
和国 8 わくに

采 8

手にとる、選びとる。いろいろある様子を示すこともある。古風な趣のある字

音・訓 サイ
名のり あや・うね・こと

采揮 12 あやき
采則 9 あやのり
采人 2 さいと
采門 8 さいもん
采治郎 8 9 さいじろう

始 8

はじめ、はじまり、動作や物事に着手すること。新しく始動する活発なイメージ

音・訓 シ・はじめる・はじまる
名のり とも・はじめ・はる・もと

和始 8 かずし
始来 7 はるき
始成 6 はるなり
始弘 5 もとひろ
登始雄 12 12 としお

侍 8

貴人の近くで仕える人。さむらい、武士。きりりと引き締まった印象のある字

音・訓 ジ・シ・さむらい・はべる
名のり ひと

敦侍 12 あつひと
昂侍 8 こうじ
丞侍 6 じょうじ
誠侍 13 せいじ
武侍 8 たけし
宏侍 7 ひろし

治 8

手を加えてうまく調整すること。適切にものごとをおさめる能力を期待して

音・訓 ジ・チ・おさまる・なおる
名のり おさ・おさむ・きち・さだ・し・ず・つぐ・とお・のぶ・はる・よし

治武 8 おさむ
賢治 16 けんじ
秀治 7 しゅうじ
信治 9 のぶはる
治希 7 はるき
治人 2 はると

※添え字（漢字1字の最後の音と同音の1字を加えること⇒P.407）を使った変則的な読みは名のりに加えていません。

兒 8

⚠ 幼児だけでなく、青年など、若々しくて快活な男子全般のイメージをもつ字

児の異体字

音・訓 ジ・ニ・こ

名のり ちご・のり・はじめ・る

- 快兒 7 かいじ
- 健兒 11 けんじ
- 淳兒 11 じゅんじ
- 晶兒 12 しょうじ
- 朋兒 8 ともじ
- 龍兒 16 りゅうじ

実 8

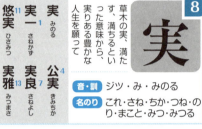

草木の実、満たす、満ちるといった意味から、実りある豊かな人生を願って

音・訓 ジツ・み・みのる

名のり これ・さね・ちか・つね・のり・まこと・みつ・みつる

- 実 みのる
- 公実 4 きみちか
- 実一 1 さねかず
- 実良 7 さねよし
- 悠実 11 ひさみつ
- 実雅 13 みつまさ

若 8

若い、新しい、幼いなどを意味する。フレッシュで活力のある印象の字

音・訓 ジャク・ニャク・わかい

名のり なお・まさ・よし・より・わか・わく

- 知若 ともより
- 若樹 16 なおき
- 若人 2 なおと
- 順若 12 まさより
- 若臣 7 わかおみ
- 若音 9 わかと

宗 8

本家、祖先など、源になるもの。中心となるものや考え。どっしりした印象の字

音・訓 シュウ・ソウ

名のり かず・たか・たかし・とき・とし・のり・ひろ・むね・もと

- 宗汰 7 そうた
- 宗理 11 むねみち
- 宗之 3 むねゆき
- 宗樹 16 もとき
- 宗一朗 1 10 そういちろう

周 8

行き届く、至る、親しむ、周り。広い視野をもち、気配りも上手な人になるように

音・訓 シュウ・シュ・ス・まわり

名のり あまね・いたる・かね・ちか・ちかし・なり・のり・ひろ・ひろし・まこと

- 海周 9 かいしゅう
- 周平 5 しゅうへい
- 周哉 9 しゅうや
- 大周 3 たいしゅう
- 周雄 12 ちかお
- 洋周 9 ひろちか

昌 8

盛ん、栄える、よい、明るい、などの意味。活気に満ちた豊かな人生を願って

音・訓 ショウ

名のり あき・あきら・あつ・さかえ・すけ・まさ・まさし・まさる・よし

- 昌紀 9 あきのり
- 昌裕 12 あつひろ
- 昌平 5 しょうへい
- 昌也 3 しょうや
- 昌克 7 まさかつ
- 昌人 2 まさと

尚 8

強く願う、尊ぶ、高い、さらに、などの意味。より高みを目指すように願って

音・訓 ショウ・なお・たっとぶ

名のり さね・たか・たかし・なり・ひさ・ひさし・まさ・ます・よし

- 尚稀 12 なおき
- 尚人 2 なおと
- 尚典 8 ひさのり
- 正尚 まさよし
- 尚太郎 4 9 しょうたろう

昇 8

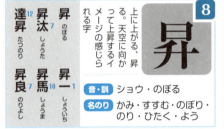

上に上がる、昇る。天空に向かって上昇するイメージの感じられる字

音・訓 ショウ・のぼる

名のり かみ・すすむ・のぼり・のり・ひたく・よう

- 昇 のぼる
- 昇一 1 しょういち
- 昇汰 7 しょうた
- 昇馬 10 しょうま
- 達昇 12 たつのり
- 昇良 7 のりよし

制 8

定める、決める、正すなどの義務を表し、礼節や責任感につながるイメージ

音・訓 セイ

名のり いさむ・おさむ・さだ・すけ・ただ・のり

- 制 おさむ
- 制一 1 せいいち
- 制吾 7 せいご
- 制治 8 せいじ
- 制信 9 さだのぶ
- 忠制 8 ただのり

斉 8

等しくする、そろえる、整える。すっきりとした調和がとれている印象の字

音・訓 セイ・サイ

名のり いつき・きよ・ただ・ただし・なお・なり・ひとし・まさ・むね・よし

- 恒斉 9 こうせい
- 斉史 5 ただし
- 信斉 9 のぶただ
- 広斉 5 ひろなり
- 斉樹 16 まさき
- 泰斉 10 やすなり

※⚠＝パソコンなどで文字が出にくい字

青 8

海や空からの連想で、さわやかに澄んだイメージ。若々しさも感じられる字

音・訓 セイ・ショウ・あお・あおい

名のり お・きよ・はる

- 青杜 7 あおと
- 青吾 7 しょうご
- 青慈 13 せいじ
- 青治 7 せいや
- 大 3 青 たいせい
- 青尚 8 はるなお

宙 8

空、天、空間、無限の時間など。宇宙のように無限に広がる可能性を信じて

音・訓 チュウ

名のり おき・そら・ひろ・ひろし・みち

- 宙 そら
- 宙也 3 ちゅうや
- 宙希 7 ひろき
- 宙輝 15 ひろき
- 宙志 7 ひろし
- 宙夢 13 ひろむ

征 8

行く、討つ、とり立てる。男の子らしい勇ましさや闘志を感じさせる字

音・訓 セイ・ゆく

名のり いく・さち・そ・ただ・ただし・ただす・まさ・もと・ゆき

- 昂 8 征 たかゆき
- 憲 16 征 のりゆき
- 征史 5 まさふみ
- 征章 11 もとあき
- 征志 7 郎 9 せいしろう

忠 8

真心、誠意、正しい、などを表す。誠実に正しいことを貫く人になるように

音・訓 チュウ

名のり あつ・あつし・きよし・すなお・ただ・ただし・ただす・なり・のり

- 尭 8 忠 あきただ
- 忠士 3 あつし
- 忠信 9 ただのぶ
- 忠彦 9 ただひこ
- 忠悦 10 ちゅうえつ
- 秀 7 忠 ひでのり

卓 8

高い、高く抜け出ている、知的ですぐれている。飛び抜けた才能を期待して

音・訓 タク

名のり すぐる・たか・たかし・つな・とお・まこと・まさる・もち

- 卓生 5 たかお
- 卓志 7 たかし
- 卓弘 5 たかひろ
- 卓馬 10 たくま
- 卓巳 3 たくみ
- 卓哉 9 たくや

長 8

事物や時間が長いことを表す。長命やリーダーの意味に通じる縁起のよい字

音・訓 チョウ・ながい

名のり おさ・たけ・たけし・なが・ながし・ひさ・ひさし・まさ・まさる

- 昂 8 長 たかまさ
- 長武 8 おさむ
- 長秀 7 たけひで
- 長生 5 ひさお
- 長猛 11 まさたけ
- 幸 8 長 ゆきなが

拓 8

広げる、開拓する。力強く果敢に、未来を切り開いていく人になるように

音・訓 タク・ひらく

名のり ひろ・ひろし

- 拓人 2 たくと
- 拓磨 16 たくま
- 拓海 9 たくみ
- 拓哉 9 たくや
- 拓志 7 ひろし
- 拓史 5 ひろふみ

直 8

曲がらず、まっすぐなこと。素直・実直など、誠実で筋の通っているイメージ

音・訓 チョク・ジキ・ただちに・なおす・じか・すぐ

名のり すなお・ただ・なお・ちか・まさ

- 直志 7 ただし
- 直佑 7 ただすけ
- 直輝 15 なおき
- 直光 6 なおみつ
- 直也 3 なおや
- 英 8 直 ひでなお

知 8

知る、覚える、理解する、などの意味。頭のよさや豊かな感性を感じさせる字

音・訓 チ・しる

名のり あきら・おき・かず・さと・さとし・さとる・し・ちか・とし・とも・のり・はる

- 開 12 知 かいち
- 利 7 知 としかず
- 知己 3 としき
- 知希 7 ともき
- 知弘 5 ともひろ
- 佳 8 知 よしとも

定 8

安定する、決定する、規則、必ず、などの意味。安定した落ち着きを感じる字

音・訓 テイ・ジョウ・さだめる

名のり さだ・さだむ・さだめ・つら・また・やす・やすし

- 定臣 7 さだおみ
- 定典 8 さだのり
- 定晴 12 さだはる
- 定幸 8 さだゆき
- 定治 8 じょうじ
- 信 9 定 のぶやす

※添え字(漢字1字の最後の音と同音の1字を加えること⇒P.407)を使った変則的な読みは名のりに加えていません。

迪 8 ⚠

道、導く、進む、至る、などの意味。前途洋々とした道を進んで行けるように

音・訓 テキ・みち

名のり すすむ・ただ・ただし・ただす・ひら・ふみ

- 迪延 8 ただのぶ
- 寿迪 7 ひさみち
- 弘迪 5 ひろふみ
- 正迪 5 まさふみ
- 迪成 6 みちなり
- 迪康 11 みちやす

典 8

書物、教え、道、正しい、などの意味。手本となる、すぐれた人柄につながる字

音・訓 テン

名のり おき・すけ・つかさ・つね・のり・ふみ・みち・よし

- 重典 9 しげのり
- 宗典 8 そうすけ
- 典弘 5 のりひろ
- 英典 8 ひでのり
- 雅典 13 まさふみ
- 宣典 9 よしのり

到 8

至る、届く。困難があっても目的地に行き着ける強さを備えてほしいと願って

音・訓 トウ・いたる

名のり ゆき・よし

- 到琉 11 いたる
- 貞到 9 さだゆき
- 到悟 10 とうご
- 到汰 7 とうた
- 到磨 16 とうま
- 到矢 5 とうや

東 8

日の出る方角。季節では春、色では青と関連が深い。主人という意味もある

音・訓 トウ・ひがし・あずま

名のり あきら・と・はじめ・はる・ひで・もと

- 東一 1 とういち
- 東吾 7 とうご
- 東洋 9 とうよう
- 東隆 11 はるたか
- 東龍 16 はるたつ
- 東彦 9 もとひこ

杷 8

耕地をならしたり、穀物をかき集めたりする農具、「さらい」。地に足のついた印象に

音・訓 ハ・え

- 一杷 1 かずは
- 幸杷 8 こうは
- 杷耶多 9 6 はやた
- 杷瑠也 14 3 はるや

波 8

明るく輝く、さざなみの美しいイメージや、雄大にうねる大洋のイメージ

音・訓 ハ・なみ

名のり な・ば

- 波音 9 なみと
- 波尚 8 なみひさ
- 波澄 15 はずみ
- 波琉 11 はる
- 波留士 10 3 はると

枇 8

果樹の枇杷（ビワ）。実は食用、葉や種子は薬用、木は杖の材料など、用途が広い

音・訓 ビ・ヒ

- 晶枇 12 しょうひ
- 枇憧 15 びどう
- 悠枇 11 ゆうひ
- 良枇 7 りょうび
- 枇呂人 7 2 ひろと

弥 8

時間的・空間的に行き渡る。いよいよ。広がりや伸びやかさを強く感じる字

音・訓 ビ・ミ・や・いや

名のり ひさ・ひさし・ひろ・ます・みつ・やす・よし・わたる

- 恭弥 10 きょうや
- 弥喜 12 ひさき
- 弥志 7 ひさし
- 弥都 11 ひろと
- 弥正 5 やすまさ
- 郁弥 9 ふみや

武 8

強い、勇ましい、猛々しい、などの意味。男の子らしい力強さを感じる字

音・訓 ブ・ム

名のり いさ・いさむ・たけ・たけし・たける・たつ・ふか

- 功武 5 いさむ
- 武憲 16 たけのり
- 武史 5 たけひと
- 武大 3 たけひろ
- 武弘 5 たけひろ
- 武琉 11 たける

歩 8

歩く、歩み。地に足をつけて、一歩ずつ着実に前進するイメージのある字

音・訓 ホ・ブ・フ・あるく・あゆむ

名のり あゆ・あゆみ・すすむ

- 歩登 12 あゆと
- 歩武 8 あゆむ
- 一歩 1 かずほ
- 崇歩 11 たかほ
- 拓歩 8 たくほ
- 徹歩 15 てつほ

※⚠＝パソコンなどで文字が出にくい字

宝 8

大切なもの、美しくりっぱなもの、宝玉。高貴な印象や、福に恵まれる印象に

音・訓 ホウ・たから

名のり たか・たかし・たけ・とみ・とも・ほ・みち・よし

- 宝希 7 たかき
- 宝志 7 たかし
- 宝也 3 たかや
- 宝正 5 とみただ
- 宝靖 13 とみやす
- 宝星 9 ほうせい

茉 8

「茉莉」は夏に花を咲かせるジャスミンの一種。芳しい華やかさを連想させる字

音・訓 マツ・バツ・ま

- 一茉 1 かずま
- 典茉 8 てんま
- 茉沙樹 7 16 まさき
- 茉佐斗 7 4 まさと

朋 8

友人や仲間のほか、宝という意味もある。友人関係に恵まれた人生を願って

音・訓 ホウ・とも

- 朋晃 10 ともあき
- 朋稀 12 ともき
- 朋裕 12 ともひろ
- 朋弥 8 ともや
- 朋生 5 ほうせい
- 良朋 7 よしとも

明 8

明るい、透き通っている、清らか、賢い、など、よいイメージに満ちた字

音・訓 メイ・ミョウ・ミン・あかるい

名のり あか・あき・あきら・あけ・あける・てる・はる・みつ・よし

- 明人 2 あきと
- 達明 12 たつあき
- 寿明 7 としあき
- 明希 7 はるき
- 秀明 7 ひであき
- 明一 1 めいいち

法 8

守るべきルール。手本。決まったやり方。規律正しさや正義感をイメージさせる

音・訓 ホウ・ハッ・ホッ・のり

名のり かず・つね・はかる

- 顕法 18 あきのり
- 法央 5 のりお
- 法孝 7 のりたか
- 博法 12 ひろのり
- 法瑛 12 ほうえい
- 佳法 8 よしのり

命 8

生命・運命など、天から授かったもの。神や貴人の敬称としても使われている

音・訓 メイ・ミョウ・いのち・みこと

名のり あきら・かた・とし・な・なが・のぶ・のり・まこと・みち・もり・よし・より

- 命人 2 のりと
- 命拓 8 のりひろ
- 尚命 8 ひさみち
- 広命 5 ひろのぶ
- 命貞 9 みちさだ
- 幸命 8 ゆきのぶ

奉 8

うける、たてまつる、ささげる、などの意味。神仏につながる格式のある字

音・訓 ホウ・ブ・たてまつる

名のり うけ・とも・な・やす・よし

- 建奉 9 たけとも
- 奉暉 13 ともき
- 奉弥 8 ともや
- 奉甫 7 ほうすけ
- 奉臣 7 やすおみ
- 奉宏 7 やすひろ

茂 8

生い茂る草木は豊かさの象徴。栄える、すぐれている、盛ん、などの意味をもつ

音・訓 モ・しげる

名のり あり・し・しげ・たか・とお・とも・とよ・もち・もと・ゆたか

- 茂 しげる
- 茂隆 11 しげたか
- 貴茂 12 たかし
- 茂昭 9 もちあき
- 多茂都 6 11 たもつ

牧 8

青く茂る牧場の伸びやかなイメージ。養う、修養するという意味ももつ字

音・訓 ボク・まき

- 牧央 5 まきお
- 牧人 2 まきと
- 牧陽 12 まきはる
- 牧宏 7 まきひろ
- 牧太郎 4 9 まきたろう

孟 8

長男、最年長者、かしら、物事のはじめ。大きい。努力する、という意味もある

音・訓 モウ

名のり おさ・たけ・たけし・つとむ・はじむ・はじめ・はる・もと

- 孟士 3 たけし
- 健孟 11 たけはる
- 孟秀 7 たけひで
- 孟琉 11 たける
- 孟務 11 つとむ
- 孟也 3 もとや

※添え字（漢字1字の最後の音と同音の1字を加えること⇒P.407）を使った変則的な読みは名のりに加えていません。

門 8

自分を磨く塾、道場のような場所や、物事が通るべき大切な場所の意味もある字

音・訓 モン・かど

名のり かな・と・ひろ・ゆき

- 門明 8 かどあき
- 門喜 12 かどき
- 我 7 門 がもん
- 盛 11 門 しげかど
- 信 9 門 のぶゆき
- 征 8 門 まさと

夜 8

月や星をイメージさせるロマンティックな字。夜光は月、蛍などを示す言葉

音・訓 ヤ・よ・よる

名のり やす

- 洸 9 夜 こうや
- 秀 7 夜 しゅうや
- 聖 13 夜 せいや
- 冬 5 夜 とうや
- 夜詩 13 夫 4 よしお

侑 8

かばい助ける。すすめる。特に、人に酒食をすすめる、の意味でよく使われる字

音・訓 ユウ・ウ

名のり あつむ・すけ・すすむ・たすく・ゆ・ゆき

- 侑 あつむ
- 侑樹 16 ゆうき
- 侑司 5 ゆうじ
- 侑哉 9 ゆうや
- 侑秀 7 ゆきひで
- 良 7 侑 よしゆき

來 8 ⚠

来る、招き寄せる。また、これから先のこと。明るい未来をイメージさせる字

音・訓 ライ・くる・きたる

名のり き・く・こ・な・ゆき

来の異体字

- 來 きたる
- 輝 15 來 てるき
- 寿 7 來 ひさき
- 未 5 來 みらい
- 未 5 來弥 8 みきや

林 8

人や物事が多く集まっているところ。転じて、盛んな様子の意味ももつ字

音・訓 リン・はやし

名のり き・きみ・しげ・しげる・とき・ふさ・もと・もり・よし

- 林 しげる
- 恒 9 林 こうりん
- 春 9 林 はるしげ
- 林哉 9 りんや
- 林太 4 郎 9 りんたろう

怜 8

さとい、賢い、あわれむ、恵む。澄んで清らか、というニュアンスもある字

音・訓 レイ・リョウ・さとい

名のり さと・さとし・とき

- 怜史 5 さとし
- 怜真 10 りょうま
- 怜吾 7 れいご
- 怜司 5 れいじ
- 怜志 7 れいじ
- 怜弥 8 れいや

和 8

和らぐ、のどか、ゆったりしている。ほどよくまとまった、穏やかなイメージ

音・訓 ワ・オ・カ・やわらぐ・なごむ

名のり あい・かず・たか・のどか・ひとし・まさ・ます・やす・よし・より

- 和樹 16 かずき
- 和馬 10 かずま
- 智 12 和 ともよし
- 和孝 7 まさたか
- 和久 3 やすひさ
- 喜 12 和 よしかず

娃 9

すっきりと際立って美しい様子。男の子の名前としては強い印象を与える字

音・訓 アイ・エ・ワ

- 娃樹 16 あいき
- 娃児 7 あいじ
- 娃吾 7 郎 9 あいごろう
- 娃乃 2 甫 7 あいのすけ

按 9

押さえる、調べる、などの意味。物事の調整能力が高いことを感じさせる字

音・訓 アン

名のり ただ・ただし

- 按貴 12 あんき
- 按吾 7 あんご
- 按児 7 あんじ
- 按常 11 あんじょう
- 志 7 按 しあん
- 泰 10 按 たいあん

威 9

人を従わせる強さ、力、おごそかさ、勢いなど。堂々とした風格を感じさせる字

音・訓 イ・おどす

名のり あきら・たか・たけ・たけし・たける・つよ・つよし・とし・なり・のり

- 加 5 威 かい
- 一 1 威 かずとし
- 威生 5 たかお
- 威弥 8 たかや
- 威留 10 たける
- 威司 5 つよし

※⚠=パソコンなどで文字が出にくい字

為 9

行う、成就する、～のために、など幅広い意味をもつ、古風な印象のある字

音・訓 イ・ため・なす・なる

名のり さだ・しげ・なり・ゆき・よし・より

- 俊(9)為 としなり
- 為彰(14) ためあき
- 為延(8) ためのぶ
- 為憲(16) ためのり
- 為佐(7)武(8) いさむ

郁 9

かぐわしい、文化が高い、盛ん、美しい、など。華やかなイメージのある字

音・訓 イク

名のり あや・か・かおる・くに・たかし・ふみ・ゆう

- 郁斗(4) あやと
- 郁朗(10) いくお
- 郁夫(4) くにお
- 郁成(6) ふみなり
- 郁弥(8) ふみや
- 郁人(2) ゆうと

胤 9

血筋、子孫が先祖の後を継ぐこと、後継ぎ。子孫の代まで続く繁栄を願って

音・訓 イン・たね

名のり かず・つぎ・つぐ・つづき・み

- 胤生(5) かずき
- 胤弘(5) かずひろ
- 胤継(13) たねつぐ
- 胤成(6) つぐなり
- 秀(7)胤 ひでつぐ
- 将(10)胤 まさつぐ

映 9

光や色が反射すること、照り輝くこと。きらめく才能で輝くことを期待して

音・訓 エイ・うつす・うつる・はえる

名のり あき・あきら・てる・ひで，みつ

- 映策(12) えいさく
- 映児(7) えいじ
- 映輔(14) えいすけ
- 一(1)映 かずあき
- 遥(12)映 はるあき
- 佳(8)映 よしあき

栄 9

栄える。華やかに隆盛し、名声や栄誉を手に入れるという意味をもつ字

音・訓 エイ・さかえる・はえ・はえる

名のり え・さかえ・しげ・しげる・てる・なが・はる・ひさ・ひで・よし

- 栄治(8) えいじ
- 栄成(6) しげなり
- 栄実(8) てるざね
- 友(4)栄 ともひで
- 栄和(8) ひでかず
- 栄彦(9) はるひこ

音 9

言葉や知らせ、訪れなどの意味も。音楽を連想させる、柔らかい雰囲気の字

音・訓 オン・イン・おと・ね

名のり と・なり・なる

- 音弥(8) おとや
- 和(8)音 かずと
- 久(3)音 くおん
- 音彦(9) なるひこ
- 明(8)音 はると
- 悠(11)音 ひさと

迦 9

梵語の「カ」に当てた字。お釈迦様にあやかり、高い徳をもつことを願って

音・訓 カ・ケ

- 迦依(8) かい
- 迦瑛(12) かえい
- 迦悦(10) かえつ
- 迦仁(4) かじん
- 迦文(4) かもん
- 迦僚(14) かりょう

珂 9

宝石の一種、白メノウ。白色のクツワ貝。個性がキラリと光るように願って

音・訓 カ

名のり たま・てる

- 珂衣(6) かい
- 珂英(8) かえい
- 珂一(1)郎(9) かいちろう
- 多(6)珂彦(9) たかひこ

珈 9

コーヒーの当て字「珈琲」でなじみ深いが、本来は女性の髪飾りを指した字

音・訓 カ・ガ・ケ

- 珈衣(6) かい
- 珈槻(15) かづき
- 多(6)偉(12)珈 たいが
- 由(5)多(6)珈 ゆたか

海 9

雄大さ、深遠さ、力強さ、美しさ、豊かさなど、幅広いイメージを込められる字

音・訓 カイ・うみ

名のり あま・うな・か・み

- 勇海(9) いさみ
- 海雄(12) うみお
- 海至(6) かいじ
- 海平(5) かいへい
- 輝(15)海夫(4) きみお

※添え字（漢字1字の最後の音と同音の1字を加えること⇒P.407）を使った変則的な読みは名のりに加えていません。

恢 ⚠ 9

広い、大きい、盛ん、などの意味。度量の大きい人になることを期待して

音・訓 カイ・ケ・ひろい
名のり ひろ

- 恢志 7 かいし
- 恢人 2 かいと
- 隆 11 恢 たかひろ
- 尚 8 恢 なおひろ
- 恢斗 4 ひろと
- 恢弥 8 ひろや

活 9

いきいきと生気が盛ん、動きの勢いがよい、などの意味。元気に満ちた字

音・訓 カツ・いきる・いかす
名のり いく・いた

- 活朗 10 いくお
- 活範 15 かつのり
- 活拓 8 かつひろ
- 活馬 10 かつま
- 滋 12 活 しげかつ
- 能 10 活 よしかつ

柑 9

ミカンの仲間「コウジ」を示すが、柑橘系全般の甘酸っぱさを連想させる字

音・訓 カン

- 柑至 6 かんじ
- 柑汰 7 かんた
- 柑斗 4 かんと
- 柑平 5 かんぺい
- 柑之 3 輔 14 かんのすけ

紀 9

秩序を正す、糸口、綱紀など、物事が筋道立てられている様子を示す字

音・訓 キ
名のり おさ・かず・ただ・とし・のり・はじめ・みち・もと・よし

- 公 4 紀 こうき
- 貴 12 紀 たかのり
- 直 8 紀 なおただ
- 紀尚 8 かずひさ
- 紀幸 8 のりゆき
- 晴 12 紀 はるき

糾 9

より合わせる、正しくさせるの意味。不正を許さない強い意志を感じる字

音・訓 キュウ
名のり ただ・ただし・ただす

- 糾吾 7 きゅうご
- 糾明 8 ただあき
- 糾雄 12 ただお
- 糾史 5 ただし
- 糾高 10 ただたか
- 正 5 糾 まさただ

侠 ⚠ 9

強者をくじき弱者を助ける義の心。反骨精神と男気にあふれた人になるように

音・訓 キョウ
名のり いさむ・さとる・たもつ・ちか

- 侠悦 10 きょうえつ
- 侠平 5 きょうへい
- 侠太 4 朗 10 きょうたろう
- 侠乃 2 介 4 きょうのすけ

建 9

建てる、つくる。新しいことに挑戦し、完遂するバイタリティーのある人に

音・訓 ケン・コン・たつ・たてる
名のり たけ・たけし・たける・たつる・たて・のぶ・はじめ

- 建都 11 けんと
- 建宏 7 たけひろ
- 建之 3 たつゆき
- 建昭 9 たてあき
- 建志 7 郎 9 けんしろう

研 9

研ぐ、磨く。きわめる。本質を見極める。刃物を研ぐ、からシャープな印象に

音・訓 ケン・ゲン・とぐ
名のり あき・かず・きし・きよ・きわむ・とぎ・よし

- 研光 6 きよみつ
- 研一 1 けんいち
- 研吾 7 けんご
- 研真 10 けんま
- 研治 7 けんや
- 研郎 9 よしろう

彦 9

才徳のすぐれた男子。古くから男子の美称で、太陽の子「日子」に通じる字

音・訓 ゲン・ひこ
名のり お・さと・のり・ひろ・やす・よし

- 邦 7 彦 くにひこ
- 竜 10 彦 たつひこ
- 俊 9 彦 としひこ
- 伊 6 彦 よしひこ
- 彦一 1 郎 9 げんいちろう

胡 9

古代中国で、北方や西方の異民族を指した。エキゾチックな雰囲気のある字

音・訓 コ・ゴ・ウ
名のり ひさ

- 胡介 4 こすけ
- 涼 11 胡 りょうご
- 胡宇 6 太 4 こうた
- 胡太 4 朗 10 こたろう

※⚠＝パソコンなどで文字が出にくい字

侯 9

弓の的。領主や爵位を指すときによく使われるため、高貴なイメージのある字

音・訓 コウ
名のり きぬ・きみ・とき・よし

- 侯成 6 きみなり
- 侯典 8 きみのり
- 侯也 3 きみや
- 侯喜 12 こうき
- 侯佑 7 こうすけ
- 忠侯 8 ただよし

洸 9

水が湧き立ち広がり、光ること。みずみずしい感性ときらめく才能を期待して

音・訓 コウ
名のり たけ・たけし・ひろ・ひろし・ふかし

- 洸樹 16 こうき
- 洸佑 7 こうすけ
- 洸太 4 こうた
- 洸弥 8 こうや
- 洸陽 12 たけはる
- 洸志 7 ひろし

恰 9

ぴったり、ちょうど、などの意味。気配り上手で、信頼される人になるように

音・訓 コウ・キョウ・あたかも
名のり あたか

- 恰雅 13 こうが
- 恰輔 14 こうすけ
- 恰太 4 こうた
- 恰也 3 こうや
- 恰二朗 2 10 こうじろう

厚 9

ていねいや親切、豊かにする、などの意味も。豊かで厚みのある人間性を願って

音・訓 コウ・あつい
名のり あつ・あつし・ひろ・ひろし

- 厚志 7 あつし
- 厚尚 8 あつひさ
- 厚喜 12 こうき
- 厚太 4 こうた
- 忠厚 8 ただあつ
- 厚文 4 ひろふみ

皇 9

君主、天子、神。大きい、偉大という意味も。崇高で気高いイメージに満ちた字

音・訓 コウ・オウ
名のり すべ・すめら

- 皇太 4 おうた
- 皇雅 13 こうが
- 皇希 7 こうき
- 皇介 4 こうすけ
- 皇正 5 こうせい
- 皇弥 8 こうや

巷 9 (!)

町や村里の公共の路地、世間。身近な人づき合いの温かみが感じられる字

音・訓 コウ・ゴウ・ちまた
名のり さと

- 巷喜 12 こうき
- 巷佑 7 こうすけ
- 巷一郎 1 9 こういちろう
- 巷之介 3 4 こうのすけ

恒 9

一定、不変、永久などの意味。長い時を経ても変わらない安定感を感じる字

音・訓 コウ・ゴウ・つね
名のり たけ・ちか・のぶ・ひさ・ひさし・ひとし・わたる

- 恒輝 15 こうき
- 高恒 10 たかひさ
- 邦恒 7 くにたけ
- 恒靖 13 つねやす
- 恒一郎 1 9 こういちろう

虹 9

天高く、明るく華やかな印象。昔は竜にも見立てられ、高い運気にも通じる

音・訓 コウ・グ・にじ

- 虹輝 15 こうき
- 虹輔 14 こうすけ
- 虹汰 7 こうた
- 雄虹 12 ゆうこう
- 虹志郎 7 9 こうしろう

哉 9

初めて、始まり。感嘆を表す場合も。「ヤ」の音に当てる、定番の止め字の一つ

音・訓 サイ・かな・や
名のり えい・か・き・すけ・ちか・とし・なり・はじめ

- 一哉 1 かずちか
- 哉太 4 かなた
- 賢哉 16 けんや
- 淳哉 11 じゅんや
- 雅哉 13 まさや
- 友哉 4 ゆうき

珊 9

珊瑚(サンゴ)。長さの「センチ」に当てた字としても使う。華やかな印象の字

音・訓 サン
名のり さぶ・たま

- 珊夏 10 さんが
- 珊治 8 さんじ
- 珊平 5 さんぺい
- 瑞珊 13 ずいさん
- 珊士郎 3 9 さんしろう

※添え字(漢字1字の最後の音と同音の1字を加えること⇒P.407)を使った変則的な読みは名のりに加えていません。

柊 9

モクセイ科の常緑高木。魔除けに使う風習にあやかり、たくましさを願って

音・訓 シュウ・ひいらぎ

- 柊一 1 しゅういち
- 柊伍 6 しゅうご
- 柊杜 7 しゅうと
- 柊馬 10 しゅうま
- 柊弥 8 しゅうや
- 冬柊 5 とうしゅう

秋 9

季節の秋だけではなく、年月そのものや大事な瞬間を指す意味でも使われる字

音・訓 シュウ・あき

名のり あきら・おさむ・とき・とし・みのる

- 秋広 5 あきひろ
- 秋恭 10 あきやす
- 秋次 6 ときつぐ
- 秋丞 6 しゅうすけ
- 秋弥 8 しゅうや
- 智秋 12 ともあき

洲 9

川の中州、しま。「五大洲」のように広く大陸の区分も指し、雄大なイメージ

音・訓 シュウ・ス・しま

名のり くに

- 洲央 5 くにお
- 賢洲 16 けんしゅう
- 洲太 4 しゅうた
- 洲達 12 しゅうたつ
- 洲真 10 しゅうま
- 泰洲 10 たいしゅう

重 9

重い、深い、大切にする、重ねる、などの意味。おごそかで安定感のある字

音・訓 ジュウ・チョウ・え・おもい・かさねる

名のり あつ・あつし・おもし・かず・しげ・しげし・しげる・のぶ・ふさ

- 重至 6 あつし
- 重信 9 しげのぶ
- 喜重郎 12 9 きじゅうろう
- 八重樹 2 16 やえき

柔 9

「柔よく剛を制す」の言葉のように、途中で折れないしなやかな強さを願って

音・訓 ジュウ・ニュウ・やわらか

名のり とう・なり・やす・やわ・よし

- 和柔 8 かずなり
- 柔剛 10 じゅうごう
- 柔史 5 じゅうし
- 柔治 7 じゅうや
- 武柔 8 たけなり
- 央柔 5 ひろよし

祝 9

言葉で祝う「言祝(ことほ)ぐ」は「寿(ことぶき)」に通じる。縁起のよい字

音・訓 シュク・シュウ・いわう

名のり い・いわい・とき・のり・はじめ・ほう・よし

- 明祝 8 あきのり
- 一祝 1 かずのり
- 祝治 8 しゅうじ
- 祝生 5 ときお
- 祝人 2 のりひと
- 秀祝 7 ひでとき

俊 9

すぐれる、才知にすぐれている人、などの意味。大いなる英知に恵まれるように

音・訓 シュン

名のり すぐる・たか・たかし・とし・まさり・まさる・よし

- 俊士 3 たかし
- 俊宏 7 としひろ
- 俊也 3 としや
- 俊輔 14 しゅんすけ
- 俊馬 10 しゅんま
- 将俊 10 まさとし

春 9

四季の始まりの季節。生命の喜びに満ちている様子を表し、スタートの意味も

音・訓 シュン・はる

名のり あずま・あつ・かす・かず・す・とき・は・はじめ

- 晃春 10 こうしゅん
- 春太 4 しゅんた
- 春稀 12 はるき
- 春輝 15 はるき
- 春馬 10 はるま
- 充春 6 みちはる

洵 9

水が渦巻く様子を表した字。まことに、本当に、等しい、などの意味をもつ

音・訓 ジュン・シュン・まことに

名のり のぶ・ひとし・まこと

- 洵吾 7 じゅんご
- 洵次 6 じゅんじ
- 洵矢 5 じゅんや
- 洵幸 8 のぶゆき
- 秀洵 7 ひでのぶ
- 洵史 5 ひとし

叙 9

順序立てて述べる、序列、などの意味。気品があり、理路整然としたイメージ

音・訓 ジョ

名のり のぶ・みつ

- 叙晶 12 のぶあき
- 叙希 7 のぶき
- 叙斗 4 のぶと
- 叙人 2 のぶひと
- 叙博 12 のぶひろ
- 晴叙 12 はるのぶ

※⚠=パソコンなどで文字が出にくい字

昭 9

日で照らしたように明るい様子。明らか。光の中を歩むような人生を願って

音・訓 ショウ
名のり あき・あきら・いか・てる・のり・はる

- 昭裕 12 あきひろ
- 嘉昭 14 よしあき
- 昭司 5 しょうじ
- 昭輝 15 てるき
- 昭太朗 4 10 しょうたろう

咲 9

花が開くことのほかに、笑うという意味も。才能を開花させる人生を願って

音・訓 ショウ・さく
名のり えみ・さ・さき

- 幸咲 8 こうさく
- 咲夫 4 さきお
- 咲也 3 さくや
- 咲俊 9 さとし
- 真咲樹 10 16 まさき

浄 9

清らかでけがれがないこと。純粋で澄んだ心をもった人になることを期待して

音・訓 ジョウ・きよい
名のり きよ・きよし・しず

- 浄 じょう
- 浄史 5 きよし
- 浄孝 7 きよたか
- 浄瑛 12 きよてる
- 浄陽 12 きよはる
- 浄児 7 じょうじ

城 9

敵を防ぐための建造物、とりで。勇壮さと不動の安定感のある、男らしい字

音・訓 ジョウ・セイ・しろ
名のり き・くに・さね・しげ・なり・むら

- 邦城 7 くにしろ
- 城弘 5 くにひろ
- 城伍 6 じょうご
- 智城 12 ともき
- 城一郎 1 9 じょういちろう

信 9

真実、誠実を表す。正義感が強く、信頼を裏切らない人間性を印象づける字

音・訓 シン
名のり あき・あきら・さだ・しげ・しな・しの・とき・のぶ・まこと・みち

- 信平 5 しんぺい
- 信夫 4 しのぶ
- 信人 2 のぶひと
- 尚信 8 ひさのぶ
- 信一朗 1 10 しんいちろう

津 9

港、船着き場。潤いの意味も。誰からも好かれ、人が集まってくるように願って

音・訓 シン・つ
名のり す・ず・づ・わた

- 津介 4 しんすけ
- 津太 7 しんた
- 津平 5 しんぺい
- 津弥 8 しんや
- 佳津樹 8 16 かづき

甚 9

はなはだしく、度を越して、非常に、などの意味。古風なイメージのある字

音・訓 ジン・はなはだしい
名のり おお・おもし・しげ・たう・たか・たね・とう・ふか・やす

- 甚佑 7 じんすけ
- 甚徹 15 じんてつ
- 甚斗 4 じんと
- 甚平 5 じんぺい
- 甚之輔 3 14 じんのすけ

是 9

これ、この。正しい、よいの意味も。ひとかどの人物になることを願って

音・訓 ゼ・これ
名のり じ・すなお・ただし・つな・ゆき・よし

- 是成 6 これなり
- 是光 6 これみつ
- 尊是 12 たかゆき
- 剛是 10 たけよし
- 是司 5 ただし
- 是秀 7 ゆきひで

政 9

物事や社会を整え、治める方法。大きな視点をもつリーダーになることを願って

音・訓 セイ・ショウ
名のり かず・ただ・ただし・ただす・つかさ・なり・のぶ・のり・まさ・まさし

- 政弥 8 せいや
- 政章 11 まさあき
- 政希 7 まさき
- 政志 7 まさし
- 政行 6 まさゆき
- 佳政 8 よしまさ

省 9

反省する、注意してよく調べる。また、人の安否を問う、という意味もつ字

音・訓 セイ・ショウ・かえりみる・はぶく
名のり あきら・かみ・み・みる・よし

- 省良 7 あきら
- 一省 1 かずみ
- 健省 11 けんしょう
- 省吾 7 しょうご
- 省治 8 しょうじ
- 省和 8 よしかず

※添え字（漢字1字の最後の音と同音の1字を加えること⇒P.407）を使った変則的な読みは名のりに加えていません。

星 9

夜空、宇宙、星占いなど神秘的な印象のほか、重要な地位の人物を指すことも

音・訓 セイ・ショウ・ほし

名のり つら・とし

- 一星 1 いっせい
- 航星 10 こうせい
- 星太 4 しょうた
- 星夜 8 せいや
- 星龍 16 せいりゅう
- 星郎 9 ほしお

宣 9

述べる、広める。元は天子が意向を示すことを指した、威厳の感じられる字

音・訓 セン

名のり あきら・しめす・たか・のぶ・のぶる・のり・ひさ・ふさ・よし

- 重宣 9 しげのぶ
- 宣仁 4 のぶひと
- 裕宣 12 ひろたか
- 将宣 10 まさのぶ
- 祥宣 10 よしのり
- 宣尚 8 よしひさ

泉 9

地中からこんこんと湧く泉のように、清らかで、尽きない才能に恵まれるように

音・訓 セン・ゼン・いずみ

名のり い・いず・きよし・ずみ・み・みず・もと

- 泉弥 8 いずや
- 泉吹 7 いぶき
- 一泉 1 かずみ
- 清泉 11 きよもと
- 泉一 1 せんいち
- 泉児 7 せんじ

茜 9

夕日に赤く染まる空の色。輝かしい明日を予感させる、叙情的なイメージの字

音・訓 セン・あかね

- 茜一 1 せんいち
- 茜伍 6 せんご
- 茜汰 7 せんた
- 茜人 2 せんと
- 茜之輔 3 14 せんのすけ

祖 9

先祖。物事の初め、初めを開いた人。物事の先駆者になることを期待して

音・訓 ソ

名のり おや・さき・のり・はじめ・ひろ・もと

- 祖 はじめ
- 敦祖 12 あつもと
- 祖秀 7 そしゅう
- 孝祖 7 たかもと
- 祖明 8 もとあき
- 祖哉 9 もとや

奏 9

差し上げる、申し上げる。まとまる、演奏する。成し遂げるという意味ももつ

音・訓 ソウ・かなでる

名のり かな

- 奏弥 8 かなや
- 奏志 7 そうし
- 奏甫 7 そうすけ
- 奏太 4 そうた
- 奏真 10 そうま
- 奏矢 5 そうや

草 9

物事の最初、下書きという意味ももつ。元気でたくましく育つことを願って

音・訓 ソウ・くさ

名のり かや・くさか・さ・しげ

- 草輝 15 しげき
- 草一 1 そういち
- 草生 5 そうき
- 草史 5 そうし
- 草甫 7 そうすけ
- 草太 4 そうた

荘 9

のどかな感じの、村里などの意味と、重厚な、おごそかなどの意味がある

音・訓 ソウ・ショウ

名のり これ・さこう・しげ・たか・たかし・ただし・まさ

- 荘典 8 しげのり
- 荘吾 7 しょうご
- 荘司 5 そうじ
- 荘夫 4 たかお
- 荘一郎 1 9 そういちろう

相 9

よく見る、助ける、補佐する、などの意味。人の役に立つ頼もしさを期待して

音・訓 ソウ・ショウ・あい

名のり あう・さ・すけ・そう・たすく・とも・はる・まさ・み・みる

- 相平 5 しょうへい
- 貞相 9 さだみ
- 相司 5 そうじ
- 相基 11 ともき
- 相太朗 4 10 そうたろう

則 9

法則、決まり事。すなわち。物事の基準や人の手本となるような人物を期待して

音・訓 ソク・すなわち

名のり つね・とき・のり・みつ

- 隆則 11 たかのり
- 則人 2 のりひと
- 則之 3 のりゆき
- 温則 12 はるのり
- 匡則 6 まさのり
- 義則 13 よしのり

※⚠＝パソコンなどで文字が出にくい字

勅 9

戒める、正す、整えるなどの意味。引き締まった緊張感が感じられる字

音・訓 チョク・みことのり
名のり きみ・ただ・て・とき

- 晃勅10 あきとき
- 勅朗10 ときお
- 勅成6 ときなり
- 勅宗8 ときむね
- 勅介4 ただすけ
- 勅理11 ただとし

貞 9

正しいこと、節を曲げないこと。粘り強い芯の強さを感じさせるイメージ

音・訓 テイ・ジョウ
名のり さだ・さだし・ただ・ただし・ただす・つら・みさお

- 貞雄12 さだお
- 貞延8 さだのぶ
- 貞晴12 さだはる
- 貞文4 さだふみ
- 貞志7 ただし
- 英8貞 ひでただ

祢 9

！

霊廟。本字は「禰」で、自分に最も近い先祖を表す

音・訓 デイ・ナイ・ネ
名のり や

- 祢央5 ねお
- 祢茂8 ねも
- 津9祢彦9 つねひこ
- 美9祢男7 みねお

南 9

南方、南国のイメージのように、温かさや明るさ、大らかさのある人に、と願って

音・訓 ナン・ナ・みなみ
名のり あけ・なみ・み・みな・よし

- 阿8南 あなん
- 南雄12 なみお
- 南樹16 みなき
- 南斗4 みなと
- 南央5人2 なおと

珀 9

宝石の琥珀（こはく）。「珀」は琥珀の黄白色の美しさを指してつくられた字

音・訓 ハク・ヒャク
名のり すい

- 秀7珀 しゅうはく
- 珀瑛12 はくえい
- 珀河8 はくが
- 珀斗4 はくと
- 珀磨16 はくま
- 珀治7 はくや

飛 9

速い、高いなどの意味も。自由を愛し、飛び立つ人になることを願って

音・訓 ヒ・とぶ・とばす
名のり たか

- 飛久3 たかひさ
- 飛人2 たかひと
- 飛鷹24 ひだか
- 雄12飛 ゆうひ
- 飛呂7彦9 ひろひこ

毘 9

助けるという意味。上杉謙信が毘沙門天にあやかり旗印としたことで有名な字

音・訓 ビ・ヒ
名のり すけ・たる・てる・とも・のぶ・ひで・まさ・やす・よし

- 朝12毘 ともやす
- 晃10毘 あきのぶ
- 毘尚8 ひでなお
- 悠11毘 ひさてる
- 毘7佐7志7 ひさし

美 9

よい、りっぱな、という意味もある。外見、内面とも美しくあることを願って

音・訓 ビ・ミ・うつくしい
名のり うま・うまし・きよし・し・とみ・はし・はる・ふみ・よ・よし・よしみ

- 公4美 きみはる
- 美輝15 よしき
- 香9津9美 かずみ
- 飛9美樹16 ひびき

風 9

さわやかさから自由奔放な開放感、スピード感、時には力強さも感じさせる字

音・訓 フウ・フ・かぜ・かざ

- 風斗4 かざと
- 風我7 ふうが
- 風吾7 ふうご
- 風太4 ふうた
- 風真10 ふうま
- 雪11風 ゆきかぜ

保 9

保つ、安らかにする、など。乳児を守る様子からできた、安らぎを感じる字

音・訓 ホ・ホウ・たもつ
名のり お・まもる・もり・やす・やすし・より

- 容10保 かたもり
- 智12保 ともやす
- 秀7保 ひでお
- 保佑7 ほうゆう
- 保雄12 やすお
- 保英8 やすひで

※添え字（漢字1字の最後の音と同音の1字を加えること⇒P.407）を使った変則的な読みは名のりに加えていません。

昂 9

牡牛座の六連星。秋と関連性が深く、古くは王者の象徴ともされ、気高い印象に

音・訓 ボウ・すばる
名のり あきら

- 昂 すばる
- 昂良 7 あきら
- 昂羅 19 あきら
- 希 7 昂 きぼう
- 昂瑠 14 すばる
- 昂青 8 ぼうせい

柚 9

ゆず。香気と酸味のある果実を結ぶことから、さわやかさを感じさせる字

音・訓 ユウ・ユ・ゆず

- 柚佑 7 ゆうすけ
- 柚杜 7 ゆうと
- 柚紀 9 ゆずき
- 柚月 4 ゆづき
- 柚太 4 朗 10 ゆうたろう

柾 9

木目が縦にまっすぐ並んでいるものを表す。まっすぐ素直に育つように願って

音・訓 まさ・まさき
名のり ただ

- 規 11 柾 のりまさ
- 柾和 8 まさかず
- 柾視 11 まさし
- 柾貴 12 まさたか
- 柾矢 5 まさや
- 柾祥 10 まさよし

宥 9

ゆるす、なだめる、和らげ静める。包容力や心のゆとりをもった性格を示す字

音・訓 ユウ・ウ・ゆるす・なだめる
名のり すけ・ひろ

- 宗 8 宥 そうすけ
- 宥希 7 ひろき
- 宥稀 12 ゆうき
- 宥志 7 ゆうじ
- 宥太 4 朗 10 ゆうたろう

耶 9

疑問などを表す助字。「耶蘇（キリスト）」の当て字などから、異国風の雰囲気も

音・訓 ヤ・や・か

- 星 9 耶 せいや
- 朋 8 耶 ともや
- 雅 13 耶 まさや
- 友 4 耶 ゆうや
- 波 8 耶斗 4 はやと

洋 9

大海原や外国などを表す。雄大さや未知の世界へ飛び出す積極性を期待して

音・訓 ヨウ
名のり うみ・おき・きよ・なみ・ひろ・ひろし・ふかし・み・よ・よし

- 岳 8 洋 たけひろ
- 洋男 7 なみお
- 洋輝 15 ひろき
- 洋太 4 ようた
- 洋平 5 ようへい
- 洋夫 4 よしお

勇 9

元気がよい、気力が盛ん、などの意味もある。男の子らしい力強さに満ちた字

音・訓 ユウ・ユ・いさむ
名のり いさ・いさお・いさみ・お・さ・たけ・たけし・つよ・とし・はや・よ

- 勇 いさみ
- 孝 7 勇 たかお
- 勇人 2 はやと
- 勇輝 15 ゆうき
- 勇一 1 郎 9 ゆういちろう

要 9

求める、願う、大切なところ、などの意味。必要とされる人物になるように

音・訓 ヨウ・いる・かなめ
名のり しの・とし・め・もとむ・やす・よ

- 要 かなめ
- 斉 8 要 ただとし
- 要矢 5 としや
- 要恭 10 としやす
- 要司 5 ようじ
- 要介 4 ようすけ

祐 9

助け。神の助けが元の意味。よい運勢の巡り合わせがあることを祈って

音・訓 ユウ・ウ・たすける
名のり さち・すけ・たすく・ひろ・まさ・ます・みち・むら・ゆ・よし

- 健 11 祐 けんすけ
- 祐人 2 ひろと
- 友 4 祐 ゆうすけ
- 祐馬 10 ゆうま
- 祐太 4 朗 10 ゆうたろう

律 9

秩序を保つための決まり、定め。音楽の調子や漢詩の型を指す場合にも使われる

音・訓 リツ・リチ
名のり おと・ただし・ただす・たて・のり

- 敦 12 律 あつのり
- 和 8 律 かずのり
- 律行 6 のりゆき
- 将 10 律 まさのり
- 律朗 10 りつお
- 律弥 8 りつや

※⚠＝パソコンなどで文字が出にくい字

柳 9

柳の枝のように、どんな苦難や障害にも柔軟に対応できる、しなやかさを願って

音・訓 リュウ・やなぎ

- 柳一 1 りゅういち
- 柳希 7 りゅうき
- 柳悟 10 りゅうご
- 柳太 4 りゅうた
- 柳之介 3 4 りゅうのすけ

亮 9

明らか、明るい。物事に明るい。清らかさにもつながるイメージをもつ字

音・訓 リョウ・あきらか

名のり あき・あきら・かつ・すけ・たすく・とおる・ふさ・まこと・よし

- 大亮 3 だいすけ
- 友亮 4 ともよし
- 秀亮 7 ひでふさ
- 祥亮 10 よしあき
- 亮太 4 りょうた
- 亮弥 8 りょうや

玲 9

玉や金属がふれ合って鳴る、涼やかな音のこと。清らかで美しいイメージの字

音・訓 レイ・りょう

名のり あきら・たま・ほまれ・れ

- 玲良 7 あきら
- 玲貴 12 たまき
- 玲司 5 りょうじ
- 玲人 2 れいと
- 玲弥 8 れいや
- 玲朗 10 れお

郎 9

清らかな男子の意味。伝統的な男の子らしさを感じる、定番の人気を誇る字

音・訓 ロウ

名のり いらつこ・お・ろ

- 篤郎 16 あつお
- 一郎 1 いちろう
- 達郎 12 たつろう
- 太郎 4 たろう
- 哲郎 10 てつろう
- 英郎 8 ひでお

挨 10

迫る、側につく。転じて挨拶（あいさつ）の使われ方に。礼節をわきまえた人に

音・訓 アイ

- 挨吾 7 あいご
- 挨士 3 あいし
- 挨充 6 あいみつ
- 修挨 10 しゅうあい
- 挨治郎 8 9 あいじろう

晏 10

安らか、落ち着いている、晴れる。穏やかで誰からも好かれる人になるように

音・訓 アン

名のり おそ・さだ・はる・やす・やすし

- 晏吾 7 あんご
- 清晏 11 きよはる
- 晏晴 12 さだはる
- 晏樹 16 はるき
- 晏仁 4 はるひと
- 晏士 3 やすし

益 10

増やす、加わる、役に立つ。ますます。物事が上向いていくイメージの字

音・訓 エキ・ヤク

名のり あり・すすむ・のり・まし・ます・また・み・みつ・やす・よし

- 利益 7 とします
- 広益 5 ひろます
- 益孝 7 ますたか
- 益輝 15 ますてる
- 益成 6 ますなり
- 益秀 7 みつひで

悦 10

喜ぶ、楽しむ。心のわだかまりを解くイメージからできた、快活さを感じる字

音・訓 エツ・よろこぶ

名のり え・のぶ・よし

- 悦史 5 えつし
- 悦哉 9 えつや
- 悦生 5 のぶお
- 悦斗 4 のぶと
- 広悦 5 ひろのぶ
- 悦朗 10 よしお

桜 10

日本の国花。和風の美の代表的存在。清らかで美しく育つように期待して

音・訓 オウ・さくら

名のり はる

- 桜一 1 おういち
- 桜輝 15 おうき
- 桜伍 6 おうご
- 桜亮 9 おうすけ
- 桜太 4 おうた
- 桜哉 9 おうや

夏 10

「大きい」や「盛ん」の意味もある。明るく情熱的で、活力に満ちたイメージ

音・訓 カ・ゲ・なつ

- 夏一 1 かいち
- 夏央 5 なつお
- 夏彦 9 なつひこ
- 夏宏 7 なつひろ
- 夏津人 9 2 かづと

※添え字（漢字1字の最後の音と同音の1字を加えること⇒P.407）を使った変則的な読みは名のりに加えていません。

10 起

物事のおこり。一斉に、一緒に、の意味もある。何かが始まる期待感がある

音・訓 キ・おこす・たつ

名のり おき・おこし・かず・もと・ゆき

篤16起 あつき / 起希7 たつき / 起浩10 たつひろ / 秀7起 ひでき / 康11起 やすき / 宣9起 よしき

10 華

華やか、あでやか。引き立てる、栄えさせる、すぐれたもの、などの意味もある

音・訓 カ・ケ・ゲ・はな

名のり きよ・は・はる・ふさ・よし

華威9 かい / 友4華 ともはる / 華樹16 はるき / 華也3 はるや / 華都11也3 かづや

10 記

記録、文書、手がかり、覚える、などの意味。文才を感じる知的なイメージの字

音・訓 キ・しるす

名のり とし・のり・ふさ・ふみ・よし

恒9記 つねき / 俊9記 としき / 則9記 のりき / 記仁4 ふみひと / 基11記 もとき / 有6記 ゆうき

10 峨

険しいこと。山がギザギザとがった様子。折り目正しくきっちりしたイメージ

音・訓 ガ・けわしい

名のり たか・たかし

峨衣6 がい / 峨玖7 がく / 峨俊9 がしゅん / 光6峨 こうが / 大3峨 たいが / 令5峨 りょうが

10 桔

きつく引き締まる棒の意も。野山に咲き、しっかりとした実をつけるイメージ

音・訓 キツ・ケツ

桔康11 きっこう / 桔総14 きっそう / 桔平5 きっぺい / 桔真10 きつま / 桔之3進11 きつのしん

10 格

至る、来る、正す、法則。格式や風格のように、地位や身分、趣きの意味もある

音・訓 カク・コウ

名のり いたる・きわめ・ただ・ただし・つとむ・のり・まさ

格 いたる / 格志7 ただし / 格文4 のりふみ / 幸8格 ゆきまさ / 格太4朗10 かくたろう

10 赳

筋肉が引きしまって強い様子。人生をたくましく進んでいくよう願って

音・訓 キュウ

名のり たけ・たけし・つよ

赳央5 たけお / 赳志7 たけし / 赳成6 たけなり / 赳巳3 たけみ / 赳留10 たける / 由5赳 よしたけ

10 莞

い草の名。丸い、まろやか、にっこり笑う、などの意味も。円満な一生を願って

音・訓 カン

莞一1 かんいち / 莞悟10 かんご / 莞作7 かんさく / 莞司5 かんじ / 莞佑7 かんすけ / 莞太4 かんた

10 恭

うやうやしい、かしこまる。慎み深く、上品で気品漂う人になることを願って

音・訓 キョウ・ク・うやうやしい

名のり く・すみ・たか・たかし・ただ・ただし・やす・やすし・ゆき・よし

恭吾7 きょうご / 恭介4 きょうすけ / 恭平5 きょうへい / 恭士3 たかし / 正5恭 まさただ / 恭伸7 やすのぶ

10 栞

山中で枝を折って道しるべにすること。案内書。人の手本になるように願って

音・訓 カン・しおり

名のり けん

栞吾7 かんご / 栞児7 かんじ / 栞介4 かんすけ / 栞平5 かんぺい / 栞太4郎9 かんたろう

※⚠=パソコンなどで文字が出にくい字

矩 10

寸法、基準、決まり事、法則。道理、道徳を重んじる人になることを期待して

音・訓 ク・さしがね・のり
名のり かど・かね・ただし・ただす・つね

- 公4矩 きみつね
- 矩文4 のりふみ
- 秀7矩 ひでのり
- 正5矩 まさのり
- 靖13矩 やすのり
- 理11矩 りく

倶 10

ともに、一緒に、そろえる、などの意味。友人に恵まれ、大切にするように

音・訓 グ・ク・ともに
名のり とも・ひろ・もと・もろ

- 倶亮9 ともあき
- 倶喜12 ともき
- 倶裕12 ともひろ
- 倶也3 ともや
- 倶信9 とものぶ
- 倶陽12 ともはる

訓 10

教え。意味がわかるように解釈すること。筋を通して流れる川からできた字

音・訓 クン・キン
名のり き・くに・しる・とき・のり・みち

- 明8訓 あきのり
- 訓一1 くんいち
- 訓平5 くんぺい
- 訓文4 のりふみ
- 訓倫10 のりみち
- 広5訓 ひろのり

恵 10

思いやり、あわれみ、慈しみ、恩恵などのほか、賢い、素直、美しいなどの意味も

音・訓 ケイ・エ・めぐむ
名のり あや・さと・さとし・しげ・とし・めぐ・めぐみ・やす・よし

- 恵伍6 けいご
- 恵佑7 けいすけ
- 恵太4 けいた
- 恵士3 さとし
- 恵以5太4 えいた

桂 10

芳香があり古来から親しまれてきた樹木。西洋でも月桂樹の冠は栄誉の象徴

音・訓 ケイ・かつら
名のり かつ・よし

- 桂範15 かつのり
- 桂司5 けいじ
- 桂輔14 けいすけ
- 桂章11 よしあき
- 桂仁4 よしひと
- 桂広5 よしひろ

兼 10

二つ以上を一緒に合わせること。いくつもの才能をもつ人になることを願って

音・訓 ケン・かねる
名のり かず・しかた・かぬ・かね・とも

- 兼亮9 かねあき
- 兼佑7 けんすけ
- 兼太4 けんた
- 兼也3 けんや
- 兼一1郎9 けんいちろう

拳 10

にぎりこぶし、武芸の一種。力、勇気、気力などの意味もあり、男らしい字

音・訓 ケン・ゲン・こぶし
名のり かたし・つとむ

- 拳一1 けんいち
- 拳吾7 けんご
- 拳司5 けんじ
- 拳介4 けんすけ
- 拳磨16 けんま
- 拳也3 けんや

剣 10

両刃のまっすぐな刀。魔除けにも使われる。シャープな力強さを秘めた字

音・訓 ケン・つるぎ
名のり あきら・たち・つとむ・はや

- 剣剛10 けんごう
- 剣史5 けんし
- 剣直8 はやなお
- 剣人2 はやと
- 剣太4朗10 けんたろう

悟 10

理解する、道理に目覚める。物事の本質を見極める目をもってほしいと願って

音・訓 ゴ・さとる
名のり さと・さとし・のり

- 健11悟 けんご
- 悟士3 さとし
- 悟倫10 さとみち
- 大3悟 だいご
- 文4悟 ふみのり
- 優17悟 ゆうご

紘 10

広い、大きい。大地の八方の果て（＝果てしない広さ）を「八紘」という

音・訓 コウ
名のり ひろ・ひろし

- 紘一1 こういち
- 紘太4 こうた
- 紘平5 こうへい
- 紘明8 ひろあき
- 紘暉13 ひろき
- 紘史5 ひろし

※添え字（漢字1字の最後の音と同音の1字を加えること⇒P.407）を使った変則的な読みは名のりに加えていません。

航 10

船が進む様子。空中を進むのは「航空」。まっすぐ堂々と進んで行くように

音・訓 コウ

名のり かず・つら・ふね・わたる

- 航洋(9) かずひろ
- 航輝(15) こうき
- 航健(11) こうけん
- 航太(4) こうた
- 航大(3) こうだい
- 航平(5) こうへい

高 10

場所、建物が上にある。位、人柄、腕前がすぐれている。人を導くイメージ

音・訓 コウ・たかい・たかめる

名のり あきら・うえ・かぎり・すけ・たけ・ほど

- 高暉(13) こうき
- 高明(8) たかあき
- 高志(7) たかし
- 高大(3) たかひろ
- 高帆(6) たかほ
- 康(11)高 やすたか

晃 10

光る、輝く、光が四方に広がること。輝かしい人生を歩んでいけるよう期待して

音・訓 コウ・あきらか

名のり あき・あきら・きら・てる・ひかる・みつ

- 晃広(5) あきひろ
- 晃行(6) あきゆき
- 晃来(7) こうき
- 晃介(4) こうすけ
- 晃大(3) こうだい
- 晃平(5) こうへい

耕 10

田畑の土をすき返すこと。人生の種をしっかりとまける人間になるように

音・訓 コウ・たがやす

名のり おさむ・つとむ・やす

- 耕一(1) こういち
- 耕季(8) こうき
- 耕介(4) こうすけ
- 耕平(5) こうへい
- 耕(4)太郎(9) こうたろう

晄 10 ⚠

光る、輝く、光が四方に広がること。輝かしい人生を歩んでいけるよう期待して

音・訓 コウ・あきらか

名のり あき・あきら・きら・てる・ひかる・みつ

晃の異体字

- 晄信(9) あきのぶ
- 晄良(7) あきら
- 晄一(1) こういち
- 晄希(7) こうき
- 晄輔(14) こうすけ
- 恒(9)晄 つねあき

浩 10

広大、豊か、量が多い、などの意味。広く豊かな心をもった人になるように

音・訓 コウ・ひろい

名のり いさむ・おうい・おおい・きよし・はる・ひろ・ひろし・ゆたか

- 浩一(1) こういち
- 浩介(4) こうすけ
- 浩太(4) こうた
- 智(12)浩 ともひろ
- 浩士(3) ひろし
- 祥(10)浩 よしひろ

貢 10

貢ぐ、すぐれた人材を推薦するの意味。努力し力を尽くす人間に育つように

音・訓 コウ・ク・みつぐ

名のり すすむ・つぐ・み・みつ・みつぎ

- 展(10)貢 のぶつぐ
- 秀(7)貢 ひでつぐ
- 将(10)貢 まさつぐ
- 貢朗(10) みつお
- 貢成(6) みつなり
- 義(13)貢 よしつぐ

剛 10

硬くて丈夫な様子。武芸の能力や気性の激しさなど、力強い印象を与える字

音・訓 ゴウ・コウ

名のり かた・たか・たかし・たけ・たけし・つよ・つよし・まさ

- 剛士(3) たけし
- 剛温(12) たけはる
- 剛彦(9) たけひこ
- 剛史(5) つよし
- 弘(5)剛 ひろたか
- 正(5)剛 まさたか

倖 10

思いもよらなかった幸運。幸せに恵まれ、その恵みを人にも与えられるように

音・訓 コウ・ギョウ・さいわい

名のり さち・ゆき

- 倖希(7) こうき
- 倖司(5) こうじ
- 倖祐(9) こうすけ
- 倖多(6) こうた
- 倖朗(10) さちお
- 倖充(6) ゆきみつ

宰 10

司る、物事を切り盛りする、などの意味。世の中を動かす大人物のイメージ

音・訓 サイ

名のり おさむ・かみ・すず・ただ・つかさ

- 宰次(6) さいじ
- 宰史(5) ただし
- 宰佑(7) ただすけ
- 宰広(5) ただひろ
- 宰(3)之介(4) すずのすけ

※⚠=パソコンなどで文字が出にくい字

索 10

太いなわ。なわをなうこと。探し求めること。思い切りよく、の意味もある

音・訓 サク

名のり もと・もとむ

- 広索 5 こうさく
- 索斗 4 さくと
- 索樹 16 もとき
- 索張 11 もとはる
- 索秀 7 もとひで
- 索也 3 もとや

朔 10

ついたち。北の方角。スタートラインのすがすがしさと古風さをもった字

音・訓 サク・ついたち

名のり はじめ・きた・もと

- 朔紀 9 きたのり
- 朔至 6 さくじ
- 泰朔 10 たいさく
- 悠朔 11 ゆうさく
- 朔太郎 4 9 さくたろう

師 10

軍隊、先生。音楽や礼儀の専門家、芸に通じた親方という意味もある字

音・訓 シ

名のり かず・つかさ・のり・みつ・もと・もろ

- 師成 6 もろしげ
- 師充 6 のりみつ
- 崇師 11 たかし
- 健師 11 たけし
- 友師 4 とものり
- 恭師 10 やすし

時 10

時間、時代、歳月、時勢、時期、機会など。機を見てチャンスをつかめるように

音・訓 ジ・とき

名のり これ・ちか・はる・もち・ゆき・よし・より

- 英時 8 えいじ
- 真時 10 しんじ
- 時央 5 ときお
- 時高 10 ときたか
- 光時 6 みつとき
- 祥時 10 よしとき

紗 10

細糸で織った、薄い絹織物。うすぎぬ。上品で美しく、軽やかなイメージの字

音・訓 シャ・サ

名のり すず・たえ

- 紗一 1 さいち
- 紗亮 9 さすけ
- 紗斗志 4 7 さとし
- 真紗輝 10 15 まさき

修 10

正しくする、学ぶ、すぐれている、などの意味。自分を磨いていくことを願って

音・訓 シュウ・シュ・おさめる

名のり おさ・おさむ・なお・のぶ・のり・みち・もと・よし・よしみ

- 修武 8 おさむ
- 修一 1 しゅういち
- 修悟 10 しゅうご
- 修斗 4 しゅうと
- 修平 5 しゅうへい
- 修久 3 のぶひさ

峻 10

高い、険しい、厳しい。そそり立つ山のように気高い生き方を願って

音・訓 シュン

名のり たか・たかし・ちか・とし・みち・みね

- 峻児 7 しゅんじ
- 峻佑 7 しゅんすけ
- 峻士 3 たかし
- 峻寛 13 たかひろ
- 峻理 11 としみち
- 峻也 3 としや

准 10

ならす、そろえる、比べ合わせる。総合的なバランス感覚にすぐれるように

音・訓 ジュン

名のり のり

- 准一 1 じゅんいち
- 准吾 7 じゅんご
- 准司 5 じゅんじ
- 准太 4 じゅんた
- 准矢 5 じゅんや
- 文准 4 ふみのり

純 10

混じり気がない、ありのままで飾り気がない。ピュアで誠実なイメージの字

音・訓 ジュン

名のり あつ・あつし・あや・いと・きよ・きよし・すなお・すみ・のり・まこと・よし

- 明純 8 あきすみ
- 純一 1 じゅんいち
- 純次 6 じゅんじ
- 純平 5 じゅんぺい
- 純也 3 じゅんや
- 純哉 9 すみや

隼 10

鷹の一種。素早く勇敢な鳥。細くしまって、すらりとしたイメージ

音・訓 ジュン・シュン・はやぶさ

名のり とし・はや・はやし・はやと

- 隼一 1 じゅんいち
- 隼矢 5 じゅんや
- 隼晃 10 としあき
- 隼樹 16 としき
- 隼太 4 はやた
- 隼人 2 はやと

※添え字（漢字1字の最後の音と同音の1字を加えること⇒P.407）を使った変則的な読みは名のりに加えていません。

真 10

本物、正しい、自然の、完全な、など、人として望ましい姿が集約されている字

音・訓 シン・ま・まこと

名のり さだ・さな・さね・ただ・ただし・ちか・なお・まき・まこ・まさ・ます・み・みち

真道 12 さだみち
真一 1 しんいち
真広 5 なおひろ
真仁 4 まさひと
悠真 11 ゆうま
良真 7 よしただ

恕 10

思いやり、同情、慈しみ、許す。人に対する優しさや包容力を感じさせる字

音・訓 ジョ・ショ・ゆるす

名のり くに・しのぶ・のり・ひろ・ひろし・みち・ゆき・よし

徳恕 14 のりゆき
恕樹 16 ひろき
恕思 9 ひろし
恕斗 4 ひろと
恕成 6 ひろなり
恕伸 7 ひろのぶ

眞 10

本物、正しい、自然の、完全な、など、人として望ましい姿が集約されている字

真の異体字

音・訓 シン・ま・まこと

名のり 「真」の名のり参照

一眞 1 かずま
眞也 3 しんや
拓眞 8 たくま
眞斗 4 まこと
眞太朗 4 10 しんたろう

将 10

軍を率いる長。大きなリーダーシップを発揮する人物になることを願って

音・訓 ショウ

名のり すけ・すすむ・たすく・ただし・たもつ・のぶ・はた・ひとし・まさ・もち・ゆき

将吾 7 しょうご
将太 4 しょうた
将志 7 まさし
将隆 11 まさたか
将人 2 まさと
将之 3 まさゆき

訊 10

問いただすこと、音信の意味。スムーズな印象。すいすい飛ぶ鳥からできた字

音・訓 ジン・シン

賢訊 16 けんじん
宏訊 7 こうじん
訊伍 6 じんご
訊平 5 じんぺい
訊也 3 じんや
孝訊 7 たかじん

祥 10

兆し、しるし。特にめでたい前兆。幸運に恵まれた人生を送れるように願って

音・訓 ショウ

名のり あきら・さか・さき・さち・さむ・ただ・なが・ひろ・やす・ゆき・よし

祥雄 12 さちお
祥太 4 しょうた
祥馬 10 しょうま
祥利 7 やすとし
祥紀 9 よしのり
祥充 6 よしみつ

粋 10

混じり気なくそろっていて質がよいこと、人情や世情に通じて風流なこと

音・訓 スイ・いき

名のり きよ・ただ・よし

粋志 7 きよし
粋隆 11 きよたか
粋紀 9 きよのり
粋人 2 きよひと
粋吾 7 すいご
粋晃 10 すいこう

晋 10

目標めがけて伸び進むという意味。古代中国の国名・王朝名でも使われた字

音・訓 シン・すすむ

名のり あき・くに・ゆき

晋吾 7 しんご
晋司 5 しんじ
晋哉 9 しんや
展晋 10 のぶゆき
晋太朗 4 10 しんたろう

晟 10

明らか。明るくりっぱな様子。盛ん。壮大なスケールの人になることを願って

音・訓 セイ・じょう

名のり あき・あきら・てる・まさ

晟大 3 あきひろ
幸晟 8 こうせい
晟一 1 せいいち
晟吾 7 せいご
晟也 3 せいや
晟輝 15 てるき

秦 10

中国最初の統一王朝の名。元は、成長が早い植物の様子からつくられた字

音・訓 シン・ジン・はた

秦吾 7 しんご
秦児 7 しんじ
秦佑 7 しんすけ
秦哉 9 しんや
秦太郎 4 9 しんたろう

※⚠＝パソコンなどで文字が出にくい字

閃 10

ひらめき、きらめき。キラリと光るものをもった存在になるよう期待して

音・訓 セン・ひらめく
名のり さき・ひかる・みつ

閃吾 7 せんご
閃太 4 せんた
閃人 2 せんと
閃哉 9 せんや
閃志郎 7 9 せんしろう

素 10

根本、ありのまま、心情、などの意味。本質を見失わないことを期待して

音・訓 ソ・ス・もと
名のり しろ・しろし・つね・はじめ・もとい・もとむ

素直 8 すなお
素亮 9 もとあき
素輝 15 もとき
素哉 9 もとや
素泰 10 もとやす
良素 7 よしもと

造 10

つくるのほか、初め、至る、などの意味も。独創力に富むことを期待して

音・訓 ゾウ・つくる
名のり いたる・なり・なる・はじめ・みち・みやつこ

晃造 10 こうぞう
修造 10 しゅうぞう
准造 10 じゅんぞう
泰造 10 たいぞう
武造 8 たけぞう
勇造 9 ゆうぞう

泰 10

大きい、大らか、豊か、安らかなどの意味。包容力のある人になることを願って

音・訓 タイ
名のり あきら・た・とおる・ひろ・ひろし・やす・やすし・ゆたか・よし

泰基 11 たいき
泰佑 7 たいすけ
泰斗 4 たいと
泰史 5 やすし
泰悠 11 やすひさ
泰弘 5 やすひろ

啄 10

一点をつつく、ついばむ。一つのことに力を注ぎ続ける努力と集中力を願って

音・訓 タク・トク・ついばむ

啄慈 13 たくじ
啄音 9 たくと
啄磨 16 たくま
啄己 3 たくみ
啄海 9 たくみ
啄也 3 たくや

致 10

目指すところまで届ける。結果を招き寄せる。あきらめず力を尽くすように

音・訓 チ・いたす
名のり いたる・おき・かず・とも・のり・むね・ゆき・よし

致留 10 いたる
一致 1 かずおき
致希 7 ともき
致也 3 ともや
致倫 10 のりとも
致文 4 のりふみ

通 10

通る、通す。先へ進む、行き渡る、障害なく事が運ぶ、などの意味もある

音・訓 ツウ・ツ・とおる・かよう
名のり とし・なお・のぶ・ひらく・みち・みつ・やす・ゆき

隆通 11 たかみち
信通 9 のぶみち
通祥 10 みちよし
通文 4 ゆきふみ
天通志 4 7 てつし

悌 10

兄や目上の人に、穏やかに従う気持ち。兄弟が仲よくすること。おとなしいこと

音・訓 テイ・ダイ
名のり とも・やす・やすし・よし

悌造 10 ていぞう
悌哉 9 ともや
悌孝 7 やすたか
悌久 3 やすひさ
悌基 11 よしき
悌広 5 よしひろ

挺 10

長く、まっすぐな様子。飛び抜けている。抜きんでた存在に育つように

音・訓 テイ・ジョウ・チョウ
名のり ただ・なお・もち

挺志 7 じょうじ
挺吾 7 ていご
挺司 5 ていじ
挺一 1 ていいち
挺太朗 4 10 ていたろう

哲 10

明らか、賢い。賢い人。知性と才気を感じさせる聡明なイメージに満ちた字

音・訓 テツ
名のり あき・あきら・さと・さとし・さとる・のり・ひろ・よし

哲史 5 さとし
哲太 4 てつた
哲信 9 てつのぶ
哲也 3 てつや
哲大 3 のりひろ
哲之 3 のりゆき

※添え字（漢字1字の最後の音と同音の1字を加えること⇒P.407）を使った変則的な読みは名のりに加えていません。

10 展

延べる、伸ばす、開く、広げる、などの意味。世界に羽ばたく人物を期待して

音・訓 テン

名のり のぶ・ひろ・より

- 一展 1 かずひろ
- 知展 8 ともひろ
- 展哉 9 のぶや
- 展来 7 ひろき
- 洋展 9 ひろのぶ
- 正展 5 まさひろ

10 馬

猛々しく突き進むという意味もある。サラブレッドのスマートなイメージ

音・訓 バ・メ・うま・ま

名のり たけし・むま

- 和馬 8 かずま
- 秀馬 7 しゅうま
- 徹馬 15 てつま
- 佑馬 7 ゆうま
- 竜馬 10 りゅうま
- 亮馬 9 りょうま

10 桐

上質の木材となる樹木。その材質のように、まっすぐ成長することを願って

音・訓 トウ・ドウ・きり

名のり ひさ

- 桐吾 7 とうご
- 桐佑 7 とうすけ
- 桐也 3 とうや
- 桐生 5 ひさき
- 桐士 3 ひさし
- 桐紀 9 ひさのり

10 敏

行動がきびきびと早い、賢い。瞬発力があり、活動的なイメージの字

音・訓 ビン・さとい

名のり あきら・さと・さとし・つとむ・と・とし・はや・はる・みぬ・ゆき

- 克敏 7 かつとし
- 敏史 5 さとし
- 敏樹 16 としき
- 敏広 5 としひろ
- 敏斗 4 はやと
- 尚敏 8 なおとし

10 透

純粋で澄んだ印象の字。才能に長け、飛び抜けてはなはだしいという意味も

音・訓 トウ・すかす・すく

名のり す・すき・と・とうる・とおる・ゆき

- 透一 1 とういち
- 透志 7 とうじ
- 透太 4 とうた
- 透真 10 とうま
- 透哉 9 とうや
- 透修 10 ゆきのぶ

10 陛

宮殿の階段、きちんと並んだ土の段。子孫繁栄は「陛陛（へいへい）」という

音・訓 ヘイ

名のり きざ・のぼる・のり・はし・より

- 陛留 10 のぼる
- 陛臣 7 のりおみ
- 陛規 11 のりき
- 陛文 4 のりふみ
- 陛友 4 よりとも
- 陛久 3 よりひさ

10 桃

不老長寿を与え、邪気を払うという伝承がある。元気で健やかな成長を願って

音・訓 トウ・もも

- 桃輝 15 とうき
- 桃伍 6 とうご
- 桃多 6 とうた
- 桃真 10 とうま
- 桃一郎 1 9 とういちろう

10 勉

困難を乗り越えて励むこと、励ますこと。一本気な勤勉さをイメージさせる字

音・訓 ベン・メン・つとめる

名のり かつ・つとむ・まさる・ます・やす

- 勉司 5 かつじ
- 勉広 5 かつひろ
- 勉真 10 かつま
- 勉也 3 かつや
- 勉夢 13 つとむ
- 勉留 10 まさる

10 能

実力がある、許す、耐える。すべきことを成し得る力をもつことを期待して

音・訓 ノウ・ノ

名のり きよ・たか・ちから・のぶ・のり・ひさ・むね・やす・よき・よし

- 能明 8 たかあき
- 能生 5 たかお
- 能志 7 たかし
- 能信 9 たかのぶ
- 剛能 10 たけよし
- 能斗 4 よしと

10 峰

みね、とがった山、その頂上。困難にも勇気をもって立ち向かえる人に

音・訓 ホウ・みね

名のり お・たか・たかし・ね

- 峰志 7 たかし
- 峰輔 14 ほうすけ
- 峰成 6 ほうせい
- 峰晃 10 みねあき
- 峰夫 4 みねお
- 峰暉 13 みねき

※⚠＝パソコンなどで文字が出にくい字

峯 10

峰の異体字

みね、とがった山、その頂上。困難にも勇気をもって立ち向かえる人に

音・訓 ホウ・みね

名のり お・たか・たかし・ね

- 一峯 1 かずみね
- 峯秀 7 たかひで
- 峯正 5 ほうせい
- 峯隆 11 みねたか
- 峯信 9 みねのぶ
- 峯広 5 みねひろ

容 10

入れる、形、姿、許す、ゆとりがある、などの意味。器の大きさを感じさせる字

音・訓 ヨウ

名のり かた・なり・ひろ・ひろし・まさ・もり・やす・よ・よし

- 容希 7 ひろき
- 容範 15 ひろのり
- 容一 1 よういち
- 容介 4 ようすけ
- 容太 4 ようた
- 容平 5 ようへい

莉 10

「茉莉（まつり）」でジャスミンの花が咲く木の名前になる。個性的な名に

音・訓 リ

- 莉一 1 りいち
- 莉栄 9 りえい
- 莉央 5 りおう
- 莉基 11 りき
- 莉久 3 りく
- 莉仁 4 りひと

浬 10

カイリ。海上の距離を測る単位。広大に光り輝く大海原を進んでいくイメージ

音・訓 リ・ノット・かいり

- 海浬 9 かいり
- 浬久 3 りく
- 浬人 2 りひと
- 浬洋 9 りひろ
- 浬久也 3 3 りくや

哩 10

英語のマイル（約1.6キロメートル）に当てた文字。ハイカラなイメージ

音・訓 リ・マイル

- 千哩 3 せんり
- 万哩 3 ばんり
- 哩一 1 りいち
- 哩久 3 りく
- 哩希斗 7 4 りきと

竜 10

天子、豪傑にたとえられる想像上の動物。縁起がよく、すぐれているイメージ

音・訓 リュウ・リョウ・たつ

名のり かみ・きみ・しげみ・とうる・とお・とおる・めぐむ

- 竜紀 9 たつき
- 竜大 3 たつひろ
- 竜也 3 たつや
- 竜一 1 りゅういち
- 竜士 3 りゅうじ
- 竜生 5 りゅうせい

留 10

留まること。星座の「昴（すばる）」の意味もある。安定感のあるイメージ

音・訓 リュウ・ル・とめる

名のり たね・と・とめ・ひさ

- 亨留 7 とおる
- 光留 6 みつる
- 留輝 15 りゅうき
- 留雄 12 りゅうま
- 波留希 8 7 はるき

流 10

流れるには、はかどる、広まる、行き渡るなどの意味も。澄んだ水流のイメージ

音・訓 リュウ・ル・ながれる

名のり いたる・しく・とも・はる

- 清流 11 きよはる
- 剛流 10 たける
- 流哉 9 ともや
- 波流 8 はる
- 流星 9 りゅうせい
- 流磨 16 りゅうま

凌 10

激しい力のこもった様子。越える。ほかより抜きん出る力強さを感じさせる字

音・訓 リョウ・しのぐ

名のり しのぎ

- 凌介 4 りょうすけ
- 凌平 5 りょうへい
- 凌馬 10 りょうま
- 凌弥 8 りょうや
- 凌太朗 4 10 りょうたろう

涼 10 !

涼の異体字

ひんやりした水の冷たさや、木陰のさわやかな風の心地よさを感じさせる字

音・訓 リョウ・すずしい・すずむ

名のり あつ・きよ・すけ・すず・すずし

- 涼彦 9 すずひこ
- 涼秀 7 すずほ
- 涼一 1 りょういち
- 涼介 4 りょうすけ
- 涼太 4 りょうた
- 涼也 3 りょうや

※添え字（漢字1字の最後の音と同音の1字を加えること⇒P.407）を使った変則的な読みは名のりに加えていません。

倫 10

筋道、人の守るべき道、仲間、などの意味。正義感が強く、聡明なイメージ

音・訓 リン

名のり おさむ・しな・つね・とし・とも・のり・ひと・ひとし・みち・もと

- 倫哉 9 ともや
- 倫仁 4 のりひと
- 倫行 6 のりゆき
- 倫晴 12 みちはる
- 倫央 5 みちひろ
- 倫彰 14 もとあき

烈 10

激しい、猛々しい。熟語の「烈士」は、信念をしっかりもっている人の意味

音・訓 レツ・はげしい

名のり あきら・いさお・たけ・たけし・つよ・つら・やす・よし

- 烈夫 4 いさお
- 烈志 7 たけし
- 武烈 8 たけつら
- 烈充 6 たけみつ
- 烈留 10 たける
- 烈隆 11 やすたか

連 10

連なる、つながる、連れ、続く。仲間に恵まれ、幸せが永遠に続くように願って

音・訓 レン・つらなる・つれる

名のり まさ・やす

- 連幸 8 つらゆき
- 連治 8 れんじ
- 連太 4 れんた
- 連平 5 れんぺい
- 連之輔 3 14 れんのすけ

浪 10

大きな波。世の中に大きなうねりを起こすような人物になることを願って

音・訓 ロウ・なみ

- 淳浪 11 あつろう
- 俊浪 9 としろう
- 浪夫 4 なみお
- 浪輝 15 なみき
- 浪彦 9 なみひこ
- 浪久 3 なみひさ

朗 10

明るくて快活、清らか、高らか。フレッシュで明るく元気なイメージに満ちた字

音・訓 ロウ・ほがらか

名のり あき・あきら・お・さえ・とき・ほがら

- 朗仁 4 あきひと
- 勇朗 9 いさお
- 浩一朗 10 1 こういちろう
- 翔太朗 12 4 しょうたろう

倭 10

昔、中国で日本や日本人を指した言葉。従順な、という意味もあり、謙虚な印象

音・訓 ワ・イ・やまと

名のり かず・しず・ふさ・まさ・やす

- 倭紀 9 かずき
- 倭夫 4 しずお
- 正倭 5 ただやす
- 倭秀 7 まさひで
- 倭史 5 やすふみ
- 倭斗 4 やまと

庵 11

質素で小さな家。茶道や俳句の簡素な美に通じ、日本的な情緒を感じさせる

音・訓 アン・いおり

名のり いお

- 庵 いおり
- 庵寿 7 あんじゅ
- 庵敦 12 あんとん
- 庵里 7 あんり
- 嗣庵 13 しあん
- 梅庵 10 ばいあん

惟 11

よく考える。「思惟」は哲学で知的な精神の働きを指す。物事を深く考える人に

音・訓 イ・ユイ・おもう

名のり あり・これ・ただ・たもつ・のぶ・よし

- 惟 たもつ
- 惟次 6 これつぐ
- 崇惟 11 たかのぶ
- 惟雄 12 ただお
- 秀惟 7 ひでよし
- 惟徒 10 ゆいと

逸 11

規則にとらわれず楽しむ、枠を越えてすぐれている。自由で独創的なイメージ

音・訓 イツ・イチ・それる・はやる

名のり すぐる・とし・はつ・はや・まさ・やす

- 逸人 2 いちと
- 逸朗 10 いつお
- 一逸 1 かずとし
- 広逸 5 ひろやす
- 弦逸郎 8 9 げんいちろう

寅 11

十二支のとら。千里行って千里戻ることから、寅の日は旅立ちによいとされる

音・訓 イン・とら

名のり つら・とも・のぶ・ふさ

- 武寅 8 たけふさ
- 寅喜 12 ともき
- 寅児 7 とらじ
- 寅人 2 とらひと
- 永寅 5 ながとも
- 寅徒 10 のぶと

※⚠＝パソコンなどで文字が出にくい字

勘 11

調べて考えること、直感的にぴんとくる心の働きの意味を併せもつ字

音・訓 カン
名のり さだ・さだむ・のり

- 勘大 3 かんた
- 勘宗 8 さだかず
- 勘樹 16 さだき
- 辰勘 7 ときさだ
- 勘九郎 2 9 かんくろう

乾 11

乾く。旗が高くたなびく様子。強さのシンボル。明るく剛健であることを願って

音・訓 カン・ケン・かわく・かわかす
名のり いぬい・かみ・きみ・すすむ・たけし・つとむ・ふ

- 乾司 5 かんじ
- 乾太 4 かんた
- 乾吾 7 けんご
- 乾剛 10 けんごう
- 乾之輔 3 14 かんのすけ

菅 11

草の名。葉を編んで笠や縄をつくる。まっすぐ伸び、しなやかで強いイメージ

音・訓 カン・ケン・すげ
名のり すが

- 菅慈 13 かんじ
- 菅利 7 すがとし
- 菅一郎 1 9 かんいちろう
- 菅乃介 2 4 かんのすけ

貫 11

始めから終わりまで一筋に通ること。一貫した姿勢でやり通す真摯な人に

音・訓 カン・つらぬく
名のり つら・つらぬき・とうる・とおる・ぬき・やす

- 貫 とおる
- 栄貫 9 えいかん
- 貫一 1 かんいち
- 貫太 4 かんた
- 信貫 9 のぶつら
- 貫理 11 やすとし

規 11

行動や判断の基準、決まり。ルールに合うよう正すこと。手本となれる人に

音・訓 キ
名のり ただ・ただし・ちか・なり・のり・み・もと

- 規男 7 ちかお
- 大規 3 たいき
- 規行 6 ただゆき
- 規長 8 のりなが
- 久規 3 ひさのり
- 規輝 15 もとき

基 11

物事の土台、よりどころ、根本。人間として必要な基本をきちんともった人に

音・訓 キ・もと・もとい・もとづく
名のり のり・はじむ・はじめ・みき・もとき・もとし・もとや

- 基生 5 きしょう
- 基人 2 のりと
- 正基 5 まさもと
- 壬基 4 みのり
- 素基 10 もとき
- 基尚 8 もとなお

埼 11

陸地や山の端が海や平野に突き出た場所。広い場所に向かって一人立つ強さを

音・訓 キ・ギ・さき・さい

- 埼壱 7 きいち
- 埼雄 12 さきお
- 達埼 12 たつき
- 真埼 10 まさき
- 由埼夫 5 4 ゆきお

菊 11

香り高く気品ある日本の代表的な秋の花。不老長寿の薬とされ漢方や食用にも

音・訓 キク
名のり あき・ひ

- 菊斗 4 あきと
- 菊守 6 きくもり
- 菊吾郎 7 9 きくごろう
- 菊之甫 3 7 きくのすけ

球 11

球技にちなんだ名前に。宝石などの美しい丸い石や、貴重で大切なものも表す

音・訓 キュウ・グ・たま
名のり た・まり

- 一球 1 いっきゅう
- 毘球 9 いまり
- 球児 7 きゅうじ
- 球斗 4 きゅうと
- 球春 9 たまはる
- 球雄 12 まりお

教 11

教える、教え。知識や教養、技術を身につけ、人を教え育むことを期待して

音・訓 キョウ・おしえる・おそわる
名のり おしえ・かた・かず・こ・たか・なり・のり・みち・ゆき

- 教師 10 かずし
- 朋教 8 ともなり
- 教人 2 のりと
- 柾教 9 まさゆき
- 教久 3 みちひさ
- 良教 7 よしたか

※添え字（漢字1字の最後の音と同音の1字を加えること⇒P.407）を使った変則的な読みは名のりに加えていません。

郷 11

人の住む場所、ふるさと。郷土を愛する心や、故郷の温かさを感じさせる

音・訓 キョウ・コウ・ゴウ・さと

名のり あき・あきら・のり

- 郷 あきら
- 郷杜 7 あきと
- 郷太 4 ごうた
- 郷士 3 さとし
- 郷志 7 郎 9 きょうしろう

強 11

力や勢いがあること、丈夫な様子。心も体も強い人になることを願って

音・訓 キョウ・ゴウ・つよい

名のり あつ・かつ・こわ・すね・たけ・たけし・つとむ・つよ・つよし

- 強 ごう
- 強志 7 あつし
- 強一 1 きょういち
- 強雄 12 すねかつ
- 強人 2 たけと
- 善 12 強 よしたけ

菫 11

万葉の昔から親しまれる春を告げる野草。小さな花が慎ましく、おくゆかしい

音・訓 キン・すみれ

- 菫市 5 きんいち
- 菫河 8 きんが
- 菫路 13 きんじ
- 菫条 7 きんじょう
- 菫太 4 きんた
- 菫夢 13 きんむ

啓 11

開く、教え導く。「啓蒙」は闇を開いて人々を導くこと。知性と理性を期待して

音・訓 ケイ

名のり あき・あきら・のぶ・のり・はじめ・ひら・ひらく・ひろ・ひろし・ひろむ・よし

- 一 1 啓 かずのり
- 啓多 6 けいた
- 貴 12 啓 たかのぶ
- 啓由 5 のぶよし
- 啓玖 7 ひらく
- 啓人 2 ひろと

渓 11

谷川、谷。山の中の涼しげな清流を感じさせる。さわやかで躍動感ある印象に

音・訓 ケイ

名のり たに

- 渓 けい
- 渓慈 13 けいじ
- 渓蔵 15 けいぞう
- 渓多 6 けいた
- 渓徒 10 けいと
- 渓河 8 たにお

経 11

まっすぐに通る織物のたて糸から、時代を経ても変わらない道理や筋道を示す

音・訓 ケイ・キョウ・へる・たつ

名のり おさむ・つね・のぶ・のり・ふ・ふる

- 経 おさむ
- 経平 5 きょうへい
- 経雄 12 つねお
- 経芳 7 のぶよし
- 永 5 経 ひさのり
- 正 5 経 まさつね

蛍 11

夏の夜の水辺を光で彩る虫。苦学して大成する「蛍雪」の故事から勤勉な印象も

音・訓 ケイ・ギョウ・ほたる

- 蛍 けい
- 一 1 蛍 いっけい
- 蛍志 7 けいし
- 蛍雪 11 けいせつ
- 蛍多 6 けいた
- 蛍斗 4 けいと

健 11

丈夫で元気なこと。明るくはつらつとした印象に。健やかな成長を願って

音・訓 ケン・すこやか

名のり たけ・たけし・たける・たつ・たて・つよ・つよし・まさる・やす

- 健 つよし
- 清 11 健 きよたけ
- 健太 4 けんた
- 健之 3 たつゆき
- 健士 3 朗 10 けんしろう

牽 11

引く、引っ張る。七夕の牽牛星に使われる字。人を引きつける魅力的な人に

音・訓 ケン・ひく

名のり くる・とき・とし・ひき・ひた

- 牽次 6 けんじ
- 牽周 8 けんしゅう
- 牽心 4 けんしん
- 牽太 4 けんた
- 牽徒 10 けんと
- 牽世 5 ひくとし

舷 11

船のへりの部分。水の流れや波のうねりなど、自然の力を実感できるイメージ

音・訓 ゲン・ケン

- 舷界 9 げんかい
- 舷而 6 けんじ
- 舷深 11 けんしん
- 舷太 4 げんた
- 舷人 2 げんと
- 舷流 10 げんりゅう

※⚠＝パソコンなどで文字が出にくい字

現 11

姿を現す、現われる。今、目の前にある。現実にきちんと向き合う堅実な人に

音・訓 ゲン・ケン・あらわれる

名のり あり・み

- 現八 2 げんぱち
- 有現 6 ゆうけん
- 現輝 15 げんき
- 現多 6 げんた
- 現太朗 4 10 げんたろう

絃 11

楽器に張る糸。張りつめた強さとそこから生み出される美しい音色を表す字

音・訓 ゲン・つる

名のり いと・お・ふさ

- 絃 げん
- 希 7 絃 きげん
- 絃想 13 げんそう
- 振 10 絃 しんげん
- 弓 3 絃 ゆづる
- 巳 3 絃 みつる

梧 11

家具や琴などの材料や、街路樹に使われる木の名。大きな葉を茂らせ壮大に

音・訓 ゴ・あおぎり

名のり ひろ

- 英 8 梧 えいご
- 芯 7 梧 しんご
- 壮 6 梧 そうご
- 大 3 梧 だいご
- 梧雄 12 太 4 ごおた

康 11

体が丈夫で、無事、安らかなこと。安定した、危なげのない成長を願って

音・訓 コウ

名のり しず・しずか・つね・のぶ・ひろ・みち・やす・やすし・ゆき・よし

- 康瑠 14 しずる
- 康也 3 こうや
- 康永 5 みちなが
- 康史 5 やすし
- 康柾 9 やすまさ
- 康人 2 ゆきと

皐 11

水辺の平らな土地、沢。旧暦の五月を表し、明るく光さすさわやかなイメージ

音・訓 コウ・さつき

名のり さ・すすむ・たか・たかし

- 皐 こう
- 一 1 皐 いっこう
- 皐喜 12 こうき
- 皐詩 13 たかし
- 皐人 2 たかと
- 由 5 皐 よしたか

梗 11

心棒、骨組み。植物の桔梗。しっかりとした芯の上に美しい花を咲かせる人に

音・訓 コウ・キョウ

名のり たけし・つよし・なお

- 梗介 4 きょうすけ
- 梗一 1 こういち
- 梗希 7 こうき
- 梗造 10 こうぞう
- 梗太 4 郎 9 こうたろう

凰 11

中国で、めでたいことの兆しと考えられている想像上の鳥。大きな翼を広げて

音・訓 コウ・オウ・おおとり

- 凰瑚 13 おうこ
- 凰瓶 11 こうへい
- 詩 13 凰 しおう
- 天 4 凰 てんこう
- 凰太 4 郎 9 こうたろう

國 11

国家、祖国、故郷などの意味。「日本」や、スケールの大きさを強く感じる字

国の異体字

音・訓 コク・くに

名のり とき

- 一 1 國 かずくに
- 國造 10 くにぞう
- 國観 18 くにみ
- 國杜 7 くにもり
- 國子 3 こくし
- 正 5 國 まさくに

斎 11

神仏を祭るため心身を清め、こもって精神統一すること。おごそかな印象に

音・訓 サイ

名のり いつ・いつき・いわい・きよ・ただ・とき・ひとし・よし

- 一 1 斎 かずよし
- 謙 17 斎 けんさい
- 斎杜 7 さいと
- 斎敏 10 ただとし
- 斎路 13 ときじ
- 斎史 5 よしふみ

彩 11

色をつけること、いろどり。ほどよい華やかさを感じさせる字。趣のある人に

音・訓 サイ・いろどる

名のり あや・いろ・さ・たみ・てる

- 彩人 2 あやと
- 星 9 彩 せいさい
- 彩夫 4 たみお
- 広 5 彩 ひろたみ
- 扶 7 彩夫 4 ふさお

※添え字（漢字1字の最後の音と同音の1字を加えること⇒P.407）を使った変則的な読みは名のりに加えていません。

済 11

仕上げる、終わらせる、救うなどの意味。「済々」は多くがそろってりっぱな様子

音・訓 サイ・セイ・すむ

名のり いつき・お・かた・さだ・さとる・すみ・ただ・とおる・なり・まさ・やす・よし・わたる

- 済治 8 さだはる
- 済人 2 すみと
- 済儀 15 せいぎ
- 済男 7 ただお
- 済文 4 なりふみ
- 芳済 7 よしまさ

授 11

手渡す、与える。授かったものに感謝し、自分も人に与える心を期待して

音・訓 ジュ・さずかる・さずける

名のり さずく

- 科授 9 かじゅ
- 謹授 17 きんじゅ
- 授葉 12 じゅよう
- 授來 8 じゅらい
- 授理 11 じゅり
- 泰授 10 たいじゅ

砦 11

敵の攻撃を防ぐために築く建物。大切なものを守る堅固な強さをもった人に

音・訓 サイ・とりで

- 砦 とりで
- 康砦 11 こうさい
- 砦志 7 さいし
- 砦主 5 さいしゅ
- 砦杜 7 さいと
- 正砦 5 せいさい

脩 11

修と同様、学ぶ、修めるなどの意味で使われる。真面目で折り目正しい印象に

音・訓 シュウ・シュ・おさめる

名のり おさ・おさむ・さね・すけ・なお・なが・のぶ・はる・もろ

- 脩 おさむ
- 脩路 13 しゅうじ
- 貴脩 12 たかのぶ
- 脩生 5 なおき
- 正脩 5 まさのぶ
- 由脩 5 よしなお

梓 11

木工に適した樹木。上梓（本の出版）は木版印刷の版木に梓を使ったことから

音・訓 シ・あずさ・きささげ

- 梓朗 10 しろう
- 雅梓 13 まさし
- 梓志雄 7 12 ししお
- 梓津也 9 3 しづや

習 11

くり返し練習して身につけること。努力を重ねて目標を達成することを願って

音・訓 シュウ・ジュウ・ならう

名のり しげ

- 数習 13 かずしげ
- 習治 8 しげはる
- 習悟 10 しゅうご
- 習徒 10 しゅうと
- 習和 8 しゅうわ
- 泰習 10 たいしゅう

視 11

目を向ける、注意して見る。広い視野と物事をまっすぐに見る目を期待して

音・訓 シ・みる

名のり のり・み・よし

- 高視 10 たかし
- 具視 8 ともみ
- 視一 1 のりかず
- 寛視 13 ひろし
- 視宙 8 みそら
- 好視 6 よしのり

淑 11

善良で徳がある、穏やかで感じがよい。清らかで柔らかい人柄を期待して

音・訓 シュク

名のり きみ・きよ・きよし・すえ・すみ・とし・ひで・ふかし・よ・よし

- 淑 ふかし
- 淑士 3 きよし
- 淑貴 12 きよたか
- 淑雪 11 としゆき
- 広淑 5 ひろよし
- 淑夫 4 よしお

執 11

手にとる、とり行なう、掌握する。全体を見る目と実行する能力を期待して

音・訓 シツ・シュウ・とる

名のり とり・もり

- 加執 5 かしゅう
- 執治 8 しゅうじ
- 嵩執 13 たかもり
- 執常 11 もりつね
- 執太郎 4 9 しゅうたろう

淳 11

人情に厚く、情が深い。飾り気がない。思いやりに満ち、素直な愛すべき人に

音・訓 ジュン・シュン・あつい

名のり あき・あつし・きよ・きよし・すな・すなお・ただし・まこと・よし

- 淳 じゅん
- 淳詩 13 あつし
- 和淳 8 かずあき
- 淳人 2 きよと
- 淳弥 8 じゅんや
- 淳澄 15 よしずみ

※⚠＝パソコンなどで文字が出にくい字

敍 11

叙の異体字

! 順序立てて述べる、序列、などの意味。気品があり、理路整然としたイメージ

音・訓 ジョ
名のり のぶ・みつ

- 敍宇6 じょう
- 敍徒10 のぶと
- 敍成6 のぶなり
- 秀7敍 ひでのぶ
- 敍12偉太4 じょいた

菖 11

菖蒲。芳香と刀に似た葉から男子に縁起のよい植物とされ、端午の節句に使う

音・訓 ショウ
名のり あやめ

- 菖侍8 しょうじ
- 菖多6 しょうた
- 菖人2 しょうと
- 菖野11 しょうや
- 菖耀20 しょうよう
- 大3菖 たいしょう

章 11

明らかにする、けじめの意味があり、きちんと整理された秩序正しいイメージ

音・訓 ショウ
名のり あき・あきら・き・たか・とし・のり・ふさ・ふみ・ゆき

- 章 あきら
- 章人2 あきと
- 章市5 しょういち
- 英8章 ひでゆき
- 理11章 まさとし
- 喜12章 よしあき

笙 11

雅楽の楽器で長短の竹筒を並べた笛。和の心を伝える伝統的で雅やかな印象に

音・訓 ショウ・ソウ・セイ

- 笙 しょう
- 笙壱7 しょういち
- 笙互4 しょうご
- 笙祐9 そうすけ
- 天4笙 てんしょう
- 莉10笙 りそう

紹 11

絶えないように受け継ぐ。引き合わせる。多くのよい縁とつながるように

音・訓 ショウ
名のり あき・すけ・つぎ・つぐ

- 定8紹 さだつぐ
- 紹治8 しょうじ
- 紹人2 しょうと
- 民5紹 たみあき
- 紹一1郎9 しょういちろう

捷 11

戦いに勝つ、動作が速い、理解や判断が早い。てきぱきと物事をこなせる人に

音・訓 ショウ・かつ・はやい
名のり かち・さとし・すぐる・とし・はや・まさる

- 捷 すぐる
- 捷男7 かつお
- 捷理11 しょうり
- 智12捷 ともはや
- 基11捷 のりかつ
- 捷琉11 まさる

唱 11

人より先に言う、はっきり言う、うたう。意志をきちんと示す積極性を願って

音・訓 ショウ・となえる
名のり いざ・うた・となう・となお・みち

- 唱人2 うたひと
- 唱喜12 しょうき
- 唱平5 しょうへい
- 泰10唱 たいしょう
- 徒10唱 とうた
- 雄12唱 ゆうしょう

渉 11

水を歩いて渡る。関係する。一歩ずつ着実に進み、広い世界と関わるように

音・訓 ショウ・わたる
名のり さだ・たか・ただ・わたり

- 渉 わたる
- 一1渉 いっしょう
- 渉輝15 しょうき
- 渉人2 たかと
- 渉真10 しょうま
- 義13渉 よしたか

常 11

変わらずに長く続くこと、特別でないこと。安定した生活と長寿を願って

音・訓 ジョウ・つね・とこ
名のり つら・とき・ときわ・のぶ・ひさ・ひさし

- 唯11常 ただつね
- 常音9 とこね
- 永5常 ながひさ
- 常雄12 のぶお
- 信9常 のぶひさ
- 常幸8 つねゆき

紳 11

身分や教養があるりっぱな人。スマートで知的なジェントルマンを期待して

音・訓 シン
名のり おな・おび

- 紳一1 しんいち
- 紳志7 しんじ
- 紳童12 しんどう
- 理11紳 りしん
- 紳之3介4 しんのすけ

※添え字（漢字1字の最後の音と同音の1字を加えること⇒P.407）を使った変則的な読みは名のりに加えていません。

晨 11

夜明け、早朝。新しい一日が始まる、生気に満ちたさわやかな朝のイメージ

音・訓 シン・ジン・あした

名のり あき・とき・とよ

- 晨 しん
- 晨良7 あきら
- 輝15晨 てるあき
- 晨光6 あきみつ
- 一1晨 かずとき
- 晨生5 ときお

清 11

けがれのないこと。澄んだ心、潔い行動など、すがすがしい人柄を願って

音・訓 セイ・ショウ・シン・きよい

名のり き・きよ・きよし・さや・すが・すみ・すむ・せ

- 清 きよし
- 清二2 せいじ
- 清一1 しんいち
- 清人2 きよひと
- 清斗4 しょうと
- 清男7 すがお

進 11

前に進む、向上する。自ら道を開き、一歩ずつ着実に前進する姿勢を期待して

音・訓 シン・ジン・すすむ

名のり す・すす・すすみ・のぶ・みち・ゆき

- 進 すすむ
- 達12進 たつゆき
- 進路13 のぶみち
- 進多6 しんた
- 進雄12 のぶお
- 進人2 ゆきと

盛 11

力や勢いのある、盛んで、栄える様子を示す。積極的なエネルギーを期待して

音・訓 セイ・ショウ・ジョウ・もる・さかん

名のり さかり・さかん・しげ・しげる・たけ・みつ・もり

- 盛 しげる
- 盛埜11 せいや
- 栄9盛 まさたけ
- 盛児7 じょうじ
- 秀7盛 ひでもり
- 盛徒10 もりと

深 11

深い知識や教養、考え方をもち、それを見せびらかさない謙虚で奥深い人に

音・訓 シン・ジン・ふかい・ふかめる

名のり とう・とお・ふか・ふかし・み

- 深 ふかし
- 深治8 しんじ
- 深羅19 しんら
- 一1深 かずみ
- 深太4 しんた
- 深哲10 ふかのり

雪 11

白く清らかなものの象徴。すすぐ、清めるの意味も。けがれのない心を願って

音・訓 セツ・ゆき

名のり きよ・きよみ・きよむ・そそぐ

- 雪史5 きよし
- 祐9雪 ひろゆき
- 雪之3丞6 ゆきのじょう
- 大3雪 だいせつ
- 雪都11 ゆきと

彗 11

宇宙のロマンを感じさせる彗星のイメージと仏教の悟りを導く智慧に通じる字

音・訓 スイ

名のり あきら・さとし

- 彗 あきら
- 華10彗 すいか
- 彗琉11 すいりゅう
- 彗 さとし 彗
- 彗輝15 すいき
- 蒼13彗 そうすい

爽 11

すっきりしていて気持ちがよい様子。明るくさっぱりしたさわやかな人に

音・訓 ソウ・さわやか

名のり あきら・さ・さや・さやか・さわ

- 爽 あきら
- 爽杜7 さやと
- 爽一1 そういち
- 爽夢13 さむ
- 爽季8 さわき
- 爽祐9 そうすけ

崇 11

高くそびえる山の様子から気高い、尊いの意味に。周囲から尊敬される人に

音・訓 スウ・シュウ・ソウ・あがめる

名のり かた・かたし・し・たか・たかし・たけ・なり・むね

- 京8崇 けいしゅう
- 崇斗4 たかと
- 崇高10 むねたか
- 崇弥8 しゅうや
- 崇善12 たかよし
- 良7崇 よしたか

曽 11

以前に。また世代が重なること。先達の智恵に自らの経験を重ねていくように

音・訓 ソウ・ソ・かつて

名のり かつ・つね・なり・ます

- 曽政9 かつまさ
- 曽太4 そうた
- 貴12曽 たかつね
- 曽久3 そうきゅう
- 曽嵐12 そらん
- 曽紀9 つねのり

※⚠＝パソコンなどで文字が出にくい字

舵 11

船の進行方向を決めるもの。全体を正しい方向へ導く責任と指導力を期待して

音・訓 ダ・タ・かじ

- 育8舵 いくた
- 舵雄12 かじお
- 舵行6 だいき
- 舵駆14 たく
- 舵威9知8 だいち

都 11

人の集まる大きな町、統率する、すべて、などの意味。洗練された雰囲気に

音・訓 ト・ツ・みやこ

名のり いち・くに・さと・づ・とし・ひろ・みや

- 一1都 かずくに
- 都史5 さとし
- 和8都弥8 かづや
- 都志7央5 としお

梛 11

樹木の名。熊野神社などでは神木とされる。葉は船乗りのお守りに使われる

音・訓 ダ・ナ・なぎ

- 梛一1 なぎかず
- 梛利7 なぎとし
- 梛之3 なぎゆき
- 梛槻15 なつき
- 梛於8斗4 なおと

陶 11

焼き物、陶器。教え導くこと。多様に形を変える土のように柔軟な心を願って

音・訓 トウ

名のり すえ・ただ・のぶ・よし

- 陶之3 すえゆき
- 貴12陶 たかすえ
- 陶師10 とうし
- 陶心4 とうしん
- 陶造10 よしぞう
- 陶人2 よしひと

琢 11

玉を磨く、刻んで形を美しく整える。自らを磨き上げる努力と意志を期待して

音・訓 タク・みがく

名のり あや・たか・たつ

- 琢斗4 あやと
- 琢士3 たかし
- 琢音9 たくと
- 琢海9 たくみ
- 琢也3 たくや
- 弘5琢 ひろたか

兜 11

頭を守る防具。男の子の無事な成長を願い端午の節句に飾る。印象の強い名に

音・訓 トウ・ト・かぶと

- 兜 かぶと
- 貴12兜 たかと
- 猛11兜 たけと
- 兜治8 とうじ
- 兜耶9 とうや
- 義13兜 よしと

著 11

はっきりと目立つこと、書物に書き表すこと。著しい個性や才能を期待して

音・訓 チョ・あらわす・いちじるしい

名のり あき・あきら・つぎ・つぐ

- 著良7 あきら
- 輝15著 てるあき
- 成6著 なりあき
- 秀7著 ひであき
- 著児7郎9 あきじろう

萄 11

葡萄を表す字。葡萄の文様は正倉院の宝物にも見られ古くから親しまれている

音・訓 トウ・ドウ

- 吾7萄 あとう
- 快7萄 かいどう
- 萄風9 とうふう
- 萄李7 とうり
- 萄斗4 どうと
- 実8萄 みどう

逞 11

心身ともに丈夫で、勢いがある。ワンパクでもいい、たくましく育ってほしい

音・訓 テイ・たくましい

名のり たくま・とし・ゆき・ゆた・よし

- 逞 たくま
- 逞賀12 ていが
- 逞喜12 ていき
- 逞児7 ていじ
- 逞真10 ていしん
- 逞明8 としあき

惇 11

思いやりのある様子。穏やかで厚みのある人柄。誠実で周囲から慕われる人に

音・訓 トン・シュン・ジュン

名のり あつ・あつし・すなお・つとむ・とし・まこと・よし

- 惇 じゅん
- 惇平5 しゅんぺい
- 惇多6 あつた
- 一1惇 かずとし
- 惇之3 としゆき
- 英8惇 ひであつ

※添え字(漢字1字の最後の音と同音の1字を加えること⇒P.407)を使った変則的な読みは名のりに加えていません。

絆 11

つなぎとめること。人と人をつなぐ人情。心と心のつながりを築ける人に

音・訓　ハン・バン

名のり　きずな

- 絆生 5　はんしょう
- 絆心 4　はんしん
- 絆須 12　はんす
- 絆徒 10　はんと
- 絆吾郎 7 9　はんごろう

彪 11

虎の模様、鮮やかなしま模様を示す。優雅な中に力強さを秘めたイメージ

音・訓　ヒョウ・ヒュウ

名のり　あき・あきら・あや・たけ・たけし・つよし・とら・ひで・よし

- 彪　ひょう
- 彪汰 7　あやた
- 彪人 2　たけと
- 威彪 9　たけとら
- 彪則 9　たけのり
- 彪士 3　つよし

彬 11

内容、外見がともに充実している様子。心の豊かさは自然と外見にも表れる

音・訓　ヒン

名のり　あき・あきら・あや・しげし・ひで・もり・よし

- 彬　あきら
- 彬杜 7　あやと
- 定彬 8　さだあき
- 彬継 13　もりつぐ
- 満彬 12　みつよし
- 彬宗 8　よしむね

逢 11 ⚠

会う、思いがけず出会うこと。多くの人との実り豊かな出会いを願って

音・訓　ホウ・あう

名のり　あい

- 輝逢 15　きほう
- 逢賀 12　ほうが
- 逢吾 7　ほうご
- 逢儒 16　ほうじゅ
- 逢治朗 8 10　あいじろう

望 11

遠くを見る。願う。人気や信頼。努力して望みをかなえる強い意志を期待して

音・訓　ボウ・モウ・のぞむ・もち

名のり　のぞみ・み

- 望　のぞむ
- 一望 1　かずみ
- 希望 7　きぼう
- 望幸 8　もちゆき
- 望輝人 15 2　みきひと

麻 11

繊維をとる草の名。まっすぐ伸びた茎から糸をとり布に。強さと柔軟性をもつ

音・訓　マ・バ・あさ

名のり　お・ぬさ

- 麻雄 12　あさお
- 麻斗 4　あさと
- 和麻 8　かずま
- 麻人 2　まひと
- 麻理夫 11 4　まりお

務 11

力を尽くしてやるべき仕事や役目。困難に立ち向かって励んでほしいから

音・訓　ム・つとめる

名のり　かね・ちか・つとむ・つよ・なか・みち

- 務　つとむ
- 貴務 12　たかちか
- 途務 10　とむ
- 広務 5　ひろむ
- 務人 2　みちひと
- 芳務 7　よしかね

猛 11

強く、がむしゃらで勢いがある。何事も恐れない勇気や激しい情熱のイメージ

音・訓　モウ・たけし

名のり　たか・たけ・たけお・たけき・たける・つよし

- 猛　たける
- 勝猛 12　かつたけ
- 猛史 5　たけし
- 猛斗 4　たけと
- 将猛 10　まさたけ
- 猛理 11　もうり

野 11

広い野原。また官に対する民間。飾らず、伸び伸びとした自然な成長を願って

音・訓　ヤ・の

名のり　とお・なお・ぬ・ひろ

- 一野 1　かずや
- 洸野 9　こうや
- 草野 9　しげや
- 広野 5　ひろの
- 由岐野 5 7　ゆきや

埜 11 ⚠

広い野原。また官に対する民間。飾らず、伸び伸びとした自然な成長を願って

野の異体字

音・訓　ヤ・の

名のり　とお・なお・ぬ・ひろ

- 竜埜 10　たつの
- 達埜 12　たつや
- 友埜 4　ともや
- 埜一 1　ひろひと
- 埜利和 7 8　のりかず

※⚠＝パソコンなどで文字が出にくい字

11 唯

ただそれだけ、また肯定の意味。あなたは唯一無二の存在というメッセージに

音・訓 ユイ・イ・ただ

- 佳唯 8 かい
- 唯芳 7 ただよし
- 雅唯 13 まさただ
- 唯登 12 ゆいと
- 唯智朗 12 10 いちろう

11 悠

遠く遥かに続く様子、ゆったりしている様子。大らかで伸びやかな印象に

音・訓 ユウ・ユ

名のり ちか・ちかし・はる・はるか・ひさ・ひさし

- 悠 はるか
- 輝悠 15 てるひさ
- 季悠 8 としちか
- 悠志 7 ひさし
- 悠希 7 ゆうき
- 悠治 8 ゆうじ

11 庸

偏らず、変わらずに世の中に通用すること。普通のことを大切にできる人に

音・訓 ヨウ

名のり いさお・つね・のぶ・のり・みち・もち・もちう・やす・よ

- 庸 いさお
- 庸道 12 つねみち
- 庸人 2 やすと
- 庸憲 16 やすのり
- 行庸 6 ゆきつね
- 庸一 1 よういち

11 徠 !

来る、あるいは、ねぎらう、いたわるの意味。楽しく明るい雰囲気のある字

音・訓 ライ・くる

名のり とめ

- 和徠 8 かずき
- 徠喜 12 らいき
- 徠輝 15 らいき
- 徠悟 10 らいご
- 徠太 4 らいた
- 徠人 2 らいと

11 理

宝石表面の筋の模様から、物事の道理、筋道の意味に。理性的で筋を通す人に

音・訓 リ

名のり おさむ・さだむ・さと・ただ・ただし・とし・のり・まさ・みち・よし

- 理夢 13 おさむ
- 考理 6 たかよし
- 理雄 12 ただお
- 理則 9 としのり
- 正理 5 まさみち
- 理久 3 りく

11 陸

陸地、次々と続く様子。大地の広がりと地に足がついた安定感を併せもつ字

音・訓 リク・ロク・おか

名のり あつ・あつし・くが・たか・たかし・ひとし・みち・む・むつ

- 陸 りく
- 陸行 6 おかゆき
- 陸広 5 たかひろ
- 陸歩 8 たかほ
- 大陸 3 ひろみち
- 陸王 4 むつお

11 隆

高く盛り上がる、勢いが盛んになるの意味。たくましさ、力強さを感じさせる

音・訓 リュウ・ル

名のり お・おき・しげ・たか・たかし・とき・なが・もり・ゆたか

- 隆 たかし
- 隆生 5 たかお
- 行隆 6 ゆきたか
- 隆一 1 りゅういち
- 隆介 4 りゅうすけ
- 隆人 2 りゅうと

11 笠

すげやい草で作った頭にかぶる笠。昔からの知恵や技術の確かさを感じさせる

音・訓 リュウ・かさ

- 笠 りゅう
- 智笠 12 ちりゅう
- 深笠 11 みかさ
- 笠技 7 りゅうぎ
- 笠志 7 りゅうじ
- 笠斗 4 りゅうと

11 琉

瑠璃または琉璃で、宝石のるりを示す。琉球の意味で沖縄にちなんだ名前にも

音・訓 リュウ・ル

- 琉 りゅう
- 翔琉 12 かける
- 琉星 9 りゅうせい
- 琉人 2 りゅうと
- 砂渡琉 9 12 さとる

11 崚

高い山が重なり、稜線がくっきり浮き出る様子。自然の力強さを感じさせる字

音・訓 リョウ

名のり たかし

- 輝崚 15 きりょう
- 崚樹 16 りょうじゅ
- 崚輔 14 りょうすけ
- 崚太 4 りょうた
- 崚伊知 6 8 りょういち

※添え字（漢字1字の最後の音と同音の1字を加えること⇒P.407）を使った変則的な読みは名のりに加えていません。

涼 11

ひんやりした水の冷たさや、木陰のさわやかな風の心地よさを感じさせる字

音・訓 リョウ・すずしい・すずむ
名のり あつ・きよ・すけ・すず・すずし

- 涼史 5 あつし
- 涼夫 4 すずお
- 涼水 4 すずみ
- 貴涼 12 たかすけ
- 涼一 1 りょういち
- 涼平 5 りょうへい

梁 11

柱を横につなぐ梁、また架け橋。国や人の間をつなぎ国際的な活躍をする人に

音・訓 リョウ・はり
名のり たかし・むね・やな・やね

- 梁国 8 はりくに
- 梁祐 9 はりひろ
- 梁惟 11 やない
- 梁太 4 りょうた
- 梁人 2 りょうと
- 梁也 3 りょうや

菱 11

水草の名。実の形に似た菱形は、様々な姿で和風の文様や家紋によく使われる

音・訓 リョウ・ひし
名のり みち・ゆう

- 菱 りょう
- 菱和 8 ひしかず
- 菱多 6 ひした
- 菱好 6 ひしよし
- 菱一 1 りょういち
- 菱斗 4 りょうと

陵 11

大きな丘。ゆったりと大きく、なだらかなイメージ。相手を凌ぐ、の意味も

音・訓 リョウ・みささぎ
名のり おか・たか

- 陵一 1 りょういち
- 陵吾 7 りょうご
- 陵輔 14 りょうすけ
- 陵馬 10 りょうま
- 陵太郎 4 9 りょうたろう

羚 11 ⚠

羚羊でカモシカ、レイヨウ。ともにウシ科の動物。軽やかで姿の美しいイメージ

音・訓 レイ・リョウ

- 羚俊 9 れいしゅん
- 羚一 1 りょういち
- 羚輝 15 りょうき
- 羚優 17 りょうゆう
- 羚太郎 4 9 れいたろう

椅 12

椅子のこと。元は中国伝来の道具で天皇や貴族が使用した。落ち着いた印象に

音・訓 イ
名のり あづさ・よし

- 椅央 5 いお
- 佳椅 8 けい
- 椅恵之 10 3 いえゆき
- 加椅斗 5 4 かいと

偉 12

非常にすぐれている、大きくてりっぱ。心身のスケール大きな成長を願って

音・訓 イ・えらい
名のり あや・いさむ・えら・おお・おおい・たけ・ひで・よし・より

- 偉 いさむ
- 空偉 8 そらたけ
- 偉史 5 たけし
- 武偉 8 たけより
- 成偉 6 よしい
- 偉人 2 よりひと

雲 12

空に浮かぶ雲から、高いこと、遠いことの意味も。自由で自然体なイメージ

音・訓 ウン・くも
名のり も・ゆき・ゆく

- 出雲 5 いずも
- 雲千 3 うんせん
- 雲隆 11 うんりゅう
- 紫雲 12 しうん
- 拓雲 8 たくも
- 八雲 2 やくも

瑛 12

玉の光、輝き。また、水晶など透明で美しい石を示す。輝かしい将来を願って

音・訓 エイ
名のり あき・あきら・たま・てる

- 瑛仁 4 あきひと
- 瑛一 1 えいいち
- 瑛介 4 えいすけ
- 瑛太 4 えいた
- 瑛己 3 てるき
- 保瑛 9 やすてる

詠 12

詩歌をつくる、またはうたうように朗読するの意。文学的で感性豊かな印象に

音・訓 エイ・よむ
名のり うた・え・かぬ・かね・なが

- 詠吾 7 えいご
- 詠太 4 えいた
- 寿詠 7 ひさなが
- 秀詠 7 ひでなが
- 詠之介 3 4 えいのすけ

※⚠＝パソコンなどで文字が出にくい字

温 12

温かさや穏やかさを表す。優しくて、素直、思いやりのある印象に

音・訓 オン・あたたかい・あたためる

名のり あつ・あつし・すなお・つつむ・なが・ならう・のどか・はる・まさ・みつ・やす

- 温志 7 あつし
- 威温 9 たけあつ
- 豊温 13 とよなが
- 温久 3 はるひさ
- 温仁 4 はるひと
- 正温 5 まさはる

覚 12

習得する、感じる、心を決めるなど。感じ、学び、きわめることを願って

音・訓 カク・おぼえる・さます

名のり あき・あきら・さだ・さと・さとし・さとる・ただ・ただし・よし

- 覚仁 4 かくじん
- 覚史 5 さとし
- 覚瑠 14 さとる
- 覚正 5 ただまさ
- 智覚 12 ともあき
- 理覚 11 みちただ

賀 12

喜びを言葉で表して祝う、ことほぐを表す。日本の祝いの伝統を感じさせる字

音・訓 ガ・カ

名のり いわう・しげ・のり・ひろ・ます・よし・より

- 幸賀 8 こうが
- 大賀 3 たいが
- 賀重 9 のりしげ
- 賀敬 12 のりたか
- 賀音 9 よしと
- 慶賀 15 よしのり

葛 12 !

かずらはつる草の総称、くずもつる植物で秋の七草の一つ。季節感のある字

音・訓 カツ・くず・かずら・つづら

名のり かず・かつら・かど・さち・ずら・つら・ふじ

- 葛希 7 かずき
- 葛映 9 かずてる
- 葛俊 9 かずとし
- 葛久 3 かずひさ
- 葛杜 7 かつと
- 温葛 12 はるかど

堺 12

土地の境界、区切り。地名「堺」の歴史から、自由で進歩的なイメージも

音・訓 カイ・さかい

- 堺雅 13 かいが
- 堺建 9 かいたつ
- 堺人 2 かいと
- 堺斗 4 かいと
- 堺耶 9 かいや
- 堺利 7 かいり

敢 12

困難があっても思い切って行動を起こすこと。チャレンジ精神を期待して

音・訓 カン・あえて

名のり いさみ・いさむ・つよし

- 敢夢 13 いさむ
- 敢児 7 かんじ
- 敢助 7 かんすけ
- 敢士 3 つよし
- 敢太朗 4 10 かんたろう

開 12

開け放つ、始める、切り開くなどを示す。明るく、前向き、積極的なイメージ

音・訓 カイ・ひらく・あける

名のり さき・さく・さと・はる・はるき・ひら・ひらかす・ひらき

- 開人 2 かいと
- 開甫 7 かいほ
- 開夢 13 かいむ
- 法開 8 のりひら
- 開喜 12 はるき
- 開路 13 はるみち

雁 12

水鳥の一種で、秋にやってくる渡り鳥。花鳥風月を愛でる和の心を感じさせる

音・訓 ガン・かり

- 雁季 8 がんき
- 雁斗 4 がんと
- 雁秀 7 かりほ
- 陽雁 12 ひかり
- 雁之助 3 7 がんのすけ

凱 12

かちどきという勇ましい意味と和らぐという穏やかな意味の両面をもつ字

音・訓 ガイ・カイ

名のり かつ・たのし・とき・やす・よし

- 凱歌 14 がいか
- 凱史 5 がいし
- 凱人 2 がいと
- 一凱 1 かずとき
- 晴凱 12 はるとき
- 凱旗 14 よしき

葵 12

美しい花を咲かせるアオイ科の植物の総称。徳川家の「葵の御紋」も有名

音・訓 キ・ギ・あおい

名のり まもる

- 和葵 8 かずき
- 葵一 1 きいち
- 大葵 3 だいき
- 仲葵 7 のぶき
- 遥葵 12 はるき
- 葵琉 11 まもる

※添え字（漢字1字の最後の音と同音の1字を加えること⇒P.407）を使った変則的な読みは名のりに加えていません。

幾 12

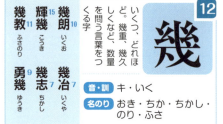

いくつ、どれほど。幾重、幾久しくなど、数量を問う言葉をつくる字

音・訓 キ・いく

名のり おき・ちか・ちかし・のり・ふさ

- 幾朗 10 いくお
- 幾治 7 いくや
- 輝幾 15 こうき
- 幾志 7 ちかし
- 幾教 11 ふさのり
- 勇幾 9 ゆうき

喜 12

誕生の喜びと祝福の気持ちを込めて。喜寿(七十七歳の祝い)から長寿への願いも

音・訓 キ・よろこぶ

名のり きよ・このむ・たのし・とし・のぶ・はる・ひさ・ゆき・よし

- 智喜 12 ともき
- 喜暉 13 のぶき
- 春喜 9 はるき
- 喜章 11 ひさあき
- 正喜 5 まさき
- 喜文 4 よしふみ

稀 12

少ない、めったにない、珍しいの意味。キの止め字に使うと個性的な印象に

音・訓 キ・ケ・まれ

- 稀一 1 きいち
- 舜稀 13 しゅんき
- 直稀 8 なおき
- 宣稀 9 のぶき
- 宏稀 7 ひろき
- 秀稀 7 ほまれ

卿 12 ⚠

歴史上の役人の官職名から。身分の高い人の敬称にも使われ、気品ある印象に

音・訓 キョウ・ケイ

名のり あき・あきら・きみ・のり

- 卿壱 7 きょういち
- 卿弥 8 きょうや
- 卿吾 7 けいご
- 卿亮 9 けいすけ
- 卿太郎 4 9 きょうたろう

期 12

区切られた時間、決められた日時のほか、望む、約束する、予定するの意味も

音・訓 キ・ゴ

名のり さね・とき・とし・のり

- 一期 1 かずき
- 陽期 12 はるとき
- 寿期 7 ひさき
- 弘期 5 ひろき
- 美期彦 9 9 みきひこ

喬 12

幹が太く背が高い木、また高くそびえる様子。体と心の健やかな成長を願って

音・訓 キョウ・たかい

名のり すけ・たか・たかし・ただ・ただし・のぶ・もと

- 喬平 5 きょうへい
- 喬弥 8 きょうや
- 喬志 7 たかし
- 喬都 11 たかと
- 喬裕 12 たかひろ
- 喬樹 16 もとき

貴 12

身分や価値が高いこと、また相手への敬意を表す。尊敬される人生を期待して

音・訓 キ・とうとい

名のり あつ・あて・たか・たかし・たけ・とし・むち・よし

- 貴史 5 あつし
- 和貴 8 かずき
- 貴人 2 たかと
- 貴大 3 たかひろ
- 尚貴 8 ひさたか
- 勇貴 9 ゆうき

堯 12 ⚠

高い、豊か。中国の伝説上の名君の名。人並み以上にすぐれてほしいと願って

音・訓 ギョウ

名のり あき・たか・たかし・のり

尭の異体字

- 堯斗 4 あきと
- 堯伸 7 あきのぶ
- 堯士 3 たかし
- 堯芳 7 たかよし
- 信堯 9 のぶたか
- 弘堯 5 ひろあき

揮 12

ふるう、指図する。存分に力を出す、という意味も。リーダーの素質を願って

音・訓 キ・ふるう

名のり てる

- 和揮 8 かずてる
- 揮章 11 きしょう
- 智揮 12 ともき
- 勇揮 9 ゆうき
- 比呂揮 4 7 ひろき

暁 12

夜明け、明け方。転じて、明らかになる、悟る。1字名に使っても印象的な字

音・訓 ギョウ・キョウ・あかつき

名のり あき・あきら・あけ・かつ・さとし・さとる・とき・とし

- 暁夫 4 あきお
- 暁映 9 あきてる
- 暁士 3 あきと
- 暁文 4 あきふみ
- 暁久 3 ときひさ
- 暁道 12 ときみち

※⚠=パソコンなどで文字が出にくい字

極 12

行き着く先、きわみ、この上ない、などの意味。美徳や才能と組み合わせて

音・訓 キョク・ゴク・きわめる

名のり いたる・きわ・きわみ・きわむ・きわめ・たか・なか・のり・みち・むね

- 極 いたる
- 極英 8 きょくえい
- 極夢 13 きわむ
- 義 13 極 よしなか
- 極志 7 朗 10 なかじろう

勤 12

自分の仕事に力を尽くすという意味をもつ。真面目で一生懸命なイメージに

音・訓 キン・ゴン・つとめる

名のり いそ・いそし・すすむ・つとむ・とし・のり・ゆき

- 勤嗣 13 いそつぐ
- 勤宣 9 いそのぶ
- 勤示 5 きんじ
- 勤也 3 きんや
- 勤人 2 のりと
- 久 3 勤 ひさのり

欽 12

慎重に控えめにし、相手を敬うこと。礼儀正しく、言動に節度のあるイメージ

音・訓 キン・つつしむ

名のり うや・こく・ただ・ひとし・まこと・よし

- 恒 9 欽 つねよし
- 信 9 欽 のぶよし
- 欽司 5 ひとし
- 欽隆 11 よしたか
- 欽之 3 介 4 きんのすけ

景 12

景色、様子などのほか、大きい、めでたい、風情を添えるといった意味も

音・訓 ケイ

名のり あきら・かげ・ひかり・ひろ

- 景邦 7 かげくに
- 景紀 9 かげのり
- 一 1 景 かずひろ
- 景吾 7 けいご
- 景作 7 けいさく
- 景樹 16 ひろき

敬 12

相手を尊敬し、その気持ちを態度で表すこと。礼儀正しく、真面目な印象に

音・訓 ケイ・うやまう

名のり あき・あつ・さとし・たか・たかし・ちか・とし・のり・ひろ・ひろし・ゆき・よし

- 敬治 8 けいじ
- 敬介 4 けいすけ
- 敬史 5 たかふみ
- 敬正 5 たかまさ
- 友 4 敬 ともゆき
- 敬弘 5 のりひろ

惠 12

（恵の異体字）

思いやり、あわれみ、慈しみ、恩恵などのほか、賢い、素直、美しいなどの意味も

音・訓 ケイ・エ・めぐむ

名のり あや・さと・さとし・しげ・とし・めぐ・めぐみ・やす・よし

- 敦 12 惠 あつとし
- 惠佐 7 けいすけ
- 惠汰 7 けいた
- 惠司 5 さとし
- 惠 4 太郎 9 けいたろう

結 12

結ぶ、まとめる、完成する、しめくくる。多くの人とのよい結びつきを願って

音・訓 ケツ・むすぶ・ゆわえる

名のり かた・ひとし・ゆ・ゆい・ゆう

- 結人 2 ゆいと
- 結都 11 ゆいと
- 結貴 12 ゆうき
- 結太 4 ゆうた
- 結紀 9 雄 12 ゆきお

絢 12

色糸でつくった模様や、美しくきらびやかな様子を示す。華やかな印象に

音・訓 ケン・あや

名のり じゅん・はる

- 絢一 1 じゅんいち
- 絢樹 16 あやき
- 絢人 2 あやと
- 絢司 5 けんじ
- 泰 10 絢 たいじゅん
- 絢矢 5 けんや

堅 12

しっかりしていて確か、信用できる、などの意味。真面目で誠実な印象に

音・訓 ケン・かたい

名のり かき・かた・かたし・すえ・たか・つよし・み・みつ・よし

- 堅一 1 けんいち
- 堅吾 7 けんご
- 堅人 2 たかひと
- 堅士 3 つよし
- 秀 7 堅 ひでたか
- 守 6 堅 もりかた

萱 12

屋根をふく材料に使う草のこと。秋の季語。素朴で自然、シンプルなイメージ

音・訓 ケン・カン・かや

名のり ただ・まさ

- 萱策 12 けんさく
- 萱祐 9 けんすけ
- 太 4 萱 たいけん
- 萱茂 8 かやしげ
- 萱平 5 太 4 かんぺいた

※添え字（漢字1字の最後の音と同音の1字を加えること⇒P.407）を使った変則的な読みは名のりに加えていません。

硯 12

墨をする道具。文房具の中心的存在で、多くの文人たちに愛され、尊重された

音・訓 ケン・ゲン・すずり

広硯 こうけん
硯二 けんじ
硯介 けんすけ
硯斗 けんと
硯乃祐 けんのすけ

最 12

この上なく、いちばんを示す。能力や才能を願う分野を表す字と組み合わせて

音・訓 サイ・もっとも
名のり いえ・いろ・かなめ・たか・たかし・まさる・も・ゆたか・よし

最希 さいき
最蔵 さいぞう
最登 さいと
栄最 しげよし
宣最 のぶよし
最博 よしひろ

琥 12

琥珀を表すための字。黄色味がかった色から虎の字が含まれ、力強い印象に

音・訓 コ・ク
名のり こはく・たま

琥都 こと
琥輔 こすけ
琥有治 こうや
琥二朗 こじろう

策 12

物事がうまくいくように計画を立てること。全体を見て的確な判断をする人に

音・訓 サク
名のり かず・つか・もり

亮策 あきもり
策人 かずと
策就 かずなり
策也 さくや
秀策 しゅうさく
俊策 しゅんさく

湖 12

胡（コ）には大きいの意味があり、広がりを示す。ゆったりとしたイメージ

音・訓 コ・ゴ・みずうみ
名のり ひろし・れい

湖雨 こう
大湖 だいご
湖史 ひろし
亮湖 りょうご
湖志郎 こしろう

詞 12

歌曲や詩、文章などの言葉を表すことが多い。文才にすぐれることを願って

音・訓 シ・ジ・ことば
名のり こと・なり・のり・ふみ

啓詞 けいし
典詞 のりふみ
仁詞 ひとし
詞明 ふみあき
雅詞 まさし
裕詞 ゆうじ

皓 12

白い、けがれなく白く輝く様子を示す。清潔でさわやか、きちんとした印象に

音・訓 コウ・ゴウ・しろい
名のり あき・あきら・つく・つぐ・てる・ひかる・ひろ・ひろし

皓市 こういち
皓基 こうき
隆皓 たかあき
皓司 ひろし
皓刀 ひろと
皓迪 ひろみち

視 12 ⚠

目を向ける、注意して見る。広い視野と物事をまっすぐに見る目を期待して

音・訓 シ・みる
名のり のり・み・よし

視の異体字

考視 こうし
尭視 たかし
拓視 たくみ
尋視 ひろみ
視章 のりあき
視親 のりちか

港 12

広い世界への出入り口で人やものが集まる場所。自由で進歩的、積極的な印象に

音・訓 コウ・みなと

港甫 こうすけ
港晴 こうせい
港汰 こうた
港都 みなと
港一朗 こういちろう

紫 12

ムラサキという植物の根で染めた色。王や皇帝が使う高貴な色として知られる

音・訓 シ・むらさき
名のり むら

紫温 しおん
紫文 しもん
太紫 たいし
貴紫 たかし
真佐紫 まさし

※⚠＝パソコンなどで文字が出にくい字

滋 12

どんどん増える、潤う、栄養になる、などの意味。豊かで味わいのある字

音・訓 ジ・シ

名のり あさ・しく・しげ・しげし・しげる・ふさ・ます・よし

- 滋克（7） しげかつ
- 徹滋（15） てつじ
- 伸滋（7） のぶしげ
- 伶滋（7） りょうじ
- 大滋郎（3・9） だいじろう

集 12

自然と周囲に人が集まってくるような人望、人間関係に恵まれることを願って

音・訓 シュウ・あつまる・つどう

名のり あい・い・ため・ち・ちか・つどい

- 賀集（12） がしゅう
- 集一（1） しゅういち
- 集臣（7） ちかおみ
- 友集（4） ともちか
- 英集（8） ひでちか
- 喜集（12） よしため

衆 12

たくさんの人々。目立たなくても日々の幸せを大切に、地道に生きるイメージ

音・訓 シュウ・シュ

名のり とも・ひろ・もり・もろ

- 衆栄（9） しゅうえい
- 衆治（8） しゅうじ
- 衆人（2） しゅうと
- 衆平（5） しゅうへい
- 尊衆（12） たかひろ
- 衆保（9） ひろやす

就 12

仕事や物事を始める、成し遂げるの意味。願いが成就する期待を込めて

音・訓 シュウ・ジュ・つく・つける

名のり なり・ゆき

- 一就（1） かずなり
- 就人（2） しゅうと
- 就平（5） しゅうへい
- 就央（5） ゆきお
- 正就（5） まさなり
- 迪就（8） みちなり

萩 12

秋の七草のひとつ。赤紫や白い小さな花が幾重にも咲く姿が気品を感じさせる

音・訓 シュウ・シュ・はぎ

- 萩一（1） しゅういち
- 萩午（4） しゅうご
- 萩佑（7） しゅうすけ
- 萩平（5） しゅうへい
- 萩満（12） しゅうま
- 萩斗（4） はぎと

竣 12

終える、でき上がるの意味。最後までやり遂げる意志や責任感を期待して

音・訓 シュン・おわる

名のり たかし

- 雅竣（13） がしゅん
- 竣紀（9） しゅんき
- 竣太（4） しゅんた
- 竣都（11） しゅんと
- 竣平（5） しゅんぺい
- 竣弥（8） しゅんや

順 12

素直、筋道に沿って進む、物事がうまくいくなどの意味。順調な成長を願って

音・訓 ジュン

名のり あや・おさむ・かず・す・とし・なお・のぶ・のり・まさ・ゆき・よし・より

- 順栄（9） かずひで
- 順治（8） じゅんじ
- 順哉（9） じゅんや
- 順斗（4） なおと
- 正順（5） まさなお
- 順史（5） まさふみ

閏 12

普通の年より日数や月数が多いこと。閏年。特別な印象から、個性的な名前に

音・訓 ジュン・うるう

名のり うる

- 閏一（1） じゅんいち
- 閏治（8） じゅんじ
- 閏弥（8） じゅんや
- 公閏（4） こうじゅん
- 閏之丞（3・6） じゅんのすけ

晶 12

きらきらと光る様子、鉱物の規則正しい形。華やかさと調和を併せもつ字

音・訓 ショウ

名のり あき・あきら・てる・まさ・よし

- 晶理（11） あきみち
- 晶貴（12） しょうき
- 晶吾（7） しょうご
- 智晶（12） ともあき
- 晶思（9） まさし
- 晶之（3） まさゆき

湘 12

中国の川、湘江（湘水）、神奈川県の湘南のイメージから、さわやかな印象に

音・訓 ショウ・ソウ

- 湘生（5） しょうき
- 湘治（8） しょうじ
- 湘祐（9） しょうすけ
- 湘太（4） しょうた
- 湘平（5） しょうへい
- 湘遥（12） しょうよう

※添え字（漢字1字の最後の音と同音の1字を加えること⇒P.407）を使った変則的な読みは名のりに加えていません。

翔 12

羽を広げて空高く飛ぶ様子。若々しく、広い空へ飛び立つ、自由なイメージ

音・訓 ショウ・かける・とぶ

名のり かけ

- 翔琉 11 かける
- 翔翼 17 しょうすけ
- 翔真 10 しょうま
- 翔矢 5 しょうや
- 翔太郎 4 9 しょうたろう

勝 12

すぐれている、相手にまさっていることを表す。力強さや情熱を感じさせる

音・訓 ショウ・かつ・まさる

名のり かず・かち・すぐる・すぐれ・すぐろ・とう・のり・まさ・ます・よし

- 勝也 3 かつや
- 栄勝 9 しげかつ
- 勝基 11 しょうき
- 勝志 7 まさし
- 勝智 12 まさとも
- 勝則 9 まさのり

森 12

ものが多く並ぶ様子、静かでおごそかな様子も示す。豊かな自然を感じさせる

音・訓 シン・もり

名のり しげ・しげる

- 豊森 13 あつもり
- 森音 9 しげと
- 英森 8 ひでしげ
- 森央 5 もりひろ
- 森一朗 1 10 しんいちろう

尋 12

尋ねるの意味のほか、長さの単位も表す。「千尋」はとても深い、長いの意味

音・訓 ジン・たずねる

名のり ちか・つね・のり・ひろ・ひろし・みつ

- 貴尋 12 たかひろ
- 千尋 3 ちひろ
- 利尋 7 としひろ
- 知尋 8 とものり
- 尋史 5 ひろふみ
- 尋由 5 ひろよし

遂 12

やり遂げる、成し遂げるの意味。強い意志で最後までがんばるイメージに

音・訓 スイ・とげる・ついに

名のり かつ・つく・つぐ・なり・なる・みち・もろ・やす・ゆき・より

- 遂士 3 かつし
- 克遂 7 かつゆき
- 遂吾 7 すいご
- 遂理 11 なるみち
- 博遂 12 ひろなり
- 遂直 8 もろなお

惺 12

真理を悟ることや心が澄んでいる様子を表す。クールで理知的な印象の字

音・訓 セイ・ショウ

名のり あきら・さと・さとし・さとる・しず・しずか

- 永惺 5 えいせい
- 惺貴 12 さとき
- 惺士 3 さとし
- 惺也 3 せいや
- 瑛惺 12 てるさと
- 琉惺 11 りゅうせい

犀 12

動物のサイのほか、堅い、鋭いという意味も。シャープで印象に残る名前に

音・訓 セイ・さい

名のり かた

- 洸犀 9 こうせい
- 犀斗 4 さいと
- 犀文 4 さいもん
- 犀矢 5 さいや
- 広犀 5 ひろかた
- 信犀 9 のぶかた

晴 12

澄んだ青空や日の光を感じさせる字。明るく、さわやかで心地よい印象に

音・訓 セイ・はらす・はれる

名のり きよし・てる・なり・はる・はれ

- 清晴 11 きよはる
- 大晴 3 たいせい
- 晴生 5 はるき
- 晴彦 9 はるひこ
- 登希晴 12 7 ときはる

税 12

公共の目的で集める税金のこと。社会の一員としての義務を果たすりっぱな人に

音・訓 ゼイ

名のり おさむ・ちから・みつぎ

- 税夢 13 おさむ
- 税右 5 ぜいう
- 税栄 9 ぜいえい
- 税寛 13 ぜいかん
- 税司 5 ぜいじ
- 税良 7 ちから

善 12

道理に合った正しい言動、望ましくすぐれた性質、上手な様子などを表す字

音・訓 ゼン・よい

名のり さ・ただし・たる・よし

- 一善 1 かずよし
- 善騎 18 よしき
- 善就 12 よしなり
- 善信 9 よしのぶ
- 善規 11 よしのり
- 善大 3 よしひろ

※⚠=パソコンなどで文字が出にくい字

惣 12

全体をまとめる、すべて、などの意味。「惣領」は最初に生まれた子のこと

音・訓 ソウ
名のり おさむ・とし・のぶ・ふさ・みち

- 惣一 1 そういち
- 惣介 4 そうすけ
- 友 4 惣 ともふさ
- 惣司 5 そうじ
- 惣矢 5 そうや
- 惣喜 12 のぶき

創 12

新しくつくり出すことを表す。クリエイティブな能力が身につくことを願って

音・訓 ソウ・つくる
名のり はじむ・はじめ

- 創児 7 そうじ
- 創太 4 そうた
- 創一 1 郎 9 そういちろう
- 創介 4 そうすけ
- 創夢 13 はじむ

湊 12

水上で人やものが集まるところの意味から「みなと」。「港」より歴史のある字

音・訓 ソウ・みなと
名のり すすむ・み

- 湊一 1 そういち
- 湊甫 7 そうすけ
- 湊太 4 郎 9 そうたろう
- 湊司 5 そうじ
- 湊都 11 みなと

巽 12

易の八卦の一つで辰と巳の間の方角（東南）、従順な徳を表す。素直な子に

音・訓 ソン・たつみ
名のり ゆく・よし

- 巽己 3 たつみ
- 巽晶 12 よしあき
- 巽満 12 よしみつ
- 侑 8 巽 ゆうそん
- 巽幹 13 よしき
- 巽往 8 よしゆき

尊 12

敬い大切にすること。また相手に尊敬の気持ちを表すときに添える言葉

音・訓 ソン・とうとい・たっとぶ・みこと
名のり きみ・たか・たかし

- 尊重 9 たかしげ
- 尊康 11 たかやす
- 大 3 尊 ひろたか
- 尊常 11 たかつね
- 照 13 尊 てるたか
- 文 4 尊 ふみたか

達 12

届く、行き着く、深く通じる。努力して道をきわめた達人になるように

音・訓 タツ
名のり いたる・かつ・さと・さとし・さとる・しげ・すすむ・ただ・たて・とおる・みち・よし

- 達史 5 さとし
- 達彦 9 たつひこ
- 達也 3 たつや
- 敬 12 達 たかさと
- 達夢 13 たつむ
- 英 8 達 ひでたつ

智 12

知恵を表す。仏教の言葉で悟りの意味も。理知的で温かみも感じられる字

音・訓 チ
名のり あきら・さと・さとし・さとる・じ・とし・とみ・とも・のり・まさる・もと

- 智 さとし
- 智輝 15 としき
- 智春 9 ともはる
- 典 8 智 てんち
- 智規 11 とものり
- 智也 3 ともや

朝 12

一日の始まりのさわやかさや新鮮さを感じさせる。帰朝など日本を示すことも

音・訓 チョウ・あさ・あした
名のり あき・かた・さ・つと・とき・とも・のり・はじめ

- 朝登 12 あさと
- 朝治 7 ともや
- 朝佳 8 ともよし
- 朝和 8 ともかず
- 朝幸 8 ともゆき
- 晴 12 朝 はるとき

超 12

範囲や基準を超え、遥かにすぐれていること。とびっきりの才能を願って

音・訓 チョウ・こえる・こす
名のり おき・き・こゆる・たつ・とおる・ゆき

- 超司 5 たつし
- 超爾 14 ちょうじ
- 超一 1 朗 10 ちょういちろう
- 超矢 5 たつや
- 超永 5 ゆきひさ

渡 12

川や海を越え、向こう側へ行くこと。自ら世界を広げる積極性を期待して

音・訓 ト・わたる・わたす
名のり ただ・わたり

- 文 4 渡 あやと
- 拓 8 渡 たくと
- 大 3 渡 ひろと
- 海 9 渡 かいと
- 伸 7 渡 のぶと
- 渡琉 11 わたる

※添え字（漢字1字の最後の音と同音の1字を加えること⇒P.407）を使った変則的な読みは名のりに加えていません。

塔 12

エッフェル塔、ピサの斜塔、法隆寺五重塔など、細長く高い建築物を指す字

音・訓 トウ

- 塔准 10 とうじゅん
- 塔汰 7 とうた
- 塔真 10 とうま
- 塔八 2 とうや
- 塔伍朗 6 10 とうごろう

董 12

間違いを正す、管理する。また、「骨董」のように「大切なもの」の意味も

音・訓 トウ

名のり しげ・しげる・ただ・ただし・ただす・なお・のぶ・まこと・まさ・よし

- 栄董 9 しげただ
- 董親 16 しげちか
- 董司 5 ただし
- 董典 8 とうすけ
- 董磨 16 とうま
- 董規 11 まさき

統 12

一つにまとめる、まとめて治めるの意味。リーダーになれる人望を期待して

音・訓 トウ・すべる

名のり おさ・おさむ・すぶる・すみ・つぐ・つづき・つな・つね・のり・むね・もと

- 和統 8 かずのり
- 統幸 8 つねゆき
- 統伍 6 とうご
- 信統 9 のぶつな
- 統一 1 もとかず
- 統基 11 もとき

登 12

高い所に上がる、高い位につくなどの意味。上に向かって進む姿勢を期待して

音・訓 トウ・ト・のぼる

名のり たか・ちか・ど・とみ・とも・なり・なる・のぶ・のり・み・みのる

- 岳登 8 がくと
- 一登 1 かずと
- 理登 11 としのり
- 雄登 12 ゆうと
- 登志弘 7 5 としひろ

等 12

等しい、順序や順位、仲間などを示す。平等や仲間を大切にする心を願って

音・訓 トウ・ひとしい・など・ら

名のり しな・たか・と・とし・とも・ひとし

- 和等 8 かずとし
- 盛等 11 しげとし
- 等幸 8 としゆき
- 等喜 12 ともき
- 秀等 7 ひでとし
- 康等 11 やすとも

道 12

人としてのあり方、教えの意味も。真面目に物事を深く考えることを期待して

音・訓 ドウ・トウ・みち

名のり おさむ・つな・つね・なおし・のり・まさ・みつ・ゆき・より・わたる

- 崇道 11 たかみち
- 信道 9 のぶゆき
- 弘道 5 ひろみち
- 正道 5 まさみち
- 由道 5 よしみち
- 道輝 15 よりき

童 12

子ども。無邪気さや純真さを感じさせる。少年の心をもち続けることを願って

音・訓 ドウ・わらべ・わらわ

名のり のぶ・み・わか

- 貴童 12 たかわか
- 瑛童 12 てるわか
- 童子 3 どうじ
- 童夢 13 どうむ
- 武童 8 ぶどう
- 童騎 18 わかき

敦 12

手厚い、行き届いた、などの意味。親切、ていねいな人になることを期待して

音・訓 トン・タイ

名のり あつ・あつし・おさむ・つとむ・つる・とし・のぶ

- 敦己 3 あつき
- 敦史 5 あつし
- 敦重 9 あつしげ
- 友敦 4 ともあつ
- 敦生 5 のぶお
- 敦秀 7 のぶひで

博 12

広く行き渡る、大きい、多い。幅広い知識や、大きく豊かな心につながる字

音・訓 ハク・バク

名のり とうる・とおる・はか・ひろ・ひろし・ひろむ

- 章博 11 あきひろ
- 千博 3 かずひろ
- 博己 3 ひろき
- 博崇 11 ひろたか
- 博之 3 ひろゆき
- 博美 9 ひろよし

斐 12

あや、美しい模様を示す。甲斐、甲斐性などの使い方から男性的なイメージに

音・訓 ヒ

名のり あきら・あや・あやる・い・なが・よし

- 斐輝 15 あやき
- 斐仁 4 よしひと
- 甲斐人 5 2 かいと
- 斐可留 5 10 ひかる

※⚠＝パソコンなどで文字が出にくい字

備 12

前もって用意する、そろえておく。備えあれば憂いなしの心がけを期待して

音・訓 ビ・そなえる
名のり そなう・たる・とも・なが・なり・のぶ・まさ・みつ・みな・よ・よし・より

長備 8 たけなり
備憲 16 とものり
備彦 9 のぶひこ
備都 11 のぶと
英備 8 ひでみつ
備一 1 よしかず

満 12

いっぱいになり、豊かで、欠けるところがないこと。満ち足りた人生を願って

音・訓 マン・みちる・みたす
名のり あり・ま・ます・まろ・みき・みち・みつ・みつる

満直 8 ありただ
照満 13 てるみつ
満則 9 みちとき
満信 9 みつのぶ
満広 5 みつひろ
満瑠 14 みつる

普 12

日の光が広がることを表す字で、全体に行き渡るの意味。広く愛される人に

音・訓 フ
名のり かた・ひろ・ひろし・ゆき

普揮 12 ひろき
普孝 7 ひろたか
普文 4 ひろふみ
靖普 13 やすゆき
普見人 7 2 ふみと

釉 12

陶磁器に強度を加え、美しい色や光沢を出す溶液。強さと美をプラスして

音・訓 ユウ・うわぐすり
名のり つや・てる

尭釉 8 たかつや
釉永 5 ゆうえい
釉貴 12 ゆうき
釉大 3 ゆうだい
釉斗 4 ゆうと
釉治 7 ゆうや

富 12

財産だけでなく、さまざまなものを多くもつという意味。豊かな人生を願って

音・訓 フ・フウ・とむ
名のり あつ・あつし・さかえ・と・とし・とみ・とめり・とよ・みつる・ゆたか・よし

富久 3 とみひさ
富来 7 よしき
富士之 3 3 としゆき
富未也 5 3 ふみや

雄 12

雄々しい、強い、すぐれる、などを表す。男性的で人間の器が大きい印象に

音・訓 ユウ・お・おす
名のり かず・かた・かつ・たか・たけ・たけし・のり・まさ・ゆ・ゆき・よし

雄彦 9 たけひこ
信雄 9 のぶかつ
宣雄 9 のぶお
雄貴 12 ゆうき
雄大 3 ゆうだい
雄高 10 ゆたか

葡 12

葡萄に使われるほか、葡萄牙(ポルトガル)の略称も。異国情緒がある字

音・訓 ブ・ホ

晶葡 12 しょうぶ
葡壱 7 ほいち
香杜葡 9 7 かずほ
野葡人 11 2 のぶと

遊 12

楽しむ、ゆとり、離れた土地へ出かけることを表す。人生を豊かにする要素

音・訓 ユウ・ユ・あそぶ
名のり とも・なが・ゆき

知遊 8 ともゆき
遊基 11 ゆうき
遊吾 7 ゆうご
遊佑 7 ゆうすけ
遊就 12 ゆきなり
遊由 5 ゆきよし

萬 12

とても数の多い様子から、あらゆる、完全、絶対などを意味する縁起のよい字

万の異体字

音・訓 マン・バン・よろず
名のり かず・かつ・すすむ・たか・つむ・つもる・ま

萬 まん
萬夫 4 かずお
萬瑛 12 ばんえい
萬慈 13 ばんじ
萬喜男 12 7 まきお

裕 12

豊かで満ち足りていること。余裕。穏やかな心、ゆとりのある人生を願って

音・訓 ユウ・ユ・ゆたか
名のり しげ・すけ・ひろ・ひろし・ひろむ・まさ・みち・やす・よし

裕喜 12 ひろき
裕生 5 ゆうき
裕人 2 ゆうと
裕矢 5 ゆうや
裕太朗 4 10 ゆうたろう

※添え字(漢字1字の最後の音と同音の1字を加えること⇒P.407)を使った変則的な読みは名のりに加えていません。

湧 12

水などが涌き出ること。静かにあふれ出す、穏やかな中にも強さがある字

音・訓 ユウ・ヨウ・わく・わかす

名のり いさむ・わか・わき

- 健湧 11 たけわき
- 知湧 8 ともわき
- 湧己 3 ゆうき
- 湧慈 13 ゆうじ
- 湧太 4 ゆうた
- 湧平 5 ようへい

揚 12

高く上がる、上げる、勢いがあることを表す。ぐんぐん成長するイメージに

音・訓 ヨウ・あげる

名のり あき・あきら・たか・のぶ

- 揚史 5 あきふみ
- 叙揚 9 のぶあき
- 揚紀 9 のぶき
- 揚也 3 のぶや
- 揚之輔 3 14 ようのすけ

葉 12

組み合わせる字によって、春の若々しさ、夏の力強さ、秋の華やかさなどに

音・訓 ヨウ・は

名のり くに・すえ・たに・のぶ・ば・ふさ・よ

- 緑葉 14 りょくよう
- 葉爾 14 ようじ
- 希葉志 7 7 きよし
- 葉留彦 10 9 はるひこ

遥 12

距離や時間がとても離れている様子。世界の広がりや将来への夢が感じられる

音・訓 ヨウ・はるか

名のり すみ・とお・のぶ・のり・はる・みち

- 大遥 3 たいよう
- 遥生 5 はるき
- 遥斗 4 はると
- 遥史 5 はるふみ
- 遥伸 7 みちのぶ
- 遥平 5 ようへい

陽 12

陰陽道では、太陽、男性など積極的、能動的なものを表す。明るく力強い印象

音・訓 ヨウ・ひ

名のり あき・あきら・お・きよ・きよし・たか・てる・なか・はる・ひさ・や

- 陽人 2 あきと
- 太陽 4 たいよう
- 陽行 6 てるゆき
- 陽輔 14 ようすけ
- 陽一朗 1 10 よういちろう

嵐 12

激しさや強さ、相手の心を揺さぶる強烈な個性のイメージ。印象の強い名前に

音・訓 ラン・あらし

- 嵐士 3 あらし
- 亜嵐 7 あらん
- 嵐音 9 らんと
- 嵐歩 8 らんぽ
- 嵐太郎 4 9 らんたろう

椋 12

日本各地に分布する高さ20m以上に育つ大木。大きく成長することを願って

音・訓 リョウ・むく

名のり くら

- 椋吾 7 りょうご
- 椋児 7 りょうじ
- 椋介 4 りょうすけ
- 椋汰 7 りょうた
- 椋乃伸 2 7 りょうのしん

琳 12

美しい玉、玉が触れ合う澄んだ音。涼やかで芸術的な雰囲気を感じさせる

音・訓 リン

名のり たま

- 啓琳 11 けいりん
- 康琳 11 こうりん
- 琳音 9 りんと
- 琳弥 8 りんや
- 琳太郎 4 9 りんたろう

塁 12

野球にちなんだ名前をつけたい人に。元は土や石で作った小さなとりでのこと

音・訓 ルイ

名のり かさ・たか

- 在塁 6 ありたか
- 塁司 5 たかし
- 塁大 3 たかひろ
- 塁郁 9 たかふみ
- 塁治 8 るいじ
- 塁哉 9 るいや

禄 12

神の贈り物、幸い。勤めることで得る給料。幸運にも給料にも恵まれた人生を

音・訓 ロク

名のり さち・とし・とみ・よし

- 寿禄 7 かずよし
- 禄輝 15 としき
- 英禄 8 ひでとし
- 禄樹 16 よしき
- 禄仁 4 よしひと
- 禄史 5 よしふみ

※⚠＝パソコンなどで文字が出にくい字

愛 13

いとおしく、大切に思う気持ち。人を愛し、人に愛されることを願って

音・訓 アイ・めでる・まな

名のり あき・さね・ちか・つね・なり・なる・のり・ひで・めぐむ・やす・よし・より

- 愛斗 4 あきと
- 愛志 7 ちかし
- 愛由 5 のりよし
- 一 1 愛 かずなり
- 愛雄 12 つねお
- 愛実 8 よしみ

葦 13

水辺に生えるイネ科の草。パスカルの「人間は考える葦である」の言葉も有名

音・訓 イ・あし・よし

- 葦隆 11 あしたか
- 一 1 葦 かずよし
- 考 6 葦 たかよし
- 葦深 11 あしみ
- 希 7 葦 けい
- 葦人 2 よしと

雅 13

上品で洗練されている、おくゆかしい。伝統的な美や落ち着きを感じさせる字

音・訓 ガ・みやびやか

名のり ただ・ただし・つね・なり・のり・ひとし・まさ・まさし・まさる・みやび・もと・よし

- 雅 ただし
- 常 11 雅 つねただ
- 雅行 6 まさゆき
- 雅楽 13 がらく
- 史 5 雅 ふみのり
- 雅美 9 みやび

楽 13

音楽、楽器を奏でることから、楽しむの意味に。楽しく、幸せな人生を願って

音・訓 ガク・ラク・たのしい

名のり ささ・たのし・もと・よし

- 楽 がく
- 深 11 楽 みらく
- 楽音 9 もとね
- 楽人 2 がくと
- 楽永 5 もとなが
- 楽一 1 よしかず

寛 13

気持ちにゆとりがあり、心が広いことを表す。ゆったりと包み込むイメージに

音・訓 カン

名のり ちか・とも・のぶ・のり・ひと・ひろ・ひろし・むね・もと・ゆたか・よし

- 寛 ひろし
- 貴 12 寛 たかひろ
- 寛輝 15 もとき
- 寛治 8 かんじ
- 寛則 9 とものり
- 由 5 寛 よしむね

幹 13

木の幹、物事の中心となる部分、才能などを表す。安定した力強さのある字

音・訓 カン・みき

名のり から・き・つね・つよし・とし・とも・み・もと・もとい・もとき・もとし・よし

- 幹 もとき
- 幹規 11 としき
- 幹夫 4 みきお
- 幹一 1 かんいち
- 英 8 幹 ひでとも
- 芳 7 幹 よしつね

暉 13

広がる光、輝くこと。「輝」と同じ意味だが、より個性的な名前に

音・訓 キ・かがやく

名のり あき・あきら・てらす・てる

- 暉 あきら
- 大 3 暉 たいき
- 雅 13 暉 まさあき
- 暉人 2 あきひと
- 暉夫 4 てるお
- 来 7 暉 らいき

義 13

正しいこと、私欲なく筋道を通す気持ちや態度。人として大切な美徳を表す字

音・訓 ギ

名のり あき・しげ・ただし・ちか・つとむ・とも・のり・みち・よし・よしのり・より

- 義 ただし
- 高 10 義 たかのり
- 義一 1 よしかず
- 正 5 義 せいぎ
- 道 12 義 みちあき
- 義人 2 よしひと

業 13

苦労して成し遂げる学問や仕事、わざ。仏教では善悪すべての行いを指す

音・訓 ギョウ・ゴウ・わざ

名のり おき・かず・くに・なり・のぶ・のり・はじめ・ふさ

- 業 ごう
- 業一 1 くにかず
- 英 8 業 ひでなり
- 業也 3 かずや
- 業貴 12 のぶたか
- 祐 9 業 ひろふさ

継 13

つなぐ、受け継ぐ、後に続ける。続けることの大切さを込めて。継続は力なり

音・訓 ケイ・つぐ

名のり つぎ・つね・ひで

- 継杜 7 けいと
- 唯 11 継 ただつぐ
- 継彦 9 ひでひこ
- 貴 12 継 たかつね
- 継雄 12 つぐお
- 道 12 継 みちひで

※添え字（漢字1字の最後の音と同音の1字を加えること⇒P.407）を使った変則的な読みは名のりに加えていません。

詣 13

高いところまで行き着く、到達する。高い理想や目標をもつことを期待して

音・訓 ケイ・ゲイ・もうでる

名のり いたる・まい・まいる・ゆき

円詣 4 えんけい
詣洸 9 けいこう
詣路 13 けいじ
詣春 9 げいしゅん
詣人 2 けいと
詣理 11 ゆきみち

傑 13

抜きん出ること、また、ひときわすぐれた人物を示す。ずば抜けた才能を願って

音・訓 ケツ

名のり すぐる・たかし・たけし・ひで・まさ

光傑 6 こうけつ
傑留 10 すぐる
傑至 6 たかし
傑士 3 たけし
傑義 13 ひでよし
武傑 8 ぶけつ

源 13

水の流れの始まり、物事の根本。物事を深く考える真摯な心を期待して

音・訓 ゲン・みなもと

名のり はじめ・もと・よし

源 はじめ
和源 8 かずもと
源希 7 げんき
丈源 3 たけよし
源芳 7 もとよし
源一 1 よしかず

瑚 13

赤い色の玉石。珊瑚。海底に広がる珊瑚礁は、美しい海の象徴。海にちなんで

音・訓 コ・ゴ

瑚珠 10 こだま
瑚浪 10 こなみ
星瑚 9 せいご
蒼瑚 13 そうご
瑚有輝 6 15 こうき

鼓 13

つづみや太鼓のほか、励ます、勢いをつけるの意も。周囲を元気にさせる人に

音・訓 コ・つづみ

鼓大 3 こだい
鼓哲 10 こてつ
泰鼓 10 たいこ
唯鼓 11 ゆいこ
鼓緒多 14 6 こおた

滉 13

広々とした深い水を表す。広がりと深さのある、豊かな心と知識をもつ人に

音・訓 コウ

名のり あきら・ひろ・ひろし

滉 こう
滉摂 13 こうせつ
蒼滉 13 そうこう
滉志 7 ひろし
滉宙 8 ひろみち
滉行 6 ひろゆき

煌 13

光が周囲に大きく広がる様子。きらめく。華やかで明るく、魅力的なイメージ

音・訓 コウ・オウ・かがやく・きらめく

名のり あき・あきら・てる

煌 あきら
煌里 7 あきさと
煌雅 13 こうが
煌星 9 こうせい
志煌 7 しこう
盛煌 11 せいこう

幌 13

雨風などを防ぐおおい、また武士が鎧につけた布。大切なものを守るイメージ

音・訓 コウ・ほろ

名のり あきら

幌次 6 こうじ
幌祐 9 こうすけ
幌大 3 こうだい
幌造 10 こうぞう
星幌 9 せいこう
幌人 2 ほろひと

詩 13

感性豊かで、言葉を大切にし、独自の表現力をもつイメージ。文才を期待して

音・訓 シ

名のり うた・ゆき

詩唯 11 うたい
詩人 2 しじん
詩瑞 13 しみず
宙詩 8 そらうた
奉詩 8 ほうし
昌詩 8 まさし

資 13

元になるもの、元手。生まれつきの素質や能力。資質を生かすことを願って

音・訓 シ

名のり すけ・たか・たすく・ただ・とし・もと・もとい・やす・よし・より

丈資 3 たけし
資夫 4 としお
正資 5 まさし
資樹 16 もとき
由資 5 よしすけ
資人 2 よりと

※⚠=パソコンなどで文字が出にくい字

獅 13

百獣の王ライオン。力強さや迫力とともにリーダーとしての叡智を感じさせる

音・訓 シ・しし

- 獅織 18 しおり
- 獅考 6 しこう
- 獅雄 12 ししお
- 武 8 獅 たけし
- 杜 7 獅和 8 としかず

準 13

元は水平をはかる道具。よりどころ、目安、手本などを表す。手本になる人に

音・訓 ジュン・セツ

名のり かね・とし・ならう・なろう・のり・ひとし・ひら

- 準 ひとし
- 秋 9 準 あきとし
- 準一 1 じゅんいち
- 準観 18 としみ
- 準和 8 のりかず
- 昌 8 準 まさとし

嗣 13

あとを継ぐこと、またあと継ぎ。文化や伝統を新時代に継ぐ人になるように

音・訓 シ・ジ・つぐ

名のり あき・さね・つぎ・ひで・みつぐ

- 悦 10 嗣 えつし
- 隆 11 嗣 たかし
- 嗣人 2 つぐひと
- 嗣都 11 ひでと
- 嗣史 5 ひでふみ
- 正 5 嗣 まさし

詢 13

尋ねる、相談する。素直に相手に質問し相談できる、オープンで前向きな人に

音・訓 ジュン・シュン・とう・はかる

名のり まこと

- 詢 まこと
- 詢一 1 じゅんいち
- 詢徒 10 しゅんと
- 詢芽 8 しゅんめ
- 清 11 詢 せいじゅん
- 詢而 6 とうじ

蒔 13

植える、種をまく。自ら物事を始め、育てていくような積極性を期待して

音・訓 シ・ジ・まく

名のり まき

- 一 1 蒔 かつじ
- 生 5 蒔 しょうじ
- 蒔隆 11 しりゅう
- 蒔杜 7 まきと
- 雅 13 蒔 まさし
- 実 8 蒔 みまき

馴 13

なれる、ならす。元は動物がなれ、従うことから。柔軟な順応性を期待して

音・訓 ジュン・シュン・なれる

名のり なれ・よし

- 敬 12 馴 けいじゅん
- 馴一 1 じゅんいち
- 馴徒 10 しゅんと
- 世 5 馴 せいじゅん
- 直 8 馴 ただよし
- 馴民 5 よしたみ

慈 13

慈しむこと。親から子、子から親への情愛、神仏の恵み。人に尽くせる人に

音・訓 ジ・シ・いつくしむ

名のり しげ・しげる・ちか・なり・やす・よし

- 慈 しげる
- 育 8 慈 いくじ
- 慈徒 10 しげと
- 唯 11 慈 ただやす
- 慈夫 4 ちかお
- 継 13 慈 つぐなり

楯 13

攻撃を防ぐ武具、身を守る手段。どんな苦難もはね返すような力強さを願って

音・訓 ジュン・たて

名のり たち

- 楯 じゅん
- 輝 15 楯 きじゅん
- 楯一 1 じゅんいち
- 楯架 9 じゅんか
- 楯雄 12 たてお
- 実 8 楯 みたて

舜 13

中国の伝説上の天子の名。機敏で華やかで徳がある人。植物のむくげの意味も

音・訓 シュン

名のり きよ・とし・ひとし・みつ・よし

- 舜 しゅん
- 舜徒 10 きよと
- 是 9 舜 これきよ
- 舜重 9 とししげ
- 舜雄 12 みつお
- 舜香 9 よしか

奨 13

すすめる、助ける、引き立てるなどの意味。周囲の人とのよい関係を願って

音・訓 ショウ・ソウ

名のり すけ・すすむ・たすく・つとむ

- 弘 5 奨 こうすけ
- 周 8 奨 しゅうすけ
- 奨喜 12 しょうき
- 奨馬 10 しょうま
- 奨武 8 すすむ
- 奨久 3 たすく

※添え字（漢字1字の最後の音と同音の1字を加えること⇒P.407）を使った変則的な読みは名のりに加えていません。

頌 13

功績や人柄をほめたたえること、またその言葉や詩。雅やかなイメージのある字

音・訓 ショウ・ジュ・ヨウ

名のり うた・おと・つぐ・のぶ・よし・よむ

- 頌 しょう
- 頌継(13) おとつぐ
- 頌太(4) しょうた
- 頌芳(7) うたよし
- 是(9)頌 これつぐ
- 頌路(13) ようじ

瑞 13

めでたい前兆やしるし。みずみずしい。瑞穂(みずほ)の国とは日本の別称

音・訓 ズイ・スイ・みず

名のり たま

- 瑞英(8) ずいえい
- 瑞一(1) たまかず
- 瑞雄(12) みずお
- 瑞伸(7) ずいしん
- 瑞輝(15) たまき
- 瑞喜(12) みずき

照 13

輝く、光がすみずみまで照らす、日の光などを表す。光あふれる人生を願って

音・訓 ショウ・てらす・てる

名のり あき・あきら・あり・てらし・てり・とし・のぶ・みつ

- 照 しょう
- 照美(9) てるよし
- 英(8)照 ひでとし
- 照斗(4) あきと
- 照邦(7) のぶくに
- 照夫(4) みつお

嵩 13

山が高くそびえる様子、また中国の有名な山。大きさや気高さを感じさせる字

音・訓 スウ・シュウ・かさ

名のり たか・たかし・たけ

- 嵩 たかし
- 嵩希(7) すうき
- 嵩義(13) たけよし
- 嵩峰(10) しゅうほう
- 嵩斗(4) たかと
- 道(12)嵩 みちたか

新 13

新しいこと、改めて新しくすること。フレッシュな活力に満ちた印象に

音・訓 シン・あたらしい・さら・にい

名のり あきら・あら・あらた・すすむ・ちか・にい・はじめ・よし・わか

- 新 はじめ
- 快(7)新 かいしん
- 新斗(4) しんと
- 新良(7) あきら
- 新希(7) しんき
- 柾(9)新 まさよし

数 13

理性的で調和のとれたイメージに。運命、巡り合わせ、という意味もある

音・訓 スウ・ス・かず・かぞえる

名のり かず・とし・のり・ひら・や

- 数輝(15) かずき
- 数深(11) かずみ
- 数大(3) のりひろ
- 数理(11) かずのり
- 数知(8) のりとも
- 実(8)数 みのり

慎 13

慎む、注意深くする、すみずみまで細かく気を配る。謙虚で落ち着いた人に

音・訓 シン・つつしむ

名のり ちか・のり・まこと・みつ・よし

- 希(7)慎 きしん
- 慎斗(4) のりと
- 正(5)慎 まさみつ
- 慎一(1) しんいち
- 慎道(12) のりみち
- 慎国(8) みつくに

勢 13

盛んな力、そのもの自身がもつ力を表す。力強く、勢いのある成長を期待して

音・訓 セイ・いきおい

名のり せ・なり

- 一(1)勢 かずなり
- 勢児(7) せいじ
- 勢矢(5) せいや
- 茂(8)勢 しげなり
- 勢登(12) せいと
- 充(6)勢 みつなり

愼 13 ⚠

慎む、注意深くする、すみずみまで細かく気を配る。謙虚で落ち着いた人に

音・訓 シン・つつしむ

名のり ちか・のり・まこと・みつ・よし

慎の異体字

- 完(7)愼 かんしん
- 愼雄(12) ちかお
- 愼人(2) みつと
- 愼吾(7) しんご
- 愼太(4) のりた
- 泰(10)愼 やすよし

聖 13

賢く徳にすぐれ、道理をきわめた理想的な人。また気高さやけがれのなさを表す

音・訓 セイ・ショウ・ひじり

名のり あき・あきら・きよ・きよし・さと・さとし・さとる・たかし・とし・ひと・まさ・よし

- 聖 あきら
- 聖斗(4) しょうと
- 英(8)聖 ひでとし
- 聖流(10) さとる
- 竜(10)聖 たつきよ
- 聖季(8) まさき

※⚠=パソコンなどで文字が出にくい字

誠 13

いつわりない真心、うそやごまかしのない言動を表す。人から信頼される人に

音・訓 セイ・ジョウ・まこと

名のり あき・あきら・かね・さと・さね・しげ・なが・なり・なる・のぶ・まさ・よし

- 誠 まこと
- 一誠 1 かずさと
- 誠都 11 かねと
- 誠秀 7 なりひで
- 誠矢 5 まさや
- 道誠 12 みちしげ

靖 13

安らか、安らかに静めるの意味。人の心を和ませ、安らぎを与える人に

音・訓 セイ・ジョウ・やすんじる

名のり おさむ・きよ・きよし・しず・のぶ・やす・やすし

- 靖 きよし
- 靖夢 13 おさむ
- 靖真 10 しずま
- 靖治 8 じょうじ
- 靖斗 4 せいと
- 靖史 5 やすし

節 13

竹の節から区切りを表す。信念を守る、分を知るほどよい態度といった意味も

音・訓 セツ・セチ・ふし

名のり さだ・たか・たかし・たけ・とも・のり・ほど・まこと・みさ・みさお・もと・よし

- 節 たかし
- 洸節 9 こうせつ
- 節夫 4 たけお
- 節規 11 ともき
- 節基 11 もとき
- 節満 12 よしみつ

摂 13

いろいろなものを合わせてとり入れる、行なう。バランス感覚を期待して

音・訓 セツ・ショウ・とる

名のり おさむ・かぬ・かね

- 摂多 6 かねた
- 摂佳 8 かねよし
- 摂人 2 しょうと
- 摂備 12 しょうび
- 摂希 7 せつき
- 宏摂 7 ひろかね

楚 13

すっきりとしている様子。植物のいばらの意味もあり、きりっとした印象に

音・訓 ソ・いばら

名のり うばら・しもと・たか・つえ・つら

- 継楚 13 けいそ
- 楚路 13 そじ
- 楚夢 13 そむ
- 楚羅 19 そら
- 大楚 3 たいそ
- 理楚 11 まさつら

蒼 13

色の青、草木が茂る様子。スカイブルーよりもやや深みがある濃い青色

音・訓 ソウ・あお・あおい

名のり しげる・ひろ

- 蒼 しげる
- 蒼喜 12 あおき
- 蒼枝 8 あおし
- 蒼天 4 そうてん
- 蒼美 9 そうび
- 蒼龍 16 そうりゅう

想 13

心に思い浮かべる、イメージを描くこと。感性豊かで発想力のある印象に

音・訓 ソウ・ソ・おもう

- 想志 7 そうし
- 想太 4 そうた
- 想人 2 そうと
- 想磨 16 そうま
- 想意智 13 12 そういち

続 13

途切れずに続けること、連なること。一つのことに打ち込み続ける人に

音・訓 ゾク・つづく

名のり つぎ・つぐ・つづき・ひで

- 続 つづき
- 和続 8 かずひで
- 続利 7 つぐとし
- 続仁 4 つぐひと
- 続弥 8 ひでや
- 柾続 9 まさつぐ

馳 13

馬を走らせる。御馳走は準備に走り回るの意から。人のために尽くせる人に

音・訓 チ・ジ・はせる

名のり とし・はや・はやし

- 心馳 4 しんじ
- 爽馳 11 そうじ
- 大馳 3 だいち
- 馳里 7 ちさと
- 馳空 8 としたか
- 馳路 13 としみち

禎 13

神の恵みを受けためでたいしるし、幸い。誕生という幸いへの感謝を込めて

音・訓 テイ

名のり さだ・さだむ・さち・ただ・ただし・つぐ・とも・よし

- 禎由 5 さだよし
- 禎時 10 ただとき
- 禎弥 8 つぐみ
- 禎都 11 ていと
- 禎喜 12 ともき
- 尚禎 8 なおよし

※添え字（漢字1字の最後の音と同音の1字を加えること⇒P.407）を使った変則的な読みは名のりに加えていません。

鉄 13

堅くて強いものの象徴。強い信念をもち、精神的にも肉体的にもタフな印象

音・訓 テツ

名のり かね・きみ・てつし・とし・まがね

- 鉄正 5 かねまさ
- 貞 9 鉄 さだかね
- 鉄男 7 てつお
- 鉄哉 9 てつや
- 鉄永 5 としなが
- 直 8 鉄 なおとし

督 13

全体を統率し、物事がうまくいくように正し、導く。リーダーシップを表す字

音・訓 トク

名のり おさむ・かみ・こう・すけ・すすむ・ただ・ただす・まさ・よし

- 督 おさむ
- 正 5 督 ただよし
- 督義 13 ただよし
- 督治 8 とくじ
- 秀 7 督 ひでまさ
- 督規 11 まさき

稔 13

穀物が実ること。積み重ねて熟すの意味も。地道に努力し、結果を出せる人に

音・訓 ネン・ジン・みのる

名のり とし・なり・なる・のり・ゆたか

- 稔 みのる
- 一 1 稔 かずなり
- 稔雄 12 としお
- 稔人 2 なりひと
- 稔実 8 なるみ
- 正 5 稔 まさとし

楓 13

かえで。新緑や紅葉の美しさで古くから愛され、伝統や和の心を感じさせる木

音・訓 フウ・かえで

- 楓 かえで
- 彩 11 楓 さいふう
- 清 11 楓 せいふう
- 楓雅 13 ふうが
- 楓樹 16 ふうき
- 楓太 4 ふうた

福 13

幸せ、幸福、幸運、豊かに恵まれていること。めでたく縁起のよい字

音・訓 フク

名のり さき・さち・たる・とし・とみ・むら・もと・よ・よし

- 福人 2 さきと
- 福海 9 としうみ
- 福成 6 とみなり
- 福弥 8 とみや
- 福祐 9 ふくすけ

豊 13

たっぷりと、たくさんあること。実り多いこと。心も体も豊かな成長を願って

音・訓 ホウ・とよ・ゆたか

名のり あつ・お・かた・て・と・とし・のぼる・ひろ・ひろし・ぶん・みのる・ゆた・よし

- 豊 ゆたか
- 豊利 7 あつとし
- 泰 10 豊 たいほう
- 豊和 8 とよかず
- 豊道 12 ひろみち
- 雅 13 豊 まさよし

睦 13

仲がよいこと、仲よくすること。多くの人と親しみ、仲間に好かれる人に

音・訓 ボク・モク・むつまじい

名のり あつし・ちか・とき・とも・のぶ・まこと・む・むつ・むつみ・よし・よしみ

- 睦 まこと
- 一 1 睦 かずのぶ
- 睦貞 9 ときさだ
- 睦季 8 ともき
- 寛 13 睦 ひろちか
- 睦実 8 むつみ

夢 13

将来に夢をもち、実現させる意志や実行力を願って。大きく広がるイメージ

音・訓 ム・ボウ・ゆめ

- 歩 8 夢 あゆむ
- 拓 8 夢 たくむ
- 英 8 夢 ひでむ
- 大 3 夢 ひろむ
- 夢生 5 渡 12 むうと

盟 13

誓い、固く結ばれた約束のこと。人と信頼し合える誠実な人柄を願って

音・訓 メイ・ちかい・ちかう

名のり あき・ちか

- 洸 9 盟 こうめい
- 惟 11 盟 これちか
- 志 7 盟 しめい
- 盟夫 4 ちかお
- 盟徒 10 めいと
- 盟樹 16 めいき

椰 13

南の国といえば、誰もが思い浮かべるやしの木。明るさと広がりを感じさせる

音・訓 ヤ・やし

- 活 9 椰 かつや
- 空 8 椰 くうや
- 透 10 椰 とうや
- 椰弘 5 やひろ
- 椰素 10 寿 7 やすとし

※⚠＝パソコンなどで文字が出にくい字

楢 13

ブナ科の木。実はどんぐりとして親しまれている。人気のユウの音に使える字

音・訓 ユウ・シュ・シュウ・ユ・なら

楢唯11（ならい） 楢喜12（ゆうき） 楢太4（ゆうた） 楢杜7（ゆうと） 楢野11（ゆうや） 誉13楢（よゆう）

誉 13

ほめること、また評判がよいこと。周囲から評価される才能や能力を期待して

音・訓 ヨ・ほまれ

名のり しげ・たか・たかし・のり・ほまる・ほむ・ほん・もと・やす・よし

誉（ほまれ） 秋9誉（あきのり） 誉斗4（しげと） 誉志7（たかし） 時10誉（ときたか） 誉恒9（よしつね）

瑶 13

美しい玉、また玉のように美しいことを指す。輝かしい個性や才能を期待して

音・訓 ヨウ・たま

瑶和8（たまかず） 瑶輝15（たまき） 充6瑶（みたま） 瑶一1（よういち） 瑶史5（ようし） 瑶多6（ようた）

蓉 13

芙蓉ではすの花、また木の名。富士山を芙蓉峰ともいい、気品を感じさせる字

音・訓 ヨウ・はす

香9蓉（こうよう） 蓉音9（はすね） 蓉滉13（はすひろ） 蓉深11（はすみ） 蓉壱7（よういち） 蓉詩13（ようし）

楊 13

枝が垂れずに上に伸びる種類の柳。枝は昔、病気を治すまじないに使われた

音・訓 ヨウ・やなぎ

名のり やす

楊（よう） 一1楊（かずやす） 楊茂8（やすしげ） 楊杜7（やすと） 楊来7（ようき） 楊樹16（ようき）

雷 13

強い光、激しくとどろく音が、大きなエネルギーを感じさせる。力強い印象に

音・訓 ライ・かみなり

名のり あずま・いかずち

雷（らい） 雷真10（あずま） 奉8雷（ほうらい） 弥8雷（みらい） 雷季8（らいき） 雷電13（らいでん）

稜 13

物のかどを表し、きちんと筋道の立ったイメージ。「稜線」から雄大な印象も

音・訓 リョウ・ロウ

名のり いず・いつ・かど・たか・たる

稜（りょう） 稜軌9（いつき） 稜史5（たかし） 稜大3（たかひろ） 正5稜（まさたか） 稜一1（りょういち）

鈴 13

澄んだ音色から気高さや清らかさを感じさせる。法具の名としても使われる

音・訓 レイ・リン・すず

名のり かね

鈴代5（すずしろ） 鈴音9（すずと） 澄15鈴（ちょうりん） 海9鈴（みれい） 鈴条7（りんじょう） 鈴喜12（れいき）

廉 13

私欲がなく、物事のけじめを守り、潔い様子。私心なく筋を通す人に

音・訓 レン

名のり おさ・かど・きよ・きよし・すが・すなお・ただし・やす・ゆき・よし

廉（ただし） 活9廉（かつやす） 廉史5（きよし） 平5廉（ひらかど） 廉徒10（よしと） 廉治8（れんじ）

蓮 13

美しい花を咲かせる水草。極楽浄土の花とされ、仏像の台座は蓮を表している

音・訓 レン・はす・はちす

一1蓮（いちれん） 蓮喜12（はすき） 蓮埜11（はすの） 蓮虎8（れんこ） 蓮慈13（れんじ） 蓮明8（れんみょう）

※添え字（漢字1字の最後の音と同音の1字を加えること⇒P.407）を使った変則的な読みは名のりに加えていません。

路 13

通り道、たどる道筋、考え方や手順を表す。信じた道を一途に貫くイメージ

音・訓 ロ・じ・みち

名のり のり・ゆき・ゆく・ろう

- 恒路 9 つねのり
- 敏路 10 としゆき
- 路和 8 のりかず
- 正路 5 まさみち
- 路雄 12 みちお
- 路檀 17 ろだん

滝 13

力強く流れ落ちる水。夏にはさわやかな涼しさを、冬には荘厳さを感じさせる

音・訓 ロウ・たき

名のり たけし・よし

- 滝 たけし
- 武 8 滝 たけろう
- 直 8 滝 なおよし
- 滝登 12 よしと
- 滝水 4 よしみ
- 滝牙 4 ろうが

祿 13 ⚠

神の贈り物、幸い。勤めることで得る給料。幸運にも給料にも恵まれた人生を

禄の異体字

音・訓 ロク

名のり さち・とし・とみ・よし

- 軌 9 祿 きろく
- 祿夫 4 さちお
- 路 13 祿 みちよし
- 祿和 8 よしかず
- 祿楼 13 よしろう
- 祿太 4 ろくた

斡 14

巡る、回る、巡らす、回す。司る。人との巡り合わせを大切にすることを願って

音・訓 アツ・カン・ワツ・めぐる

名のり まる

- 斡基 11 あつき
- 斡士 3 あつし
- 斡寿 7 あつひさ
- 斡洋 9 あつひろ
- 斡多 6 かんた
- 斡琉 11 めぐる

維 14

網を張って支えるという意味から、道徳の基礎となる、礼・義・廉・恥を表す

音・訓 イ・ユイ

名のり これ・しげ・すけ・すみ・ただ・ただし・たもつ・つな・つなぐ・ふさ・まさ・ゆき

- 維一 1 いいち
- 維織 18 いおり
- 維吹 7 いぶき
- 維倫 10 ただみち
- 智 12 維 ともつな
- 則 9 維 のりゆき

榮 14 ⚠

栄える。華やかに隆盛し、名声や栄誉を手に入れるという意味をもつ字

栄の異体字

音・訓 エイ・さかえる・はえ・はえる

名のり え・さかえ・しげ・しげる・てる・なが・はる・ひさ・ひで・よし

- 榮雅 13 えいが
- 榮杜 7 さかと
- 榮琉 11 はる
- 榮志 7 ひさし
- 基 11 榮 もとよし
- 好 6 榮 よししげ

演 14

述べる、技を披露するなどの意。実際に表現することで得られるものを大切に

音・訓 エン・のべる

名のり なが・のぶ・ひろ・ひろし

- 演太 4 えんた
- 照 13 演 しょうえん
- 武 8 演 たけのぶ
- 恒 9 演 つねひろ
- 演永 5 のぶなが
- 演史 5 ひろし

歌 14

人の気持ちを伝え、人の心に訴える、身近で大切なもの。心に太陽を唇に歌を

音・訓 カ・うた・うたう

- 歌人 2 うたひと
- 歌津 9 かず
- 歌文 4 かもん
- 蛍 11 歌 けいか
- 宙 8 歌 そらうた
- 大 3 歌 はるか

榎 14

落葉喬木のえのき。初夏に淡黄色の花をつけることから6～7月生まれの子に

音・訓 カ・えのき

名のり え

- 榎恭 10 えきょう
- 榎光 6 えこう
- 榎生 5 かい
- 榎月 4 かづき
- 榎央 5 留 10 かおる

嘉 14

ほめる、喜ぶ、すばらしい、めでたいなど多くのよい意味を表す縁起のよい字

音・訓 カ・ケ・よい

名のり ひろ・よし・よしみ・よみし

- 嘉 よしみ
- 丈 3 嘉 たけひろ
- 朋 8 嘉 ともか
- 久 3 嘉 ひさよし
- 嘉喜 12 ひろき
- 嘉尚 8 よしなお

※⚠＝パソコンなどで文字が出にくい字

魁 14

第一、首領、すぐれたものを意味する字。北斗七星の第一星の名前でもある

音・訓 カイ・さきがけ

名のり いさお・いさむ・さき・つとむ・やす

- 魁朗 10 いさお
- 魁夢 13 いさむ
- 魁児 7 かいじ
- 魁崇 11 かいしゅう
- 魁人 2 かいと
- 魁弥 8 かいや

摑 14

つかむ。握る。夢や希望をしっかりと手にすることができるように願って

音・訓 カク・つかむ

- 摑杜 7 かくと
- 摑弥 8 かくや
- 摑武 8 つかむ
- 摑夢 13 つかむ
- 摑之亮 3 9 かくのすけ

綺 14

あや絹。美しい。威光を放つ人物への成長や、華やかな人生などを願って

音・訓 キ・あや

名のり はた

- 綺人 2 あやと
- 綺一 1 きいち
- 晃綺 10 こうき
- 輝綺 15 てるき
- 広綺 5 ひろき
- 由綺 5 よしき

旗 14

国や組織など、団結の象徴として使われる。はっきりした意志をもつイメージ

音・訓 キ・はた

名のり たか

- 旗師 10 きし
- 旗守 6 きしゅ
- 旗徒 10 はたと
- 旗矢 5 はたや
- 匡旗 6 まさき
- 裕旗 12 ゆうき

銀 14

研ぎ澄まされた、鋭い感覚をもった人物を連想させる。果て、という意味も

音・訓 ギン・しろがね

名のり かね

- 銀河 8 ぎんが
- 銀次 6 ぎんじ
- 銀汰 7 ぎんた
- 銀治 7 ぎんや
- 銀之介 3 4 ぎんのすけ

駆 14

馬が速くかける様子を表す字。躍動感にあふれた男の子らしい名前に

音・訓 ク・かける・かる

- 威駆 9 いく
- 駆流 10 かける
- 駆一 1 くいち
- 駆遠 13 くおん
- 光駆 6 こうく
- 理駆 11 りく

閤 14

閤下は貴人の尊称。気品にあふれたイメージのある字。宮殿の意味ももつ

音・訓 コウ

- 閤希 7 こうき
- 閤司 5 こうじ
- 閤佑 7 こうすけ
- 閤也 3 こうや
- 閤太朗 4 10 こうたろう

綱 14

物事の要、大綱。法則・規則。どっしりと落ち着いた風格を連想させる字

音・訓 コウ・つな

名のり つね・みち

- 昭綱 9 あきつな
- 綱己 3 こうき
- 綱由 5 つなよし
- 利綱 7 としつな
- 綱太朗 4 10 こうたろう

豪 14

秀でている、勇ましい。人を引っ張っていく力のある男らしさを表す字

音・訓 ゴウ・コウ

名のり かた・かつ・たけ・たけし・つよ・つよし・とし・ひで・まさ

- 豪丞 6 ごうすけ
- 豪司 5 たけし
- 豪弘 5 たけひろ
- 豪泰 10 たけやす
- 豪琉 11 たける
- 豪士 3 つよし

瑳 14

美しく磨くこと。また、玉が鮮やかに輝く様子。周囲と切磋琢磨するように

音・訓 サ・みがく

名のり てる・よし

- 一瑳 1 かずさ
- 瑳絃 11 さいと
- 瑳輝 15 さき
- 瑳夢 13 さむ
- 瑳登留 12 10 さとる

※添え字（漢字1字の最後の音と同音の1字を加えること⇒P.407）を使った変則的な読みは名のりに加えていません。

壽 ⚠ 14
寿の異体字

長生きすること、またそれを祝うこと。長生きを祝福する、とても縁起のよい字

音・訓 ジュ・ス・ことぶき
名のり かず・す・とし・なが・のぶ・ひさ・ひさし・やす・やすし・よし

- 壽人 2 かずと
- 壽芳 7 かずよし
- 壽吏 6 じゅり
- 壽樹 16 としき
- 永壽 5 ながひさ
- 壽美 9 ひさみ

榊 ⚠ 14

枝葉を神前に供える神聖な樹木。5～6月頃に黄白色の花をつけ、実を結ぶ

音・訓 さかき

- 榊希 7 さかき
- 榊規 11 さかき
- 榊喜 12 さかき
- 榊貴 12 さかき
- 榊幹 13 さかき
- 榊樹 16 さかき

竪 14

立つ、立てる、まっすぐ立ったもの。素直にまっすぐ成長することを願って

音・訓 ジュ・シュ・たて
名のり ただ・ただし・たつ・なお・なおし

- 竪朗 10 たつお
- 竪紀 9 たつき
- 竪治 7 たつや
- 竪之 3 たつゆき
- 広竪 5 ひろなお
- 理竪 11 みちたて

颯 14

疾風のようにきびきびと行動ができる、勇ましい男の子を連想させる字

音・訓 サツ・ソウ

- 颯希 7 さつき
- 颯己 3 さつみ
- 颯揮 12 そうき
- 颯吾 7 そうご
- 颯汰 7 そうた
- 颯馬 10 そうま

彰 14

はっきり表す、目立たせる。自分を伝える表現力や印象的な個性を期待して

音・訓 ショウ
名のり あき・あきら・あや・ただ・てる

- 彰 あきら
- 彰通 10 あやみち
- 皇彰 9 きみてる
- 彰二 2 しょうじ
- 彰梓 11 ただし
- 文彰 4 ふみあき

爾 14

近くにいる相手を指す言葉、また、「しかり」という肯定の意味ももつ字

音・訓 ジ・ニ・なんじ・しかり・のみ
名のり あきら・しか・ちか・ちかし・み・みつる

- 爾 あきら
- 敬爾 12 けいじ
- 爾志 7 ちかし
- 爾留 10 みつる
- 吾爾人 7 2 あにと

蔣 ⚠ 14

イネ科の多年草・まこも。励ますという意味も。広い心の持ち主を連想

音・訓 ショウ

- 輝蔣 15 きしょう
- 蔣一 1 しょういち
- 蔣次 6 しょうじ
- 蔣介 4 しょうすけ
- 蔣太 4 しょうた
- 蔣保 9 しょうほ

實 ⚠ 14
実の異体字

草木の実、満ちるという意味から、実りある豊かな人生を願って

音・訓 ジツ・み・みのる
名のり これ・さね・ちか・つね・のり・まこと・みつ・みつる

- 實 まこと
- 尭實 8 あきちか
- 實正 5 これまさ
- 實智 12 さねとも
- 實信 9 つねのぶ
- 實岳 8 のりたけ

嘗 14

試す。さまざまなことに果敢にチャレンジしていくような元気のある子に

音・訓 ショウ・ジョウ・なめる
名のり ふる

- 嘗一 1 しょういち
- 嘗喜 12 しょうき
- 嘗亮 9 しょうすけ
- 嘗多 6 しょうた
- 嘗知 8 しょうち
- 嘗平 5 しょうへい

種 14

まいた種からすくすくと草木が育つようなイメージ。仲間という意味も

音・訓 シュ・たね
名のり おさ・かず・くさ・ぐさ・しげ・ふさ

- 種一 1 しげかず
- 種実 8 しげさね
- 盛種 11 しげたね
- 種基 11 たねもと
- 将種 10 まさかず
- 正種 5 まさたね

※⚠=パソコンなどで文字が出にくい字

槙 14

庭木などに使われる常緑樹。「木＋真」の組み合わせがまっすぐで美しい印象に

音・訓 シン・テン・まき
名のり こずえ

- 健槙 11 けんしん
- 槙杜 7 しんと
- 槙心 4 てんしん
- 槙雄 12 まきお
- 槙登 12 まきと
- 萬槙 12 まんてん

賑 14

財貨が豊かになる、貧しい人に施しを与え、ともに豊かになるという意味をもつ

音・訓 シン・にぎわう・にぎやか
名のり とみ・とも

- 賑吾 7 しんご
- 賑多 6 しんた
- 賑成 6 ともなり
- 賑寿 7 ともひさ
- 賑之介 3 4 しんのすけ

榛 14

はしばみ、はり、はん、は、古くから利用され、親しまれている樹木の名

音・訓 シン・はしばみ・はり・はん
名のり はる

- 界榛 9 かいしん
- 榛太 4 しんた
- 貴榛 12 たかはる
- 榛磨 16 はりま
- 榛名 6 はるな
- 榛蔵 15 はんぞう

精 14

すぐれる、奥深い、清らか、純粋などの意味をもつ。澄み切ったイメージの字

音・訓 セイ・ショウ・くわしい
名のり あき・あきら・きよ・きよし・くわし・しげ・すぐる・すみ・ただ・ただし・まこと・もり・よし

- 精史 5 きよし
- 精稀 12 しょうき
- 精悟 10 せいご
- 精二 2 せいじ
- 精志郎 7 9 せいしろう

静 14

穏やかで思いやりの心を忘れず、冷静に物事を判断のできる落ち着いた子に

音・訓 セイ・ジョウ・しずか
名のり きよ・しず・ちか・つぐ・ひで・やす・やすし・よし

- 静史 5 きよふみ
- 静真 10 しずま
- 静児 7 せいじ
- 静典 8 せいすけ
- 静人 2 せいと
- 静志 7 やすし

誓 14

約束をきちんと守る、誠意をもって人と接することのできる子になるように

音・訓 セイ・ちかう
名のり ちか

- 一誓 1 かずちか
- 誓二 2 せいじ
- 誓哉 9 せいや
- 誓士 3 ちかし
- 誓成 6 ちかなり
- 久誓 3 ひさちか

碩 14

大きい、すぐれている、充実している。広く、深く、中身の濃い人生を願って

音・訓 セキ
名のり おう・おお・ひろ・みち・みつ・みつる・ゆたか

- 碩 せき
- 希碩 7 きせき
- 幸碩 8 こうせき
- 碩斗 4 せきと
- 碩也 3 せきや
- 碩史 5 ひろし

漕 14

力を合わせて船を漕ぐことを表す字。仲間と協調して目標を達成できる人に

音・訓 ソウ・ゾウ・こぐ

- 漕海 9 そうかい
- 漕多 6 そうた
- 漕典 8 そうてん
- 漕人 2 そうと
- 漕之進 3 11 そうのしん

聡 14

才知にすぐれていることを表す字。物事をよく見抜く力を得られるように

音・訓 ソウ・さとい
名のり あき・あきら・さ・さと・さとし・さとる・と・とき・とし・とみ・のぶ・ふさ

- 聡良 7 あきら
- 聡志 7 さとし
- 聡一 1 そういち
- 聡太 4 そうた
- 聡之 3 としゆき
- 真聡 10 まさと

漱 14

すすぐ、うがいをする。夏目漱石の名は、意地っ張りを表す「漱石枕流」から

音・訓 ソウ・うがい・すすぐ・ゆすぐ
名のり そそぐ

- 一漱 1 いっそう
- 漱界 9 そうかい
- 漱希 7 そうき
- 漱路 13 そうじ
- 漱石 5 そうせき
- 漱夢 13 そうむ

※添え字(漢字1字の最後の音と同音の1字を加えること⇒P.407)を使った変則的な読みは名のりに加えていません。

肇 14

始める、正しいなどの意味がある。実直で先頭に立って突き進むイメージ

音・訓 チョウ・はじめる

名のり けい・こと・ただ・ただし・とし・なか・はじむ・はじめ・はつ・ひらく・もと

- 肇和(8) ただかず
- 肇亮(9) ただすけ
- 肇要(9) はじめ
- 肇史(5) ただし
- 肇基(11) としき
- 浩(10)肇 ひろとし

総 14

すべる、まとめる、すべて。自然と人がついてくる人物になるように

音・訓 ソウ・すべて

名のり おさ・さ・すぶる・のぶ・ふさ・みち

- 総祐(9) そうすけ
- 総之(3) のぶゆき
- 総一(1)郎(9) そういちろう
- 総真(10) そうま
- 総堅(12) ふさかた

徳 14

人としてすぐれたりっぱな人格。精神を磨き、徳のある人になることを願って

音・訓 トク

名のり あきら・あつ・あつし・あり・いさお・え・かつ・さと・ただし・とこ・とみ・なり・のり

- 徳 のぼる
- 徳琉(11) さとる
- 人(2)徳 ひとなり
- 徳夫(4) あつお
- 徳祐(9) のりすけ
- 徳徒(10) よしと

槍 14

武士に重んじられた武器。細身のすっきりした形と鋭さがストイックな印象に

音・訓 ソウ・ショウ・やり

- 槍 しょう
- 槍吾(7) そうご
- 槍岳(8) やりたけ
- 輝(15)槍 きしょう
- 槍天(4) そうてん
- 槍永(5) やりなが

寧 14

安らか、落ち着いている、安心させる。穏やかな日々を過ごせることを願って

音・訓 ネイ

名のり さだ・しず・やす・やすし

- 寧 やすし
- 寧久(3) しずく
- 寧生(5) ねいき
- 寧夢(13) さだむ
- 伴(7)寧 ともやす
- 寧杜(7) ねいと

遜 14 ⚠

一歩引いて相手に譲ること。相手を認め、自身を振り返る謙虚さを期待して

音・訓 ソン・ゆずる・へりくだる

名のり やす

- 遜 ゆずる
- 大(3)遜 たいそん
- 遜平(5) やすへい
- 遜清(11) そんしん
- 遜貴(12) やすき
- 遜瑠(14) ゆずる

碧 14

美しい青い石、青色、青緑を示す。碧水、紺碧など深い自然の色を感じさせる

音・訓 ヘキ・ヒャク・あお・みどり

名のり きよし・たま

- 碧 みどり
- 碧水(4) あおみ
- 碧輝(15) たまき
- 碧宙(8) あおぞら
- 碧史(5) きよし
- 碧杜(7) へきと

端 14

まっすぐ。正しい。心がまっすぐで誠意のある男の子へと成長するように

音・訓 タン・はし・は・はた

名のり ただ・ただし・ただす・なお・はじめ・まさ・もと

- 端 はじめ
- 端亮(9) ただあき
- 久(3)端 ひさもと
- 端志(7) ただし
- 端人(2) ただひと
- 尋(12)端 ひろまさ

輔 14

助ける、助け。人のために役立つ心優しい子に成長することを願って

音・訓 ホ・フ・たすける・すけ

名のり たすく・たすけ

- 一(1)輔 かずほ
- 晃(10)輔 こうすけ
- 晋(10)輔 しんすけ
- 健(11)輔 けんすけ
- 俊(9)輔 しゅんすけ
- 輔久(3) たすく

暢 14

長く伸びる、伸び伸びしている様子。明るく、伸びやかで自由な成長を願って

音・訓 チョウ・のびる

名のり いたる・かど・とおる・なが・のぶ・のぶる・まさ・みつ・みつる・よう

- 志(7)暢 しのぶ
- 暢樹(16) ちょうき
- 広(5)暢 ひろのぶ
- 宙(8)暢 そらみつ
- 暢海(9) ながみ
- 暢司(5) まさし

※⚠=パソコンなどで文字が出にくい字

鳳 14

聖人と一緒に現れるという鳳凰を意味する縁起のよい字。威厳を感じさせる

音・訓 ホウ・おおとり
名のり たか

- 鳳紀 9 たかき
- 鳳央 5 たかひろ
- 鳳典 8 ほうすけ
- 鳳久 3 たかひさ
- 鳳也 3 たかや
- 鳳星 9 ほうせい

綾 14

あや絹。絹の光沢のように輝いて、人に光を与えられる人物となるように

音・訓 リョウ・あや

- 綾人 2 あやと
- 綾平 5 りょうへい
- 綾太朗 4 10 りょうたろう
- 綾児 7 りょうじ
- 綾哉 9 りょうや

蓬 14 !

よもぎ。若葉は和菓子や料理などに使われる。春の息吹を感じさせる字

音・訓 ホウ・ボウ・よもぎ
名のり しげ・とも・ほ

- 一 1 蓬 かずほ
- 蓬央 5 ともお
- 蓬希 7 ともき
- 栄 9 蓬 しげほ
- 蓬生 5 ともき
- 晴 12 蓬 はるほ

緑 14

さわやかで生命力にあふれるイメージ。新緑の季節に生まれた子に最適

音・訓 リョク・ロク・みどり
名のり つか・つな・のり

- 緑輝 15 つかき
- 緑芳 7 のりよし
- 緑乃 2 佑 7 のりのすけ
- 緑茂 8 のりしげ
- 充 6 緑 みつのり

遙 14 !

距離や時間がとても離れている様子。世界の広がりや将来への夢が感じられる

音・訓 ヨウ・はるか
名のり すみ・とお・のぶ・のり・はる・みち

遥の異体字

- 泰 10 遙 たいよう
- 遙加 5 はるか
- 遙大 3 ようだい
- 智 12 遙 ちはる
- 遙希 7 はるき
- 芳 7 遙 よしはる

瑠 14

仏教の七つの宝、七宝の一つ瑠璃を示す。深い青が美しく、高貴なイメージ

音・訓 ル・リュウ

- 聖 13 瑠 せいりゅう
- 瑠輝 15 りゅうき
- 瑠璃 15 多 6 るりた
- 碧 14 瑠 へきる
- 瑠加 5 るか

僚 14

同じ役目や仕事で、同列に並ぶ仲間、友だち。友人に恵まれることを期待して

音・訓 リョウ
名のり あきら・とき・とも・よし

- 僚 あきら
- 僚数 13 ともかず
- 僚生 5 りょう
- 僚栄 9 ともえ
- 僚希 7 ともき
- 僚馬 10 りょうま

歴 14

順を追って続いていくこと。一つずつ経験を積み重ね、着実な成長を期待して

音・訓 レキ・リャク
名のり つぐ・つね・ちか・ひさ・ふる・ゆき

- 歴 れき
- 歴学 8 ふるひさ
- 歴修 10 りゃくしゅう
- 節 13 歴 ふしつぐ
- 歴徒 10 ゆきと
- 歴正 5 れきまさ

領 14

統領、首領など人を率いる力をもつ人物を表す。持ち前の才能を発揮できる子に

音・訓 リョウ・レイ
名のり おさ・さとる・むね

- 領夢 13 おさむ
- 領治 8 りょうじ
- 領太朗 4 10 りょうたろう
- 領留 10 さとる
- 領哉 9 りょうや

漣 14 !

さざなみ、小波。穏やかで静かなイメージ。呼びやすい1字名としても人気

音・訓 レン・さざなみ
名のり なみ

- 漣悟 10 れんご
- 漣太 4 れんた
- 漣平 5 れんぺい
- 漣治 8 れんじ
- 漣音 9 れんと

※添え字(漢字1字の最後の音と同音の1字を加えること⇒P.407)を使った変則的な読みは名のりに加えていません。

15 鞍

人や物を乗せるための馬具。勇敢な騎士を連想させる、男の子にふさわしい字

音・訓 アン・くら

- 鞍仁 4 くらひと
- 鞍真 10 くらま
- 晃 10 鞍 こうあん
- 剛 10 鞍 たけくら
- 鞍 3 之 14 輔 くらのすけ

15 鋭

賢い、素早い、強いなど頭脳的にも体力的にもすぐれている意味をもつ

音・訓 エイ・するどい
名のり さとき・さとし・とき・とし・はや

- 鋭司 5 えいじ
- 鋭介 4 えいすけ
- 鋭太 4 えいた
- 鋭斗 4 えいと
- 鋭規 11 さとき
- 鋭史 5 さとし

15 駕

馬や馬車を扱うこと、使いこなすこと。人を動かすような大物になるように

音・訓 カ・ガ・のる
名のり のり・ゆき

- 晶 12 駕 あきのり
- 広 5 駕 こうが
- 大 3 駕 たいが
- 貴 12 駕 たかのり
- 悠 11 駕 ひさのり
- 武 8 駕 むが

15 確

しっかりして動かない、強いなどの意味。気概のある男性を思わせる字

音・訓 カク・たしか
名のり あきら・かた・かたし・たい・たかし

- 確良 7 あきら
- 確斗 4 かくと
- 確也 3 かくや
- 確明 8 かたあき
- 確至 6 かたし
- 信 9 確 のぶかた

15 熙 ⚠

輝く。光。喜ぶ。楽しむ。人生が楽しく、光り輝くものであることを願って

音・訓 キ
名のり おき・さと・てる・のり・ひろ・ひろし・ひろむ・よし

- 晃 10 熙 こうき
- 啓 11 熙 のぶき
- 熙喜 12 ひろき
- 熙哉 9 ひろや
- 泰 10 熙 やすひろ
- 義 13 熙 よしひろ

15 畿

都を表す字。畿内・近畿は京都周辺の地方を指す。個性的な名前に

音・訓 キ
名のり ちか・みやこ

- 一 1 畿 かずき
- 煌 13 畿 こうき
- 栄 9 畿 しげき
- 畿史 5 ちかし
- 雅 13 畿 まさき
- 悠 11 畿 ゆうき

15 嬉

嬉しい、楽しむ、喜ぶ。いつも笑顔でいられる人生であるように願って

音・訓 キ・うれしい
名のり よし

- 和 8 嬉 かずき
- 晃 10 嬉 こうき
- 友 4 嬉 ともき
- 広 5 嬉 ひろき
- 嬉成 6 よしなり
- 嬉範 15 よしのり

15 輝

未来が輝かしいものであるように、また周囲を照らす存在となれるように

音・訓 キ・かがやき・かがやく
名のり あき・あきら・てる・ひかる

- 輝生 5 てるき
- 輝海 9 てるみ
- 智 12 輝 ともき
- 輝瑠 14 ひかる
- 正 5 輝 まさき
- 勇 9 輝 ゆうき

15 槻

けやきの古称。すくすく枝葉を伸ばすけやきのように、健やかな成長を願って

音・訓 キ・つき
名のり けや

- 香 9 槻 かつき
- 槻一 1 きいち
- 隆 11 槻 たかき
- 槻彦 9 つきひこ
- 伸 7 槻 のぶき
- 大 3 槻 ひろき

15 毅

意思が強くてくじけない。決断力がある。男の子らしい名前に最適な字

音・訓 キ・ギ・つよい
名のり かた・こわし・さだむ・しのぶ・たか・たかし・たけ・つよ・つよし・とし・のり・よし

- 大 3 毅 だいき
- 毅史 5 たかし
- 毅洋 9 たかひろ
- 竜 10 毅 たつき
- 毅弥 8 としや
- 真 10 毅 まさき

※⚠＝パソコンなどで文字が出にくい字

儀 15

りっぱなふるまい、手本、正しいなどの意味。礼儀正しい印象を与える字

音・訓 ギ

名のり きたる・ただ・ただし・のり・よし

- 儀士 3 ただし
- 恒儀 9 つねよし
- 尚儀 8 なおのり
- 信儀 9 のぶよし
- 儀紀 9 よしき
- 儀行 6 よしゆき

誼 15

よしみ、親しみ。正しい。筋道。友人がたくさんできることを願って

音・訓 ギ・よしみ

名のり こと・よし

- 誼祐 9 ぎすけ
- 誼弥 8 ことや
- 友誼 4 ともよし
- 真誼 10 まこと
- 誼朗 10 よしお
- 誼信 9 よしのぶ

蕎 15

そばのこと。どんな土地でも育つそばのように、たくましく強い男の子に

音・訓 キョウ・ギョウ・そば

名のり たかし

- 蕎介 4 きょうすけ
- 蕎晴 12 きょうせい
- 蕎弥 8 きょうや
- 蕎史 5 たかし
- 蕎太朗 4 10 きょうたろう

駈 15

馬が速くかけるさまを表す字。躍動感にあふれた男の子らしい名前に

駆の異体字

音・訓 ク・かける・かる

- 駈遠 13 くおん
- 駈月 4 くづき
- 駈宇也 6 3 くうや
- 太駈也 7 3 たくや

勳 15

手柄のこと。りっぱな功績を残せるような人物に成長することを願って

音・訓 クン・いさお

名のり いさ・いさむ・いそ・こと・つとむ・なり・ひろ

- 勳朗 10 いさお
- 勳貴 12 いさき
- 勳延 8 いさのぶ
- 勳実 8 いさみ
- 勳務 11 いさむ
- 勳平 5 くんぺい

慧 15

賢い。悟る。知恵がある。物事を冷静に判断し、落ち着いた性格の子に

音・訓 ケイ・エ・さとい

名のり あきら・さと・さとし・さとる・とし・よし

- 晶慧 12 あきさと
- 慧悟 10 けいご
- 慧人 2 けいと
- 慧至 6 さとし
- 慧留 10 さとる
- 充慧 6 みつさと

稽 15

考える、計る。また、敬礼の意味も。礼儀正しく、思慮深いイメージの名前に

音・訓 ケイ・かんがえる

名のり おさむ・かず・とき・のり・み・よし

- 一稽 1 かずとき
- 稽悟 10 けいご
- 稽示 4 けいじ
- 稽太 4 けいた
- 稽人 2 けいと
- 稽基 11 のりき

慶 15

幸福やめでたいことを表す、昔から人気のある字。縁起のよい名前になる

音・訓 ケイ・よろこぶ

名のり ちか・のり・みち・やす・よし

- 慶二 2 けいじ
- 慶多 6 けいた
- 慶人 2 けいと
- 慶明 8 よしあき
- 慶紀 9 よしき
- 慶央 5 よしひろ

潔 15

潔い。清い。正しい。私利私欲がない。純粋で、すがすがしい印象の名前に

音・訓 ケツ・いさぎよい

名のり きよ・きよし・すみ・ゆき・よし

- 潔司 5 きよし
- 潔人 2 きよひと
- 恭潔 10 やすゆき
- 潔成 6 ゆきなり
- 潔光 6 よしみつ
- 潔之 3 よしゆき

劍 15

両刃のまっすぐな刀。魔除けにも使われる。シャープな力強さを秘めた字

剣の異体字

音・訓 ケン・つるぎ

名のり あきら・たち・つとむ・はや

- 劍 あきら
- 劍祐 9 けんすけ
- 劍也 3 けんや
- 劍武 8 つとむ
- 劍義 13 つるぎ
- 劍人 2 はやと

※添え字(漢字1字の最後の音と同音の1字を加えること⇒P.407)を使った変則的な読みは名のりに加えていません。

廣 15 ⚠

広の異体字

寛大で大らかな性格に、また世界に名が知れ渡るような活躍を願って

音・訓 コウ・ひろい・ひろがる

名のり お・たけ・とお・ひろ・ひろし・みつ

- 廣介 4 こうすけ
- 廣汰 7 こうた
- 利 7 廣 としひろ
- 廣昭 9 ひろあき
- 廣弥 8 ひろや
- 正 5 廣 まさひろ

醇 15

混じりけがない。手厚い。専ら。人情が厚く、純朴な性格をイメージさせる字

音・訓 ジュン・シュン

名のり あつ・あつし

- 醇司 5 あつし
- 醇敏 10 あつとし
- 醇人 2 あつひと
- 醇哉 9 じゅんや
- 醇之丞 3 6 あつのすけ

賛 15

助ける。進める。ほめたたえる。おごらず、人を賞賛できる人格者になるように

音・訓 サン

名のり あきら・じ・すけ・たすく・よし

- 賛良 7 あきら
- 英 8 賛 えいすけ
- 賛賀 12 さんが
- 賛示 5 さんじ
- 賛音 9 さんと
- 充 6 賛 みつよし

潤 15

潤う、恵みを受ける、温和、など、生活面でも性格面でもプラスの意味をもつ字

音・訓 ジュン・うるおう・うるおす

名のり うる・うるう・うるお・さかえ・ひろ・ひろし・まさる・ます・みつ

- 潤紀 9 じゅんき
- 潤二 2 じゅんじ
- 潤弥 8 じゅんや
- 潤士 3 ひろし
- 潤都 11 ひろと
- 潤夢 13 ひろむ

諏 15

集まって皆と相談するという意味。人の意見に耳を傾け調和を大切にする子に

音・訓 シュ・ス・はかる

- 諏宇 6 しゅう
- 諏善 12 しゅぜん
- 諏理 11 しゅり
- 諏策 12 すざく
- 諏有人 6 2 しゅうと

樟 15

くすのき。大地にしっかりと根を張って立つ巨木のように大成するように

音・訓 ショウ・くすのき

名のり くす

- 樟樹 16 しょうき
- 樟悟 10 しょうご
- 樟二 2 しょうじ
- 樟太 4 しょうた
- 樟平 5 しょうへい
- 樟野 11 しょうや

遵 15

道理や法則に従う、則るという意味から、規律正しい性格を連想させる字

音・訓 ジュン

名のり ちか・つぎ・のぶ・ゆき・より

- 遵己 3 じゅんき
- 遵司 5 じゅんじ
- 遵矢 5 じゅんや
- 信 9 遵 のぶゆき
- 遵之佑 3 7 じゅんのすけ

穂 15

穀物の茎の先の実のつく部分のこと。実り豊かな人生を歩めるよう願って

音・訓 スイ・ズイ・ほ

名のり お・のり・み・みのる

- 明 8 穂 あきほ
- 一 1 穂 かずほ
- 重 9 穂 しげほ
- 穂高 10 ほだか
- 穂積 16 ほづみ
- 穂留 10 みのる

諄 15

くり返し教え諭す。ていねい、手厚い。真心をもって人を助力できる子に

音・訓 ジュン・シュン

名のり あつ・いたる・さね・しげ・とも・のぶ・ふさ・まこと

- 諄史 5 あつし
- 諄重 9 あつしげ
- 諄人 2 あつと
- 諄信 9 あつのぶ
- 諄起 10 じゅんき
- 諄哉 9 じゅんや

選 15

選ぶ、よりすぐる。好きな分野で選ばれるような、すぐれた能力をもてるように

音・訓 セン・えらぶ

名のり かず・のぶ・よし・より

- 選基 11 かずき
- 選史 5 かずし
- 選人 2 かずと
- 敬 12 選 たかより
- 倫 10 選 みちより
- 選俊 9 よりとし

※⚠＝パソコンなどで文字が出にくい字

撰 15

つくる。著述する。集める。創造力にあふれた、個性的な能力を発揮できる人に

音・訓 セン・ゼン・えらぶ
名のり えらむ・のぶ

- 撰貴 12 のぶき
- 撰介 4 のぶすけ
- 撰斗 4 のぶと
- 撰成 6 のぶなり
- 撰久郎 3 9 せんくろう

蔵 15

くらのほか、納める、蓄えるという意味も。どっしりと落ち着いた印象の字

音・訓 ゾウ・くら
名のり おさむ・ただ・とし・まさ・よし

- 蔵夢 13 おさむ
- 蔵成 6 くらなり
- 恵蔵 10 けいぞう
- 修蔵 10 しゅうぞう
- 武蔵 8 たけとし
- 龍蔵 16 りゅうぞう

潮 15

海水の満ち干き。雄大な海の活動から、広々とした心の持ち主を連想させる

音・訓 チョウ・しお
名のり うしお

- 潮里 7 しおさと
- 潮人 2 しおと
- 潮温 12 しおはる
- 潮永 5 しおひさ
- 潮志郎 7 9 ちょうしろう

澄 15

透き通って清いという意味から、純粋でまっすぐな心をもてるように願って

音・訓 チョウ・すむ・すます
名のり きよ・きよし・す・すみ・ずみ・すめる・とうる・とおる

- 明澄 8 あきすみ
- 澄至 6 きよし
- 澄人 2 きよと
- 澄流 10 とおる
- 真澄 10 ますみ
- 佳澄 8 よしずみ

徹 15

通る、通す。強い意思と行動力で、夢や目標を達成することができるように

音・訓 テツ
名のり あきら・いたる・おさむ・とう・とうる・とお・とおる・ひとし・みち・ゆき

- 一徹 1 かずゆき
- 徹斗 4 てつと
- 徹平 5 てっぺい
- 徹留 10 とおる
- 信徹 9 のぶてつ
- 徹彦 9 みちひこ

憧 15

憧れる。人から尊敬されるような、人徳と才能に恵まれた人物を目指して

音・訓 ドウ・ショウ・あこがれる

- 憧貴 12 しょうき
- 憧伍 6 しょうご
- 憧太 4 しょうた
- 憧平 5 しょうへい
- 憧磨 16 しょうま
- 憧史 5 どうし

範 15

手本、型、範囲などの意味。実直で真面目、一途な強さをイメージさせる字

音・訓 ハン・のり
名のり すすむ

- 彰範 14 あきのり
- 成範 6 しげのり
- 剛範 10 たけのり
- 智範 12 とものり
- 範夫 4 のりお
- 範揮 12 のりき

幡 15

旗、のぼり。人が自然と集まってくるようなリーダーを目指してほしいと

音・訓 ハン・はた
名のり まん

- 喜幡 12 のぶはた
- 幡匡 6 はたまさ
- 幡倫 10 はたみち
- 幡充 6 はたみつ
- 幡也 3 はたや
- 幡悟 10 はんご

磐 15

大きくて厚い石。どっしりと構えて何事にも動じない貫禄が感じられる字

音・訓 バン・ハン
名のり いわ・いわお・わ

- 磐雄 12 いわお
- 磐悟 10 はんご
- 磐志 7 ばんじ
- 磐生 5 ばんせい
- 磐人 2 はんと
- 磐平 5 ばんぺい

標 15

目標、しるし、手本、品格などの意味をもつ。人の模範となるよう願って

音・訓 ヒョウ・しるし
名のり あき・えだ・かた・こずえ・しな・すえ・しめき・たか・とお・ひで

- 信標 9 のぶかた
- 標悟 10 ひょうご
- 標祐 9 ひょうすけ
- 標平 5 ひょうへい
- 弘標 5 ひろかた
- 善標 12 よしかた

※添え字(漢字1字の最後の音と同音の1字を加えること⇒P.407)を使った変則的な読みは名のりに加えていません。

蕪 15

かぶ、しげる、豊かなどの意味がある。多くの才能に恵まれることを願って

音・訓 ブ・ム・かぶ
名のり しげ・しげる

- 敦蕪 12 あつむ
- 祥蕪 10 しょうぶ
- 尚蕪 8 ひさむ
- 紘蕪 10 ひろむ
- 蕪村 7 ぶそん
- 蕪文 4 ぶもん

遼 15

遥か遠く。彼方まで名声をとどろかせられるような人物になることを願って

音・訓 リョウ・はるか
名のり とお・はる

- 遼 りょう
- 遼稀 12 はるき
- 遼介 4 りょうすけ
- 遼矢 5 りょうや
- 遼太朗 4 10 りょうたろう

摩 15

磨く。切磋琢磨して夢をかなえられるように、また己を磨く努力ができる子に

音・訓 マ
名のり きよ・なず

- 和摩 8 かずま
- 摩光 6 きよみつ
- 拓摩 8 たくま
- 温摩 12 はるま
- 裕摩 12 ゆうま
- 凌摩 10 りょうま

凜 15 ⚠

心が引き締まる様子を表す字。きりっとしたりりしさを感じさせる名前に

音・訓 リン

- 光凜 6 こうりん
- 凜二 2 りんじ
- 凜人 2 りんと
- 凜矢 5 りんや
- 凜太郎 4 9 りんたろう

璃 15

瑠璃は七宝の一つで瑠璃色は紫色を帯びた紺色。聡明でりりしいイメージ

音・訓 リ
名のり あき

- 大璃 3 ひろあき
- 裕璃 12 ゆうり
- 璃一 1 りいち
- 璃久 3 りく
- 瑠璃人 14 2 るりひと

凛 15

凜の異体字

心が引き締まる様子を表す字。きりっとしたりりしさを感じさせる名前に

音・訓 リン

- 凛樹 16 りんじゅ
- 凛平 5 りんぺい
- 凛弥 8 りんや
- 凛有 6 りんゆう
- 凛之佑 3 7 りんのすけ

劉 15

古代中国の英雄の名前でもよく登場している字。力強い印象を与える

音・訓 リュウ
名のり つら・のぶ

- 武劉 8 たけのぶ
- 劉紀 9 りゅうき
- 劉騎 18 りゅうき
- 劉備 12 りゅうび
- 劉馬 10 りゅうま
- 劉弥 8 りゅうや

黎 15

たくさん、黒、のほか、夜明け前という意味も。明るい未来を予感させる字

音・訓 レイ・ライ・リ
名のり たみ

- 黎久 3 りく
- 黎一 1 れいいち
- 黎史 5 れいじ
- 黎祐 9 れいすけ
- 黎人 2 れいと
- 黎哉 9 れいや

諒 15

真実、偽りのないことを表す字。うそをつかない素直な子になることを願って

音・訓 リョウ
名のり あき・あさ・すけ・まこと・まさ・みち

- 諒斗 4 まこと
- 諒信 9 まさのぶ
- 諒伍 6 りょうご
- 諒亮 9 りょうすけ
- 諒平 5 りょうへい
- 諒也 3 りょうや

論 15

論じる、述べる、道理を見解、思い巡らす。頭脳明晰なイメージをもつ字

音・訓 ロン
名のり とき・のり

- 明論 8 あきのり
- 宣論 9 のぶとき
- 論夫 4 のりお
- 正論 5 まさのり
- 論太 4 ろんた
- 論平 5 ろんぺい

※⚠=パソコンなどで文字が出にくい字

緯 16

織物の横糸、東西の方向、筋道。また、二つの重要な要素のうちの一つという意味も

音・訓 イ

名のり つかね

- 緯臣 7 いおみ
- 緯智 12 いさと
- 夏緯 10 かい
- 礼緯 5 れい
- 佳緯人 8 2 かいと

衛 16

守る、防ぐ。強さと優しさを併せもった、頼もしい男の子のイメージに

音・訓 エイ・エ

名のり ひろ・まもり・まもる・もり・よし

- 衛司 5 えいじ
- 衛祐 9 えいすけ
- 衛太 4 えいた
- 衛斗 4 ひろと
- 衛留 10 まもる
- 泰衛 10 やすもり

叡 16

賢い、明らか、道理に明るい。すぐれた才能をもった人格者となるように

音・訓 エイ・あきらか

名のり あき・あきら・さと・さとし・ただ・とうる・とおる・とし・まさ・よし

- 叡良 7 あきら
- 叡児 7 えいじ
- 叡太 4 えいた
- 叡司 5 さとし
- 智叡 12 ともあき
- 伸叡 7 のぶあき

穏 16

落ち着いた印象を与える名前に。穏やかで安らかな人生を送れるように願って

音・訓 オン・おだやか

名のり しず・とし・やす・やすき・より

- 穏朗 10 としお
- 穏伸 7 としのぶ
- 穏也 3 としや
- 穏陽 12 やすあき
- 穏徳 14 やすのり
- 穏史 5 やすひと

曉 16 !

夜明け、明け方。転じて、明らかになる、悟る。1字名に使っても印象的な字

音・訓 ギョウ・キョウ・あかつき

名のり あき・あきら・あけ・かつ・さとし・さとる・とき・とし

暁の異体字

- 曉亮 9 きょうすけ
- 曉平 5 きょうへい
- 曉司 5 さとし
- 史曉 5 ふみあき
- 曉士朗 3 10 きょうしろう

薫 16

香り立つような気品と魅力に恵まれた子に。徳の力で善に導くという意味も

音・訓 クン・かおる

名のり かお・くに・しげ・たか・ただ・つとむ・にお・のぶ・ふさ・ほう・まさ・ゆき

- 薫 かおる
- 薫児 7 くんじ
- 薫平 5 くんぺい
- 薫紀 9 しげのり
- 宗薫 8 そうくん
- 貴薫 12 たかしげ

憲 16

おきて。手本。模範となる、真面目できちんとした性格をイメージさせる字

音・訓 ケン

名のり あき・あきら・かず・さだ・ただし・たたす・とし・のり・よし

- 憲一 1 けんいち
- 憲司 5 けんじ
- 憲哉 9 けんや
- 貴憲 12 たかのり
- 憲史 5 ただし
- 憲久 3 のりひさ

賢 16

賢い、才知がある、すぐれている。豊か。聡明な子を連想させる字として人気

音・訓 ケン・かしこい

名のり かた・さと・さとし・さとる・すぐる・たか・とし・のり

- 賢一 1 けんいち
- 賢汰 7 けんた
- 賢人 2 けんと
- 恒賢 9 こうけん
- 賢希 7 さとき
- 大賢 3 ひろさと

醐 16

醍醐はすぐれた人物のたとえ。尊厳と奥深い考えを備えた人物を連想させる字

音・訓 ゴ・コ

- 謙醐 17 けんご
- 淳醐 11 じゅんご
- 祥醐 10 しょうご
- 進醐 11 しんご
- 醍醐 16 だいご
- 優醐 17 ゆうご

衡 16

平ら、正しいなどまっすぐな性格を表す字。北斗七星の第5位星の名でもある

音・訓 コウ

名のり ちか・ひで・ひとし・ひら・ひろ・まもる

- 衡司 5 こうじ
- 衡佑 7 こうすけ
- 衡士 3 ひとし
- 正衡 5 まさひら
- 衡太朗 4 10 こうたろう

※添え字（漢字1字の最後の音と同音の1字を加えること⇒P.407）を使った変則的な読みは名のりに加えていません。

興 16

始まる、奮い立つなど、果敢に挑戦していく男の子をイメージさせる字

音・訓 コウ・キョウ・おこす

名のり おき・き・さかり・さかん・さき・とも・ふさ

- 興一 1 こういち
- 興児 7 こうじ
- 興甫 7 こうすけ
- 健興 11 たけおき
- 展興 10 のぶき
- 雅興 13 まさおき

縞 16

しま模様のほか、絹や白などの意味も。繊細で清潔感を感じさせる和風の字

音・訓 コウ・しま

- 縞輝 15 こうき
- 縞士 3 こうじ
- 縞佑 7 こうすけ
- 縞平 5 こうへい
- 縞太朗 4 10 こうたろう

儒 16

学者。孔子の教え。格調の高さを感じさせる字。聡明なイメージをもつ名前に

音・訓 ジュ

名のり はか・ひと・みち・やす・よし

- 英儒 8 えいじゅ
- 考儒 6 こうじゅ
- 久儒 3 ひさみち
- 儒生 5 みちお
- 道儒 12 みちやす
- 儒紀 9 やすのり

樹 16

樹木のように、まっすぐ大きく育つことを願って。止め字として人気がある

音・訓 ジュ・き

名のり しげ・たつ・みき・むら

- 一樹 1 かずき
- 樹希 7 しげき
- 大樹 3 ひろき
- 樹哉 9 みきや
- 友樹 4 ゆうき
- 優樹 17 ゆうき

輯 16

集める。和らげる。仲睦まじくなる。人をまとめる力をもてるように

音・訓 シュウ

名のり あつむ・むつ・より

- 輯夢 13 あつむ
- 輯治 8 しゅうじ
- 輯佑 9 しゅうすけ
- 輯汰 7 しゅうた
- 輯斗 4 しゅうと
- 輯平 5 しゅうへい

親 16

親しむ、仲よくする、慈しむ、かわいがる。心の優しい子に育つように

音・訓 シン・おや・したしい

名のり いたる・ちか・ちかし・なる・み・みる・もと・よし・よしみ・より

- 和親 8 かずちか
- 陽親 12 はるちか
- 尋親 12 ひろよし
- 雅親 13 まさちか
- 光親 6 みつちか
- 親貴 12 よりき

薪 16

たきぎ。周囲を暖かく明るく照らす、穏やかな火のような人物になるように

音・訓 シン・たきぎ・まき

- 薪一 1 しんいち
- 薪佑 7 しんすけ
- 薪太 4 しんた
- 薪重 9 まきしげ
- 薪彦 9 まきひこ
- 薪仁 4 まきひと

醒 16

目覚める、悟る、迷いが晴れる、などを示す字。冴えたシャープな印象を与える

音・訓 セイ・ショウ・さめる・さます

- 醒己 3 しょうき
- 醒吾 7 しょうご
- 醒亮 9 しょうすけ
- 醒平 5 しょうへい
- 醒至 6 せいじ
- 醒哉 9 せいや

整 16

乱れているものをきちんとさせる。そろえる。きちんとした性格を連想させる

音・訓 セイ・ととのう・ととのえる

名のり おさむ・ただし・なり・のぶ・ひとし・まさ・よし

- 整務 11 おさむ
- 整佑 7 せいすけ
- 整也 3 せいや
- 正整 5 ただまさ
- 整司 5 ひとし
- 整基 11 まさき

積 16

積む、集め重ねる、多い。努力を積み重ねていける子になるように願って

音・訓 セキ・つむ・つもる

名のり あつ・かず・かつ・さ・さね・つみ・づみ・つもる・もち・もり

- 積志 7 かずし
- 積人 2 かずと
- 佳積 8 かづみ
- 貴積 12 たかづみ
- 幸積 8 ゆきもり
- 良積 7 よしづみ

※⚠=パソコンなどで文字が出にくい字

操 16

節操、堅く守る、操るの意味。信念を固持し、人を引っ張っていける人に

音・訓 ソウ・みさお
名のり あや・さお・とる・みさ・もち

- 操士 3 あやひと
- 操司 5 そうじ
- 操介 4 そうすけ
- 操太 4 そうた
- 操志郎 7 9 そうしろう

醍 16

澄んだ酒、という意味にちなんで、にごりのない清らかな心をもてるように

音・訓 ダイ・タイ・テイ

- 醍樹 16 だいき
- 醍吾 7 だいご
- 醍介 4 だいすけ
- 醍造 10 たいぞう
- 醍斗 4 たいと
- 令 5 醍 りょうだい

橙 16

みかんの一種で、長寿の家系に見立てられる縁起のよい字。旬の冬生まれに

音・訓 トウ・だいだい
名のり と

- 明 8 橙 あきと
- 橙汰 7 とうた
- 橙万 3 とうま
- 橙八 2 とうや
- 寿 7 橙 ひさと
- 英 8 橙 ひでと

篤 16

真心があって人情に厚い、男らしい性格を表す字。熱心という意味もある

音・訓 トク・あつい
名のり あつ・あつし・しげ・すみ・ひろ

- 篤志 7 あつし
- 篤人 2 あつと
- 篤久 3 あつひさ
- 篤央 5 あつひろ
- 篤史 5 あつふみ
- 篤也 3 あつや

繁 16

多いこと、盛んであること。草木が茂るように生命力にあふれるように

音・訓 ハン・しげる
名のり えだ・しげ・しげし・とし

- 繁和 8 しげかず
- 繁樹 16 しげき
- 繁登 12 しげと
- 繁晴 12 しげはる
- 繁彦 9 としひこ
- 広 5 繁 ひろしげ

磨 16

磨くという意味から、自らつとめ励んで、人間性を磨くよう期待して

音・訓 マ・みがく
名のり おさむ・きよ・な

- 勝 12 磨 かつま
- 琢 11 磨 たくま
- 達 12 磨 たつま
- 張 11 磨 はりま
- 風 9 磨 ふうま
- 勇 9 磨 ゆうま

諭 16

教え導く。たとえていさめる。知識と経験を積み、人の上に立てる人物に

音・訓 ユ・さとす
名のり さと・さとし・さとる・つぐ・みち・よし

- 明 8 諭 あきさと
- 諭士 3 さとし
- 諭史 5 さとふみ
- 諭也 3 さとや
- 諭紀夫 9 4 ゆきお

融 16

明らか、朗らか、和らぐ、続くなどの意味。仲よくするという意味もある

音・訓 ユウ・とける
名のり あき・あきら・すけ・とう・とうる・とお・とおる・なが・ながし・みち・よし

- 融 とおる
- 温 12 融 はるみち
- 広 5 融 ひろみち
- 融希 7 ゆうき
- 融佑 7 ゆうすけ
- 融斗 4 ゆうと

謡 16

うたうこと、流行歌を指す。歌や音楽への思い入れがあるときの名づけに

音・訓 ヨウ・うたい・うたう

- 謡一 1 よういち
- 謡吾 7 ようご
- 謡詞 12 ようじ
- 謡輔 14 ようすけ
- 謡成 6 ようせい
- 謡太 4 ようた

頼 16

頼る、当てにする、幸い。武将など歴史上の人物にもよく使われている字

音・訓 ライ・たのむ・たのもしい
名のり のり・よ・よし・より

- 晃 10 頼 あきより
- 重 9 頼 しげより
- 知 8 頼 ともより
- 典 8 頼 のりよし
- 頼光 6 よりみつ
- 頼希 7 らいき

※添え字（漢字1字の最後の音と同音の1字を加えること⇒P.407）を使った変則的な読みは名のりに加えていません。

蕾 16

花がもう少しで開こうとしている状態。希望に満ちあふれているイメージの字

音・訓 ライ・つぼみ

- 蕾有 6 らいう
- 蕾佳 8 らいか
- 蕾生 5 らいき
- 蕾伍 6 らいご
- 蕾造 10 らいぞう
- 蕾斗 4 らいと

龍 16

天子、豪傑にたとえられる想像上の動物。縁起がよく、すぐれているイメージ

音・訓 リュウ・リョウ・たつ

名のり かみ・きみ・しげみ・とうる・とお・とおる・めぐむ

竜の異体字

- 龍規 11 たつき
- 龍治 7 たつや
- 龍雅 13 りゅうが
- 龍児 7 りゅうじ
- 龍星 9 りゅうせい
- 龍太 4 りゅうた

澪 16

水脈、水路を意味する。勢いよく流れる水のように、勢いのある人生を願って

音・訓 レイ・みお

- 澪吾 7 れいご
- 澪司 5 れいじ
- 澪仁 4 れいじん
- 澪太 4 れいた
- 澪志郎 7 9 れいしろう

蕗 16

ふき。さわやかな春の風を感じさせる字。品格のある和風の名になる

音・訓 ロ・ふき

- 惟蕗 11 いぶき
- 蕗人 2 ふきと
- 蕗伸 7 ふきのぶ
- 蕗晃 10 ろこう
- 陽蕗人 12 2 ひろと

應 17

問いや呼びかけに返事をする、引き受けること。柔軟な行動力を感じさせる字

音・訓 オウ

名のり かず・たか・のぶ・のり・まさ

応の異体字

- 應太 4 おうた
- 應佑 7 おうすけ
- 應文 4 たかふみ
- 應匡 6 たかまさ
- 孝應 7 たかまさ
- 應貴 12 まさき

環 17

輪を意味し、調和や円満などに通じる字。平和な心を養えるように

音・訓 カン

名のり たま・たまき・わ

- 環治 8 かんじ
- 環太 4 かんた
- 環紀 9 たまき
- 環輝 15 わき
- 環之介 3 4 かんのすけ

徽 17

よい。美しい。旗印という意味も。善悪の区別がつく、好かれるリーダーに

音・訓 キ・しるし

名のり よし

- 敦徽 12 あつき
- 和徽 8 かずき
- 照徽 13 てるき
- 将徽 10 まさき
- 悠徽 11 ゆうき
- 徽典 8 よしのり

謙 17

へりくだる、敬うなどの意味。おごらず、謙虚な心をもつことを願って

音・訓 ケン

名のり あき・かた・かね・しず・たか・のり・ゆずる・よし

- 謙治 8 けんじ
- 謙介 4 けんすけ
- 将謙 10 まさかね
- 泰謙 10 やすのり
- 謙太朗 4 10 けんたろう

鍵 17

人と人をつなぐ役目や、物事を解決に導く役目をイメージさせる字

音・訓 ケン・かぎ

- 鍵悟 10 けんご
- 鍵司 5 けんじ
- 鍵人 2 けんと
- 鍵治 7 けんや
- 鍵治郎 8 9 けんじろう

厳 17

力強い様子、意思の強さを表す男らしい字。尊さや品位の高さも意味する

音・訓 ゲン・ゴン・おごそか・きびしい

名のり いかし・いず・いつ・いつき・いわ・いわお・かね・こう・たか・つね・つよ・ひろ・よし

- 厳太 4 げんた
- 厳志 7 たかし
- 信厳 9 のぶたか
- 厳貴 12 よしき
- 厳之輔 3 14 げんのすけ

※⚠＝パソコンなどで文字が出にくい字

駿 17

躍動感にあふれた様子を表す。気高く、判断力にすぐれた子に育つように

音・訓 シュン

名のり たか・たかし・とし・はや・はやお・はやし

- 駿介4 しゅんすけ
- 駿太4 しゅんた
- 駿也3 しゅんや
- 駿文4 たかふみ
- 駿治7 たかや
- 武8駿 たけとし

篠 17

細い竹、笹。しなやかさと強さを兼ね備えた子に成長するように願って

音・訓 ショウ・しの

名のり ささ

- 篠武8 しのぶ
- 篠栄9 しょうえい
- 篠輝15 しょうき
- 篠吾7 しょうご
- 篠亮9 しょうすけ
- 篠太4 しょうた

擢 17 !

すぐれて抜きん出ている様子。得意なことを伸ばしていけることを願って

音・訓 テキ・タク

- 擢人2 たくと
- 擢伸7 たくのぶ
- 擢歩8 たくほ
- 擢磨16 たくま
- 擢海9 たくみ
- 擢治7 たくや

瞳 17

物事をまっすぐに見つめる目。いつでも明るい希望を胸に抱いているイメージ

音・訓 ドウ・トウ・ひとみ

名のり あきら

- 瞳良7 あきら
- 瞳吾7 とうご
- 瞳汰7 とうた
- 瞳真10 とうま
- 瞳弥8 とうや
- 瞳准10 どうじゅん

彌 17 !

時間的・空間的に行き渡る。いよいよ。広がりや伸びやかさを強く感じる字

弥の異体字

音・訓 ビ・ミ・や・いや

名のり ひさ・ひさし・ひろ・ます・みつ・やす・よし・わたる

- 健11彌 けんや
- 俊9彌 しゅんや
- 彌志7 ひさし
- 彌人2 ひさと
- 博12彌 ひろや
- 充6彌 みつや

優 17

優しい、豊か、すぐれる、上品など、人として大切な意味を多数もっている字

音・訓 ユウ・やさしい・すぐれる

名のり かつ・ひろ・まさ・まさる・ゆ・ゆたか

- 優仁4 まさひと
- 優大3 まさひろ
- 優喜12 ゆうき
- 優太4 ゆうた
- 優人2 ゆうと
- 優也3 ゆうや

輿 17

人を下から支える縁の下の力持ち的存在を連想。大地、地球という意味ももつ

音・訓 ヨ・こし

名のり お

- 輿隆11 こしたか
- 輿一1 よいち
- 輿宇太6 4 ようた
- 輿士仁3 4 よしひと

翼 17

大空に羽ばたくイメージ。助けるという意味ももつ。人の役に立つ人物に

音・訓 ヨク・つばさ

名のり すけ・たすく

- 翼 つばさ
- 幸8翼 こうすけ
- 大3翼 だいすけ
- 翼玖7 たすく
- 悠11翼 ゆうすけ
- 翼人2 よくと

瞭 17

瞳が明らかな様子。明るく元気、才知に恵まれている、などのイメージ

音・訓 リョウ・あきらか

名のり あき・あきら

- 瞭夫4 あきお
- 岳8瞭 たかあき
- 文4瞭 ふみあき
- 瞭児7 りょうじ
- 瞭平5 りょうへい
- 瞭也3 りょうや

嶺 17

山のいただきや山なみの意味。雄大な心をもち、たくましく育つように

音・訓 レイ・リョウ・みね

名のり ね

- 悠11嶺 ひさみね
- 嶺隆11 みねたか
- 嶺宏7 みねひろ
- 嶺歩8 みねほ
- 嶺至6 りょうじ
- 嶺太4 りょうた

※添え字（漢字1字の最後の音と同音の1字を加えること⇒P.407）を使った変則的な読みは名のりに加えていません。

鎧 18

よろい。武装すること。何事に対しても果敢に立ち向かう男の子らしい字

音・訓 カイ・ガイ・よろい

- 鎧亜 7 がいあ
- 鎧人 2 かいと
- 鎧斗 4 かいと
- 鎧治 8 かいじ
- 鎧介 4 がいすけ
- 康 11 鎧 こうがい

叢 18

集まる、くさむら、低い木のしげみ。人が自然と集まってくるような人気者に

音・訓 ソウ・くさむら
名のり しげ・むら

- 叢生 5 そうき
- 叢司 5 そうじ
- 叢佑 7 そうすけ
- 朋 8 叢 ともしげ
- 叢一 1 朗 10 そういちろう

騎 18

馬に乗る、馬に乗った兵士、広くまたがる。りりしくて勇ましい印象の字

音・訓 キ
名のり のり

- 一 1 騎 かずき
- 晃 10 騎 こうき
- 尊 12 騎 たかのり
- 健 11 騎 たけのり
- 大 3 騎 ひろき
- 雄 12 騎 ゆうき

櫂 18

船のかい。大海原を進んでいく勇敢でリーダーシップのある人物のイメージ

音・訓 タク・トウ・かい
名のり かじ・こずえ

- 櫂司 5 かいじ
- 櫂斗 4 かいと
- 櫂路 13 かじみち
- 櫂真 10 たくま
- 櫂海 9 たくみ
- 櫂汰 7 とうた

顕 18

明らか。表れる。人よりも抜きん出た、すぐれた能力をもつ人物を連想させる字

音・訓 ケン
名のり あき・あきら・たか・てる

- 顕利 7 あきとし
- 顕悟 10 けんご
- 宏 7 顕 ひろあき
- 義 13 顕 よしあき
- 顕太 4 朗 10 けんたろう

鎮 18

鎮める、守る。物事を冷静に判断できる、落ち着きのある子に成長するように

音・訓 チン・しずめる
名のり おさむ・しげ・しず・しずめ・しん・たね・つね・なか・まさ・まもる・やす・やすし

- 鎮務 11 おさむ
- 鎮幸 8 しげゆき
- 鎮也 3 しずや
- 鎮泰 10 つねやす
- 正 5 鎮 まさつね
- 鎮基 11 やすき

瞬 18

機敏さをイメージさせる字。人生の一瞬、一瞬を大切に生きるよう願って

音・訓 シュン・またたく

- 晃 10 瞬 こうしゅん
- 瞬起 10 しゅんき
- 瞬悟 10 しゅんご
- 瞬祐 9 しゅんすけ
- 瞬太 4 しゅんた
- 瞬也 3 しゅんや

麿 18

われ、おのれ。自我をしっかりと確立できる人物になることを期待して

音・訓 まろ

- 礼 5 麿 あやまろ
- 清 11 麿 きよまろ
- 貴 12 麿 たかまろ
- 剛 10 麿 たけまろ
- 智 12 麿 ともまろ
- 文 4 麿 ふみまろ

穣 18

豊か、実るという意味をもつ。豊かな人生を歩んでほしいという願いを込めて

音・訓 ジョウ・みのる
名のり おさむ・しげ・ゆたか

- 和 8 穣 かずしげ
- 穣生 5 しげき
- 穣実 8 しげさね
- 穣司 5 じょうじ
- 大 3 穣 ひろしげ
- 穣夏 10 ゆたか

曜 18

光。日、月、星の総称。宇宙をイメージさせるような、スケールの大きな子に

音・訓 ヨウ
名のり あき・あきら・てらす・てる

- 曜良 7 あきら
- 曜陽 12 てるあき
- 曜史 5 ようじ
- 曜佑 7 ようすけ
- 曜太 4 朗 10 ようたろう

※⚠＝パソコンなどで文字が出にくい字

燿 18

輝く。栄える。心に光をもった、周囲を照らして明るくするような人物に

音・訓 ヨウ・かがやく
名のり あき・あきら・てる

- 燿輝 15 てるき
- 燿人 2 てるひと
- 燿己 3 てるみ
- 燿之 3 てるゆき
- 燿亮 9 ようすけ
- 燿太 4 ようた

藍 18

藍草。藍色。深い青色が心の美しさと落ち着いた性格を連想させる

音・訓 ラン・あい

- 藍圭 6 あいか
- 藍人 2 あいと
- 藍里 7 あいり
- 藍平 5 らんぺい
- 藍甫 7 らんぽ
- 藍磨 16 らんま

類 18

仲間を大切にし、誰に対しても平等な気持ちを忘れない子であるように

音・訓 ルイ・たぐい
名のり とも・なし・のり・よし

- 敦類 12 あつよし
- 類貴 12 ともき
- 類信 9 とものぶ
- 類人 2 よしと
- 類仁 4 よしひと
- 類司 5 るいじ

禮 18

作法や儀式、敬意のある行動などの意味。礼儀正しさや、品格を感じさせる

音・訓 レイ・ライ
名のり あき・あきら・あや・のり・ひろ・ひろし・まさ・まさし・ゆき・よし

礼の異体字

- 禮之 3 あきゆき
- 禮良 7 あきら
- 禮人 2 あやと
- 禮弥 8 れいや
- 禮司郎 5 9 れいじろう

麒 19

きりん。聖人が現れるときに出現する想像上の神獣。聖人、英才のたとえにも

音・訓 キ
名のり あき・あきら

- 篤麒 16 あつき
- 光麒 6 こうき
- 英麒 8 ひでき
- 真麒 10 まさき
- 恭麒 10 やすき
- 由麒 5 ゆうき

繫 19

つなぐ、きずななどの意味をもつ。人とのつながりを大切にする誠実な子に

音・訓 ケイ・つなぐ
名のり つぎ・つぐ・つな

- 繫司 5 けいじ
- 繫介 4 けいすけ
- 繫太 4 けいた
- 繫人 2 つぐひと
- 繫広 5 つぐひろ
- 友繫 4 ともつな

識 19

悟る。知恵。物事をよくわきまえ、観察力にすぐれた人物に成長するように

音・訓 シキ・しる
名のり さと・つね・のり

- 明識 8 あきさと
- 識樹 16 さとき
- 識司 5 さとし
- 識仁 4 しきひと
- 識史 5 のりふみ
- 広識 5 ひろのり

蹴 19

まっすぐ突き進むイメージ。サッカーにちなんだ名をつけたいときにも

音・訓 シュウ・ける
名のり け

- 蹴有 6 しゅう
- 蹴吾 7 しゅうご
- 蹴司 5 しゅうじ
- 蹴佑 7 しゅうすけ
- 蹴人 2 しゅうと
- 蹴平 5 しゅうへい

寵 19

めぐむ、慈しむという意味。何に対しても愛情を注げるような優しい子にと

音・訓 チョウ
名のり たか・めぐみ・めぐむ・よし

- 寵希 7 ちょうき
- 寵次 6 ちょうじ
- 寵弥 8 ちょうや
- 寵彦 9 よしひこ
- 寵広 5 よしひろ
- 寵史 5 よしふみ

羅 19

網、薄絹。連なるという意味も。エキゾチックな雰囲気を感じさせる字

音・訓 ラ
名のり つら

- 生羅 5 きら
- 飛羅 9 ひら
- 羅久 3 らく
- 羅文 4 らもん
- 貴羅 12 たかつら
- 倫羅 10 みちつら

※添え字（漢字1字の最後の音と同音の1字を加えること⇒P.407）を使った変則的な読みは名のりに加えていません。

瀬 19

急流、また浅い水の流れるところ。力強さと爽快さをイメージさせる

音・訓 ライ・せ

- 瀬那 7 せな
- 迅瀬 6 はやせ
- 悠瀬 11 はるせ
- 瀬斗 4 らいと
- 瀬伊吾 6 7 せいご

麗 19

麗しい、対などの意味をもつ。輝きのある、華やかな人生を送れるように

音・訓 レイ・うるわしい・うららか

名のり あきら・かず・つぐ・つら・よし・より

- 麗成 6 かずなり
- 麗馬 10 かずま
- 麗行 6 かずゆき
- 武麗 8 たけよし
- 麗児 7 れいじ
- 麗文 4 れいもん

瀧 19 ⚠

滝の異体字

力強く流れ落ちる水。夏にはさわやかな涼しさを、冬には荘厳さを感じさせる

音・訓 ロウ・たき

名のり たけし・よし

- 一瀧 1 いちろう
- 志瀧 7 しろう
- 瀧弥 8 たきや
- 琢瀧 11 たくろう
- 瀧士 3 たけし
- 瀧人 2 よしと

麓 19

山のすそ、山守り。雄大な自然のように寛大で包容力のある人物をイメージ

音・訓 ロク・ふもと

- 佳麓 8 かろく
- 麓甫 7 ろくすけ
- 麓多 6 ろくた
- 麓輝 15 ろくてる
- 麓人 2 ろくと
- 麓弥 8 ろくや

巌 20

大きい岩。がけ。揺るぎない強い信念をもった人物をイメージさせる字

音・訓 ガン・ゲン・いわ・いわお

名のり みち・みね・よし

- 巌央 5 いわお
- 巌希 7 げんき
- 巌太 4 げんた
- 巌真 10 よしまさ
- 巌之介 3 4 げんのすけ

競 20

競う。進む。強い。困難にぶつかっても、力強く進んでいけるように

音・訓 キョウ・ケイ・きそう・せる

名のり つよし

- 競佑 7 きょうすけ
- 競平 5 きょうへい
- 競也 3 きょうや
- 競至 6 けいじ
- 競太 4 けいた
- 競士 3 つよし

響 20

四方に広がっていく音のように、よい影響を皆に与えることを期待して

音・訓 キョウ・ひびく

- 響 ひびき
- 右響 5 うきょう
- 響佑 7 きょうすけ
- 響平 5 きょうへい
- 響弥 8 きょうや
- 響己 3 ひびき

馨 20

元々は香りが遠くまで達するという意味。よい評判が広がるという意味も

音・訓 ケイ・かおる

名のり か・きよ・きよし

- 馨成 6 きよなり
- 馨英 8 きよひで
- 馨広 5 きよひろ
- 馨樹 16 けいじゅ
- 馨甫 7 けいすけ
- 馨太 4 けいた

護 20

助け見守る、大切にする、などの意味。包容力と力強さをもった男らしい字

音・訓 ゴ・まもる

名のり のり・まさ・もり・よし

- 健護 11 けんご
- 正護 5 しょうご
- 聖護 13 せいご
- 護広 5 もりひろ
- 護泰 10 もりやす
- 裕護 12 ゆうご

譲 20

昔から人気のある字。謙虚な心をもち、他人を敬う精神を忘れない人に

音・訓 ジョウ・ゆずる

名のり のり・よし

- 譲一 1 じょういち
- 譲司 5 じょうじ
- 譲琉 11 ゆずる
- 譲敬 12 よしたか
- 譲太郎 4 9 じょうたろう

※⚠＝パソコンなどで文字が出にくい字

耀 20

輝く。光。いつも人生が明るく輝かしいものであり続けることを願って

音・訓 ヨウ・かがやく
名のり あき・あきら・てる

- 耀朋 8 あきとも
- 耀道 12 あきみち
- 耀希 7 てるき
- 耀志 7 ようじ
- 耀介 4 ようすけ
- 耀太 4 ようた

櫻 21

桜の異体字

日本の国花。和風の美の代表的存在。清らかで美しく育つように期待して

音・訓 オウ・さくら
名のり はる

- 櫻紀 9 おうき
- 櫻士 3 おうじ
- 櫻佑 7 おうすけ
- 櫻太 4 おうた
- 櫻平 5 おうへい
- 櫻治 7 おうや

轟 21

有名になるという意味。人よりも秀でた才能をもった偉大な人物を期待して

音・訓 ゴウ・コウ・とどろく

- 轟喜 12 ごうき
- 轟剣 10 こうけん
- 轟至 6 こうじ
- 轟介 4 ごうすけ
- 轟弥 8 ごうや
- 轟希 7 とどろき

鷗 22

かもめ。大空を自由に舞うように、世界を股にかけた活躍を期待して

音・訓 オウ・ウ・かもめ

- 鷗外 5 おうがい
- 鷗介 4 おうすけ
- 鷗太 4 おうた
- 鷗大 3 おうだい
- 鷗平 5 おうへい
- 鷗洋 9 おうよう

饗 22

もてなす。供える。人が大勢集まってくる魅力的な人物になるように

音・訓 キョウ・コウ・もてなす

- 饗一 1 きょういち
- 饗介 4 きょうすけ
- 饗太 4 きょうた
- 饗平 5 きょうへい
- 饗太郎 4 9 きょうたろう

讃 22

たたえる、助けるという意味をもつ。調和を大切にする子をイメージして

音・訓 サン
名のり ささ

- 讃成 6 ささなり
- 讃恭 10 ささやす
- 讃之 3 ささゆき
- 讃吾 7 さんご
- 讃二 2 さんじ
- 讃人 2 さんと

鑑 23

鏡、よく観察する。物事を自分の目でしっかりと見極められるように

音・訓 カン・かがみ・かんがみる
名のり あき・あきら・かね・のり

- 鑑載 13 あきとし
- 鑑昌 8 あきまさ
- 鑑良 7 あきら
- 鑑吾 7 かんご
- 鑑司 5 かんじ
- 義鑑 13 よしあき

鷲 23

鋭い眼光と堂々とした姿から、何事にも動じない男らしさを感じさせる字

音・訓 シュウ・わし

- 鷲視 11 しゅうし
- 鷲佑 7 しゅうすけ
- 鷲斗 4 しゅうと
- 鷲平 5 しゅうへい
- 鷲太郎 4 9 しゅうたろう

鷹 24

たかのように、鋭敏さと瞬発力をもち、りりしく人生を歩むように願って

音・訓 ヨウ・たか

- 鷹央 5 たかお
- 鷹士 3 たかし
- 鷹俊 9 たかとし
- 鷹彦 9 たかひこ
- 鷹久 3 たかひさ
- 秀鷹 7 ひでたか

麟 24

光。明らかなこと。人が自然と集まってくるような光のような存在に

音・訓 リン

- 光麟 6 こうりん
- 宗麟 8 そうりん
- 麟悟 10 りんご
- 麟平 5 りんぺい
- 麟太郎 4 9 りんたろう

※添え字(漢字1字の最後の音と同音の1字を加えること⇒P.407)を使った変則的な読みは名のりに加えていません。

止め字・添え字、長男・次男を表す漢字

止め字

名前のいちばん下でよく使われる、「郎」や「彦」のような漢字を「止め字」といいます。

●アキ 明8 昭9 章11 陽12 彰14

●イチ 一1 市5 壱7

●オ 夫4 央5 男7 雄12

●キ 己3 希7 貴12 輝15 樹16

●ゴ 伍6 悟10 梧11 護20

●シ 士3 史5 司5 志7 詞12

●ジ 二2 司5 次6 児7 治8

●スケ 介4 助7 佑7 亮9 輔14

●タ 大3 太4 多6 汰7

●タカ 考6 孝7 高10 崇11 隆11 貴12 敬12 尊12

●ト 人2 斗4 都11 登12

●トシ 利7 俊9 敏10

●トモ 友4 知8 朋8 朝12 智12

●ナリ 也3 成6 斉8

●ノブ 允4 伸7 信9 展10 暢14

●ノリ 典8 法8 則9 紀9 憲16

●ハル 治8 春9 晴12 陽12 遥12

●ヒコ 彦9

●ヒト 人2 仁4

●ヒロ 大3 広5 弘5 宏7 拓8 洋9 浩10 博12 裕12 寛13

●フミ 文4 史5

●ミ 巳3 未5 実8 美9 海9

●ヤ 也3 矢5 弥8 哉9 耶9

●ユキ 之3 行6 如6 幸8 雪11

●ヨシ 由5 吉6 良7 芳7 慶15

●ロウ 郎9 朗10

添え字

漢字1字の読み方を保ったまま、下にさらに漢字を加えて、画数や読みやすさを整える方法を「添え字」といいます。

昭9＋良7→昭良（あきら）	温12＋詩13→温詩（あつし）	聡14＋士3→聡士（さとし）	巧5＋巳3→巧巳（たくみ）	威9＋史5→威史（たけし）	猛11＋志7→猛志（たけし）
剛10＋司5→剛司（つよし）	透10＋流10→透流（とおる）	望11＋夢13→望夢（のぞむ）	実8＋留10→実留（みのる）	遊12＋宇6→遊宇（ゆう）	陸11＋駆14→陸駆（りく）

！止め字どうしでは覚えにくいことも

止め字にも、名前の１字目にもよく使われる漢字があります（司、俊、春、信、文、利など）。

そのような漢字どうしを組み合わせた名前（春信―信春など）は、上下が入れ替わっても違和感がないため、覚えにくいものです。

「彦・人・也」のように、１字目で使われることが少ない止め字と組み合わせ、「春人」「信彦」のようにするほうがおすすめです。

長男・次男

「一」や「二」を使わなくても、長男や次男を表すことのできる漢字があります。

長男

太

おおもとや始まりという意味があり、「太子」や「太郎」のように、長男に使われることの多い漢字です。

栄9太4 えいた　勇9太4 ゆうた

伯

古代中国の兄弟、伯夷・叔斉（はくい・しゅくせい）から。日本でも、父母より年上の「おじ」に「伯父」と当てるように、年長の意味をもちます。

伯7斗4 はくと　伯7馬10 はくま

甲

陰陽五行の十干（甲、乙、丙…）を使って順番を表すとき、甲は1番目を表すため、転じて、長幼の序でも1番目を指すときによく使われます。

甲5喜12 こうき　甲5平5 こうへい

次男

次

「次男」の「次」には、2番目の、という意味があります。

正5次6 まさつぐ　次6雄12 つぐお

乙

陰陽五行の十干（甲、乙、丙…）を使って順番を表すとき、乙は2番目を表します。

乙1樹16 いつき　乙1彦9 おとひこ

助・輔・介

古来、「スケ」と読ませる漢字は次官や補佐官の官職名でよく使われていました。そこから、次男の意味合いをもたせることができます。

康11輔14 こうすけ　悠11介4 ゆうすけ

個性がキラリと光る 1字の名前

漢字1字の名前は、簡潔で引き締まった印象になります。ポイントは「読み方」です。

昔と今では人気の漢字が違う

漢字1字の名前は簡潔で引き締まった印象になります。

パパより上の世代でも、漢字1字の名前に人気がありました。しかし、今、人気があるのは「翔」や「蓮」など、昔の名前ではほとんど使われなかった漢字です。

音読みと訓読みで印象も変わってくる

たとえば「匠」という名前。「しょう」と読めばスマートな音の響きが印象的になり、「たくみ」と読めば、和風の安定したイメージになります。

ほかの漢字も多くは、音読みはスピーディーな印象に、訓読みは落ち着きのある響きになります。

同じ漢字でも、読み方で雰囲気は違ってくるのです。

1字の名前で気をつけたいこと

1字の名前の多くは、2字の漢字を組み合わせたときより、読み方の幅が広くなります。たとえば、少し前までなら「翔」は「しょう」と読むのが当たり前でしたが、最近では「かける」という読み方も少なくありません。

左に1字の名の例を挙げていますが、読み方は一般的に定着しているものを選んでいます。ほかの読み方を当てると、個性的になるものの、すぐにはその通りに読んでもらえないことも増えるので気をつけましょう。

1字の名前の例

- 旭 6 あきら／あさひ
- 篤 16 あつし
- 歩 8 あゆみ／あゆむ
- 嵐 12 あらし／らん
- 汐 6 うしお
- 潮 15 うしお
- 功 5 いさお
- 勇 9 いさみ／いさむ
- 格 10 いたる
- 樹 16 いつき／たつき
- 海 9 うみ／かい
- 快 7 かい
- 翔 12 かける／しょう

- 奏 9 かなで／そう
- 要 9 かなめ
- 圭 6 けい
- 健 11 けん／たけし
- 玄 5 げん
- 舷 11 げん
- 朔 10 さく
- 敏 10 さとし／びん
- 知 8 さとる
- 悟 10 さとる
- 旬 6 しゅん
- 準 13 じゅん
- 匠 6 しょう／たくみ

- 昇 8 しょう／のぼる
- 譲 20 じょう／ゆずる
- 晋 10 しん／すすむ
- 仁 4 じん／ひとし
- 禅 13 ぜん
- 祐 9 たすく
- 尊 12 たける
- 力 2 ちから／りき
- 司 5 つかさ
- 翼 17 つばさ
- 哲 10 てつ／あきら
- 瑛 12 てる
- 亨 7 とおる

- 望 11 のぞみ／のぞむ
- 隼 10 はやと
- 光 6 ひかり／ひかる
- 寛 13 ひろし
- 誉 13 ほまれ
- 真 10 まこと
- 誠 13 まこと
- 大 3 まさる／だい
- 学 8 まなぶ／がく
- 湊 12 みなと
- 稔 13 みのる
- 倭 10 やまと
- 悠 11 ゆう／はる

- 雄 12 ゆう
- 雷 13 らい
- 陸 11 りく
- 龍 16 りゅう／りょう
- 遼 15 りょう
- 礼 5 れい
- 烈 10 れつ
- 蓮 13 れん

個性がキラリと光る3字の名前

男の子で3字の名前は少ないため、文字が三つある時点で、すでに個性を感じさせます。

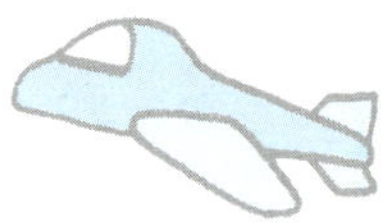

3字の名前の雰囲気は2系統に分かれる

男の子の多くは漢字2字、あるいは1字なので、3字の名前はそれだけで個性を感じるものです。

3字の名前は、古風な印象を与えるものと、独創性が強く感じられるものに大きく分類することができます。

クラシカルな雰囲気の3字の名前

「翔一郎」や「久仁彦」のように、昔からよく使われていた止め字を使った3字の名前はクラシカルなイメージになります。しかも、おじいちゃんやパパの世代でも特に人気が集中したことがないため、古風ではあっても古臭い感じはしない、というメリットがあります。ただし、音の数も多くなるので、もたついた印象にならないかどうか、必ず声に出して音の響きをチェックしましょう。

独創性の中にも安定した要素を

いっぽう、1音ごとに漢字1字を当てた3字の名前ならば、見た目の独創性は抜群です。ただし、何もかも独創的にすると奇異な印象が強くなってしまいます。

基本は、日本人によくある名前の音をベースにすることと、漢字を見て連想しやすく、すんなり読める音を当てること。また、一般的によく使われる止め字を使うと、独創的な中にも安定感のある名前になります。

3字の名前の例

名前	画数	読み
秋比呂	9・4・7	あきひろ
明日真	8・4・10	あすま
亜由夢	7・5・13	あゆむ
伊佐夫	6・7・4	いさお
唯智朗	11・12・10	いちろう
伊歩希	6・8・7	いぶき
宇乃丞	6・2・6	うのすけ
於佐武	8・7・8	おさむ
一徒志	1・10・7	かずとし
香津美	9・9・9	かずみ
響太郎	20・4・9	きょうたろう
紀代彦	9・5・9	きよひこ
久仁彦	3・4・9	くにひこ
蔵之助	15・3・7	くらのすけ
健太郎	11・4・9	けんたろう
小五郎	3・4・9	こごろう
浩一郎	10・1・9	こういちろう
小太郎	3・4・9	こたろう
紗刀流	10・2・10	さとる
梓志雄	11・7・12	ししお
翔一朗	12・1・10	しょういちろう
征四郎	8・5・9	せいしろう
太衣地	4・6・6	たいち
多歌史	6・14・5	たかし
多久斗	6・3・4	たくと
月之進	4・3・11	つきのしん
登志春	12・7・9	としはる
斗志也	4・7・3	としや
智勇貴	12・9・12	ともゆき
七緒貴	2・14・12	なおき
直太朗	8・4・10	なおたろう
奈雄斗	8・12・4	なおと
南央人	9・5・2	なおと
野利幸	11・7・8	のりゆき
波也斗	8・3・4	はやと
温乃輔	12・2・14	はるのすけ
陽出明	12・5・8	ひであき
陽紗志	12・10・7	ひさし
日出登	4・5・12	ひでと
富士緒	12・3・14	ふじお
夫実哉	4・8・9	ふみや
歩志彦	8・7・9	ほしひこ
真貴緒	10・12・14	まきお
摩叉史	15・3・5	まさし
真沙斗	10・7・4	まさと
未来雄	5・7・12	みきお
美野琉	9・11・11	みのる
八重樹	2・9・16	やえき
矢真斗	5・10・4	やまと
友二郎	4・2・9	ゆうじろう
裕次郎	12・6・9	ゆうじろう
愉起夫	12・10・4	ゆきお
幸比古	8・4・5	ゆきひこ
由紀高	5・9・10	ゆきたか
世志男	5・7・7	よしお
龍一郎	16・1・9	りゅういちろう
凛太郎	15・4・9	りんたろう
和汰流	8・7・10	わたる

低学年で習う漢字の名前

低学年で習う漢字なら、早い段階から自分の名前を漢字で書くことができます。

低学年で習う漢字は二〇〇字以上ある

どんな漢字を選ぶか迷ったら、低学年で習う漢字から候補を探すという方法もあります。早い段階から自分の名前が漢字で書ける、しかも周囲の同級生からその漢字を読んでもらえるというのは、子どもにとって誇らしいものです。

常用漢字の中でも、小学校で習う漢字のことを一般的に「教育漢字」と言います。教育漢字は、日常生活でよく使われるものから順に学習していくという考え方がベースになっているので、「親しみやすい雰囲気の漢字を使いたい」という人にとっては、よい参考資料になるはずです。

小学一、二年生で学習する漢字の種類だけでも二〇〇を超えるので、選択肢の幅もかなりあります。

早くから漢字で書ける以外にもメリットが

低学年で習う漢字の中に気に入ったものがなければ、学年を上げていきながら探してもよいでしょう。教育漢字から漢字を選ぶ利点は、本人が早くから自分の名前を漢字で書けることだけではありません。

教育漢字を使えば、正しい書き順や、どういうバランスのとり方をすればきれいに見えるかということまで、学校で教えてもらうことができるのです。

自分の名前をきれいに書きやすくなる、という点も教育漢字を使うメリットです。

低学年で習う漢字の名前の例

明(8)記(10) あきのり
秋(9)理(11) あきみち
明(8) あきら
文(4)人(2) あやと
歩(8) あゆむ
一(1)青(8) いっせい
右(5)京(8) うきょう
海(9) かい
楽(13)心(4) がくしん
楽(13)人(2) がくと
一(1)夜(8) かずや
王(4)行(6) きみゆき
京(8)一(1) きょういち

元(4)気(6) げんき
光(6)一(1) こういち
広(5)大(3) こうだい
里(7)通(10) さとみち
秋(9)生(5) しゅうせい
十(2)三(3) じゅうぞう
心(4)一(1) しんいち
星(9)野(11) せいや
走(7)二(2) そうじ
草(9)太(4) そうた
空(8) そら
太(4)一(1) たいち
考(6)明(8) たかあき

大(3)地(6) だいち
竹(6)生(5) たかお
天(4)道(12) たかみち
天(4)矢(5) たかや
高(10)行(6) たかゆき
工(3) たくみ
右(5) たすく
千(3)広(5) ちひろ
月(4)人(2) つきと
理(11)道(12) としみち
友(4)来(7) ともき
朝(12)三(3) ともみつ
友(4)記(10) とものり

知(8)矢(5) ともや
直(8)公(4) なおきみ
七(2)音(9) なおと
教(11)行(6) のりゆき
直(8)矢(5) なおや
一(1) はじめ
羽(6)朝(12) はねとも
春(9)男(7) はるお
春(9)友(4) はるとも
晴(12)矢(5) はるや
万(3)里(7) ばんり
広(5)記(10) ひろき
風(9)歌(14) ふうた

文(4)男(7) ふみお
道(12)高(10) みちたか
光(6)風(9) みつかぜ
八(2)雲(12) やくも
友(4)太(4) ゆうた
友(4)理(11) ゆうり
行(6)雲(12) ゆくも
立(5)人(2) りゅうと

書き込み式
名前候補チェックシート

記入例

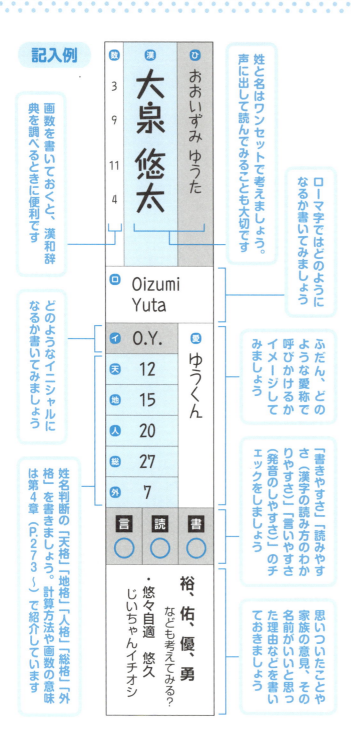

ひ	おおいずみ ゆうた
漢	大泉 悠太
数	3 9 11 4
ロ	Oizumi Yuta
イ	O.Y.
天	12
地	15
人	20
総	27
外	7
愛	ゆうくん
書	○
読	○
言	○
	裕、佑、優、勇 などても考えてみる？ ・悠々自適 悠久 じいちゃんイチオシ

姓と名はワンセットで考えましょう。声に出して読んでみることも大切です

画数を書いておくと、漢和辞典を調べるときに便利です

ローマ字ではどのようになるか書いてみましょう

どのようなイニシャルになるか書いてみましょう

ふだん、どのような愛称で呼びかけるかイメージしてみましょう

姓名判断の「天格」「地格」「人格」「総格」「外格」を書きましょう。計算方法や画数の意味は第4章（P.273～）で紹介しています

「書きやすさ（漢字の読み方のわかりやすさ）」「読みやすさ」「言いやすさ（発音のしやすさ）」のチェックをしましょう

思いついたことや家族の意見、その名前がいいと思った理由などを書いておきましょう

数 漢 ひ	数 漢 ひ	数 漢 ひ	数 漢 ひ
ロ	ロ	ロ	ロ
イ 愛	イ 愛	イ 愛	イ 愛
天	天	天	天
地	地	地	地
人	人	人	人
総	総	総	総
外	外	外	外
言 読 書	言 読 書	言 読 書	言 読 書

★候補をたくさん記入するときはコピーして使ってください。

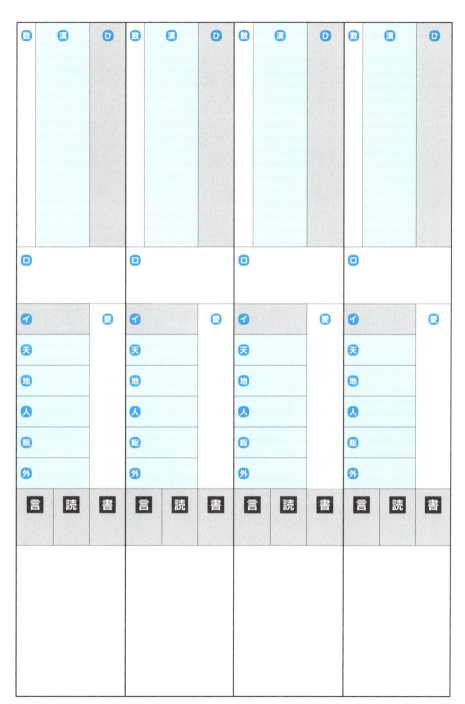

監修
大橋一心（おおはし いっしん）
命名研究家。インターネットサイト「すきっと命名」主宰。自身の長男の名前の考案に際し、姓名学の門戸を叩く。言葉の音の響きや漢字の研究を重ね、また、コピーライターとして企業の広告・宣伝・ネーミングに関わっている経験などを通じて得たノウハウを元に独自の命名法を考案。「心も育む命名」をコンセプトに、ご両親の願いや響き・漢字・姓名学などの多角的な視点から命名アドバイスを行っている。大阪府在住。
「すきっと命名」検索

スタッフ

本文イラスト
オカダケイコ、コンノユキミ、
seesaw.

本文デザイン
有限会社 エルグ

編集協力
株式会社 童夢

校閲
くすのき舎
株式会社 みね工房
株式会社 夢の本棚社

執筆協力
ニシ工芸株式会社、漆原泉、
河野貴子、酒井かおる、
佐藤美智代、武田美香、
富岡亜紀子、水口陽子、
山田一郎

決定版
男の子へ贈る名前事典

2016年1月27日　初版発行

監修者　大橋一心
発行者　佐藤龍夫
発行所　株式会社 大泉書店
〒162-0805 東京都新宿区矢来町27
電話 03-3260-4001（代）
FAX 03-3260-4074
振替 00140-7-1742
印刷所　ラン印刷社
製本所　明光社

落丁、乱丁本は小社にてお取り替えいたします。
本書の内容についてのご質問は、ハガキまたはFAXでお願いします。
URL　http://www.oizumishoten.co.jp/
ISBN 978-4-278-03682-4　C0077